빛

빛
신화와 과학, 문명 오디세이

지은이 브루스 왓슨
옮긴이 이수영
디자인 김미영
펴낸이 송병섭
펴낸곳 삼천리
등 록 제312-2008-121호(2008년 1월 3일)
주 소 10578 경기도 고양시 덕양구 오금1로 47, 103호
전 화 02) 711-1197
팩 스 02) 6008-0436
이메일 bssong45@hanmail.net

1판 1쇄 2020년 7월 17일

값 25,000원
ISBN 978-89-94898-53-7 03900
한국어판 ⓒ 이수영 2020

신화와 과학, 문명 오디세이

빛

브루스 왓슨 지음 | 이수영 옮김

삼천리

프롤로그

우리는 살갗을 통해 빛을 먹고 마신다.
- 제임스 터렐(빛과 공간 예술가)

갈릴레오는 당혹스러웠다. 아무도 본 적이 없는 경이로운 빛을 목격해 온 삶을 살았고, 인생의 종착지가 가까워졌을 때 이 위대한 과학자는 한 가지 실패를 인정했다. 수십 년 전에 어떤 친구가 이탈리아 사람들이 "태양의 스펀지"[1]라고 일컫는 돌을 그에게 준 적이 있었다. 햇빛을 받으면 은은한 초록빛을 내는 그 돌을 보고 갈릴레오는 아리스토텔레스가 빛에 관해서 틀렸다고 확신했다. 빛은 따스하고 형체가 없는 요소가 아니다. 빛은 달처럼 차갑고 물처럼 형체가 있는 것인지도 모른다. 하지만 그게 무엇이란 말인가?

오랜 세월 동안 갈릴레오는 빛을 반사하고 굴절시키는 법을 익혔고, 베네치아 해안에서 배로 두 시간 거리에 점점이 떠 있는 배를 망원경으로 선명히 보게 하여 사람들을 놀라게 했다. 망원경 방향을 밤하늘로 돌린 그는 목성의 위성을 관찰하고 달의 분화구를 확인한 최초의 사람이었다. 나중에 그는 빛의 속도를 재는 최초의 실험을 제안했다. 토스카나 언덕 꼭대기와 꼭대기 사이에서 등불 신호를 주고받는 것이다. 하지만 갈릴레오는 그 속도까지는 실험을 하지 못했다. 다른 실험과 다른 시도에 더 집중해야 했기 때문이지만, 빛에 대한 궁금증은 사라지지 않았다. 죽음을 앞두고 눈멀고 쇠약해진 그는 무척이나 그 답을 찾고 싶었음을 시인했다. 이단 죄로 가택연금을 당한 상태였지만 더 가혹한 구금조차 기꺼이 견디겠노라고 말했다. 방안에 갇혀 오로지 빵과 물만 먹게 되더라도, 풀려나는 순간 빛에 관한 진실을 알게 된다면 말이다.

사실인즉슨, 인류 가운데 가장 명석한 탐구자들이 3천 년 동안 탐구해 왔으나 빛은 그 비밀을 도무지 누설하려고 하지 않는다. 사람들 저마다의 얼굴만큼이나 친숙한 빛은 우리가 태어나서 맨 처음 보는 것이고 죽기 전에 마지막으로 보는 것이다. 어떤 이들은 죽음의 고비에서 따스한 빛을 보았고, 빛이 또 다른 삶으로 우리를 맞아들인다고 단언한다. "회화는 빛이다"[2]라고 이탈리아의 거장 카라바조는 말했고, 날마다 빛이 지구 표면에 그려 가는 벽화는 우리를 아침 속으로 몰고 간다. 빅뱅이후로 빛은 인기를 독차지했다. 수많은 과학자와 철학자, 시인, 화가, 신비주의자에 이르기까지, 또 경외감을 느끼며 일출을 맞이해 본 적이 있는 모든 이에게 빛은 한 편의 '쇼'이다.

"이 행성에 마법이 있다면 그것은 물속에 들어 있다"[3]고 박물학자 로렌 아이슬리는 썼다. 그런가 하면 빛은 우주의 마법사다. 빛은 어둠을 물리치고 세상을 다시 드러내 보인다. 빛은 날마다 눈부신 서곡으로 하루를 열고 땅을 향해 그 마술 지팡이를 휘둘러 호수와 대양에 다이아몬드를 흩뿌린다. 밤마다 빛은 요술을 부려 별을 반짝거리게 한다. 갈릴레오조차 결코 상상할 수 없었을 망원경으로 관찰해 보면, 빛은 토성의 고리들 속에서 다양한 빛깔을 발산하고, 가스 구름을 게 모양이나 말

머리 모양으로 빚어 놓으며, 거대한 은하계에서 소용돌이치고 새로 태어난 별에서부터 뿜어져 나온다. 시간만큼 확실하고 쉼 없는 빛은 다시 환대를 받으며 새날을 열고, 집집마다 은은하게 등을 밝힐 때 하루를 마칠 것이다. 나방처럼 어김없이 빛에 이끌리는 우리 인간은 빛 없는 삶을 상상할 수 없다. "거대한 밤이 찾아오면 만물은 깊은 실의에 빠진 듯하고 모든 인간은 빛에 대한 이루 표현하기 힘든 갈망에 사로잡힌다"[4]고 심리학자 카를 융은 썼다.

그렇다면 빛은 무엇일까? 인류의 명석한 탐구자들은 빛에서 어떤 의미를 발견했던가? 신? 진리? 그저 에너지? 호기심이 싹튼 이래 이런 질문은 인간 실존의 한가운데를 차지했다. 답을 찾으려는 노력은 '빛의 역사'에 빛을 밝혔다. 인간의 의식에서 빛은 창조 이야기, 모닥불이나 횃불 곁에서 엮어 간 이야기 속에 처음 등장했다. 창세기에 나오는 불멸의 문구 "빛이 있으라"에서부터 신이 잉걸불을 어둠 속으로 던졌다는 아이슬란드의《에다》(Edda, 13세기에 편찬된 고대 북유럽의 시학 교과서이자 서사시집—옮긴이)에 이르기까지, 빛은 모든 창조 이야기의 으뜸 요소이다. 창조신화에 뒤이어, 빛은 더욱 무르익어 고대 그리스에서부터 중국에 이르기까지 철학자들을 사로잡은 수수께끼가 되었다. 빛은 원자인가, 일렁이는 환영인가? 사도 바울이 말한 것처럼 우리 모두는 '빛의 자녀'[5]인가? 현자들이 저마다 빛을 정의할 때, 의문은 다시 치솟고 더 심오한 질문과 한결 새로워진 은유를 낳았다.

빛은 예수였다("나는 세상의 빛이니"[6]). 아니 알라였다("하늘과 땅의 빛"[7]). 아니 부처였고, 무량광불(無量光佛), 무애광불(無礙光佛), 염왕광불(焰王光佛)이었다. 빛은 내면의 빛, 영감이었다. 빛은 사랑이었다("그녀의 눈동자에서 반짝이는 빛"). 빛은 섹스였다. 탄트라불교에 따르면 남녀의 신성한 교합은 성기를 빛으로 채우는 일이다. 빛은 희망이요, 사상이요, 구원이었다("깨달음을 얻다"). 단테는 '천국'(Paradiso) 편을 "순수한 빛의 천국"[8]으로 채웠다. 셰익스피어는 빛이라는 낱말로 유희를 벌였다. "빛을 추구하면서, 빛은 점점 그 일렁임을 잃는다"[9](《사랑의 헛수고》 1막 1장의 구절로, 진리를 추구하기 위해 책을 많이 보면 시력을 잃게 된다는 뜻이다─옮긴이). 눈먼 시인 밀턴은 빛에 사로잡혀 "거룩한 빛이여, 하늘의 첫 번째 자손이여"[10]라고 노래했다. 카라바조와 렘브란트는 빛을 포착하여 암흑을 베어드는 칼로 썼다. 페르메이르는 창을 통해 빛이 흘러들게 했다. 베토벤의 빛은 프렌치호른에서 나온다.(교향곡 6번 〈전원〉 5악장─옮긴이) 하이든은 오케스트라가 최대로 터뜨리는 소리로 표현했다. 한편 평범한 사람들은 자유의 빛, 일상의 빛, 이성의 빛, 그리고 삶의 빛 따위를 이야기했다.

그러나 빛의 기원에 관한 최초의 이론들에서부터 빛은 격렬한 논쟁의 불꽃을 일으켰다. 초창기의 철학자들은 빛을 둘러싸고 언쟁을 벌였다. 빛은 눈에서 나오는 것인가, 아니면 모든 사물에서 나오는 것인가? 성자들은 빛이 신의 현신인지 아니면 단순히 신의 선령인지를 두고 토론했다. 또 빛의 시녀인 빛깔이 있었다. 빛깔은 모든 사물에 내재한 것인가 아니면 단지 눈으로 인식되는 것인가? 한쪽에서 논쟁을 벌일 때, 다른 쪽에서는 유대교의 축일 하누카와 동지 일출에서부터 힌두교의 디왈리, 조로아스터교의 노루즈에 이르기까지 빛의 축제를 벌였다. 그러는 동안 일출과 일몰은 과학이나 종교에는 눈곱만큼의 관심도 없이 지구를 돌며, 멈춰 서서 우러러보는 이들을 결코 실망시키지 않았다.

천지창조에서부터 양자 시대까지 이어지는 빛의 궤적을 좇으면 그 경이의 존재가 조금은 빛을 잃었음을 알 수 있다. 지난날 우리는 '환상적인 빛'을 이야기했지만, 오늘날 빛은 값싸고 편하게 모든 집과 사무실뿐 아니라 손바닥이나 주머니에서도 사용할 수 있다. 지난날에 인공조명인 양초나 등불, 횃불은 귀하고 값비싼 것이었다. 하지만 오늘날 조명은 1천억 달러 규모의 산업이 되었고 자전거 헬멧, 열쇠고리, 샤워기, 전자책 단말기, 스마트폰, 태블릿 PC를 비롯해 수많은 기기가 빛을 낸다. 빛은 우리의 가장 다재다능한 도구가 되어 망막박리를 치료하고, 바코드를 읽으며, DVD로 영상을 재생시킨다. 액정 화면의 빛은 우리를 월드와이드웹으로 데려간다. 빛은 광섬유 케이블을 통해 메시지를 나르며 지구를 일주한다. 말하자면, 우리는 빛을 공기처럼 흔하고 노트북처럼 정밀한 것으로 만들어 온 것이다.

하지만 지난날 빛이 어둠과 영웅적인 투쟁을 벌이던 시대가 있었다. 밤하늘이 도시의 불빛 탓에 탈색되지 않고, 촛불이 낭만적인 장식품이 아니고, 빛이 모든 온기와 안전의 원천이던 시대가 있었다. 인류 역사의 대부분 동안 모든 일출은 기념식이었고, 차오르는 달은 밤이 덜 무서워진다는 희망을 품게 했다. 그리고 무방비 상태로 컴컴한 숲이나 인적이 끊긴 길거리에 들어선 이들에게, 심지어 집 안에 있더라도 등불이 깜빡거리거나 꺼지는 경우에, 빛은 그야말로 목숨이었다. 빛의 비밀을 풀기 위해서는 특별한 열쇠들이 필요했다. 호기심, 끈기, 거울, 프리즘과 렌즈 ……. 오랜 세월에 걸쳐 다양한 문명이 저마다 질문하고 답하는 동안, 이 열쇠들은 그리스에서 중국, 바그다드로 건네지고, 중세 프랑스에서 이탈리아로 넘겨졌다가 되돌아갔다. 이 열쇠들이 아이작 뉴턴의 손에 들어갔을 때, 그의 답은 세상에 알려지며 비밀을 드러냈고 우리는 오늘도 그 탐구를 이어 가고 있다.

빛이라는 개념의 진화는 영적인 것에서 세속적인 것으로, 미신에서 과학으로 인간 사유의 발전을 드러낸다. 빛이 신이었던 시대에, 신의 현신은 매일 아침 솟아올랐다. 수천 년이 흐르는 동안, 빛이 신성한 것이 아니라고 생각하는 호기심 많은 아주 소수의 사람들이 명멸했다. 그리고 1600년대 과학혁명을 거치며 호기심이 우위를 차지했다. 케플러가 빛을 물리법칙에 종속되는 것으로 바라보고, 갈릴레오가 빛을 모으는 방법을 보여 주고, 뉴턴이 빛을 여러 빛깔로 분해하자, 빛은 더 이상 신의 본질이 아니게 되었다. 광시곡은 끝났다. 마법의 시대는 한밤중을 맞이했다.

어떤 이들에게는 쓰라린 아픔이었다. 윌리엄 블레이크는 뉴턴을 혐오했고, "추락하기만 하는 빛"의 부활을 촉구했다. 낭만주의자들은 교향곡과 그림, 시로 빛을 기념했으나 과학자들은 탐구를 이어 갔다. 어두운 방에서 빛을 산란시키고, 처음에는 '촉광'(燭光)으로, 나중에는 루멘(lm), 와트(W), 줄(J)로 측정하면서 과학자들은 신성한 빛을 흐릿하게 만들며 빛에 관한 새로운 논쟁의 장을 열었다. 입자인가 파동인가? 그러나 아인슈타인 덕분에 그 이중성이 받아들여진 뒤에도, 오늘날 과학자들이 광학 실험실에서 기적을 빚어내고 있는데도, 빛은 여전히 쇼를 펼치고 있다. 수만 명이 스톤헨지에 모여 하지의 일출을 본다. 빛 축제가 베를린, 시카고, 홍콩, 헨트, 암스테르담, 리옹 같은 도시를 밝힌다. 입자'이자' 파동으로 빛을 해부하는 것은 과학 수업의 주요 내용이지만, 어떤 방정식도 해나 달의 빛을 가리지 못하고 어떤 프리즘도 무지개의 맞수가 되지 못한다.

나는 이 책《빛》을 통해 과학과 인문학, 종교와 불신, 수학과 은유 간의 반목을 화해시키고자 한다. 소로가 "부자들의 저택과 마찬가지로 구빈원 창문에서도 똑같이 눈부시게 빛난다"[11]고 말한 햇빛처럼, 눈부신 빛의 역사는 빛을 사랑하는 모든 이들을 비추어 준다. 나는 이 책에서 뉴턴과 단테의 천재성, 방정식과 경전의 설득력, 코란과 우파니샤드와 성경의 신앙을 동등하게 조명하고자 한다. 빛의 독실한 신봉자들에 관해 내가 묻는 것은 '누가' 빛을 연구했느냐가 아니라 '왜'이다. 이 신봉자들은 왜 빛에 매혹되었으며, 그들의 신념은 인류의 의식에 무엇을 보태 주었는가? 빛을 공부하는 이들에 관해 내가 관심을 두는 것은 '무엇'이 아니라 '어떻게'이다. 과학자들은 빛의 본성을 어떻게 알아냈으며 빛의 힘을 어떻게 길들였는가? 그리고 빛을 뮤즈로 삼은 이들에 관해서, 나는 그들이 완전히 새롭게 읽히고 받아들여지는가를 조명할 뿐이다.

그러나 이 책의 원동력은 실험이나 설득력이 아니라 경외감이다. 이야기는 새벽빛이 밝아올 무렵으로 시작한다. 긴 밤이 끝나 가고 있다. 곧 날이 샌다. 동쪽 지평선에서 빛이 일렁인다. 오오, 성스런 빛이여, 입자이자 파동이자 경이로움이여.

차 례

1부

빛이 어디에서 오는지 아느냐?
어둠의 근원이 어디에 있는지 아느냐?

욥 38:19

1장

빛이 나타나니
창조신화의 태초의 빛

아침의 흰 빛을 날실 삼아,
저녁의 붉은 빛을 씨실 삼아,
내리는 비는 술로 달고,
서 있는 무지개로 가두리를 지어,
우리에게 광명의 옷을 지어 주세요.
– 테와족, 〈하늘 베틀의 노래〉

날씨와 상관없이, 모든 시계를 무시하고, 여름의 빛은 영국 솔즈베리 평원에 일찍 찾아온다. 해가 뜨기 훨씬 전, 아치 모양의 거대한 하늘은 잿빛이었다가 뿌예지고, 연어 색깔로 변했다가 노랗게 물든다. 런던 서쪽으로 110킬로미터쯤 떨어진 구릉지에 빛이 흐르며 고산의 초원처럼 넓고 부드러운 초지에 퍼진다. 여기 이 광활한 평원에서, 고대인들은 빛을 기록하고 빛에 경의를 표하고 그 힘을 느꼈다. 여기 빛의 긴 이야기가 돌에 기록되어 있다.

밤이면 밤마다 승용차와 트럭이 A303 왕복 4차로 국도를 달려가지만, 길가의 그림자를 눈여겨보는 운전자는 거의 없다. 솔즈베리 평원이 세계적으로 이름을 알리게 된 계기인 거대한 화강암 석판들이 어둠 속에 우뚝 서 있다. 별들은 위에서 빙그르르 돌아가고 달에 눈길을 주는 이도 거의 없다. 하지만 이 밤만큼은 다르다. 하늘은 여전히 깜깜하고 음울한데 2만 명이나 되는 사람들이 스톤헨지에 모여 있다. 둥글게 늘어선 바위 둘레에 모여 있는, 멀리서 눈부시게 비추어 오는 조명을 받으며 춤을 추는 이들 가운데 다채로운 군상이 뒤섞여 있다. 일부는 '히피'라는 낱말이 특정 시대의 전유물이 아니라는 듯 옷을 차려 입은 이교도이다. 얼굴에 색을 칠하고 흘러내리는 긴 옷을 입은 그들은 밤새 북을 치며 기도를 암송한다. 밤이 '새도록.' 신(新)드루이드교도들도 있다. 덥수룩하게 턱수염을 기르고 흰 튜닉을 입은 남자들과 나뭇잎을 엮은 관을 쓰고 꽃무늬 드레스를 입은 여인들이다. 그들은 신(新)고대의 가르침을 장황하게 늘어놓는다. 그리고 훨씬 더 많은 이들이 때를 잘 맞춘 대학생이나 관광객으로, 이 특별한 아침에 이 특별한 곳에서 새벽은 마법에 가깝다는 말을 듣고 온 것이다.

조명이 넘쳐흐르는 시대인데도 해마다 스톤헨지의 하지는 빛의 우드스톡 페스티벌로 변한다. 6월 20일 일몰 직후에는 사람들이 주차장에 내린 뒤 이 돌 주위에 몰려들기 시작한다. 석양이 물러나고 밤이 내려앉을 때면 음악이 어스름 속을 떠돌고 레게음악이 더 많은 드럼 소리에 섞여 든다. 자정이 되면 술잔치를 벌이던 이들은 비눗방울을 불거나 황홀경에 빠져 두 팔을 한껏 벌리고 선다. 군중 바깥에서는 알록달록한 색깔의 훌라후프가 돌아간다. 손에 든 봉에서 불빛이 깜빡거리고, 중산모에서 솜브레로(에스파냐, 미국 남서부, 멕시코 등지에서 쓰는, 테가 넓고 뾰족한 모자—옮긴이)에 이르기까지 갖가지 모자가 반짝반짝 빛을 낸다. 사람들의 즐거움이 마치 손으로 만져지는 듯하다. 빛이 오고 있다. 전쟁과 가난, 굶주림과 절망은 잊자. 빛이 나타날 것이므로.

손목시계와 휴대폰은 이제 새벽 세 시 반을 나타낸다. 머리 위 하늘에는 별이 반짝거린다. 북두칠성이 지나간다. 밤이 이슥해진다. 거대한 석판들에 둘러싸인 채 사람들은 드럼의 메아리에 맞춰 빙글빙글 돌고 있다. 여럿이 어울려 합창하고 환호성을 지른다. 홀로 춤추는 이들이 빙글빙글 돌며 미끄러지듯 지나간다. 서로 꼭 붙어서 온기를 나누거나 빈둥빈둥 시간을 보내는, 빛에 덜 사로잡힌 이들은 새벽이 오기는 오는 건지 의문을 품는다. 이윽고 새벽 네 시가 가까울 무렵, 동쪽 지평선이 연해지며 감청색으로 바뀐다. 선반처럼 층층이 쌓인 구름이 나타난다. 잿빛 구름 아래 흰 구름 아래 분홍 구름이다. 군중을 휘감는 부푼 기대감이 손에 잡힐 듯하다. 돌기둥 위로 하늘의 어둠이 천천히 바래진다. 하나씩 하나씩 별이 사라진다. 모든 눈길이 동쪽을 향하고 밝아지는 노란 얼룩에 고정되어 있다. 손을 올려 해를 맞이한다. 원초적인 외침이 울려 퍼진다. E. E. 커밍스의 시처럼 "오늘은 해의 생일"[1]이기라도 한 듯 지평선은 이 순간을 향해 치달아 온 것 같다. 이제 노란빛 덕분에 지구의 검은 스카이라인이 드러나고, 하염없이 바라보는 사람들 머리는 외곽선이 그려진다. 드디어 오전 4시 52분, 한 줄기 빛이 지구 모서리 위로 솟는다. 해는 돌기둥을 금빛으로 빛나게 하더니 돌기둥 표면 전체를 물들이고, 치켜든 모든 얼굴에 한가득 내려앉는다. 시끌벅적하게 환호가 울린다. 빛이야! 빛이 나타났어! 4천 년이 넘는 세월 동안 그랬듯이 빛은 하지에, 스톤헨지에, 어김없이 돌아왔다.

누가 스톤헨지를 세웠는지 정확히 아는 이가 아무도 없듯이, 빛의 창조는 여전히 수수께끼이다. 최초의 빛은 어떻게 만들어졌을까? 어떤 신 또는 자연의 힘이 스위치를 켠 것일까? 팡파르가 울렸을까, 우주 스스로 자부심으로 부풀었을까? 지난 세기에 과학은 그와 같은 낭만주의를 낙담시켰고, 빅뱅은 태고의 경이로움을 몰아낸 자리에 양자와 쿼크를 들였다. 그러나 스톤헨지 건설자들은 빛이 돌아오는 걸 목격할 때, 그

기원을 설명할 필요를 찾지 못했다. 모든 종족과 마찬가지로 그들은 이미 창조신화를 지니고 있었다. 그리고 모든 창조신화가 그렇듯이 빛은 그 서문이었다.

모든 선한 것이 빛으로부터 왔고 모든 악한 것이 암흑으로부터 왔기 때문에 원시 사람들은 빛을 연구하지 않았다. 그들은 빛을 숭배했다. 빛의 탄생을 상상하면서 우리의 먼 조상들은 신화와 경이로운 이야기를 지어냈다. 밤은 그들의 뮤즈였다. 밤이면 모든 부족들은 불가에 모여 하늘에서 다이아몬드처럼 반짝이는 별보다 더 환상적인 창조 이야기를 엮어 냈다. 어떤 이야기에서는 거인이 대지를 배회한다. 또 어떤 이야기에서는 창조주가 "형태가 없고 비어 있는"[2] 우주에 홀로 앉아 있다. "어둠, 칠흑뿐인 어둠,"[3] "암흑에 싸인 암흑,"[4] "깊은 물 위의 어둠"[5]처럼 어둠이 기본 조건이다. 시간이 아직 시작되지 않았을 때는 무엇이든 가능해 보였다. 개가 말했다. 여성이 하늘에서 내려왔다. 아이들은 반으로 쪼개졌고, 최초의 빛은 신의 눈, 이, 겨드랑이, 심지어 구토로부터 나왔다.

기원 신화들은 어떤 이야기보다 생동감이 넘친다. 저 유명한 신화학자 조지프 캠벨이 신화는 "사회의 꿈"[6]이라고 말했다. 그리고 창조신화는 "모든 신화 가운데 가장 심오하고 가장 중요하다"[7]고 카를 융의 제자인 마리루이제 폰 프란츠는 썼다. 창조신화는 "세계에 대한 인간의 의식적 자각의 기원"을 드러내기 때문이다.

"태초에"로 시작하든 코요테와 태양 여신으로 시작하든 모든 사람은 창조 이야기를 안다. 모든 아이는 창조 이야기를 해달라고 조른다. 많은 문화가 하나 이상의 창조 이야기를 지니고 있으므로, 창조신화의 수는 지구상의 종족의 수보다 많다. 이렇듯 많은 창조신화를 신화학자들은 다섯 가지 유형으로 범주화한다. ① 잠수 유형, 신이 어두운 물속으로 뛰어들어 최초의 땅을 건져 올린다. ② 온 세상의 부모 유형, 남성과 여성의 신이 모든 생명체를 낳는다. ③ 무(無)로부터의 창조 유형, 신이 "무로부터" 우주를 빚어낸다. ④ 출현 유형, 더 낮은 세계에서부터 최초로 인간이 출현한다. ⑤ 우주의 알 유형, 태고의 알이 부화하여 신이 태어나고, 신이 알에서 만물을 꺼낸다.

다섯 유형 모두에서 빛은 특권적인 지위를 차지한다. 창조신화에서 동식물군의 탄생은 너저분한 사건으로서 진흙과 점액질, 살인과 근친상간, 죄와 구원이 뒤얽힌다. 하지만 빛의 창조는 보편적으로 선물로 여겨진다. 주니족 인디언 신화에서, 최초의 사람들은 지하세계에서부터 눈부신 빛 속으로 출현하게 된다. 그리스 오르페우스교 찬송가는 "사방에 퍼지는 찬란하고 순수하며 성스런 빛"[8]이라 묘사한다. 핀란드의 창조신화 '칼레발라'(Kalevala)에서는 알이 갈라진다. 그리고

조각들은 모두 아름다워졌네.
갈라진 알의 아래쪽 조각에서
아주 높은 아치 모양의 하늘이 솟았고
노른자 윗부분에서
태양의 밝은 빛이 만들어졌네.
흰자 윗부분에서
밝게 빛나는 달이 솟았네.
알의 알록달록한 반점들은
하늘의 별이 되었네……[9]

최초의 사람들을 만든 신이나 신들은 종종 의구심을 가졌기에 신화

에는 홍수나 심각한 상황 이야기가 넘치지만, 어떤 태고의 신화에도 두 번째 빛은 등장하지 않는다. 고딕 성당으로 흘러들거나, 최초의 레이저에서 웅웅거리며 루비의 붉은 빛이 발사되기 훨씬 전 태고 적에, 빛은 완벽했다. 힌두교 우파니샤드에서, 태고의 모든 일출은 "탄성과 환호"[10]를 불러일으켰다. 서아프리카 코노족은 새가 지저귈 때 동터 오는 빛을 이야기한다. 그리고 창세기 1:4절은 "그 빛이 하느님이 보시기에 좋았더라"[11]라고 말한다. 흠잡을 데 없는 최초의 빛이 창조가 이루어지게 한 만큼이나, 빛은 지금도 여전히 이 세상에서 새벽마다 새로이 창조를 펼친다.

스톤헨지 위로 해가 떠오르기 세 시간 전쯤, 새벽은 탄자니아 올두바이 협곡에 찾아온다. 영국 솔즈베리 평원과는 달리, 인류의 가장 오래된 조상의 고향인 올두바이는 밤이 물러나기 시작한 뒤 한참이 지나도록 협곡을 둘러싸고 있는 바위투성이 언덕이 해를 가리고 있다. 이 건조하기 짝이 없는 협곡 곳곳에서 그리고 주변의 골짜기에서, 최초의 인류는 빛의 기원을 곰곰이 생각했다. 이 지역의 가장 오래된 창조신화들은 대부분 스와힐리어로 구전된 신화로 대체되었다. "시간이 시작되기 전 신이 계셨다. 그는 태어난 적도 없고 앞으로도 죽지 않을 것이다. '존재하라!'고 말만 하면 신이 원하는 것은 존재하게 된다. 그래서 신은 말했다. '빛이 있으라!' 그래서 빛이 생겨났다.……"[12]

동아프리카 자체가 그렇듯이 창조 이야기는 코란의 영향을 크게 받았다. 코란은 아담과 이브와 동산을 포함하여 6일간의 창조를 이야기한다. 더 오래된 창조 이야기를 찾으려면, 빛을 따라 서쪽을 향해, 지난날 유럽 사람들이 "암흑의 심장"이라며 두려워했던 곳으로 가면 된다. 새벽은 올두바이에서부터 한 시간이면 깊고 파란 빅토리아 호수를 지나 콩고 지역의 무성한 밀림 속으로 스며든다. 여기서 부숑고족 사람들은 신 붐바에 대해 알려 준다. 창조가 시작된 날, 붐바는 깜깜한 물위에 홀로 있다가 고통스러움에 몸부림친다. 뱃속이 찢어지고 있는 것 같았다. 구역질을 하고 뒹굴던 붐바는 토할 것만 같았다. 결국 큰 신음소리와 번쩍이는 빛과 함께 붐바는 "해를 토해 냈다."[13] 햇빛이 퍼지면서 물이 말랐다. 산등성이들이 나타났다. 마른 땅 위에 오른 붐바는 땅을 향해 몸을 구부리고 달과 별을 계속 토해 냈다. 속이 메슥메슥한 신은 그 모든 빛 아래에서 표범, 악어, 거북이, 물고기, 그리고 마침내 사람을 게워 냈다.

　이 부숑고족 신화는 많은 무(無)로부터의 창조 이야기 가운데 하나로, 빛은 신의 몸에서부터 나온다. 최초의 남자와 최초의 여자는 진흙이나 나무로 만들어질 수도 있었지만 빛만은 완벽한데, 이는 빛이 하느님의 일부였음을 뜻했다. 구토가 몹시 더럽게 느껴진다면, 이빨은 어떤가. 남태평양 길버트제도에서 마이나족은 '나 아레안'(Na Arean) 신을 이야기한다. 암흑 속에서 그는 "무(無) 속에 떠 있는 구름"[14] 위에 홀로 앉아 있었다. 어느 날, 나 아레안이 생각에 잠겨 있을 때 작은 사람이 나 아레안의 이마에서 튀어나왔다. "너는 내 생각이다" 하고 나 아레안이 말했다. 신과 신의 생각이 암흑 속에 머물던 중 작은 사람이 비틀거리더니 넘어졌다. 그러자 나 아레안이 입안에서 구멍이 뚫린 이를 뽑아 자신이 진흙으로 만들어 놓은 땅속에 찔러 넣었고, 거기서 빛이 흘러나왔다. 다른 곳으로 눈을 돌리면, 칼라하리사막 부시먼족의 창조신화에서 빛은 신의 겨드랑이에서 분출되고, 북부 이집트에서는 신이 웃음을 터뜨리자 세상이 환해진다. 그러나 최초의 빛이 기원하는 가장 보편적인 원천은 신의 눈이었다.

중국의 이야기에는 대제(大帝) 반고(盤古)가 등장한다. 뿔 모양의 엄니가 달린 반고는 거인으로 날마다 1장(丈)씩 키가 자라고 1만8천 년을 살았으며 그 흉측한 몸뚱이로부터 우주가 만들어졌다. 반고의 눈물은 양쪽 강이 되었고, 그의 숨결은 바람이 되었으며, 뼈는 바위가, 목소리는 우레가 되었다. 중국 사람들은 하늘을 바라보면서, 낮에는 반고의 왼눈이 세상을 밝히고, 밤에는 오른눈이 빛을 낸다고 생각한다. 초창기 이집트 사람들도 비슷한 기원을 말한다. 인간의 기원에 관한 이야기는 나일강을 따라서 다양하게 펼쳐지지만, 대체로 공통적인 점은 태양신 '라'가 빛을 창조했다는 것이다. "나는 눈을 뜨면 거기 빛이 있는 존재다"[15]라고 라는 선포했다. 라가 눈을 뜨고 있는 동안 낮이 이어진다. "라가 눈을 감으면 어둠이 내려앉는다."[16] 그러나 빛이 생명을 의미하는 여러 문화권과 마찬가지로, 이집트 사람들은 악마가 수평선 아래에 도사리고 있다고 생각했다. 그 뱀 또는 때때로 용인 아펩은 라의 철천지원수로, 매일 저녁이면 햇빛을 붙잡아 밤 내내 싸움을 벌인다. 따라서 나일강에 찾아오는 새벽이 의미하는 건 빛과 온기만이 아니라 승리이다. 라가 다시 세상을 밝히는 것이다.

신에게서 비롯된 빛은 창조의 씨앗이었다. 그러나 몇몇 문명은 빛이 지극히 천상의 것이어서 기원이 없다고 본다. 거북이, 뱀, 최초의 남자와 최초의 여자는 태초에 창조되지만, 그 많은 창조는 빛 아래에서 펼쳐지므로, 빛은 마치 우주를 둘러싼 금빛 테처럼 변함없이 '존재'하고 언제나 존재해 왔다. 빛은 언제나 존재해 온 것이므로, 설명이 필요한 건 어둠이었다.

스톤헨지에서 그랬듯이, 새벽은 남태평양의 작은 군도인 뱅크스제도를 압도한다. 흰 모래 해변 위, 뭉게구름 아래로, 하늘은 대양과 맞닿아

눈에서 햇빛이 뿜어져 나오는 이집트 태양신 라(Ra)는 최초의 빛의 기원을 알려 주는 여러 신화 속의 신 가운데 하나이다. iStockphoto.com

있다. 적도 남쪽으로 위도 13도에 위치한 이 섬들에 빛이 쏟아지고, 해가 내리쬐는 시간은 한 해 내내 거의 변함이 없다. 어느 섬을 둘러보아도 매일 아침 물 위로 빛이 새벽을 열고 황혼이면 물 위에서 사라지는 걸 볼 수 있다. 이렇듯 어디에나 빛이 있기에 뱅크스제도 사람들은 밤이 결코 찾아오지 않았던 때를 이야기하는지도 모른다.

뱅크스제도 창조신화의 중심에는 신 크프왓이 있다. 크프왓은 산산조각난 돌에서 태어났는데, 그 돌이 여전히 어떤 마을에 남아 있다고 말하는 이들도 있다. 크프왓은 세계를 창조하기 시작했다. 나무로 사람들을 조각한 뒤 밀림과 해변, 화산과 산호초, 돼지, 불, 비를 만들었다. 크프왓이 만들 수 없었던 딱 한 가지는 어둠이었다. "언제나 빛만 있구나"[17] 하고 크프왓의 형제들이 불평했다. "뭔가 달라질 수는 없겠니?" 그러나 변함없이 빛은 존재했고 그러던 중 크프왓은 새로운 소식을 들었다. 이웃인 토러스제도에 '밤'이라는 것이 내려앉는다는 것이다. 형제들을 기쁘게 해주려고 크프왓은 이 '밤'이라는 걸 구하기 위해 카누를 타고 바다로 나갔다. 노를 저어간 끝에 토러스제도에 도착한 크프왓은 돼지 한 마리를 주고 밤 한 자락과 수탉 몇 마리를 얻었다. 그리고 집으로 돌아왔다. 몇 시간이 지났을 무렵, 뱅크스제도의 하늘이 어둑어둑해지기 시작했다. 크프왓의 형제들은 두려워졌다.

"하늘에 퍼지며 하늘을 가리는 게 뭐지?"[18]

"이게 밤이야." 크프왓이 말했다. "입 다물고 누워 봐."

크프왓의 형제들이 드러눕자 곧 졸음이 몰려왔다.

"우리가 죽는 걸까?"

"이건 잠이야."

수탉이 없었다면 밤은 영원토록 이어졌을지도 모른다. 수탉이 울기 시작하자 크프왓은 날카로운 바위를 쥐고 하늘을 쪼갰다. 뱅크스제도에 빛이 되돌아왔고, 그 뒤 아침이면 빛은 다시 돌아왔다.

새벽은 이 섬들로부터 서쪽으로 이동한다. 바다 위를 훑으며 한 시간 뒤면 오스트레일리아 아웃백에 도착한다. 붉은 바위가 펼쳐진 이 사막에서 원주민들은 천지창조부터 영원의 시간까지 펼쳐지는 존재 상태인 꿈의 시대를 이야기한다. 꿈의 시대가 시작되었을 때, 태양은 결코 지지 않았다고 노인들은 말한다. 볕에 시달리고 거의 눈이 먼 꿈의 시대 사람들은 구원을 갈망했다. 마침내 신 노럴리가 주문을 걸었다. "해야, 해야, 땔나무를 때라, 네 안의 것을 다 태우고 내려가거라."[19] 그러자 그 뒤로 해는 밤만 되면 사라져서 아웃백이 서늘해질 수 있었다.

중단이 없는 빛은 잉카, 마야, 그리고 그 밖의 아메리카 원주민들 신화에도 가득하다. 그러나 언제나 존재해 왔던 빛이 언제나 적소에 존재한 것은 아니었다. 중부 캘리포니아 원주민인 미워크족의 이야기에서, 최초의 사람들은 어둠 속에 살았고, 유일한 빛은 태양 여신의 집이라는 동쪽에서 일렁이는 빛이 전부였다. 빛을 누리고 싶었던 미워크 사람들은 코요테 신인(神人)을 보내 태양여신을 데리고 오라고 했다. 가서 보니 태양여신이 전복 껍데기 옷을 입고 빛을 내며 앉아 있었다. 그러나 태양여신은 꼼짝도 하지 않으려 했다. 미워크 사람 몇 명이 더 와서 태양여신을 묶어서 데리고 갔고 그 빛을 함께 누리게 되었다. 다양한 에스키모 부족 사람들도 이와 비슷한 이야기를 들려준다. 새가 컴컴한 천장을 쪼아 구멍을 내어, 또는 꾀가 많은 큰 까마귀가 태양을 자루에 담아 갖고 와서 빛을 볼 수 있었다는 것이다. 애리조나 유마족은 훨씬 쉽게 빛을 구했다. 유마족의 창조신이 엄지에 침을 발라 깜깜한 하늘 한 부분을 문지르니 거기서 빛이 새어 나온 것이다.

인도 바라나시 갠지스강의 일출. 힌두 리그베다에 실린, 새벽에 바치는 많은 기도 가운데 하나는 "우리는 그 환한 빛을 보았습니다. 빛은 널리 퍼지며 어둠의 괴물을 몰아냅니다"라고 찬양한다. Getty Images

　　최초의 빛 이야기들은 구전되며 되풀이되었는데, 부족 안에서만 전해 졌고 최초의 빛은 부족의 가장 먼 수평선까지만 비추었다. 그러나 메소 포타미아에서 문자가 등장하고 중국과 인도로 확산되면서, 전 세계의 주요 종교는 양피지와 평판에 신화를 기록했다. 그 빛나는 찬송가들은 다른 어떤 인간의 창조물보다 오래도록 전해지게 된다.

　　천상의 빛 가운데에서도 인도 갠지스강 평원에 밝아 오는 새벽빛은 지상을 가장 압도하는 빛이다. 밤이면 밤마다 성스러운 도시 바라나시 에서는 잉크 빛 강물 위로 촛불이 떠 가며 은은한 호박색 불빛을 어둠 속에 드리운다. 갠지스강을 따라 늘어선 아치와 탑 모양의 벽 아래에서 등잔이 깜빡인다. 일출이 가까워지면, "빛의 도시"[20]라는 뜻의 '카시'라 고도 불리는 이 고대 도시 위로 부챗살처럼 빛이 퍼진다. 그러면 수백 명이 목욕을 하며 동쪽 수평선을 향해 절을 올리고, 노란빛은 퍼져 나가며 오렌지 빛깔로, 오렌지 빛깔은 붉은 빛으로 바뀐다. 이윽고 일렁이고 고동치던 해가 갑자기 터져 나오듯 수평선 위로 솟으며 그 빛으로 수면을 뒤덮고, 높이 떠오르며 또 하루를 이글이글 달군다.

복잡하게 얽혀 있는 힌두 경전 가운데 베다는 세계에서 가장 오래 된 경전으로 수많은 창조신화가 겹친다. 창조가 어둠 속에서 시작되었다는 데 누구나 동의할 것이다. 이를테면 리그베다는 "어둠이 어둠에 뒤덮여 있었다"[21]고 말한다. 이 깜깜한 허공을 가르며 나타난 최초의 빛은 그 기원이 다양하다. 창조신이며 나중에는 브라흐마라고 일컬어진 프라자파티가 빛과 어둠을 낳았다는 이야기들이 있다. 그가 숨을 내쉬어 "빛나는 존재"[22]인 신들을 보내자 하늘이 환해졌다고 한다. 다른 이야기에서는 원인(原人) 푸루샤가 등장한다. 푸루샤는 신들의 제물이 되었고 그 몸뚱이는 우주가, 그 마음은 달이, 그 눈은 태양이 되었다. 힌두 경전에는 잠수 유형부터 무(無)로부터의 창조 유형까지, 우주의 알 유형부터 세상의 부모 유형까지 모든 유형의 창조신화가 담겨 있다. 그러나 각각의 이야기에서 빛은 크나큰 기쁨을 불러일으킨다. 서광(曙光)에 대한 수많은 찬가 가운데 하나에서 리그베다는 선포한다. "서광이 모든 빛 가운데 가장 밝게 그 모습을 나타내면, 무량광명의 세계가 펼쳐진다. ……"[23]

힌두 신전을 물들인 바로 그 갠지스강의 태양은 불교 사원에도 퍼진다. 모래성 같은 스투파가 동쪽 지평선을 배경으로 모습을 드러낸다. 태양의 온기를 내면으로부터 느끼며 부처와 수행자들이 이 평원에서 본 빛은 하늘과 영혼 모두에서 새로 태어난 것이었다. 불교 경전에서는 창조에 대해 거의 말하지 않고 창조주에 관해서는 한마디도 없다. 부처가 태초 대신에 말한 우주는 영구히 팽창하고 수축하며 수레바퀴처럼 삶

이 이어지는 윤회를 지어낸다. 윤회란 탄생, 죽음, 재탄생의 순환이다. 이 윤회의 수레바퀴를 누가 만들었느냐는 질문을 받고 부처는 이렇게 대답했다. "비구들이여, 이 윤회의 시작이란 헤아릴 수 없는 것이다. 중생들의 첫 시작은 알려지지 않는다."[24] 그러나 빛의 기원에 관해서 불교는 훨씬 명확하게 말한다. 빛은 내면에서부터 온 것이라고.

부처는 비구들에게 말했다. "오랜 세월이 지난 뒤 어느 때, 이 세계가 수축하는 때가 온다. 세계가 수축할 때 대부분의 중생은 광음천(光音天)에 태어난다. 그리고 거기서 머무는데, 그들은 마음으로 이루어진 존재로서 기쁨을 먹고 살며 스스로 빛을 내고 허공을 자유로이 떠돌며 장엄하다. 그렇게 매우 오랜 세월을 산다."[25](《세기경》(世紀經)—옮긴이) 스스로 빛을 낸다. 내면의 빛으로 빛난다. 태양도 달도 별도 없이 이 존재들은 스스로 환하게 밝힌 곳, 부처가 "빛의 세계"[26]라 일컬은 곳을 자유로이 떠돈다. 그리고 또다시 "억겁의 세월"이 지난 뒤, 빛나는 존재들에게 "물 위에 퍼진 달콤한 땅"[27]이 나타났다. 새 땅을 맛보니 꿀처럼 달콤하여 손으로 집어먹었다. "이로 인해 스스로 내던 빛이 사라지고 …… 달과 해가 나타났으며, 밤과 낮이 나뉘고 한 달과 보름이 생겨나고 한 해와 계절이 알려졌다."[28] 내면에서 발하던 빛이 사라지자 우리는 해와 달에, 우리가 한때 품고 있었던 빛에 이끌리게 되었다. 밀턴보다 2천 년 앞서, 부처의 빛의 세계는 실낙원이었던 셈이다.

세계의 경전들에는 최초의 빛에 관한 이야기가 풍부하게 들어 있지만 엿새 동안 세계를 창조한 신 이야기를 담고 있는 경전은 하나뿐이다. 창세기는 기원전 600년 무렵으로 거슬러 올라간다. 그 도입부는 지하묘지와 성당에서, 혼자 있는 곳에서, 그리고 달 궤도를 도는 우주인들에 의해 암송되어 왔다. 그리고 여전히 거듭 암송되고 있다.

태초에 하느님이 천지를 창조하시니라

땅이 혼돈하고 공허하며

흑암이 깊음 위에 있고

하느님의 영은 수면 위에 운행하시니라

하느님이 이르시되 "빛이 있으라" 하시니 빛이 있었고

빛이 하느님이 보시기에 좋았더라.

하느님이 빛과 어둠을 나누사……[29]

성서 시대부터 다윈 시대까지, 창세기는 서양 문화에서 최초의 빛을 정의했다. 그 대표적인 문장 "빛이 있으라"는 화가와 작곡가, 시인과 소설가, 학자와 성자에게 영감을 주었다. 라틴어 번역어인 '피아트 룩스'(Fiat lux)는 수많은 대학의 모토이다. 현대 학자들은 창세기와, 그 기원, 교훈, 의미에 관해 끝없이 해석을 내놓는다. 번역자들은 창세기의 많은 부분을 다르게 표현하지만, 킹제임스 성경부터 개정표준역 성경, 뉴 킹제임스 성경에 이르기까지 이 문장만큼은 한결같이 쓴다. 모든 번역본이 "빛이 있으라"라고 쓰는 것이다.

무에서부터 창조된 창세기의 최초의 빛은 신성한 만큼이나 신비롭다. 그것은 많은 최초의 빛 가운데 하나로 보일 수도 있으나 하나의 뚜렷한 특징을 지닌다. 다른 모든 태초의 빛은 태양, 달, 또는 별, 아니면 빛을 구현하고 있는 신으로부터 비롯된다. 그러나 창세기에서 태초에 만들어진 빛은 해나 달에서 비롯된 것이 아니다. 하느님은 말을 함으로써 빛을 만들어 냈고, 이어서 하늘과 땅을 창조한다. 창조 네 번째 날에 하느님은 "두 큰 광명체를 만드사 큰 광명체로 낮을 주관하게 하시고 작은 광명체로 밤을 주관하게"[30] 하신다. 이는 무신론자들이 독실한 신자들에게 "말이 되느냐고" 추궁하는 대목 가운데 하나이기도 하다. 그러나 더 큰 의미가 있을 것이다.

하느님이 빛과 어둠을 나누듯이, 창세기는 빛의 기원을 천상과 분리하여 빛은 자연의 힘이 된다. '큰 광명체'가 구름 뒤에 숨어 있거나 '작은 광명체'가 땅 끝에 걸려 있을 때에도, 이 빛이라는 실체는 천지창조에 가득하다. 빛은 해, 달, 별의 총합 이상임을 창세기는 알려 준다. 빛을 에너지로 여기기 전까지, 오랜 세월이 흘러 과학이 그 사실을 드러내기 전까지, 창세기는 빛을 우주의 본질로 인식하는 것이다. 하느님은 빛을 창조하고, 보기 좋다고 하고, 빛과 어둠을 나누고, '사흘' 뒤에야(말이 되느냐고!) 해와 달을 창조한다. 더 현실적인 창조주라면 이 구체들을 먼저 창조함으로써, 창세기에서 밝히듯이 "그것들로 징조와 계절과 날과 해를 이루게"[31] 했을 것이다. 그러나 하느님의 이 빛은 도구, 다시 말해 천지창조의 첫 번째 도구이다.

신화를 행위와 연결 짓는 것은 위험한 일이고, 닭이 먼저냐 달걀이 먼저냐를 따지는 것과 같다. 문화는 신화에 따라서 행위하는가, 아니면 행위를 설명해 주는 신화를 고수하는 것인가? 논쟁은 결코 끝나지 않을 것이다. 그러나 빛을 해와 달로부터 분리하는 창조신화를 받아들임으로써, 아마도 이슬람을 포함하여 서양 세계는 빛을 하나의 실체로서 연구하게 되었고 빛은 영감을 주는 데만 머물지 않았을 것이다. 인류학자 브로니슬라브 말리노프스키는 "한편에는 한 종족의 이야기와 신화 체계, 종교적인 이야기가 있고, 다른 한편에는 제의적 행위, 도덕적 행위, 사회조직, 더 나아가 실제 활동이 있다고 할 때, 둘 사이에는 밀접한 관계가 존재한다"[32]고 썼다. 말리노프스키를 비롯한 많은 신화학자들에게, 신화는 "전해지는 이야기일 뿐 아니라 실제의 삶"[33]이다. 연관성은 비록 명확하지 않지만, 창세기 첫날 창조된 빛을 가장 완벽하게 연구하게 되는 문명은, 창조주가 빛을 내뿜거나 하늘을 가르는 문명이 아니라 그저 "빛이 있으라"라고 말한 문명이었음을 역사의 전개에서 알 수 있다.

지구 전체를 휩쓸며 빛은 뿜어져 나왔다. 태고의 신화가 풍부하다는 긴 빛이 인간의 내부와 외부 모두로부터 인간의 의식에 다가왔다는 걸 알려 준다. 어떤 문명은 빛이 신의 몸에서부터 솟아나게 하는 데 만족했다. 또 어떤 문명에서는 빛을 광희로, 빛의 창조를 웃음 또는 노래만큼 즐거운 것으로 보았다. 하지만 모든 최초의 빛은, 대륙과 대양과 사막을 거쳐 가면서 숭배와 경외, 크나큰 신비로 받아들여졌다. "아래에 무엇이 있었는가?"[34]라고 리그베다는 묻는다.

> 위에는 무엇이 있었는가?
> 씨 뿌리는 이들과 힘이 있었다.
> 아래에는 에너지가, 위에는 충동이 있었다.
> 진정 누가 알겠는가? 누가 단언할 수 있겠는가?
> 그것이 어디에서 태어났고, 이 발현이 어디에서 시작되었는지를.

그리고 완전히 신화적이면서도 완전히 사실적이기도 한 그 답을 찾아 인류는 어둠에서 빠져나오는 긴 여정에 올랐다.

2장

빛이라 일컫는 것

고대 철학자들

"자네가 분명 알고 있듯이 색깔이 존재한다 해도,
그것이 눈에 보이고 색깔이 보이려면
하나가 더 있어야 하는데 말이네……."
"무얼 말씀하시는 겁니까?"
"자네가 빛이라 일컫는 것일세."[1)]
- 플라톤, 《국가론》

　빛을 최초로 연구한 이들은, 그 성과에 힘입어 연구를 이어 간 후대 사람들과 마찬가지로 별난 무리였다. 어떤 이는 우주가 물로 이루어져 있고 자석에는 영혼이 깃들어 있다고 주장했다(탈레스—옮긴이). 또 어떤 이는 신이 되었음을 주장하며 스스로 시칠리아 에트나산의 분화구에 몸을 던져 그 사실을 입증했다. 그의 샌들만이 발견되었다고, 전설은 그렇게 전한다(엠페도클레스—옮긴이). 어떤 이는 경주용 이륜마차를 타고 낮과 밤의 문을 지나 환한 빛의 세계로 나아갔다고 했다(파르메니데스—옮긴이). 몇몇은 구면거울로 햇빛을 반사시켜 작은 막대기에 빛을 쪼였고, 불꽃이 피어오르자 환호성을 터뜨렸다. 많은 철학자가 콩을 먹지 않았다(피타고라스와 제자들은 콩과 사람의 기원이 같다고 여겨 콩을 먹지 않았다고 한다—옮긴이).

　하지만 다른 사람들이 빛을 성스런 것으로 여길 때, 이 초기의 연구자들은 빛을 연구해야 할 대상이라고 보았다. 빛은 신의 일부가 아니라고 그들은 말했다. 그러면 "이 발현이 어디에서 시작되었는가?" 하고 리그베다는 물었다. 빛은 눈에서 비롯된다고 누군가 주장했다. "아니다, 빛은 우리가 보는 사물에서 비롯된다. 눈이다. 사물이다. 눈이다. ……" 이런 주장을 하찮게 여긴 이들도 있었지만, 그 세속적인 어소 넉분에 이후 2천4백 년 동안 빛에 대한 모든 발견이 가능하게 되었다.

아리스토텔레스는 이 철학자들을 '피시코이'(phusikoi), 다시 말해 "자연을 연구하는 이들"[2]이라 일컬었다. 이 그리스어로부터 '물리학'(physics)이라는 용어가 생겨났고, 물리학의 범주 안에서 빛에 대한 연구가 오늘날까지 이어지고 있다. '피시코이'의 탐구는 "가시적인 현상의 원인"[3]과 "사물이 무엇으로 이루어져 있는가"를 알고자 하는 것이었다고 아리스토텔레스는 썼다. 이때는 예수 탄생보다 400~600년 앞선 시대였으므로 경전 말고는 글로 쓰인 것이 거의 없으니 모든 것에 설명이 필요했다. 지중해의 파도에 젖고 이글거리는 태양 빛을 받는 여러 섬에 살고 있던 최초의 서양 철학자들은 인도와 중국의 최초 철학자들과 마찬가지로 눈앞에 펼쳐진 세계의 체계를 확립하기 시작했다. 그 출발로서 정신을 설명하는 이들이 있는가 하면, 어떻게 살아야 하는가를 묻는 이들, 감각을 믿을 수 있는지 없는지, 신의 변덕이 아닌 다른 무엇이 자연현상을 설명하는지 묻는 이들이 있었다. 그들이 가장 먼저 설명하고자 한 현상 가운데 빛이 있었다.

빛은 분명히 빛살로 이루어져 있다. 아니 어쩌면 원자로 이루어져 있을 것이다. 빛이 만들어 내는 광택은 눈과 사물 사이의 눈에 보이지 않는 물질에 일으킨 파문일 것이다. 의문은 꼬리를 물고 생겨났지만, 이것만큼은 분명해 보였다. 소리는 들판 건너편을 향해 외치는 사람에게 그 속도가 분명히 느껴지지만, 빛은 그처럼 '이동'하지 않는다는 것이었다.

소리는 충돌과 파열 사이에 시간 차가 있지만 빛에는 그런 지체가 없었다. 눈을 뜨자마자 별을 볼 수 있는 것이다. 빛은 순식간이었다. "사물이 무엇으로 이루어져 있는가"를 탐구하지 않는 이들에게도 빛은 대단히 흥미로운 것이었다. 화가들은 빛깔과 그림자에 관해 의문을 품었다. 치료사들은 동물의 안구를 절개해 보고 시력의 신비함에 놀랐다. 천문학자들은 "횃불처럼 타오르는 태양"[4]과 "둥근 눈을 지닌 달의 운행"을 그림으로 그렸다. 그리고 천천히, 연구에 연구가 이어지면서, 신성한 창조의 빛은 인간의 호기심이라는 호적수를 만났다.

빛은 순식간으로 보였지만 빛에 관한 최초의 이론들이 발전하는 속도는 돛단배 수준이었다. 그리스인들이 빛에 관해 처음으로 추론한 때로부터 7백 년이 지나서야 광학 교과서가 등장했고, 마찬가지로 단테의 신성한 빛으로부터 7백 년이 지나서야 양자이론이 등장했다. 이 7백 년 동안 해가 25만 번 뜨고 지면서 빛은 뜨거움과 차가움, 남성과 여성, 빛과 어둠이라는 자연의 이중성 가운데 하나로 자리 잡았다. 빛에 관해 고민한 사람들 대부분은 창조신화까지 거슬러 올라갔다. 그리스 시인 헤시오도스는 카오스 신이 에로스와 짝을 지어 밤의 신 에레보스와, 빛 또는 순수한 공기의 신인 아이테르를 낳았다는 이야기를《신통기》(神統記, Theogonia)에서 들려준다.(아이테르에 관한 이야기는 나중에 더 살펴보자) 눈이 먼 시인 호메로스는 빛을 한껏 묘사했다.《일리아스》와《오디세이아》에는 "신들의 찬란한 강림"[5] 이야기가 그득한데, 제우스의 번개와, "빛 속에서"[6] 올림포스산에서 내려오는 아테나의 이야기도 들어있다. 호메로스의 영웅들은 번쩍이는 투구를 쓰거나 눈부신 구름 아래에 나타난다. 호메로스의 빛은 "장밋빛이 손가락처럼 퍼지는 새벽"(《오디세이아》에서—옮긴이)이 그렇듯이 기원전 600년 무렵까지 그리스 전역에서 빛을 정의했다. 그리고 창세기의 천지창조처럼 무(無)에서 등장한 소수의 별난 이들이 빛을 신성한 것이 아닌 다른 것으로 말하기 시작했다.

오늘날 터키 해안을 따라서, 소크라테스 이전 그리스 철학자들은 하늘을 바라보며 빛을 탐구했다. 빛에 사로잡힌 나머지 하늘만 바라보다가 우물에 빠진 적도 있는 탈레스는 기원전 585년에 일식을 예측했다. 오늘날 학자들은 이 전설 같은 이야기를 의심하지만, 탈레스는 달빛이 햇빛을 반사하는 것임을 알았고, 빛이 신들에게 마땅한 자격을 부여하는 한편 신 없이도 설명될 수 있는 것임을 알았다. 느릿느릿 한 세기가 흐른 뒤 아낙사고라스가 연구에 착수했다. 태어난 목적이 무엇이냐는 질문에 아낙사고라스는 "해와 달, 그리고 천체에 관해 사색하기 위해서"[7]라고 대답했다. 태양은 불타는 쇳덩어리이고 그 파편들이 떨어질 수도 있다고 그는 말했다. 이렇게 천명한 탓에 아낙사고라스는 재판에서 유죄 판결을 받고 추방당했다. 아마 모든 것에는 설명이 필요했지만 한계가 있었을 터이다. 또 수십 년이 지난 뒤 빛에 매혹된 이가 나타났는데, 그는 "가시적인 현상의 원인" 만큼이나 자기 자신에게 사로잡힌 사람이었다.

호메로스가 말한 "포도주 빛 바다" 위쪽 시칠리아의 남부 해안은 고대 그리스의 서쪽 자락에 위치한다. 풍부한 유적 너머 언덕 위에 이탈리아 도시 아그리젠토가 있다. 응당 서 있는 교회, 광장, 붉은 기와지붕들이 있다. 예비 조사 없이 온 관광객들은 시칠리아에서 그리스 유적을 발견하고 놀라곤 하는데, 아그리젠토의 신전 계곡은 그리스 영광의 시절 유산을 아낌없이 펼쳐 보인다. 나는 어느 해 크리스마스이브에 신전 계곡에 홀로 머물면서 유적의 기둥 위로 반짝이는 오리온자리를 응시했다. 종려나무와 올리브나무가 점점이 보이는 이 적갈색의 도시는 몇 블록으로 이루어진 규모이다. 크기가 작은 파르테논 신전처럼 보이는 유적인 주노 신전, 헤라클레스 신전, 제우스 신전, 불카누스 신전이 인접한 들판 위로 솟아 있다. 지붕이 무너져 덮개 없는 건물은 하늘을 향해 열려 있다. 계단은 부서지고 포장된 돌길은 울퉁불퉁하며 네모난 돌덩이들은 세월에 의해 닳아졌다. 바로 여기, 철학자 엠페도클레스가 "황갈색의 대도시 아크라가스"[8]라고 일컬은 이곳에서, 그는 무엇보다도 의문이 생겼다. 빛이라는 이것은 무엇인가?

엠페도클레스의 저술은 일부만이 남아 있을 뿐이지만, 전설에 따르면 그는 처음으로 빛을 연구한 이들 가운데 으뜸가는 기인인 듯하다. 보라색 긴 겉옷에 금빛 허리띠를 두르고 이 거리를 활보하던 그는 머리를 치렁치렁 기르고 다녔다. 떨기나무, 새, 물고기였던 자신의 전생 이야기를 추종자들에게 들려주었으며, 현생에서는 자신이 예언자 또는 어쩌면 신일 거라고 공표했다. 엠페도클레스에 관한 이야기는 지중해 전역에 널리 퍼졌다. 그는 죽은 여인을 부활시켰고 리라를 연주하여 살인자를 진정시켰으며, 산길을 동물 가죽으로 막아서 강풍을 차단했으며, 불속에 뛰어들었다가 멀쩡하게 다시 나타났다. 오늘날 학자들은 그가 에트나 화산에 몸을 던졌다는 이야기를 의심하지만, 그야말로 그다운 행동으로 보인다. 이런 이야기는 빛을 최초로 연구한 철인들의 기벽을 들려주는데, 그 기벽에는 자연과 인간에 관한 성숙한 관점이 숨어 있다.

엠페도클레스는 이렇게 썼다. "아아, 가엾은 필멸의 존재들, 불행한 존재들, 갈등과 신음 속에서 태어난 존재들. …… 나 또한 이들 가운데 하나로, 신들로부터 추방된 자이며 방랑자로서, 확신하는 것은 격렬한 다툼이다."[9] 다툼은 자연의 이중성 가운데 한 측면을 형성하며 그 대립물은 사랑이라고 엠페도클레스는 믿었다. 다툼과 사랑은 팽팽하게 줄다리기를 하면서 세상을 관장했고, 엠페도클레스가 기원전 435년에 숨을 거둔 직후 이 그리스식 음양의 신봉자들도 사라졌다. 그가 말한 자연의 네 가지 기본 요소인 흙, 공기, 불, 물은 더 오랫동안 영향을 끼쳤다. 빛은 불이고 눈에서부터 나온다고 엠페도클레스는 말했다.

> 길을 떠나려는 이가 등불을 준비해서
> 그 불꽃으로 겨울밤을 환히 밝히려면
> 바람을 막아 줄 바람막이를 씌워야
> 불어오는 바람을 막을 수 있지만
> 더 결이 고운 빛은
> 바람막이를 뚫고 밖으로 퍼져 나가
> 지칠 줄 모르는 빛살로 땅을 밝힌다.[10]

일부 학자는 이 단장(斷章)을 과학보다는 은유로 바라보지만, 어떤 이들은 엠페도클레스가 빛을 "박막에 싸여 있고"[11] "주변을 흐르는 깊은 물" 같은 유동체에 의해 보호되는 광학적 불꽃으로 정의했다고 주장한다. 등불의 빛처럼 눈은 그 불꽃을 사물을 '향해' 투사한다. 그러나 나중에 플라톤은 엠페도클레스가 빛이 눈'으로' 들어가는 것이라고 주장했다고 말한다. 그러면 빛은 눈에서 비롯되는 것인가 사물에서 비롯되는 것인가? 엠페도클레스가 자기 자신과 대립하게 되면서 불을 지핀 논쟁이 시작되었다. 기원전 410년 즈음 다시 처음으로 돌아간 이론이 등장했는데, 이를 촉발시킨 것은 눈에 보이는 일반적인 하나의 현상이었다.

햇빛 속에서 먼지가 떠다니고 움직이며 춤춘다. 물질에 관해서, 먼지가 떠다니는 빛에 관해서 그 이론은 어떻게 말하는가? 아마도 지상의 만물은, 평범한 탁자에서부터 가장 높은 산에 이르기까지 원자라는 쪼개지지 않는 작은 입자로 이루어져 있을 거라고 했다. 이 이론을 설파한 철학자 레우키포스는 곧이어 이를 빛에도 적용했다. 모든 물체는 아주 얇은 빛 입자를 방출한다고 레우키포스는 기원전 5세기에 썼다. 방출하는 물체와 비슷한 모양의 입자들이 만들어 낸 환영이 눈'으로' 들어간다. 철학자 에피쿠로스는 한 편지에서 이를 설명했다. 아무렴, 이들은 빛에 관해서도 편지를 쓰는 사람들이니까. "우리가 보는 실체와 모양이 동일하지만 질감이 매우 얇은 이미지 또는 패턴이 있습니다. ……"[12] 에피쿠로스는 "우리는 그것을 에이돌라라고 일컫습니다"라고 썼다. 빛이 아른거리고 환영 같은 에이돌라, 단수 형태로 에이돌론은 빛이 눈 속에 든 불꽃일 수 없음을 증명했다. 에피쿠로스는 말을 이었다. "외부 사물이 우리에게 그 빛깔과 형태의 본질을 각인시키는 방식은 그것과 우리 사이에 있는 공기라는 매질을 통해서 또는 광선에 의해서보다는 …… 우리 눈이나 정신으로의 유입에 의해서입니다."[13] 기원전 400년 무렵 에이돌라 이론은 아테네에 도착했다.

그리스 황금기였던 기원전 480~323년 내내 아테네 사람들은 빛을 흠모했다. 매일 아침 그들은 여명의 여신 이오스에게 감사했고, 때로는 "빛을 가져오는 별" 포스포로스, 다시 말해 로마 사람들이 루키페르로 알고 있고 오늘날 우리가 샛별이라고 부르는 별에 감사했다. 매일 저녁 아테네 집집마다 올리브기름을 태우는 등불이 켜졌다. 횃불을 밝힌 정성스런 예식이 출생, 혼인, 임종과 함께했고, 4년마다 거리를 빠르게 지나가는 성화는 올림픽 경기를 예고했다. 신화와 제의 속에 살았던 그리스 사람이라도 빛의 변덕스러운 행위를 두고 고민했을 것이다. 유리컵에 담긴 숟가락은 수면에서부터 휘어 보인다. 두꺼운 유리는 사물을 크게 보이게 만든다. 무지개가 나타났다 사라진다. 빛에 관해 의아하게 여긴 그 별난 사람들이 없었다면 이러한 경이로움을 누가 설명할 수 있었겠는가?

플라톤은 빛에 관해 별다른 관심을 두지 않았다. 아카데미아 설립자이고 아리스토텔레스의 스승이며 소크라테스가 한 모든 말의 통역자인 그는 오로지 한 가지 주제에 관해서만 언급했다. 눈이냐 사물이냐? 대화편 〈티마이오스〉에서 플라톤은 두 입장을 동시에 취하려 했다. 현자 티마이오스는 신들이 특별한 불을 인간의 눈에 넣었는데 이 불은 타오르는 불이 아니라고 한다. "그리고 신들은 우리 안에 있고 우리 안에서 관여하는 순수한 불이 잔잔하고 조밀한 흐름으로 눈 속을 흐르도록 만들었습니다."[14] 낮에는 우리 눈에서 유출되는 빛이 모든 사물에 의해 반사되는 빛을 만나는 것이라고 티마이오스는 말한다. 하지만 밤이 되면 눈에서 유출되는 빛은 반사되는 빛을 찾지 못한다. 볼 수 없기 때문에 우리는 잠을 자고, 내려온 눈꺼풀 안에 갇힌 그 특별한 불이 우리가 꾸는 꿈을 밝힌다.

플라톤의 《국가론》을 읽어 보면 소크라테스는 빛을 은유로서만 다룬다. '피시코이'들의 이론 대신, 그는 "빛이라 일컫는 것"을 이용하여 지식, 명예, 선함을 환기시키고자 한다. 소크라테스에게 앎과 무지의 차이는 낮 동안 확연히 볼 수 있는 것과 밤 동안 더듬더듬하는 것의 차이이다. "영혼을 생각할 때에도 마찬가지라네" 하고 소크라테스는 말을 잇는다. "진리가 있는 곳, 진리가 밝게 빛나는 곳에 초점을 맞춘다면, 영혼은 그것이 진리임을 이해하고 알아채며 지성을 갖게 된 듯 보일 것이네. 하지만 어둠과 뒤섞인 곳에 초점을 맞추면 ……."[15] 소크라테스는 이런 생각을 확장해서 빛에 늘 따라붙게 되는 비유를 입혔다. 동굴이 있는데 거기 있는 사람들은 암흑 속에서 사슬에 묶여 오로지 벽에 어른거리는 그림자만 볼 수 있다고 상상해 보자. 노예 한 명이 사슬에서 풀려나 햇빛이 내리쬐는 세상으로 나간다. 빛 때문에 눈을 뜰 수 없는 그는 바깥 세상이 현실이 아니라고 생각한다. 시간이 흘러야만 그는 이해하게 된다. 동굴로 돌아온 그는 사람들에게 말해 주지만 아무도 그를 믿지 않는다. 그러나 그 사람은 다시는 이전의 그가 될 수 없는 것이, "눈으로 볼 수 있는 이 세계를 빛이 지배하고 있으며, 이성과 진리의 직접적인 원천이 지성에 있음을"[16] 알았기 때문이다. 이 유명한 '동굴의 비유'는 앞으로 영원히 빛을 지식과 연결시키게 되는 촛불을 밝혔고, 이 촛불은 곧이어 플라톤의 가장 유명한 제자에게 건네졌다.

아리스토텔레스는 빛에 관한 이전의 모든 설명에 코웃음 쳤다. '피시코이' 가운데 토론을 가장 좋아하는 그가 던진 질문도 결국 눈이냐 사물이냐를 결판내지는 못했다. 눈에서 빛이 나오는 것이라면, "눈은 왜 어둠 속에서 사물을 볼 수 없는 것인가? …… 전체적으로 말한다면, 눈에서 유출되는 무언가의 덕분으로 볼 수 있다는 건 비이성적인 생각이다."[17] 아리스토텔레스는, 은유와 어림짐작은 이제 그만하자고 말했다. 빛은 불도 원자도 빛이 아른거리는 에이돌라도 아니다. 빛은 "하나의 작용, 그러니까 어떤 투명한 것이"[18] 공기 중에 길을 내서 이미지가 지나가게 하는 작용이다. "시각이 눈에서 비롯되고 반영 상태라고 말하기보다는, 공기가 공기인 한 형태와 빛깔의 영향을 받는다고 말하는 편이 낫다."[19] 빛을 정의한 아리스토텔레스는 그 현상을 탐구했다. 막대기로 물을 쳤을 때의 반짝거림, 달을 에워싼 달무리, 그리고 막대기에 머리를 맞으면 왜 "별이 보이는지"[20]를. 의문은 의문을 낳았다. 빛이 사물에서 유출되는 것이라면, 각 광선을 눈에 전달하는 것은 무엇인가?

그 '피시코이'는 소리가 공기에 파문을 일으킨다는 걸 알았으므로 눈과 사물 사이의 '무언가'에 빛이 파문을 일으킨다고 생각했다. "시각이 발생할 때 기가 작용이 일어나려면 ……" 하고 아리스토텔레스는 추론했다. "거기에 작용하는 매질이 있는 것이다. 분명히 어떤 매질이 존재해야 한다. 사실 중간의 공간이 텅 비어 있다면 정확히 본다는 건 불가능할 뿐 아니라 아무것도 보이지 않을 것이다."[21] 고대 그리스에 깊이 뿌리를 내리고 있는 명칭을 골라서, 아리스토텔레스는 이 매질을 '에테르'라 일컬었다.

보라색 긴 겉옷을 입은 엠페도클레스는 흙, 공기, 불, 물이라는 네 가지 요소를 정의했지만, 아리스토텔레스는 다섯 번째 요소인 에테르를 보탰다. 그 기원에 맞게 빛, 광명, 또는 순수한 공기의 그리스 신인 아이테르(Aether)에서 비롯된 명칭이었다. 자연은 진공 상태를 싫어하므로, 투명하고 감미롭게 흐르며 완벽한 에테르가 별들 사이의 모든 공간과 하늘을 채우고 있음이 분명하다고 아리스토텔레스는 주장했다. 아리스토텔레스가 정의한 이후 에테르는 고대 아테네 이후의 어마어마한 시간과 공간을 가득 채웠다. 그리고 세월이 흘러 1887년 오하이오 주 클리블랜드 외곽의 어느 지하실에서 에테르의 존재는 마침내 반박되었다. 에테르에 관한 추측을 종식시킨 그 실험은 빛이 20세기를 정복하게 되는 길을 닦는다. 그러나 그 사이 2천여 년 동안 아이테르(aether)에서 'a'가 빠진 에테르(ether)는 빛이 생명에 필수적인 만큼이나 빛에 필수적인 것으로 여겨진다.

신성한 것이든 에테르에 기인한 것이든, 빛은 모든 자연현상 가운데 가장 민주적이다. 어떤 곳은 땅과 물이 부족하지만, 어디에나 풍부한 빛은 전 세계 구석구석을 한결같이 비춘다. 손전등 빛을 받으며 회전하는 비치 볼처럼 지구 표면은 어디든 똑같이 빛의 세례를 받는다. 구름이 끼어 햇빛이 가려지곤 하는 건 모스크바나 멕시코나 다를 바 없다. 지구가 기울어져 있기에 계절에 따라 낮이 짧아지고 길어지지만, 어느 한 해를 기준으로 삼으면 일조시간의 총합은 어디에서나 동일하다. 코요테 신인(神人)이 최초로 빛을 가져왔든 붐바가 토해 냈든, 신이 빛을 창조한 이후로 어디에서나 동일했다. 그러니 지구 곳곳에서 빛에 관한 발견이 비슷하게 이루어지는 건 놀라운 일이 아니다. 오히려 그렇게 않은 게 이상해 보인다.

햇빛 속에서 먼지가 떠다니고 움직이며 춤춘다. 그리고 그리스 사람들이 세계를 원자로 이루어져 있는 것으로 보았을 때보다 2백 년 앞서, 먼지는 인도에서 동일한 이론에 영감을 주었다. 기원전 6세기에 인도 최초의 과학적 학파인 바이셰시카의 알려지지 않은 관찰자는 이렇게 썼다. "햇빛 속에 보이는 먼지는 눈으로 볼 수 있는 가장 작은 양이다. 물질이고 현상으로서 그것은 그것보다 더 작은 무언가로 구성되어 있을 것이다. …… 그리고 이 또한 더 작은 무언가로 구성되어 있을 것이고, 가장 작은 것은 원자이다."[22] 바이셰시카 수트라(經)는 빛이 눈에서 비롯되는지 사물에서 비롯되는지 묻는 대신 빛의 속성을 정의했다. "빛은 빛깔로 이루어져 있고 다른 물질을 비추며 뜨거운 느낌이 나는데, 이것이 빛의 뚜렷한 특질이다."[23] 빛과 열을 "하나의 물질"[24]로 바라본 바이셰시카 수트라는 "잠재되어 있거나 드러나는" 두 종류의 빛을 상정했다. 하나는 눈에 보이는 빛이고 다른 하나는 느껴지는 빛이다. "불은 보이고 느껴진다."[25] 뜨거운 물의 열은 느낄 수 있지만 보이지 않는다. 달빛은 보이지만 느낄 수 없다. 눈으로 느껴지는 빛은 보이지도 느껴지지도 않는다. 지상의 빛은 흙 같고 천상의 빛은 '물 같다.'[26] 둘이 결합되면 금이 되는데 그 "주요 성분은 빛으로서 …… 흙 입자와 섞여 고체가 되는 것이다."[27]

인도의 이론은 서양의 사고방식과 비슷했지만 중국은 달랐다. 소크라테스 이전 그리스 사람들이 빛에 관해 논쟁하는 동안 중국 사람들은 그림자를 연구했다.

- 그림자가 둘일 때는 …… 두 광원이 한 물체를 비출 때인데, 하나의 광원이 비추는 것마다 그림자가 생긴다.[28]
- 막대가 기울어져 있으면 그림자는 더 짧고 더 굵다. 막대가 똑바로 서 있으면 그림자는 더 길고 더 가늘다.
- (벽에 뚫린 구멍으로 빛이 들어올 때) 그림자가 거꾸로 보이는 이유는 한 점에서부터 교차가 일어나며 그림자가 길어지기 때문이다. …… 빛은 쏜살처럼 직진하여 들어와 비춘다.

이 내용이 수록되어 있는 《묵경》(墨經)은 공간, 시간, 기하학, 논리학, "겸애(兼愛)"[29]와 빛에 관한 연구서이다. 기원전 4세기부터 2세기까지, 실용적인 《묵경》은 유교와 도교의 난해한 가르침을 보완했다. 공자는 소크라테스와 마찬가지로 은유를 선호하여 "어둠을 탓하기보다는 촛불 하나를 켜는 게 더 낫다"고 했지만, 묵가는 초와 거울, 그리고 최초의 핀홀 카메라로 실험을 했다. 분류한 물체를 들고 광원이 여러 개일 때, 거울 앞에 거울이 있을 때, 그림자가 어떻게 생기는지 관찰했다. 땅에 막대를 꽂고서 길어지고 짧아지는 그림자를 관찰하고, 빛이 어둠과 함께 어떻게 변화하는지 즐거이 지켜보았다. 묵가는 빛이 "쏜살처럼" 이동한다는 걸 알았지만 화살을 쏜 것이 눈인지 사물인지는 관심을 갖지 않았다. 그보다는 이후로도 중국 철학을 특징짓는 일원론적 접근법으로써, 빛이 인간의 신체에 어떻게 영향을 미치는지 고찰했다. 그들은 빛이 '이해' 또는 '앎'[30]을 가리키는 '지'(知)와 감각적 인식을 관장하는 기관인 심(心)에 미치는 영향을 연구했다.

기원전 220년 무렵 중국 사람들은 그리스 사람들이 빛에 관해 알고 있었던 모든 걸 알고 있었고 어쩌면 더 많이 알고 있었을 것이다. 이윽고 진(秦)나라가 등장하여 2세기에 걸친 정변을 종식시켰다. 《묵경》은 많은 책이 그랬듯이 분서갱유 때 불태워졌다. 눈이나 사물에서 유출되는 빛보다 "내면의 빛"에 더욱 관심을 두는 문명에서 잉걸불을 되살릴 이는 거의 없었다. 도가와 유가는 빛을 어둠과 얽혀 있는 것으로 보았지 그 자체로 연구해야 할 '사물'로 보지 않았다. 도가의 철학자 장자는 그런 연구에 비난을 쏟아낸다. "사물이 형체가 없다면 수량으로 구분할 수 없고, 둘레를 잴 수 없다면 수량으로 규명할 수 없소."[31]《장자》17. 추수 4절―옮긴이) 빛과 그림자는 결코 완전히 파악할 수 없는, 규명할 수 없는 지식이라고 장자는 결론지었다. 서기 2세기 무렵 중국에서 "밝은 창의 먼지"[32](明窓塵, 후한 시대에 위백양이 지은 《주역참동계》(周易參同契)에 나오는 구절―옮긴이)를 언급하는 이들이 있었는데, 이는 그리스와 인도에서 주목했던 바로 그 떠다니는 먼지였다. 하지만 중국에서는 이를 금, 수증기, 그리고 신체의 에너지인 '기'(氣)에 비유했다. 자연의 빛은 지구의 나머지를 비추듯 변함없이 평등하게 중국 대륙을 비추었지만, 여러 왕조가 이어지는 동안 중국은 측정보다는 은유를 자아냈다. "한 번 음(陰)하고 한 번 양(陽)하는 것을 일러 '도'(道)라고 한다"[33]고 '변화의 경전'인 《역경》(易經)은 말한다. 이렇듯 중국이 내면을 들여다보고 있을 때, 그리스는 세계에서 가장 밝은 빛을 건설하고 있었다.

기원전 331년, 알렉산드로스 대왕은 자신의 이름을 붙일 도시를 계획하기 시작했다. 이집트의 지중해 연안을 내다보고 있는 드넓은 평지를 가로질러, 알렉산드로스 대왕의 일꾼들은 보릿가루로 표시한 곳을 따라서 길을 닦았다. 새 도시의 한쪽 끝에는 태양의 문이 들어설 터였다. 다른 쪽에는 달의 문이 서게 된다. 그리고 해안에서 1.5킬로미터 넘게 떨어져 있는, 파로스라는 아주 작은 섬에 등대가 세워진다. 여느 등대라면 지나가는 배들에게 꼭대기의 불빛으로 수심이 얕다고 경고하겠지만, 알렉산드리아의 등대는 돌을 쌓으며 계속 높아졌다. 30여 미터. 90여 미터. 135미터까지 높아진 등대는 40층 빌딩처럼 인상적이고 세계에서 가장 높은 건축물인 이집트 대피라미드 다음으로 높았다. 아치모양 구조물이 보태지고 발코니와 청동 조각도 세워졌다. 이글거리는 용광로를 등대 꼭대기의 거대한 거울들이 반사시켜 내는 빛은 수십 킬로미터 떨어진 곳에서도 볼 수 있었다.

파로스 등대는 그 빛이 닿는 거리를 훌쩍 넘어서, 세계에 전례 없는 가장 큰 지식 중심지의 상징이 되었다. 인구 50만 명으로 고대 아테네의 두 배였던 알렉산드리아는 지구의 다른 어떤 도시보다 더 많은 빛을 품고 있었다. 태양의 문과 달의 문 사이에는 문명 최초의 박물관, 수십 군데의 궁전과 신전, 그리고 현존하는 모든 지식을 소장하고 있다는 도서관이 있었다. 알렉산드리아의 빛은 기원전 시대 최고의 사상가들을 끌어들였다. 에라토스테네스는 정오의 그림자를 이용하여 지구 둘레를 쟀는데 오차 범위 2퍼센트 안쪽일 만큼 정확했다. 코페르니쿠스보다 훨씬 앞서서 아르타르코스가 태양 중심의 우주론을 펼친 곳도 여기였다.

최초의 증기기관이 여기서 만들어졌고, 최초로 의학적 해부와 구약성서의 최초 번역도 여기에서 이루어졌다. 그리고 여기 파로스 등대의 빛 아래에서 그리스 사람들은 빛을 숫자의 영역으로 끌어들였는데, 이는 중국 사람들이 엄두조차 내지 않은 일이었다.

에우클레이데스(유클리드)에 관해서는 알려진 바가 거의 없지만, 그 이름만큼은 오늘날에도 전 세계 곳곳의 교실에서 울려 퍼진다. 에우클레이데스의 《기하학 원론》은 알렉산드리아에서 배태되어 오늘날까지 근대 기하학의 기초이다. 기원전 300년 무렵, 에우클레이데스는 자신의 기하학 이론을 빛에 적용하여 광학의 기초를 마련했다. 빛에 관한 뒤이은 모든 연구의 출발점은 에우클레이데스의 간결한 첫 문장이라 할 수 있다. "광선은 눈에서부터 곧게 나아간다."[34] '눈에서부터.' 그러나 에우클레이데스는 빛의 출처에 관해서 더 자세히 들여다보지는 않았다. 에이돌라, 입자, 더 나아가 에테르는 잊으라. 에우클레이데스의 《광학》(Optica)은 빛을 화살 같은 '사물'처럼 다루는 만큼이나 각도와 광선과 점으로서 다룬다. 뒤로 갈수록 더 복잡해지는 58개의 정리를 통해 기하학의 아버지는 빛을 기하학적으로 고찰했다. 빛의 광선들은 원뿔 모양을 이룬다고 에우클레이데스는 썼다. 원뿔의 크기가 공간지각과 거리지각을 결정한다. 시각의 원뿔 안에 들어오지 않는 사물은 보이지 않는다. 에우클레이데스는 각 정리를 뒷받침하는 증명을 펼쳤고, 증명은 늘 "그것이 우리가 입증하려 했던 바이다"[35]라는 문장으로 마무리된다. 자기 전에 읽을거리로 추천하기는 어렵겠지만, 에우클레이데스의 《광학》은 빛이 나아가는 수많은 방식을 설명하는데, 그 형태는 종이접기 도안과 비슷하다.

에우클레이데스의 《광학》은 우리 시대 찬란한 빛의 기초를 놓았다.

스마트폰의 백라이트, 레이저로 식각하는 실리콘칩, 휘황찬란한 빛의 쇼, 이 모든 것이 에우클레이데스가 없었다면 불가능했을 것이다. 이 위대한 기하학자는 거울도 연구했다. '거울'을 가리키는 그리스 낱말은 '카톱트론'(katoptron)이다. 에우클레이데스는 이 낱말을 확장하여, 반사광학, 다시 말해 거울 과학을 정립했다. 《반사광학》(Catoptrica)에서 그는 반사시키는 표면에 부딪혀 튀어나오는, 종이접기 도안 같은 빛의 궤적을 계산했다. 거의 누구나 알고 있는 한 가지 광학 원리가 이 논문에 실렸다. 빛이 거울에 부딪힐 때의 각도인 입사각은 반사각과 동일하다는 것이다. 콘크리트에 부딪혀 튀어 오르는 공처럼, 반짝거리는 표면에 빛이 부딪혀 튀어나오는 각도는 부딪힐 때의 각도와 동일하다. 거울에 47.35도 각도로 빛을 비추어 보라. 거울이 평면이라면 반사각은 47.35도일 것이다. 하지만 곡면 반사체에 부딪히는 경우 빛은 어떻게 튀어나오며, 반사되는 빛은 왜 그리도 뜨거운 것인가? 중국 사람들은 오목거울로 햇빛을 "한 점에 모아 불을"[36] 일으켰다. 똑같은 원리를 알았던 그리스 사람들은 오목거울로 작은 불꽃을 일으켜서, 예를 들면 올림픽 성화에 불을 붙였다. 작은 불꽃에 부채질을 해서 "여러분을 놀라게 하기"[37] 위해 수학자 디오클레스는 〈불을 일으키는 거울에 관하여〉(On Burning Mirrors)를 썼다. 이 긴 논문은 햇빛을 반사시키는 오목거울이 "신전에서 제물과 희생물(犧牲物)에 불을 일으켜, 제물을 태우는 불이 명확히 보일 수 있도록"[38] 정확한 각도를 계산했다.

그러나 빛을 부싯돌마냥 이용한 가장 널리 알려진 일은 아직 일어나지 않았다. 기원전 214년 로마 군대가 시칠리아 동남쪽 끝 성곽도시 시라쿠사를 포위 공격했다. 시라쿠사 사람들은 여느 투석기와 화살 이상의 것을 이용하여 항전했다. 그리스 전설에 따르면, 명석한 아르키메데스는 장거리 투석기와 통나무 크기의 미사일을 발사하는 기계식 '전갈', 배를 물 위로 들어 올리는 거대한 기중기를 발명했다. 아르키메데스는 병사들에게 거대한 거울 또는 아마도 병사들의 방패로 햇빛을 반사시키는 법 또한 가르쳤다고 전설은 전한다. 과연 빛이, 그 신성한 빛이 정말로 로마 군용선에 불을 일으켰을까?

로마 시대 이후로 널리 알려진 아르키메데스의 광선이 최근에 재현되었다. 거울이나 방패를 조준하여 모형선에 불을 일으켰다고 주장하는 이들이 있는 한편, 연기조차 피어오르지 않았다는 이들이 있다. 명확한 물증이 부족한 상태에서, 디스커버리 채널의 〈미스버스터스〉(Mythbusters) 진행자들은 2005년에 실험을 진행했다. 이들은 둥근 합판에 3백 개의 거울을 붙이고 지게차로 들어 올릴 수 있도록 만들었다. 샌프란시스코 만에서 150센티미터 길이의 목선을 겨냥하니 햇빛이 움직이다가 드디어 초점을 찾았다. 온도가 상승했다. 섭씨 37도가 넘더니 90도, 126도, 132도를 넘어섰다. 하지만 온도는 섭씨 138도쯤에서 멈추었고, 나무를 태우기에는 모자란 온도였다. 신화는 벗겨졌다. 2010년에 출연한 버락 오바마 대통령은 "아르키메데스의 태양광선"[39]을 이번에는 '인력'을 이용하여 검증해 보라고 〈미스버스터스〉에 주문했다. 대통령의 제안을 받은 쇼 진행자들은 중학생 5백 명을 모아 60센티미터×120센티미터 크기의 거울을 각각 나눠 주고 "살상의 광선"[40]을 내쏘게 했다. 학생들이 최대한 햇빛을 집중시켰지만, 목표물인 나무배의 온도는 그 줄무늬 돛에 불이 붙게 하는 데 필요한 섭씨 210도에는 도달하지 못했다. 신화는 다시 벗겨졌다. 몇 해 뒤 잡지 《옵틱스앤드포토닉스뉴스》는 아르키메데스 광선의 다양한 실험을 분석했다. 칼럼니스트 스티븐 R. 월크는 거울들이 정확히 배치된다면 태양열은 아르키메데스가 예상한 대로 결과를 낳았을 수도 있다고 예측했다. 그러나 맹렬한 전투 중에, 더구나 공격이 이루어지는 때가 한낮이었다면 움직이는 배를 향해 빛을 조준하는 것보다는 일제히 화살을 쏘아 대는 쪽이 훨씬 치명적이었을 것이다. 그러나 '살상무기로서의 빛'이라는 꿈 또는 악몽은 이후에도 전설 속에서, 공상과학 소설 속에서, 그리고 미국 국방부의 계획 속에서 이어졌다.

서력기원의 여명기에 알렉산드리아의 등대는 세계 7대 불가사의 가운데 하나로 널리 알려져 있었다. 그리고 서기 160년 무렵 그 불빛 아래에서, 빛의 초기 연구자들 가운데 마지막 사람은 그리스 사람들이 밝혀 놓은 횃불을 더욱 타오르게 했다.

파로스 등대가 보이는 알렉산드리아 근처의 집에서, 클라우디우스 프톨레마이오스는 명저 《천문학 집대성》(Almagest)을 저술했다. 이 책의 천동설과 주전원(周轉圓)은 지구 중심의 우주관을 퍼뜨렸고 이는 후기 르네상스까지 이어졌다. 그러나 알렉산드리아의 웅장한 도서관 어딘가에서 프톨레마이오스는 에우클레이데스의 《광학》도 읽었다. 400여 년이 지난 뒤였으므로 이 최초의 광학 책은 업데이트가 필요했다. 에우클레이데스는 빛을 원뿔 모양으로 밖으로 퍼져 나가는 광선으로 보았다. 멀리 보이는 이미지들이 더 희미한 건, 화살이 흩어지듯 시각광선이 대상을 지나쳐 가기 때문이라고 에우클레이데스는 말했다. 프톨레마이오스는 오류를 인식했다. 시각광선이 멀리 있는 물체를 포착하지 못한다면, 그 물체는 "연속체가 아니라 모자이크처럼 갈라져 보일 것"[41]이기 때문이다. 그리고 별들은 눈에 보이지 않을 것인데, 눈에서 뻗어나간 시각광선이 엄청난 거리를 지나는 동안 확산되어서 별들을 완전히 지나치게 될 것이기 때문이다. 프톨레마이오스는 빛에 관해 훨씬 오묘한 관점을 드러냈다. "열과 난로의 관계"[42]처럼, 거리가 멀어질수록 시각광선이 약해지므로 멀리 떨어져 있는 물체가 흐릿하게 보인다는 것이다.

프톨레마이오스는 소크라테스 이전 학자들과 마찬가지로 빛, 다시 말해 '시각광선'[43]은 눈에서 비롯된다고 보았다. 이런 학문적 경로 속에서 그는 최초의 광학 도구인 디옵터를 만들었다. 황동 원반에 360도 눈금이 새겨진 이 도구를 사용하여, 프톨레마이오스는 "입사각은 반사각과 동일하다"는 에우클레이데스의 정리를 증명했다. 그는 종이접기 같은 스케치로 각도를 도해하고 반사각을 연구하기 시작했다. 호메로스 시대 이후로 그리스 사람들은 빛이 유리를 통과할 때 굴절된다는 사실을 알고 있었다. 이 현상을 이용하여 원시적인 안경을 만들었고 장인들과 황제들이 그걸 착용했다. 네로 황제는 에메랄드로 만든 외알 안경을 썼다. 하지만 이 최초의 렌즈들은 거칠고 매끄럽지 못하여 초점에 반점과 후광이 생기거나 왜곡된 상을 만들었다. 디옵터를 만든 프톨레마이오스는 빛을 길들일 수 있도록 정확한 반사각을 계산하기 시작했다. 그가 그렇게 계산을 시작한 실험을 오늘날에도 초등 4학년이 한다. 물을 담을 컵을 준비한다. 빈 컵에 동전 하나를 떨어뜨린다. 동전이 보이지 않게 되는 눈높이까지 컵을 들어올린다. 컵에 물을 천천히 따른다. 수위가 높아지면 동전이 다시 보이게 되는데, 상이 굴절되어 컵 테두리 너머로 나타나기 때문이다. 이 친숙한 실험은 프톨레마이오스의 《광학》(Optica) 3권에 실려 있다. 굴절각을 계산하기 위해 프톨레마이오스는 빈 그릇에 자신의 황동 원반을 넣고 물을 부었다. 원반을 향해 시선을 낮춘 그는 빗각을 점점 크게 하며 굴절각을 측정했다. 수면 위 10도에서 측정할 때 빛은 8도쯤 굴절되었다. 10도 더 높은 곳에서 굴절각은

15도가 되었다. 10도 단위로 측정하면서 프톨레마이오스는 모든 굴절각을 산출했다. 하지만 그는 삼각함수 대신 산수를 사용했기에 산출 값은 거의 부정확했다. 1천 년 뒤에 아라비아의 학자가 비슷한 디옵터와 삼각함수를 사용하여 정확한 각도를 구해 내게 된다.

에우클레이데스와 디오클레스, 그리고 중국의 묵가처럼, 프톨레마이오스 또한 볼록거울과 오목거울을 연구했다. 볼록거울은 상을 더 작아 보이게 만든다는 걸 발견했으나 오목거울은 훨씬 교묘해서 먼 거리에서는 상이 전도되어 보이다가 초점 안으로 다가오면 상이 다시 뒤집어져 똑바로 보였다. 여러분이 면도 거울로 직접 확인해도 좋다. 95개의 공들인 정리를 통해서 프톨레마이오스는 볼록거울이 빛을 어떻게 반사하는지 계산했다. 그러나 이전의 다른 학자들과 마찬가지로 그는 보편적인 민간전승을 거역할 수 없었다. 《천문학 집대성》과 어깨를 겨루는 《테트라비블로스》(Tetrabiblos)에서 프톨레마이오스는 태양과 달의 빛이 계절과 기후, 그리고 식물과 동물의 성장에 어떻게 영향을 끼치는지 설명했다. 그것은 사이비과학이기도 했지만, 프톨레마이오스는 빛을 실험실로 끌어들인 최초의 학자였다. 그 결과 그는 광학에 관한 다섯 권의 책을 세상에 선보였다. 세상은 관심을 기울이지 않았다.

"지나치게 종합적이고 전문적인 수준을 요구하는 책"[44]이었다면서, 역사학자 A. 마크 스미스는 프톨레마이오스의 《광학》이 "나오자마자 곧바로 외면당했다"고 썼다. 파로스 등대의 불빛은 서력기원 시대를 비추고 있었다. 프톨레마이오스의 《천문학 집대성》은 천문학을 지배했으나, 동전을 컵 안에 떨어뜨려 볼 만큼 그의 《광학》에 관심을 기울이는 사람은 거의 없었다.

오늘날 박사과정의 학생들처럼, 빛을 최초로 연구한 이들이 파헤쳐 간 길은 점점 좁아졌다. 그러나 자신이 발견한 것을 설명할 때 그들은 인류의 나머지를 훨씬 앞질러 있었다. 예를 들어 아리스토텔레스는 "빛이란 투명한 것이 명확한 경계를 갖지 않을 때 투명한 것에 내재한 '본성'이다. 하지만 명백한 것은, 투명한 것이 명확한 형체를 지닐 때는 ……"[45]이라고 말했다. 프톨레마이오스는 "ABG는 중심이 D인 볼록거울의 표면에 놓인 호이고, E는 눈이라고 하자. 눈의 양쪽인 점 H에서 T까지 눈으로 볼 수 있는 물체가 놓여 있다고 하면 ……"[46]이라고 서술했다. 서력기원의 처음 몇 세기 동안 학자라면 누구나 천문학과 철학, 기하학과 지리학을 공부했다. 하지만 이제 시작 단계인 광학에는 거의 아무도 관심을 갖지 않았다. 천 년도 더 흐른 뒤에야 비로소 광학은 빛이 신앙에서 불러일으킨 경외와 겨루기 시작했다. 서력기원 첫 번째 1000년이 흘러가는 동안에는, 빛은 신의 일부까지는 아니더라도, 스스로를 세계의 빛이라 일컫는 이들이 쉽게 걸쳐 입는 신의 가장 신성한 옷이었다.

3장

최고의 기쁨
신성한 빛의 천 년

하늘에서 태어나 멀리까지 비추는 빛에 노래를 바치라
― 리그베다

서기 3세기 중반 무렵, 예언자와 성자들은 정복자 무리라도 되는 듯 메소포타미아를 주름잡았다. 조로아스터교 사원은 영원한 불꽃으로 밝혀져 있었지만, 신흥 종교들이 마치 사막의 바람에서 태어나기라도 한 듯 티그리스강과 유프라테스강 사이의 비옥한 초승달 지역으로 불어 들어왔다. 만다이교 신도는 빛의 왕을 숭배했다. 미트라교 신도는 빛을 들이마심으로써 천국에 이르고자 했다. 그리고 바빌론교, 그노시스교 같은 여러 종교가 있었고, 뒤이어 십자가에 매달려 숨을 거둔 '세상의 빛'을 따르는 무리가 나타났다. 그래서 서기 253년 어느 날, 새로운 예언자가 자기 나름의 낙원 이야기를 설파하고 다닌다는 소식이 알려지자 메흐르샤(Mehr-shah, 241~272년에 재위한 페르시아 사산 왕조의 두 번째 왕 샤푸르 1세의 동생이자 메세네 지역의 왕―옮긴이)는 이 '빛의 사도'를 티그리스강 유역에 있는 자신의 정원으로 초대했다.

페르시아 사람들은 오래전부터 정원을 낙원과 동등하게 여겼다. 메흐르샤의 정원은 종려나무와 양치식물이 우거지고 담으로 둘러싸여 사막의 바람을 막아주니 과연 낙원이라 할 만했다. 초목이 우거진 뜰에 들어온 염소수염을 기른 선지자는 자신을 '마니'라고 일컬으며 자신의 신앙에 관해 말하기 시작했다. 메흐르샤가 끼어들었다. "당신이 찬양하는 낙원에는 여기 내 정원과 같은 정원이 있습니까?"[1] 하고 메흐르샤가 마니에게 물었다. 선지자의 대답은 신앙과 관련된 것이지만, 마니가 펼쳐 보인 환영 이야기는 순식간에 퍼졌다. 메흐르샤는 눈부신 태양들이 에워싸고 있는 옥좌에 하느님이 앉아 계신 걸 보았다. 하느님은 빛이고, 빛은 우리 모두의 안에 있다고 마니는 말했다. 선지자는 암흑의 왕국이 하느님의 빛의 왕국으로 쳐들어왔고, 둘 사이의 전쟁이 세상의 운명을 결정하게 될 것이라고 이야기했다. 정원이 눈부시게 빛나자 메흐르샤는 그만 기절하여 쓰러졌다. 마니가 깨우자, 메흐르샤는 복음을 널리 전하라고 빛의 사도에게 청했다. 한 세대 안에 마니의 '빛의 존재들'[2]은 인도에서부터 로마에 이르기까지 퍼져 나갔다.

예수 탄생 이후 천 년 동안 그리스 '피시코이'의 이론들은 방치되거나 잊혔고, 빛은 성스러운 모든 것의 상징이 되었다. 가장 작은 규모의 종교 집단부터 가장 영향력 있는 종교에 이르기까지, 빛은 이단자들을 개종시키고 독실한 신자들에게는 그들이 신의 얼굴을 보았음을 확신시켰다. 피비린내가 진동하고 의미를 갈구하는 세계에서, 빛이 한낱 '사물'이 된다는 건 몹시 위험했다. 수없이 많은 종교가 생겨났다. 한 번도 빛이 비추지 않던 곳에서 지나치게 많은 빛이 빛났다. 신성한 빛이 구름을 뚫고 나오며 믿는 이들의 눈을 멀게 하는 시대였다. 모든 사람이 빛이 신이라고 믿은 건 아니었지만, 대부분은 빛을 신의 자화상으로 여겼다. 신성한 빛은 J. R. R. 톨킨이 지었을 것 같은 이름을 지닌 예언자 카르티르, 아리우스, 주르반으로 하여금 참된 빛을 위해 싸우도록 고취시켰다. 그 보상은 인간의 영혼이었는데, 그 영혼은 빛을 추구하고 있다고 표현되기도 했으나 때로는 빛 '그 자체'라 일컬어졌다. 사도들은 천국의 빛을 보았다. 하느님의 전령사들은 단지 빛에 관한 말만 한 게 아니라 그들 자체가 눈부시게 빛났다. 말이 필요 없을 때는 빛이 나타나, "하느님은 존재하십니까?"라는 뿌리 뽑히지 않는 의문에 답을 주었다. 구름 속에, 여명 속에, 황혼 속에, 반박할 수 없고 영광스러우며 초월적인 증거가 있었다.

하느님이 어떤 종류의 빛인가를 둘러싸고 기독교적인 논쟁이 불붙었다. 창조된 빛인가 아니면 영원한 빛인가? 로마 사람들이 '룩스'(lux, 직사광)라 일컬은 것인가 아니면 '루멘'(lumen, 반사광)이라 일컬은 것인가? 마니와 그의 추종자들은 하느님을 실제의 빛이라고 생각했지만, 다른 종교는 이를 이단으로 여겼다. 논쟁이 이어지며 표현도 장황해졌다. 처음에 신성한 빛은 태양에 비유되었고, 뒤이어 백 개의 태양, 천 개의 태양, 더 나아가 "무수한 태양과 무한히 많은 보름달"[3]에 비유되었다. 신학자들은 아리스토텔레스의 문체처럼 복잡한 문구로 빛을 정의했는데, "빛에서 나온 빛,"[4] "비추는 빛,"[5] "주의 빛 안에서 우리가 빛을 보리이다"[6]가 그 예이다. "하느님은 빛이다"[7]라고 한 주교는 썼다. "창조되지 않은 빛이다. 눈에 보이지 않고 창조되지 않은 그 빛에 비추어야 세상의 창조된 빛들이 보인다." "빛이라 일컫는 것"에 관한 그리스 학자들의 논쟁이 그랬듯이, 성스러운 빛에 관한 갑론을박이 수백 년 동안 이어졌다. 그러나 태고로부터 전해지는 이야기에 만족하는 이들도 있었다.

힌두교 경전 《바가바드기타》에서 제자인 아르주나 왕자는 크리슈나 신에게 얼굴을 보여 달라고 간청한다. "오, 신이여, 요가의 스승이시여"[8]

하고 아르주나는 말한다. "내가 충분히 강해서 볼 수 있다고 여기시거든 내게 당신의 불멸의 자아를 보여 주십시오." 갑자기 하늘이 불타오르기 시작한다. "천 개의 태양이 동시에 하늘에 떠 있다면" 하고 《바가바드기타》는 말한다. "그 타오르는 빛은 지고의 정신의 광휘를 닮았을 것이다."[9] 아르주나는 "놀랍기 그지없었고, 황홀감으로 머리털이 쭈뼛섰다."[10] 드디어 그는 입을 연다. "이제 알겠습니다. 똑바로 바라보기 힘든 당신은 이글거리는 태양이 사방팔방으로 빛을 뻗치듯 빛나고. …… 태양과 달은 당신의 눈동자이며 당신의 입은 불길이고 당신의 광휘는 우주를 따뜻하게 만들어 준다는 것을."[11] 전율을 느끼며 아르주나는 크리슈나에게 빛을 줄여 달라고 부탁한다. 하늘에는 다시 구름이 끼고 땅이 잠잠해지더니 신은 다시 "크리슈나의 온화한 형상"[12]으로 돌아온다.

그러나 빛의 위력을 눈으로 확인하기 위해서 꼭 신에게 부탁해야 하는 건 아니었다. 태양을 한 번 쳐다보는 것으로도 충분했다. 오랜 세월이 흐른 뒤에야 조명이라 표현할 만한 빛이 등장했다. 그때까지 빛은 종교의 버팀목이었다. 모든 주요 종교에서 빛의 의미는 다중적이어서, 구원, 계시, 내세의 문, 영혼의 정수를 뜻했다. "밤이 깊고 낮이 가까웠으니 그러므로 우리가 어둠의 일을 벗고 빛의 갑옷을 입자"[13](로마서 13:12)고 사도 바울은 고린도 사람들에게 편지를 썼다. 그러나 신성한 빛이 상징과 은유가 되기 훨씬 전부터 수많은 이들에게 빛은 '하느님'이었다.' 따라서 서양 최초의 주요 종교 창시자를 말한다면, 조로아스터라는 사람일 것이다.

조로아스터는 빛 속에서 태어났다. 기원전 1000년의 북부 페르시아로 거슬러 올라가는 전설에 따르면, 조로아스터가 태어나기 전 그의 어머니는 마을 전체에 쏟아지는 빛에 휩싸였다. 빛은 언제나 조로아스터의 곁에 일렁였고, 그의 나이 서른 살 때 순수한 빛의 옷을 입은 사람의 환영이 나타났다. 환영은 예언자로 움트고 있는 그를 지고의 신 아후라 마즈다 또는 "지혜의 신"[14]의 가르침으로 안내했다. 조로아스터는 아후라 마즈다가 무한한 빛으로 우주를 창조했다고 설교했다. 그러나 이 밝음의 이면에는 어둠의 악마가 도사린 채 빛의 왕국을 침탈하기 위해 호시탐탐 노리고 있다. 아후라 마즈다가 두 번째 세계인 물질세계를 창조했을 때, 어둠이 침투하여 바닷물을 짜게 만들고 불에서 연기가 나게 했으며 사막을 건조하고 황량하게 만들었다. 시간의 신인 주르반의 도움을 받아 아후라 마즈다는 선과 악, 빛과 어둠을 분리함으로써 낙원을 구하고자 한다. 그러나 빛의 왕국이 완전히 재건될 때까지, 조로아스터 교인들은 내면의 빛, '크바리나'(xvarenah)라는 미묘한 빛을 길러야 한다. 사람의 정액과 연관된 '크바리나'는 구원의 빛나는 유체(流體)로서 지혜와 정신을 함유하고 있다. 어둠이 완전히 정복될 때에만 '크바리나'는 "영원히 이 세상을 비추게 될 것이다. …… 그리고 이 빛은 그들의 옷이 되고 영원히 눈부시게 빛나며 바래지 않을 것이다."[15]

조로아스터에 관한 사실들은 자세히 전해지지 않는다. 조로아스터 경전의 많은 부분은 기원전 4세기에 알렉산드로스 대왕이 페르시아를 침략했을 때 파괴되었다. '가타'라 불리는 열두 편 정도의 찬송가만이 전해진다. 조로아스터가 지었다는 이 찬송가들은 "진리와 빛의 원리들"[16]을 칭송한다. "사실대로 말씀해 주십시오, 아후라여" 하고 한 성가는 묻는다. "어떤 예술가가 빛과 어둠을 만들었나이까?"[17] 조로아스터교에서는 빛이 중심 역할을 하기에 불도 신성한 것이 되었다. 신도들은 불의 사원에 향을 피우고 동물 기름을 바쳐 불꽃이 늘 꺼지지 않게 했다. 몇몇 사원은 오늘날 이란에서도 여전히 불꽃을 밝히고 있다. 이슬람 율법

학자들의 반대를 무릅쓰고 조로아스터교의 새해인 노루즈, 곧 3월 21일을 기리기도 한다. 어둠을 물리친 빛의 승리를 기뻐하면서, 신도들은 횃불을 들고 다니고 모닥불을 뛰어넘고 촛불을 밝힌 신전을 가족끼리 방문한다. 그러나 노루즈를 제외하면 조로아스터의 빛은 또 다른 실낙원이다. 조로아스터 신도는 오늘날 전 세계를 통틀어 20만 명도 안 되기 때문이다. 그리고 이보다 훨씬 적은 또다른 신도가 있다. 그들이 추종하는 예언자는, 알렉산드로스의 침략 이후 오랜 세월이 흐른 뒤 등장하여 조로아스터의 빛을 업데이트하고자 했다. 이 빛의 사절, 빛의 사도, "빛의 최고의 친구"[18]는 마니라고도 했다.

서기 253년 그날, 자신이 티그리스강 유역의 정원에서 메흐르샤에게 눈부신 빛을 보여 준 그날부터, 마니는 중앙아시아를 돌아다니며 선교를 펼쳤고 순식간에 세계의 지배적인 종교가 되었다. 화가이자 설교자로서 마니는 예술가와 시인들에게 자신의 복음을 전파하라고 격려했다. 빛의 왕국과 어둠의 왕국이 전쟁을 벌이고 있다는 얘기는 많은 부분 조로아스터에서 비롯된 것이었지만, 마니는 종교의 카멜레온처럼 기독교와 불교를 비롯해 여러 소수 종교의 부분들을 취합했다. 마니는 스스로를 "예수의 사도"[19]라 칭했지만 예수의 처녀잉태설과 피로 물든 십자가 책형은 인정하지 않았다. 나날이 늘어가는 마니의 신도들은 광휘의 예수를 섬겼다. 예수는 나무십자가에 못 박힌 게 아니라 빛의 십자가에서 돌아가신 것이었다. 마니교에서 빛과 어둠은 과거, 현재, 미래에 전투를 벌인다. 이를 절대 은유로 받아들이지 않는 마니교도는 아주 실제적인 전쟁이 너무도 실제적인 이 적들 사이에서 벌어진다고 보았다.

어둠은 첫 번째 전투에서 승리하여 빛의 왕국을 눈부신 파편들로 박살낸다고 마니는 말했다. 하지만 "빛의 존재들을 사랑하는 존재"[20]들이 돌아온다. 다시 벌어진 싸움에서 어둠의 악마들은 빛 전체를 삼켜 버린다. 소중한 빛을 구하기 위해 빛의 아버지는 어둠의 악마들을 무찌르고 그 육신으로 땅과 하늘을 만든다. 그러나 빛의 파편들은 인간의 영혼과 빛을 먹어 치우는 괴물들 속에 남아 있다. 그래서 빛의 아버지는 불과 물과 바람의 수레바퀴로 스스로를 정화하여 반짝이는 빛의 파편들을 달로 보낸다. 마니교도들은 신성한 빛이 나무와 풀, 과일들도 채우고 있다고 믿었다. 그들의 예배에는 빛나는 신에게 바치는 찬송가도 포함되었다.

보라, 마음을 밝히는 이가 오는 것을,
어둠 속에 있는 이들을 환하게 해주는 빛의 등불 ……
보라, 그이가 오는 것을, 빛의 존재들의 지혜로운 왕인 그가
좋은 선물을 나눠 주는 것을 ……[21]

우리가 사는 오늘날, 마니의 가르침은 판타지 소설 같은 부류로 느껴지지만, 오로지 해와 달과 별만이 빛을 냈던 시대에 신의 빛은 피와도 같이 몸 안을 흐르는 것이었다. 매일 밤 별들만이 반짝이는 어둠 속에 웅크리고 있다가 새벽마다 해방되곤 했던 마니교도는 어떤 물질과 비교도 할 수 없을 만큼 빛이 파고드는 듯 느꼈을 것이다. 빛을 본다는 것, 빛이 영혼 속으로 흘러드는 걸 느끼는 것은 다시 태어나는 일이었다. 그러나 하느님은 빛이 아니고 하느님이 자신의 형상대로 사람을 창조했다고 믿는 이들에게, 마니교의 교리는 순진한 것도 희망을 주는 것도 아니었다. 그것은 위험한 것이었다.

마니는 또 다른 의심 많은 왕족에게 포교하려다 실패한 뒤 서기 273

년에 감금되어 죽었다. 300년 무렵, 그의 교리는 기독교 전파 이전의 세계를 지배했다. 로마 병사들이 이 빛의 종교를 믿었다. 알렉산드리아의 철인들과 바빌로니아의 왕자들, 지중해에서부터 갠지스 강까지 농부들이 믿었다. 단순하고 매혹적인 마니교에는 모두를 매혹하는 어떤 것과 불쾌하게 하는 어떤 것이 다 들어 있었다. 마니교 배척에 앞장선 이들은 또 다른 예언자를 따르는 무리였고, 그 예언자는 스스로를 일컬어 "세상의 빛"이라 했다.

서기 312년 로마 황제 콘스탄티누스 대제는 빛나는 십자가가 전장 위에 나타난 걸 보고 기독교로 개종했다. 기독교도는 무척 기뻐했다. 예수의 이름으로 야만적인 박해를 견뎌 온 그들의 종교가 하루아침에 인정되고 더 나아가 승리한 것이었다. 그간 당해 온 모든 고통을 떠올려 볼 때, 그들은 하느님을 '실재하는 빛'이라 여기는 멍청이들을 더는 참아 줄 수 없었다. 마니의 가르침을 구성하고 있는 유대교, 조로아스터교, 그 밖의 종교들도 기꺼이 박해에 가담했다. 350년 즈음, 마니교 경전과 마니교 신자들 또한 로마와 알렉산드리아에서 화형당했다. 박해가 이어지면서 마니의 유산은 단 하나의 낱말로 격하되어 여전히 사용되고 있다.

'마니교의'(Manichaean): 형용사. 만물을 선악, 빛과 어둠, 흑백으로 나누고 회색 빛깔에 대한 인정 없이 세계를 바라보는 이원론적 관점 또는 그런 관점과 관련된.[22]

마니를 가장 적극적으로 비판한 이는 죄인에서 성자가 된 아우구스티누스였다. 386년에 기독교로 개종하기 전에 아우구스티누스는 마니교 신도로서 활기찬 청춘을 보냈다. 독실한 기독교인인 그의 어머니는 낙심했으나 명석하고 번민이 많았던 아우구스티누스는 마니의 빛에서 위안을 찾았다. "주 하느님이자 진리시여, 나는 당신이 어마어마한 크기의 빛나는 몸뚱이와 같다고 생각했습니다"라고 아우구스티누스는 《고백록》에 썼다. "그리고 나 자신이 그 몸뚱이의 일부라 생각했습니다."[23] 그러나 성숙해 가면서 아우구스티누스는 환락에 빠져 살았던 지난날을 괴로워했다. 그는 마니교의 원로들로부터 답을 구하려 했으나, 구원이 자신 안에 있는 빛을 통해서 이루어진다는 말을 듣고 회의하기 시작했다. 빛에 관한 그리스 이론들을 공부하면서 아우구스티누스는 빛이 영혼의 일부는 고사하고 신성한 것만은 아님을 알았다. 기독교를 알게 된 뒤로 그는 마니의 "지루한 우화"[24]를 혹평하기 시작했다. 마니교도는 "육신의 눈으로 보는 빛 말고는 어떤 빛도 알지 못하는 오만하고 …… 한심한 사람들"[25]이었다. 아우구스티누스는 곧이어 마니교의 인간의 모습을 한 빛을 배격하고 그 자리에 은유를 채워 넣었다. 그 출발은 창세기 "빛이 있으라"부터 해와 달의 창조 사이 사흘이었다. 하느님이 최초의 말씀으로 창조한 것은 "신체의 빛이 아니라 영적인"[26] 빛이라고 그는 결론지었다. 이후 평생토록 아우구스티누스는 영적인 빛을 근거로 마니를 공격했다. "인간의 영혼이 빛의 증거라 해도, '그 빛이 아니라' 말씀이신 하느님 자체가 '참된 빛으로서 세상에 와서 모든 사람에게 비추는 빛'이다"[27]라고 아우구스티누스는 썼다.

인정사정없는 공격 속에 마니의 빛의 왕국은 쇠퇴했다. 대신 그 자리를 차지한 것은 예수의 구원의 빛, 여호와의 은유적인 빛, 부처의 장엄한 빛, 크리슈나의 눈이 멀 듯한 빛이었다. 이 성스런 존재들 모두 조로아스터와 마니만큼 흔히 빛을 이용했지만 그 목적은 훨씬 포괄적이었다. 다른 어떤 것도 인간의 무한한 상상력을 그만큼 깊이 건드릴 수 없기 때문에 빛은 완벽한 아바타였다. 강에는 젖과 꿀이 흐를 수 있다. 천국의 문은 진주로 장식되고, 암소는 신성하며, 연꽃은 부처의 아름다운 좌대일 수 있다. 하지만 빛은 형상이나 형태가 없어 윤색하기 어렵다. 빛은 어느 곳이든 모든 곳에 있을 수 있고, 모든 빛깔과 모든 힘을 지니며, 덧없고 영묘하며, 신비롭고 아름답다. 전 세계의 경전들은 빛을 축성하면서 그 신도들을 황홀하게 했다.

힌두교는 《바가바드기타》에서 크리슈나의 눈부신 빛을 보여 주지만, 신을 순수한 빛으로 격하시키려 하지는 않았다. 질문이 이어지는 《우파니샤드》의 구절을 보자.

최고의 기쁨은 묘사할 수 없는 것인데
그걸 어떻게 느낄 수 있는가?
반짝이는 것인가?
아니면 빛을 내뿜는 것인가?[28]

창세기가 편집된 때보다 1천 년 앞서서 힌두교도는 "가장 눈부신 빛"[29]에 환호했다. 특별히 숭배한 대상은 매일 아침 갠지스강 위로 떠오르는 빛이었다. 리그베다에 나오는 찬가 가운데 거의 24곡이 새벽의 여신 우샤스와 여명에 바치는 것이다.

새벽빛으로 우리에게 번영을 주시는 오 우샤스여, 하늘의 딸이여,
새벽빛으로 크나큰 영광을 주시는 여신, 빛의 신이여 ……
우리는 그 환한 빛을 보았습니다.
빛은 널리 퍼지며 어둠의 괴물을 몰아냅니다 ……

하늘의 경계에서 눈부시게 빛납니다.

여신은 어둠의 장막을 걷어 냈습니다.

보랏빛 말들이 끄는 이륜마차를 타고

세상을 깨우는 새벽이 되기와 ……

경이로운 빛을 펼쳐 놓습니다.[30]

불교 또한 은유적이고도 신성한 빛을 숭배했다. 부처가 태어났을 때 아기 위로 다섯 가닥의 빛이 비쳤다고 경전은 말한다. 이 빛은 이후로도 석가모니 부처와 모든 부처를 위해 빛난다. 불교의 수많은 '깨달은 자'에는 무량광불(無量光佛), 무애광불(無礙光佛), 염왕광불(燄王光佛), 청정광불(淸淨光佛), 무대광불(無對光佛), 부단광불(不斷光佛)이 있다. 깨달음을 이룬 부처라면 나발(螺髮) 한 가닥으로도 우주를 비출 수 있다는 말이 있다. 그리고 부처가 열반에 이르면 그 빛은 해와 달보다 밝다고 한다. 흔히 전해지는 이야기에 따르면 빛이 불교를 중국으로 전파했다고 한다.

서기 75년 즈음 한 명제(明帝)는 빛나는 사람이 머리 위로 날아가는 걸 보고 깜짝 놀랐다. 얼마 뒤 한 명제는 꿈에서 금빛으로 빛나는 사람을 보았다. 두 번의 환영은 인도에 산다는 성자가 나타난 것이라고 신하들이 황제에게 말했다. 황제는 인도로 사람들을 보내 알아보게 했다. 그들이 돌아와 부처의 가르침을 보고함으로써 중국 최초의 불교 사원 건설이 시작되었다. 거의 2천 년 뒤인 오늘날, 양초로 불을 밝히는 절에는 여전히 빛이 그윽하다. 불교의 빛은 경전에도 가득하다. 금광명경(金光明經)은 부처를 다음과 같이 칭송한다.

영광과 장엄과 명성을 빛내는 황금빛 태양.
순수하고 티 없는 청금석처럼 맑은 두 눈은
순금이 반짝이듯 빛나며 ......[31]

불교의 극락은 정토(淨土)인데, 병과 죽음이 없고 눈부신 꽃들이 가득하며 수많은 아라한이 다니며 "한량없는 빛"[32]을 내뿜는다. 불교 학자들은 경전에 기록된 빛이 은유적인 것인지 액면 그대로인지를 두고 여전히 논쟁하고 있다. 달라이 라마를 비롯하여 오늘날 승려들은 "밝은 빛"에 이르라고 말하는데, 그것은 의식이 완벽하게 깨어 있음을 가리킨다. 숨을 거둘 때 순수한 빛을 보게 될 거라 믿는 이들이 있는가 하면, 완전한 경지에 이른 구도자가 빛이 되어 숨을 거둘 때 "무지개 몸"[33]은 하늘로 올라가고 머리털과 손발톱만 남는다고 믿는 이들도 있다. 그러나 우타이산(五臺山)의 빛을 믿는 이들은 거의 없다.

중국 북동부 구릉 같은 봉우리들 사이에 자리 잡은 우타이산은 중국 4대 불교 명산 가운데 하나이다. 산꼭대기가 눈에 덮여 있고 종종 안개에 싸여 있는 우타이산에는 지난날 수백 개의 절이 있었다. 오늘날 50여 곳이 남아 있어 그 금빛 탑들을 보러 전 세계 곳곳에서 순례자들이 찾아온다. 여기서 많은 이들은 여러 부처들이 열반으로 이르는 여정을 어디에서 시작했는지 알게 되고, 거의 1300년 세월을 간직한 절에서 참선을 한다. 빛을 보러 오는 이들은 몇 안 된다. 처음 목격된 건 서기 679년의 일이었다. 우타이산의 승려들은 오색구름 속에서 빛나는 문수보살을 보았다. 승려들이 염불을 하자 빛이 사라졌다. 이윽고 또 다른 승려는 아주 커다란 꽃 무더기 위로 온갖 빛깔의 빛이 해처럼 환하게 빛나는 걸 보았다. 곧 소문이 퍼졌다. 빛을 내는 바퀴와 아롱다롱한 안개를 비롯하여 더 많은 빛이 순례자들을 맞이했다. 이후로 불자들은 우타이산을 찾았다. 하늘에서 빛을 보았다거나, 밝은 불덩이 또는 무지갯빛 불덩이를 보았다는 이들이 여전히 있다. 1999년에는 나비처럼 반짝이는 빛들이 사찰 한 곳을 가득 채웠다는 이야기가 있었다. 지역 주민들은 "부처의 광명"[34]이라 말하지만, 많은 스님들은 내면에서 구해야 할 빛에서 멀어지게 만드는 그런 이야기들을 경계한다.

학자들은 "부처의 광명"과 종교적인 맥락에서 목격되는 다른 모든 발광을 표현하는 말로 환시(幻視)를 꼽는다. 서기 첫 번째 1000년 동안만큼 보편적이지는 않으나 오늘날 여전히 전 세계 곳곳에서 환시가 보고된다. 실제든 상상이든 이들 빛은 심오한 목적에 이바지한다고 종교학자 미르체아 엘리아데는 말한다. "환시는 환시를 체험하는 이를 그의 세속적인 세계 또는 역사적인 상황에서 끄집어내어 질적으로 다른 세계, 완전히 다른 세상, 초월적이고 성스러운 곳으로 들여보낸다. …… 빛을 체험함으로써 근본적으로 주체의 존재론적 조건이 변화하는데, 성령의 세계가 활짝 열리는 것이다."[35] 성스런 빛의 힘을 의심하는 이는 삶을 뒤바꾼 환시를 종교사에서 찾아볼 일이다.

서기 36년 무렵 어느 평범한 아침, 예수가 십자가에 못 박힌 뒤 몇 해가 지난 때에, 타르수스 출신의 사울은 친구들과 함께 오늘날 시리아의 다마스쿠스로 가는 길을 걷고 있었다. 독실한 유대교 집안에서 자라난 사울은 스스로를 "히브리인 중의 히브리인"[36]으로 여기며 예수의 추종자들을 박해했다. 심지어 다마스쿠스로 출발할 때에도 사울은 "주의 제자들에 대하여 여전히 위협과 살기가 등등"[37](사도행전 9:1)했다고 신약성서는 말한다. 열정과 율법 학습으로 짐작할 때 사울이 기독교로 개종할 가능성은 전혀 없었다. 그런데 그 여느 때와 같았던 아침, 다마스쿠스로 가는 길 위의 구름 속에서 환한 빛이 나타났다. 후대 화가들은 사울이 본 빛을 그림에 담았다. 르네상스 시대에 프라 안젤리코는 후광이 서린 예수가 뿜어내는 황금빛으로 표현했다. 바로크 미술의 거장 카라바조는 어둠을 찌르는 듯한 검은 창을 그렸다. 윌리엄 블레이크는 노랗게 퍼지는 빛이 유령 같은 예수를 감싸는 그림을 그렸다. 하지만 사울이 자신이 본 것을 묘사한 수단은 언어뿐이었다.

그 일이 생겼을 때 나는 길을 가던 중이었고 다마스쿠스에 거의 다다른 정오 무렵이었다. 갑자기 하늘에서 눈부신 빛이 내 주변을 내리쬤었다. 무릎을 꿇고 있자니 어떤 목소리가 들렸다. "사울아, 사울아, 네가 어찌하여 나를 박해하느냐?" 그래서 나는 대답했다. "주여, 누구시옵니까?" 그러자 그가 "나는 네가 박해하는 나사렛 예수다"라고 말했다. 나와 함께 있던 이들도 물론 그 빛을 보았고 두려움에 떨었지만, 그들은 내게 말한 그의 목소리를 듣지는 못했다.[38]

얼마 지나지 않아 사도 바울이라 알려지게 되는 사울은 예수의 가장 이름난 대변인이 되었다. 어쩌면 그 사건은 간질 발작이었을 수도 있지만 바울은 이후 30년 동안 지중해 지역을 무려 2만 킬로미터나 돌아다니며 예수의 가르침을 전파했다. 수감되어 태형을 당하고 돌에 맞고 난파를 당하면서도, 그는 주요 도시들 전체를 개종시키고, 유려한 서신들을 남겨 신약성서에 기록되었고, 성경의 빛을 다듬었다.

구약성서 전체에서 하느님은 빛과 함께 등장하는 만큼이나 자주 어둠과 함께 등장하는 것에 성경학자들은 주목한다. 시나이산에서 하느님은 불타는 떨기나무로부터 모세에게 말하며 보이지 않는 곳에 머문다. 《바가바드기타》에 나오는 아르주나 왕자처럼 모세가 하느님을 볼 수 있게 해달라고 청했을 때 여호와는 "천 개의 태양"처럼 빛나지 않았다. 대신 하느님은 어둠 속에서 목소리로만 모세에게 말한다. "나를 보고 살이남을 자는 없을 것이다."[39] 붙가사의하고 보이지 않는 구약성서의 하느님은 "깜깜한 어둠 속에 머무는 걸"[40] 더 좋아했다. 그러나 하느님이 좀체 빛을 드러내지 않은 덕분에 구약성서는 무수한 태양과 무한하고 가늠할 수 없으며 가로막을 수 없는 빛에 관한 온갖 묘사의 짐을 덜었다. 빛을 하느님의 자화상으로 만드는 대신 구약성서는 빛을 은유로 삼았다.

그 짙은 구름을 걷어 내면, 구약성서는 서양 문학에서 빛에 바치는 가장 풍요로운 헌사라는 특징을 드러낸다. 고난에 처하여 의지하는 이들에게 빛은 성역이다. "여호와는 나의 빛이요 나의 구원이시니 내가 누구를 두려워하리요."(시편 27:1) 그리고 총명함이다. "내가 네게 대하여 들은즉 네 안에는 신들의 영이 있으므로 네가 명철과 총명과 비상한 지혜가 있다 하도다."(다니엘 5:14) 전능함이다. "나는 빛도 짓고 어둠도 창조하며 나는 평안도 짓고 환난도 창조하나니 나는 여호와라, 이 모든 일들을 행하는 자이니라."(이사야 45:7) 감화이다. "나는 일어날 것이요 어두운 데에 앉을지라도 여호와께서 나의 빛이 되실 것임이로다."(미가 7:8) 길잡이이다. "주의 말씀은 내 발에 등이요 내 길에 빛이옵니다."(시편 119:105) 진리이다. "주의 빛과 주의 진리를 보내시어 나를 인도하시고"(시편 43:3) 또한 정의이다. "의인의 빛은 환하게 빛나고 악인의 등불은 꺼지느니라."(잠언 13:9)

타르수스 출신의 사울은 구약성서를 공부했으므로 이 시적인 헌사들을 이미 읽어 보았을 것이다. 그러나 "내 주변을 내리쬔 눈부신 빛"에 의해 개종하여 사도 바울이 된 그는 구약성서와는 다른 방식으로 빛을 이용하기 시작했다. 성도에게 보내는 편지에서 바울의 빛은 하느님의 상징으로서 몹시 강렬해서 눈으로 볼 수 없는 빛이 아니라, 다마스쿠스로 가는 길에 그에게 무릎을 꿇게 했던 빛이었다. "바울이 아는 예수는 죽었다고 바울에게 말하는 건 마치 해가 검다고 그에게 말하는 것과 같다"[41]고 어느 성서학자는 썼다. "그는 그렇지 않다는 걸 알았다. 그는 권능을 느꼈다. 그는 빛에 눈이 멀었다." 바울 또한 은유를 사용했으나 그의 빛은 부처의 무량광명도, 리그베다의 눈부신 여명도, 마니와 조로아스터의 인간의 모습을 한 빛도 아니었다. 대신 바울은 쏘는 듯한 스포트라이트를 구원에 집중시킨다. 후대 사람들은 그의 빛을 반영했다.

바울의 사후에 쓰인 네 권의 복음서 가운데 세 권이 드문드문 빛을 언급한다. 그러나 네 번째 복음서인 요한복음은 예수를 "비추는 빛"[42] "참 빛,"[43] "세상에 온 빛"[44]으로 묘사한다. 예수가 스스로를 "세상의 빛"[45]이라 두 번 일컫는 것도 요한복음뿐이다. 두 번째 말한 직후에는 맹인의 시력을 회복시켰다. 그 뒤 200년에 걸쳐 기독교는 신흥 소수 종교에서 운동으로, 운동에서 서양의 지배적인 종교로 성장했고, 요한은 가장 이름난 복음서가 되어 신도들에게 중요한 만큼이나 성직자들에게 중요했다. 하지만 분열이 일어났다.

서기 325년 5월, 지중해 지역의 성직자들이 오늘날 터키 지역의 마르마라해 근처 도시 니케아에 모였다. 지난날 로마의 지배를 받았던 기독교인들이므로 많은 이들에게 흉터가 있었다. 눈알이 도려내져서 안대를 하고, 등에 채찍 자국이 남아 있고, 오금 인대가 베어져서 걸음걸이가 어색했다. 하지만 그들은 기독교로 갓 개종한 로마 황제의 초청으로 화해를 모색하기 위해 니케아에 온 것이었다. 도시의 고대 성벽과 원형경기장에서 멀지 않은 콘스탄티누스 대제의 궁전에서, 주교들은 토론하고 기도하고 성가를 불렀다. 그런 종교회의는 한 번도 열린 적이 없었고, 기독교의 발흥에 발맞추어 토론거리도 많았다. 침례와 그 밖의 의례. 알맞은 부활절 날짜 그리고 무엇보다도 성자 그리스도가 성부 하느님만큼 성스러운지의 문제. 거의 10년 동안 아리우스라는 이름의 성직자는 수많은 이들이 이단이라고 여기는 내용을 설교해 왔다. 그리스도는 성부, 성자, 성령을 동등하게 여기는 신령스러운 삼위일체를 이루지 않는다고 아리우스는 주장했다. 오로지 하느님만이 "영원하고 …… 무궁하며 …… 시작이 없는"[46] 하느님이었다. 예수는 "하느님이지만 참된 하느님은 아니다."[47] 아리우스는 노래와 설교로써 이런 생각을 동부 지중해 지역에 퍼뜨렸고 기독교를 둘로 분열시켰다. 무엇으로 이 분열을 치유할 수 있을 것인가?

하느님과 그리스도 사이의 연관을 찾던 주교들은 빛을 선택했다. 하나의 촛불로 다른 촛불을 켜도 그 빛을 잃지 않듯이, 하느님의 빛이 그리스도의 빛을 낳은 것이라고 한 부제가 주장했다. 논쟁은 이어졌지만 빛이 우세했다. 니케아의 주교들은 '니케아 신경(信經)'을 채택함으로써 그리스도가 "하느님에게서 나신 하느님이시요, 빛에서 나신 빛이시요, 참 하느님에게서 나신 참 하느님"[48]이라고 선포했다. 공의회는 휴회하고 아리우스파는 이단 딱지가 붙었으며 그리스도는 삼위일체의 일부로 확인되었다. 그리고 소소한 언쟁이 있었지만 바울의 빛이 승리했다. 수십 년 뒤, 바울이 로마인들에게 쓴 편지를 읽고 기독교인이 된 아우구스티누스는 자신이 "불변하는 영적인 빛"[49]이라 일컫는 것을 칭송했다. 아우구스티누스의 글은 라틴어 '룩스'와 '루멘'을 4천 번도 넘게 사용했다.

바울의 스포트라이트는 영원한 구원을 제공하기 위해 신약성서 마지막 부분에 다시 나타난다. 요한계시록은 요한이 일곱 개의 촛불과 일렁이는 예수의 환영을 보는 장면으로 시작한다. 참고로 여기서 요한이 복음서를 쓴 요한과 동일 인물인지에 관해서는 학자들의 의견이 갈린다. "그의 머리와 털의 희기가 흰 양털 같고 눈 같으며 그의 눈은 불꽃 같고 …… 그 얼굴은 해가 힘 있게 비치는 것 같더라."[50](요한계시록 1:14, 1:16) 다가오는 대재앙을 묘사하면서, 계시록은 빛을 이용하여 신자들을 진정시킨다. 예수 재림 뒤에는 "다시 밤이 없겠고 등불과 햇빛이 쓸 데 없으니 이는 주 하느님이 그들에게 비치심이라 그들이 세세만년 왕 노릇 하리로다."[51](요한계시록 22:5) 바울의 구원의 빛은 그리스도의 현존의 징표로 받아들여지게 되었다. 이후 2천 년 동안 그 빛이 나타난 뒤에는 성령이 나타나기 때문이다. 잔다르크는 "빛을 봄과 동시에 목소리를"[52] 들었다. 아빌라의 성녀 테레사가 본 것은 "눈이 부실 만큼의 광휘가 아니라 은은한 흰색에 빛이 섞인 ……"[53] 것이었다. 최근 수십 년 동안 의학은 환자들을 죽음의 문턱에서 되살려 놓았는데, 깨어난 많은 환자들이 강렬하고 자애로우며 반가이 맞아 주는 빛 이야기를 들려주었다. 이 부분은 이 책 뒤쪽 '덧붙이는 말'을 참고하기 바란다.

구약성서의 빛은 은유적이고 정의하기 어렵지만 여전히 유대교도와 기독교도를 달래 준다. 신약성서의 빛은 구원에 집중되어 있지만 여전히 교회와 성당에서, 심장과 영혼 속에서 빛난다. 서기 첫 번째 1000년 동안을 밝힌 그 밖의 성스런 빛들은 수많은 이들이 모든 일출과 모든 일몰, 그리고 모든 반짝이는 별들 속에서 여전히 발견하는 진리이다. 그러나 이 빛은 사라지지 않는 의문을 제기한다. 일부에서 환시라 일컫는 것을 다른 이들은 망상이라 일컬을 수 있는 것인가?

바울이 경험한 다마스쿠스의 빛은 오래전부터 회의론자들의 도전 의식을 자극했다. 카를 융은 바울의 환시를 기독교에 대한 "광신적 거부감"이 일으킨 "심인성 현상"[54]으로 바라보았다. 현대 심리학자들은 소아기적 퇴행, 성적 욕구 불만, 또는 향정신성 약물을 원인으로 지목한다. 신경학자들은 일사병이나 발작 또는 간질을 의심한다. 하지만 많은 사람들은 그런 추론이 적절하지 않다고 여긴다. 《종교적 경험의 다양성》(The Varieties of Religious Experience, 1902)에서 환시의 사례를 나열한 심리학자 윌리엄 제임스는 빛의 환영을 "히스테리 발작"으로 폄하하는 태도는 위험하다고 경고했다. 그러한 빛은 "아주 잠깐 동안이라도 한 사람의 영적 능력의 최고 수위선이 어디인지를 알려 준다"고 그는 썼다. "이것이 바로 그것이 중요한 이유이다."[55]

결국 조로아스터는 빛의 옷을 입은 남자를 보았는가? 메흐르샤는 자신의 정원에서 마니의 빛나는 왕국을 보았는가? 바울은 다마스쿠스로 가는 길에서 빛을 보았는가? 회의론자들은 고개를 젓지만, 믿는 이들은 더욱 굳게 믿는다. 바로 여기서 빛은 인류를 두 진영으로 가른다. 빛에 사로잡힌 데 만족하는 이들과 설명해야 하는 이들로. 신성한 빛의 근원은 오랜 세월 의문으로 남았지만 최고의 기쁨의 시대엔 의문이 아니었다. 빛이 일단 종교의 버팀목이 되자, 회의론자들이 그걸 넘어뜨리기 시작하기까지는 오랜 세월이 지나야 했다. 서양은 이 시기를 암흑시대라 일컫는다. 빛에 관한 과학적 호기심이 신성과 교조에 굴복한 시대였다. 하지만 다른 곳에서 탐구의 빛은 여전히 불타오르고 있었다.

4장

그 유리는 별처럼 밝게 빛나고

이슬람 황금시대

하느님, 나를 위해 내 마음에 빛을 비추시고 내 무덤에 빛을 비추시고 내 앞에 빛을 비추시고 내 뒤에 빛을 비추소서. 내 오른쪽에 빛을 비추시고 내 왼쪽에 빛을 비추소서. 내 위에 빛을 비추시고 내 밑에 빛을 비추소서. 내 시각에 빛을 비추시고 내 감각에 빛을 비추소서. 내 얼굴에 빛을 비추시고 내 살에 빛을 비추소서. 내 피에 빛을 비추시고 내 뼈에 빛을 비추소서. 내게 빛을 더해 주소서.[1]

- 이슬람교 기도문

유럽이 무릎을 꿇고 기도를 올리고 중국이 성벽을 축조하던 수백 년 동안, 바그다드는 세계 최대의 도시였다. 과학자들 가운데 알킨디, 이븐 알하이삼 같은 이름이 두각을 나타냈으며, 신성한 빛의 첨탑은 인도에서 이베리아반도까지 하늘 높이 솟았다. 첨탑을 세운 건 소리쳐서 예배 시간을 알리기 위해서였지만 이 첨탑들은 빛의 상징이기도 했다. 알렉산드리아의 등대가 그 본보기였는지에 관해서는 역사학자 사이에 의견이 갈리지만, 아라비아어를 쓰는 사람이라면 '마나라'(manara, 모스크에 딸린 높은 탑—옮긴이)가 등대 또는 "빛을 두는 곳"[2]을 뜻한다는 걸 다 안다. 그리고 마나라에서 이름을 따온 우아한 탑인 미나레트가 사막 위로 빛을 비추었다.

미나레트는 단지 빛으로만 유명한 게 아니었다. 해마다 라마단 시작 때면 매일 아침에 미나레트 꼭대기에 위치한 등이 금식의 시작을 알렸다. 하루 종일 밝힌 등불은 태양 아래서는 거의 보이지 않았다. 그러다

땅거미가 지면 등불 하나는 세상이 본 적이 없는 가장 선명한 빛을 뿜어냈다. 어둠이 이슬람 제국을 뒤덮으면 사제들은 미나레트 아래에 모여 등불을 켰다. 기름이 담긴 10, 20, 50개의 토기 등잔이 불을 밝혔다. 밧줄에 묶여 높이 끌어올려진 등잔은 밤새 타오르며 아래의 축제를 밝혀 준다. 라마단의 빛을 보고 서양에서 온 방문객들은 깜짝 놀랐다. "그들은 모스크의 탑들에 얼마나 많은 등불을 밝히는지 모른다"고 영국인 여행객은 카이로에서 썼다. "이 광경을 구경하는 우리를 매혹시킨 건 탑들에서 반짝거리는 빛이었다. 세 층에서 수많은 등불이 밝힌 빛이었다. 그 빛 덕분에 도시는 대낮처럼 환하다."[3]

이슬람 황금시대(650~1250년) 내내 자연광은 결코 모자란 적이 없었다. 사막의 하늘에는 햇빛이 눈부셨고, 머나먼 북쪽 땅의 끝도 없는 겨울밤은 적도 지방의 신도들에게 상관없는 얘기였다. 그러나 이슬람 제국이 빛을 칭송한 수준은 이전의 어떤 제국에 비할 바가 아니었다. 평범한 무슬림은 오직 몇 개의 등불과 초를 소유했지만 칼리프는 빛을 다룰 수 있는 장인들을 장악함으로써 빛을 장악했다. 원시인은 빛을 숭배했다. 그리스 사람은 빛을 설명했고 기독교, 불교, 힌두교 신도는 자신이 믿는 신에게 빛의 의미를 부여했다. 그러나 이슬람은 빛을 '소유했고' 이슬람이 소유한 빛이 투사하는 것은 부와 명성, 권력이었다. 램프를 문지르면 요정이 나타나는 아라비안나이트의 이야기가 평범한 등잔을 욕망의 대상으로 탈바꿈시킨 건 놀라운 일이 아니다. 이슬람 왕국에서 해와 달, 별은 꼼꼼하게 계획된 일정대로 조심조심 운행했지만, 모스크와 궁전 안에서 빛은 어전(御前) 공연을 펼쳤다.

이전의 어떤 제국보다 더 멀리 더 빨리 퍼져 갔던 이슬람은 그 허약함을 늘 의식했다. 에스파냐의 산맥에서부터 힌두쿠시에 이르기까지 미나레트는 적들이 우글거리는 국경선을 굽어보았다. 추방당한 기독교도와 유대교도 말고도, 칼리프들은 경쟁 관계에 있는 가문들과 질투심 많은 후계자들, 이슬람 내부에서 분열되고 있는 종파인 시아파와 수니파 간의 갈등을 두려워했다. 통치권자로서 남아 있기 위해서 칼리프는 권력을 입증해야 했다. 단검과 언월도는 전투에서 힘을 증명했지만, 불법 침입자들을 단념시키기 위해서 권력은 모든 건축물과 모스크, 궁전에서부터 빛나야 했다. 권력의 가장 고상한 상징물은 빛이었다. 예언자 무함마드가 태어났을 때 찬란한 빛이 세상을 밝혔다. 그날 아침 그의 아버지의 머리에서부터 비춘 빛은 사람들을 사로잡고 황홀하게 했다.

빛의 마법을 돋보이게 하기 위해 장인은 "투명한 돌"[4]인 석영을 크리스털 모양으로 다듬었고, 이는 촛불이나 등불 가까이에서 반짝반짝 빛났다. 도공은 금속 산화물을 점토에 섞어 윤이 나는 도자기를 만들었다. 캘리그래퍼는 금을 주입한 잉크로 글씨를 써서 블루코란(Blue Qur'an) 같은 반짝거리는 필사본을 만들었다. 쪽빛 바탕에서 금빛으로 빛나는 아라비아어 본문은 마치 뒤에서 빛을 받는 것 같다. 이슬람 궁전은 반투명 대리석이나 자개를 붙인 벽을 통해 빛을 투과시켰다. 모든 궁전의 안뜰을 완성시킨 것은 분수대였는데, 뿜어지는 물줄기가 부서지면서 장난감처럼 반짝반짝 빛을 냈다. 모자이크가 모스크에서 반짝였고, 이베리아반도의 한 궁전에서 햇빛은 수은을 채운 수조에서 반사되어 일렁였다. 노예가 수조를 기울이면 구경꾼들은 수은이 연출해 내는 무늬가 실내 전체에서 너울거리는 모습에 감탄했다.

여러 이슬람 왕조는 보복과 지배를 위해 싸웠으나 빛을 소중히 여겨야 한다는 데엔 한뜻이었다. 빛을 뜻하는 '알 누르'라고 불리곤 하는 그들의 경전은 그렇게 가르쳤다. 성서와 마찬가지로 코란은 빛에 많은 의미를 부여한다.

"하느님은 믿는 자의 구원자로 신도를 암흑에서 광명으로 인도하시니라."[5] (알바끼라 2:257)

"하느님께서 너희에게 자비를 두 배로 하여 주실 것이며 너희가 걸어갈 길에 빛을 비추어 주실 것이며"[6] (알하디드 57:28)

"하느님으로부터 빛을 받지 못하니 그에게는 아무런 빛도 없느니라."[7] (누르 24:40)

그러나 코란은 다른 경전만큼 자주 빛을 언급하지는 않는다. 한 남자, 예언자 무함마드에게 주어진 고귀한 책 코란은 신성한 빛, 무한한 빛, 청정한 빛을 경쟁적으로 칭송하는 제자들에 의해 기록된 책이 아니다. 그러나 코란의 많은 수라, 다시 말해 장(章) 가운데 하나는 오로지 빛에 바쳐진 장이다. 수라 24는 미나레트의 기초와 모스크에 다는 등에 새겨지는데, 그 내용은 이렇다. "하느님께서는 하늘과 땅의 빛이시니라. 그 빛을 비유하니 벽감 안에 등불과 같은 것으로 그 등불은 유리 안에 있노라. 그 유리는 별처럼 밝게 빛나고, 등불을 밝히는 것은 올리브기름이니라. 그 기름을 낸 신성한 올리브나무는 동쪽에 있는 나무도 서쪽에 있는 나무도 아니라. 그 올리브나무의 기름은 불길이 닿지 않아도 빛나니 빛 위에 빛을 더하노라. 하느님께서는 당신이 원하는 자를 그 빛으로 인도하시며"[8] (누르 24:35) 이 수라를 암송하면서 독실한 무슬림은 알라의 99개 명칭을 알았다. 이를테면 가장 자비로운 분 알 라힘, 가장 은혜로운 분 알 라흐만, 보호하시는 분 알 무하이민, 절대적인 지배자 알 말리크, 광명인 안 누르가 그것이다.

이슬람 황금시대가 이어지는 동안 유럽의 성직자들은 빛에 관해 논쟁을 벌였다. 쟁점이 된 것은 부활한 예수가 무덤에서 걸어 나와 타보르산에 올랐을 때 비쳤다는 빛이었다. 마태복음에 따르면, "그 얼굴이 해같이 빛나며 옷이 빛과 같이 밝아졌다."[9] (마태복음 17:2) 바울 또한 다마스쿠스로 가는 길에 "타보르의 빛"[10]이라 일컬어지는 이 빛나는 얼굴을 보았다. 지중해 동쪽 지역의 주교들은 그 빛이 인간과 하느님의 "창조되지 않은 빛"[11] 사이의 실체적인 연결 고리라고 주장했다. 한마디로 환시는 실제라는 것이다. 그러나 로마의 주교들은 빛나는 그리스도를 보았다고 말하는 이들은 은유를 입힌 것이며 하느님의 얼굴이라도 빛을 내지는 않는다고 생각했다. 그렇게 빛은 기독교를 갈라놓으며 동쪽과 서쪽 사이에 균열을 냈다. 동쪽과 서쪽의 간극이 넓어질 때, 금빛 모자이크는 동방정교회를 빛냈지만 빛의 세속적인 속성을 연구한 유럽 학자는 한 명도 없었다. 그 탐구가 맡겨진 것은 훨씬 남쪽까지 확산된 문명이었다.

서기 762년, 바그다드는 티그리스강 유역의 작은 정착지였다. 곧 성벽이 세워져 시장들과 모스크, 몇 킬로미터 밖에서도 보이는 초록색 돔의 궁전을 에워쌌다. 그리고 주변 지역에서 사람들이, 무슬림, 기독교인, 유대인, 그 밖의 이교도가 모여들었다. 도시가 건설되고 한 세기 안에 바그다드에는 100만 명이 넘는 사람들이 북적거렸다. 아치형 성문 너머까지 들리도록 바그다드는 전체 이슬람 제국을 향해 외쳤다. 하루에 다섯 번, 신도들에게 외치는 무엣진의 구성진 어조가 미나레트로부터 메아리쳤다. 그러나 또 다른 외침도 퍼져 나갔다. 호기심이 있는 자들을 부르는 소리였다. 배우고 싶다면 바그다드로 오라. 오늘날 학자들이 정확한 장소를 파악하고 있지는 않지만, 이 북적거리는 도시 어딘가에 '지혜의 집'(바이트 알히크마)이 있었다. 수은 그릇도, 반짝반짝 빛을 튀기는 분수대도, 반투명 석영이나 대리석도 없었지만, 지혜의 집은 고대 세계의 빛을 보존했다.

역사학자들은 "알렉산드리아에서 바그다드로"[12] 이어지는 길을 이야기한다. 이는 그리스 지식이 이슬람 치하에서 살아남고 더 나아가 번성하기 위해 따라간 길이었다. 9세기 내내 바그다드 도서관 깊숙한 곳에서 검은색 긴 겉옷을 입은 학자들은 스타일러스와 잉크를 갖고서 두루마리 문서와 고문서를 아라비아어로 옮기느라 여념이 없었다. 번역된 저작에는 보석 같은 페르시아의 시, 인도 학문의 정수, 나아가 아리스토텔레스와 플라톤이 목록의 첫머리를 차지하는 기라성 같은 그리스 철인들이 포함되었다. 그러나 학자들은 비극과 희극, 천문학과 점성학, 엠페도클레스의 네 요소, 더 나아가 '제물과 희생물'[13]을 태우는 불을 일으키는 거울에 관한 디오클레스의 논문도 번역했다. 한 세기 뒤쯤 지혜의 집 언어학자들은 그리스, 인도, 페르시아 사람들이 정복과 쇠퇴에서 건져낸 거의 모든 문서를 번역해 놓았다. 그 가운데 일부만을 이슬람 마드라사(madrassa, 이슬람 신학교로 학생 기숙사와 모스크가 같이 있다—옮긴이)에서 가르쳤다. 마드라사의 커리큘럼은 코란 중심으로 이루어졌지만, 100만 명 남짓한 바그다드 인구 가운데 가장 명석한 이들은 자신의 지식을 지혜의 집에 보탰다. 천문학자들은 프톨레마이오스의 별자리표를 입증했다. 치료사들은 그리스 해부학자 갈레노스의 저술을 참고하여 세계 최초의 병원을 열었다. 수학자들은 오늘날까지도 아라비아어로 알려져 있는 대수학(代數學, algebra) 분야를 발명했다. 철학자들은 고대 그리스 소피스트를 연구했다. 여러 분야를 아울러 조예가 깊은 몇몇 사람은 이 모든 학문을 연구했는데, 여기에는 그리스 사람들이 빛이라 일컬은 것도 포함되었다.

문명에 문명을 거치며 빛이 진보하는 과정에서 이슬람 과학은 주요 동력이다. 눈금을 새긴 황동 원반이 그랬듯, 아라비아 천문학자들은 별자리표를 더 완성시켰다. 이슬람 과학은 복잡하고 정밀하고 아름다웠다. 유럽 사람들이 신성한 빛을 둘러싸고 격론을 벌이는 동안, 이슬람 과학자들은 아리스토텔레스, 에우클레이데스, 프톨레마이오스가 제기한 광학적 난제들을 파고들었다. 그들은 세계 최초의 천문대를 세우고, 천문관측의(天文觀測儀), 해시계, 해와 행성들의 움직임을 본뜬 혼천의(渾天儀) 같은 것을 갖추었다. 그리스 사람들로부터 실마리를 찾은, 빛을 연구하는 이 아라비아인들은 익숙한 질문을 되묻고 참신한 답을 내놓았다. 그러나 일부는 완전히 독창적인 논리를 세웠다. 수학자 이븐 사흘은 최초로 삼각함수를 사용하여 빛이 물이나 유리와 부딪힐 때의 굴절각을 계산했다. 나중에 서양에서 '아비센나'라고도 알려진 철학자 이븐 시나는, 빛은 정확한 속도를 지니는 게 틀림없다고 생각했다. "빛을 인식하는 것이 광원에 의해 모종의 입자가 방출되는 데서 비롯되는 것이라면, 빛의 속도는 분명히 유한하다."[14] 10여 명의 사상가들이 이렇듯 이슬람 문명에서 독창적인 논리를 내세웠지만, 특히 두 사람이 그 중심에 있었다.

아부 유수프 야쿠브 이븐 이샤크 알킨디라는 이름에 들어가 있는 아라비아어 낱말 '이샤크'(ishaq)는 빛을 뜻한다. 아마 우연의 일치이겠지만, 800년대 중반에 바그다드에 온 부유한 집안의 아들인 이 초기의 아라비아 철학자는 빛의 수수께끼를 외면할 수 없었다. 빛에 사로잡힌 다른 사람들 대부분이 그렇듯이, 알킨디는 재야의 학자로서 명석하고 열정적이었으며, 토머스 에디슨이 뒷날 스스로를 가리켜 표현한 것과 똑같이 "모든 것에 흥미를 느꼈다." 알킨디라는 이름은 은은한 유도등 불빛처럼 이슬람 학계를 비추었다. 그의 논문은 의학, 수학, 윤리학, 천문학, 음악 이론에 걸쳐 있었고 칼에서부터 향수에 이르기까지, 보석에서부터 반짝이는 유리에 이르기까지 일상적인 주제들도 다루었다. 아라비아인들이 다른 문화권으로부터 무언가를 배울 수 있다는 생각을 비웃는 바그다드 사람들이 있었다. 알킨디는 생각이 달랐다. "우리는 진리를 인정하는 일에 주저해서는 안 된다. 그 진리의 출처가 어디든, 심지어 우리와는 거리가 먼 인종이나 나라에서부터 도입된 것이라 해도 말이다. 진리를 탐구하는 이에게 가장 소중한 것은 진리 그 자체여야 한다."[15]

어떤 개인이 문화와 문화 사이의 다리가 된 적이 있었다면 그가 바로 알킨디였다. 그의 엄청난 저술은 아테네의 아카데미아를 바그다드 지혜의 집과 이어 주었다. 빛이라는 주제에 관해서 알킨디는 그리스 사람들이 중단했던 지점에서 출발하여, 빛이 엠페도클레스가 생각했듯이 눈에서 비롯되는지, 에피쿠로스가 생각했듯이 사물에서 비롯되는지, 아니면 플라톤처럼 둘 다인지 질문했다. 빛은 눈에서부터 비롯된다고 주장하면서, 알킨디는 수평면에 하나의 원이 납작하게 깔려 있는 2차원의 세계를 상상했다. 원이 빛을 발산한다면 그 광선은 모든 방향으로 튀어나가면서 원 전체가 눈에 보이게 된다. 그러나 옆에서 볼 때 원이 선으로 보이는 것은, 눈에서 나온 빛이 수평 방향에서만 원에 부딪히기 때문이다(아리스토텔레스의 이론은 사람이 사물을 보는 각도가 사물의 지각에 영향을 미치는 이유를 설명하지 못했는데 알킨디는 이를 설명한 것이다—옮긴이). 그러나 알킨디는 아리스토텔레스를 전적으로 반박할 수만은 없었다. 그는 아리스토텔레스의 저술을 아라비아 세계에 소개한 장본인이었다. 아마도 눈에서 나온 빛은 각 사물에서 나온 빛과 만나서 그리스 스토아학파가 '프네우마'(pneuma)[16]라고 일컬은 것을 만들 것이다. 그리고 그 프네우마라는 영묘한 본질을 눈이 지각하는 것이다. 알킨디의 계승자들은 그러한 본질을 "빛나는 숨"[17]이라고 일컫곤 했다.

알킨디는 대체로 빛에 관한 그리스의 사고방식을 따랐지만, 빛이 전파되는 방식에 대한 이해를 변화시켰다. 빛은 평행으로 이동하지 않는다고 그는 추론했다. 빛이 평행으로 전파된다면, 모든 풍경은 그 광선의 끝부분, 다시 말해 점들의 모임으로 보이게 된다. 프랑스 화가 조르주 쇠라는 후대에 점을 찍어 걸작들을 완성하지만, 알킨디는 빛의 모형으로서 이를 "매우 조롱할 만한"[18] 추론으로 여겼다. 대신 그는 빛이 사방으로 퍼진다고 주장했다. "원소들의 세계에서 실재하는 모든 것은 모든 방향으로 빛을 발산하며, 그것이 전체 세계를 채운다."[19] 이런 관점에 푹 빠진 알킨디는 행성과 별들이 빛을 발산하고 알라의 뜻에 따라 모든 세속적인 일들에 영향을 끼친다는 의견을 내놓았다. 인간은 희망, 믿음, 갈망의 빛을 확산시킨다고 그는 말했다. 알킨디의 온갖 광선은 자석, 거울, 불에서도 나온다. 자신의 빛의 모형에 관해서 알킨디는 "이 세상의 모든 것들은, 그것이 물질이든 사건이든 간에 별처럼 자기 나름의 방식으로 빛을 발산한다"[20]고 썼다.

모든 것에 흥미를 느꼈기 때문에 알킨디는 빛을 연구하는 데 많은 시간을 쏟지 않았다. 그는 《영혼 서설》, 《슬픔을 물리치는 것에 대하여》, 《지성에 대하여》, 그 밖에도 수백 편의 다른 철학 논문을 쓴 뒤에야 빛으로 눈을 돌렸을 뿐이다. 그러나 그의 광학 저술 《양태들에 관하여》(De Aspectibus)는 아라비아 세계에서 널리 읽혔고, 1100년대에 라틴어로 번역되어서는 유럽 전역에서 읽혔다. 그즈음 빛의 과학은 더욱 발전해 있었다.

1009년, 경쟁 관계인 무슬림 종파의 군대가 모로코에서 북상하여 이베리아반도를 침략했다. 그들의 목표는 무슬림 에스파냐 최대 규모의 왕궁인 메디나 아자하라로, 무슬림의 근거지인 코르도바에서 가까운 외곽에 있었다. 여기서 빛은 최고로 멋진 쇼를 펼쳤다. 금빛 천장과 대리석 벽에서 부서지고, 수없이 많은 분수대에서 반짝반짝 빛났으며, 수은이 담긴 수조에서 일렁거렸다. 1009년 11월 초, 군대는 거대한 왕궁에 도착했다. 문을 부수고 들어간 그들은 분수대를 무너뜨리고 대리석 벽을 부수었으며 수조에서 수은을 빼냈다. 아라비아 사람들이 알 안달루스라 일컫던 무슬림 영토에서, 이슬람은 권력을 지키고자 하는 통치자들을 끌어내렸다. 바그다드는 훨씬 안정적이었으나, 지혜의 집이 번역의 세기를 마무리한 뒤에 이슬람 지식의 중심은 카이로로 옮겨 갔다. 고대 도시의 중심부에 있는 언덕 위에 거대한 알 아즈하르 모스크가 있었다. 그 이름은 '빛난다'는 뜻의 아라비아어 낱말에서 비롯되었다. 동이 틀 때부터 해가 질 무렵까지, 아치 모양이 이어져 있는 홀에서는 코란을 낭송하는 소리가 울려 퍼졌다. 코란 전체를 거의 다 낭송했을 즈음에 새벽 장(章)이 나온다. "동녘의 주님께 보호를 구하오니, 창조된 사악한 것들의 재앙으로부터 보호를 구하며."[21] (알팔라끄 113:1~2) 그리고 신도가 기도를 올리는 동안 아래쪽 구불구불한 길 어딘가에서 빛은 실험실로 돌아갔다. 경전의 원천으로서 1천 년의 세월을 보낸 뒤였다.

희끗희끗한 턱수염을 기르고 커다란 터번을 두른 왜소한 사내가 홀로 깜깜한 마우솔레움(mausoleum, 외부에 독립적으로 세워진 건축물로 중요한 인물이 매장된 곳이나 묘실이 있다—옮긴이) 흙바닥에 작은 깔개를 깐다. 무릎을 꿇고 이마를 땅에 대고서는 알라에게 기도를 올린다. 이윽고 실험을 시작한다. 모든 창을 닫고 덧문에 난 구멍을 통해서 빛줄기 하나만 들어오게 한다. "꽤 크지만 아주 크지는 않은 광선"[22]이다. 한 줄기 곧은 광선이 어둠을 뚫고 들어와서는 곧이어 노인이 시키는 대로 변하기 시작한다. 그는 광선 속에 이 물체 저 물체를 놓는다. 그림자를 그리고 아라비아어를 휘갈겨 쓴다. 검은색 물체에 부딪힌 빛이 흡수되고, 흰색 물체에서 반사된 빛이 실내 전체를 환하게 하는 데 주목한다. 창을 통해서 거리의 소란스러움, 행상인과 무엣진의 외침 같은 카이로의 불협화음이 들려온다. 하지만 그는 관심 밖이다. 탁자에서 일어선 그는 유리병에 물을 채우고 빛에 비추며 굴절각을 계산한다. 벽에 나타나는 스펙트럼을 관찰한다. 은판에 윤을 내서 예측할 수 있는 각도로 빛을 반사시키게 한다. 유리컵에 물을 담고 과일즙을 떨어뜨려서 색깔이 퍼지는 걸 관찰한다. 불을 일으키는 거울도 실험해 보고 자기 나름의 추론을 보탠다. 이후에 그는 일식과 월식, 달과 별의 빛도 연구한다. 그리고 숙고에 숙고를 거듭한 끝에 마침내 책을 쓰기 시작한다.

그는 태어나서 아부 알리 알하산 이븐 알하산이라는 이름이 지어졌으나 아라비아 사람들 사이에서는 이븐 알하이삼으로 알려졌다. 고향인 페르시아만의 바스라에서 성장한 그는 코란의 진리를 탐구하고자 했다. 그러나 신학적 논쟁에 지친 이븐 알하이삼은 "이성적인 문제와 합리적인 형태를 갖춘 교의"[23]만을 탐구하기로 결심했다. 첫 번째 1000년에서 두 번째 1000년으로 넘어가던 때인 그의 시대는, 학자라면 모름지기 모른 것을 알려고 하는 게 당연하던 마지막 때였다. 하지만 이븐 알하이삼은 단지 '아는' 것에 만족하지 않았다. 진리의 탐구자는 "스스로 자신이 읽은 모든 것의 적이 되어야 하고, 자신의 이성으로 샅샅이 검

969년 오늘날의 이라크에서 태어난 이븐 알하이삼은 광학의 기틀을 다졌다. 라틴어식 '알하첸' (Alhacen)이라는 이름으로 번역된 그의 저술들은 케플러, 데카르트, 갈릴레오, 뉴턴에게 영향을 끼쳤다.

토하며 모든 측면에서 그것을 공격해야"[24] 한다고 그는 생각했다. 바스라의 공직에 싫증을 느낀 이븐 알하이삼은 일을 그만두고 물리학, 수학, 천문학, 우주학, 기상학을 독자적으로 탐구해 갔다.

토목공학을 연구하면서, 그는 나일강의 홍수를 조절할 계획을 세웠다. 1010년 쉰 살이 가까워지고 있을 즈음, 이집트의 칼리프가 그를 불러들여 계획대로 실행하라고 했다. 전하는 이야기에 따르면, 이븐 알 하이삼이 이집트에 도착했을 때 칼리프가 당나귀를 타고 나일강으로 와서 새로 온 엔지니어를 맞이한 뒤 그를 상류로 보냈다. 배를 타고 멋진 도시들을 지나쳐 가면서 이븐 알하이삼은 자신이 이집트 사람들을 과

소평가했음을 깨달았다. 그렇게 화려한 궁전을, 룩소르와 아스완에서 본 높은 미나레트를 지을 수 있는 사람들이라면, 조절되기만 한다면 틀림없이 나일강의 홍수를 조절할 수 있을 것이라는 생각이 들었다.

이븐 알하이삼은 자신의 계획이 실패하리라는 걸 알고 미친 척하며 책임에서 벗어나려 했다고 한다. 감옥에 갇힌 그는 11년 동안 옥살이를 하며 빛을 유일한 관심거리로 삼았다. 날마다 감방에 퍼지는 빛을 관찰했고 하늘의 변화와 일몰, 별이 뜨는 걸 지켜보았다. 빛이 무엇이고 어떻게 반응하는지 궁금했던 그는 석방되면 이 영원한 수수께끼를 파헤치는 데 여생을 바치겠노라고 결심했다. 칼리프가 죽자 마침내 석방되었고, 카이로 중심부에 있는 알 아즈하르 모스크 근처의 휑뎅그레한 마우솔레움으로 들어갔다. 구부정하고 머리가 희끗해졌지만 정정한 이븐 알하이삼은 거기서 빛을 연구하기 시작했다. 이븐 알하이삼을 그린 스케치를 보면 둥근 터번을 두르고 흘러내리듯 턱수염이 긴데 마치 자상한 할아버지 같다. 그러나 그의 광학 저술에 실린 손수 그린 도해는 빛의 유년기에 마침표를 찍게 된다. 일곱 권의 방대한 저술에서 이븐 알하이삼은 뉴턴 이전의 어떤 누구보다도 빛을 샅샅이 탐구했다. 그리스 광학에 "혼란"[25]이 있음을 인식한 그는 추측을 배제하고, 형이상학과 에테르, 에이돌라 등을 방지한, 빛에 관한 최초의 연구를 했다. 그의 투박한 실험 재료들은 유리 육면체와 쐐기, 양초와 불, 구리 냄비, 목재 스타일러스, "가로는 손가락 굵기로 8개 너비만 하고, 세로는 4개 너비, 두께도 4개 너비"[26]인 유리블록 같은 것이었다. 손가락 굵기 말고 그의 주요 측정 단위는 보리 낟알이었다. 그에게 과학은 수단이었을 뿐 결코 스승이 아니었다. 그의 논문은 모두 "우주의 주님이신 하느님께 감사를, 그리고 하느님의 예언자 무함마드와 그의 모든 친지들에게 축복을"[27]이라는 말로 끝난다. 그러나 이븐 알하이삼의 실험 감각은 갈릴레오의 전조였다.

마우솔레움을 광학 실험실로 변화시킨 이 친근한 느낌의 남자는 빛을 다루고 연구하고 갖고 놀았다. 이븐 알하이삼이 먼저 건드린 긴 빛에 관한 케케묵은 의문, 그 출처가 눈인가 사물인가였다. 그의 긴 저술의 시작은 이렇다. "아주 밝은 광원에 시선을 고정시키면 심한 고통과 손상을 입을 수 있다는 걸 우리는 안다. 관찰자가 태양을 똑바로 바라보려고 해도 햇빛 때문에 눈이 고통스러워서 그렇게 할 수 없는 것과 같다."[28] 태양 때문에 눈이 아픈 거라면, 빛이 어떻게 그 눈에서부터 나오는 것이라고 할 수 있겠는가? 그리고 빛이 눈'에서부터' 유출되는 것이라면, 그 빛이 어떻게 관찰자와 별 사이의 거대한 공간을 채우면서도 눈에 아무 변화를 일으키지 않을 수 있겠는가? 그런 생각은 "정말로 불가능하고 매우 불합리하다"[29]고 이븐 알하이삼은 썼다. 논쟁이 시작되고 1400년이 흐른 뒤에야 눈이냐 사물이냐 하는 문제는 드디어 결론이 났다. 자신의 견해를 고수한 이들도 있었지만 이븐 알하이삼을 읽은 이들 가운데 그 타당성을 의심할 수 있는 이는 아무도 없었다.

빛의 마술 가운데 그를 속인 건 거의 없었다. 빛은 프톨레마이오스가 말한 것처럼 원뿔 형태가 아니라고 그는 생각했다. 빛은 피라미드를 형성하고 수없이 많으며 모든 가시 공간을 채우고 있다. 시각은 눈이 빛의 피라미드를 만나는 곳에서 발생한다. 각 피라미드는 손가락 몇 개 너비만큼 떨어져 있는 다른 지점에서 가로막히면 똑같은 사물이라도 다른 상을 맺는다. 눈의 작용 방식을 설명하기 위해서 이븐 알하이삼은 최초로 해부학적으로 올바른 도해를 형상화함으로써 눈에서부터 뇌로 이어지는 인간의 시각을 그려냈다. 그리고 이를 통해 색채 지각과 거리 지각, 주변 시력, 시신경을 설명하고, 눈처럼 경이로운 구조가 빛처럼 덧없는 것에 얼마나 쉽게 속아 넘어가는지를 알려 주었다. 모든 시각은 눈의 "수정체"[30]를 통해 굴절되고 뇌에 의해 해석된 것이라고 그는 말했다. 그러나 빛은 변함없이 시각과 인식, 더 나아가 아름다움의 원천이다. "빛은 아름다움을 창조한다. 해와 달과 별이 아름다워 보이는 까닭이 여기에 있다."[31] 그림자 또한 아름다움을 창조한다. "눈에 보이는 많은 형체에는 잡티와 작은 구멍들이 있어 흉해 보이지만, …… 그림자에 가려지거나 약한 빛을 받으면 잡티와 주름은 사라지고 그 아름다움이 드러나기 때문이다."[32]

이븐 알하이삼의 유일한 광학 발명품은 카메라 옵스큐라였다. 중국 묵가는 벽에 뚫린 구멍을 통해 실외의 빛이 흘러들어 실내 벽면에 거꾸로 뒤집힌 상을 맺는다는 걸 최초로 발견한 이들이었다. 다른 이들은 핀홀을 뚫어 이것저것 실험하다가 벽에 투사되는 전도된 상에 놀라워했다. 그러나 이븐 알하이삼은 최초로 완벽하게 작동하는 라이트박스를 만들었다. 일종의 암실이다. 핀홀이 뚫린 작은 암실. 다섯 개의 촛불이 타오른다. 그리고 이 다섯 개의 촛불은 암실 안쪽 맞은편에 투사되는데 완벽한 비율로 뒤집힌 모습이다. 다른 이들은 아마 구경만 하고 있었을지 모르지만, 이븐 알하이삼은 광원부터 상까지 막대 자와 구리 막대들을 이어 갔다. 측정과 계산을 마친 그는 빛이 섞이지도 않고 광선들이 교차하지도 않는다는 걸 확신했다. 그러나 광선이 흐려지며 마침내 물체가 라이트박스에서 보이지 않게 되는 "최소한의 빛"[33]이 존재하는가? 구멍을 더 작게 좁혀 가며 탐구가 시작되었다. 오랜 세월이 흐른 뒤에 아이작 뉴턴은 이븐 알하이삼의 저술을 라틴어로 읽고서 "최소한의 빛"에 관한 탐구를 다시 시작했다.

장황하고 상세한 설명으로 짐작컨대, 이븐 알하이삼은 훌륭한 변리사가 되었을지도 모른다. 기초적인 굴절 실험 기구인, 양쪽이 뚫려 있는 원기둥에 관해서도 그는 세 페이지에 걸쳐 설명한다. 그러나 굴절에 관하여 내린 그의 결론은 전적으로 받아들여졌다. 프톨레마이오스는 황동 원반을 물에 담금으로써 굴절 연구에 시동을 걸었다. 이븐 알 하이삼은 더 나아갔다. 그의 관찰 결과, 물질의 밀도가 조밀할수록 빛의 굴절은 더 커졌다. 그러나 빛이 굴절되는 때는 빛이 물이나 유리에 일정한 각도로 부딪힐 때뿐이었다. 빛을 물에 수직으로 비추면 수직으로 바닥에 부딪힌다.

이븐 알하이삼의 굴절 실험은 간단해 보여서 집에서 직접 해보고 싶었다. 나는 피자 팬을 꺼내 테두리에서 서로 마주보는 방향에 못으로 구멍을 뚫었다. 팬을 부엌의 빈 개수대에 넣고 아침 햇빛을 받게 했다. 팬을 기울여서 햇빛이 한 구멍을 통과해서 개수대 바닥 쪽의 테두리에 밝은 점이 생기도록 했다. 그리고 수도를 틀었다. 물이 테두리 위로 차오르자마자 빛의 흰 점이 움직이기 시작했다. 수직 방향을 향해 팬을 타고 슬금슬금 내려갔다. 개수대에 물이 다 차자 햇빛은 적이도 보리 낟알 다섯 개 정도, 0.6센티미터만큼 굴절되어 있었다. 마개를 뽑아 물을 빼기 시작하자 빛의 점도 보리알만큼 조금씩 돌아왔다. 그러나 이븐 알하이삼의 수직 광선 실험은 훨씬 어려웠다. 수직으로 햇빛을 받으려면 북회귀선과 남회귀선 사이에 살아야 하고, 그곳에서도 햇빛이 수직이 되는 때는 1년에 두 번뿐이기 때문이다. 다행히 내게는 그 "최소한의 빛"을 구매할 여유가 있었다. 바그다드나 카이로에서 가장 부유한 칼리프조차 가질 수 없었던 빛이 아닌가. 나는 5메가와트짜리 레이저포인터로 붉은 광선을 쏘아 피자 팬 구멍을 통해 수직으로 내려 뻗게 했다. 개수대에 물이 얼마나 차 있든 수직의 빛은 굴절되지 않았다. 다시 한 번 이 븐 알하이삼이 옳았다.

　최근까지도 서양의 과학자들은 이슬람의 광학을 얕잡아 보며 단지 그리스 과학을 "냉장 보관해 온"[34] 것으로 여겼다. 그러나 이슬람의 더욱 명석한 사유와 더욱 깊은 연구 덕분에 오늘날 우리가 더 잘 알게 된 것이다. 프톨레마이오스, 아리스토텔레스, 에우클레이데스의 정수를 계승하고 실험을 보태고 어림짐작을 덜어 낸 알킨디, 이븐 알하이삼, 그리고 그 제자들은 빛에 관해 단일하고도 백과사전 같은 최고의 사고 체계를 창출했다. 그들의 업적이 있었기에 광학은 중세에 접어들어 확고한 발판을 마련할 수 있었다. "이븐 알하이삼이 놓은 이론적 토대가 없었다면 …… 케플러가 시작하고 뉴턴이 완성한 광학의 혁명은, 비록 상상할 수 없는 건 아니었다 하더라도 적어도 상상하기 어려웠을 것이다"[35] 라고 마크 스미스는 썼다.

　이븐 알하이삼은 1039년 카이로에서 숨을 거두었다. 이후 수십 년 동안 미나레트는 라마단 내내 불을 밝혔고, 빛은 석영에서 굴절되었든 분수대에서 반사되었든 멋진 광경을 연출했다. 그리고 1100년대에 과학과 실험, 그리고 관용 자체에 대한 이슬람의 관용이 시들기 시작했다. 신흥 사상가들은 아직도 그리스 학문을 공부하고 있는 이들을 꺼렸다. 널리 읽힌 책 《철학가의 모순》(The Incoherence of the Philosophers) 은 철학 토론을 점점 무시하게 되었음을 드러낸다. "하느님이시여, 저희를 쓸모없는 지식으로부터 보호해 주소서"[36]라고 이 책의 지은이 알 가잘리는 썼다. 알 가잘리가 실험 대신 의지한 것은 "지극히 높으신 하느님이 내 가슴속에 쏟아부으시고, 대부분의 지식의 열쇠인, 빛의 영향"[37]이었다. 아라비아의 한 역사학자는 빛에 관한 이슬람의 연구에 결정타를

먹였다. "물리학의 문제들은 종교생활이나 생계 문제와 관련해 우리에게 전혀 중요하지 않다. 따라서 우리는 그런 문제에 신경 쓰지 말아야 한다"[38]고 쓴 그는 이븐 할둔이었다.

12세기 말 몽골인들이 바그다드를 약탈하고 그 웅장한 도서관을 불태우기 직전에, 페르시아의 한 철인은 이슬람 사상의 느슨해진 가닥들을 다시 잡아 가려고 했다. 수라와르디라고 알려진 그가 수립한 철학은, 빛에 바탕을 둔 조로아스터의 신과 신흥 신비주의인 수피교를 혼합하고, 거기에 그리스와 이집트의 철학을 조금씩 보탠 것이었다. 때로는 페르시아어로, 때로는 아라비아어로 저술한 이 '셰이카 알 이시라크,' 풀이해서 말하자면 '빛의 장로'는 서아시아 지역을 돌아다닌 끝에 오늘날의 시리아 지역인 알레포에 정착했다. 수라와르디는 과학자가 아니었다. 고된 금욕주의를 장려하는 그는 누구든 40일간 금식을 하지 않고서는 자신의 주요 저서 《조명 철학》(Hikmat al-Ishraq)을 이해할 수 없을 것이라고 말했다. 금식을 하면서 그는 "헤르메스와 플라톤이 인식했던 빛의 존재들과, 조로아스터가 말했던 천상의 빛, 영광의 빛의 근원과 빛의 왕국을"[39] 보았던 것이다. 조로아스터와 마니처럼, 수라와르디는 신이란 순수한 빛이 인간의 영혼 속에 빛나는 것이라 보았다. 우리는 저마다 빛의 근원에 대한 희미한 기억을 지니고 있으며, 세상이 어두워지는 밤이 되면 우리의 첫 번째 집인 빛을 갈구한다고 그는 썼다. 빛은 눈이나 사물에서 비롯되는 게 아니라 영혼에서 비롯되는 것이라고 수라와르디는 주장했다. 금식을 하면서 정화된 영혼은 15개 유형의 빛을 목격하게 되는데, 이를테면 "따뜻한 물"처럼 어루만져 주는 빛, "지극한 은총과 기쁨"을 주는 빛, "햇빛보다 강렬한" 빛, "자아를 낳는" 빛[40]이 그것이다.

십자군 전쟁이 이어지는 동안 이슬람 세계는 그런 신비주의를 거의 용인하지 않았다. 이집트의 술탄 살라딘은 기독교 침략자로부터 알레포를 탈환했지만 이슬람의 나머지 땅은 공격을 받고 있었다. 1208년에 수라와르디는 이단으로 체포되어 감옥에 갇히고 끝내 처형당했다. 이 빛의 장로가 칼로 살해당했다는 이야기도 있고, 성벽에서 교살되거나 던져졌다는 이야기도 있다. 이 순교로 인해 이후 그의 철학은 이슬람 종파 내부에서 널리 연구되었다. 그 찬송가에 매혹된 수피교도는 수피교의 성인들을 대리석 돔 아래 안치하게 되는데 대리석의 은은한 흰 빛은 알라의 빛을 상징했다. 수피 경전에 자극을 받은 인도 무굴제국 또한 대리석의 빛을 숭상하게 되어 여러 유산을 남겼고 그 가운데 타지마할이 있다. 하지만 《조명 철학》이 번역되어 중세 가톨릭 세계에 소개된 적은 없다.

5장

장엄한 성당이 찬란하도록

고딕의 빛과 중세의 낙원

창가에 스민 빛 속에
티끌이 떠다니니,
티끌의 춤이 바로 우리의 춤이어라.
- 루미

쉬제 수도원장은 마른 몸에 자상하고 부지런했으며 반짝이는 모든 것을 사랑했다. 라이벌 수도사와는 달리, 쉬제 수도원장은 수도사들이 끊임없이 괴로움을 견딜 필요도 없고, 신성한 것만을 묵상하면서 화려함을 피할 필요도 없다고 느꼈다. 쉬제의 생드니 수도원의 성가대석은 몹시 추운 파리의 겨울 동안 뼛속까지 시리게 하는 여느 대리석 대신 목재로 만들어졌다. 쉬제 수도원장의 방은 양초로만 불을 밝히지만 그때그때 천이나 커튼으로 장식되었다. 그러나 쉬제 수도원장의 라이벌을 진실로 놀라게 한 것은 금과 진주와 귀한 원석으로 장식된 수도원의 세속적인 호화로움이었다. 쉬제 수도원장은 자신이 보석에서 구하고자 하는 것은 호화로움이 아니라 하느님의 빛에 대한 칭송이라고 설명했다.

쉬제 수도원장은 두 해 동안만 생드니 수도원을 맡았고, 그동안 부속 교회의 전체적인 재건축을 계획하기 시작했다. 오래된 건물은 "몹시 불편"[1]했다. 비좁았고 심지어 "무너져 내리고 있었다."[2] 기둥이 흔들리고

93

벽에 금이 갔으며 어둑어둑한 성당을 프랑스의 수호성인인 생드니라는 이름에 어울린다고 생각하는 이들은 없었다. 1100년 무렵 파리의 북부 끝자락에 위치한 생드니 성당은 그때까지 거의 500년 동안 프랑스 왕실의 정신적인 거소였다. 왕들은 거기에서 대관식을 거행했고 그곳에 안치되었다. 전설에 따르면, 프랑스가 전쟁을 치르고 있는 소수 영지들에 지나지 않았던 시대에, 그리스도가 성당을 축성하기 위해 천사들과 함께 나타났다고 한다. 예수의 십자가의 못과 면류관의 가시 몇 개가 성당의 성물 함에 보관되었다. 그런 성물들을 금빛의 틀에 보존해야 한다고 쉬제 수도원장은 주장했다. 그래서 1124년 프랑스가 영국과 또 치를 전쟁을 근심하고 십자군 전쟁이 다시금 시작될 때, 쉬제 수도원장은 꿈을 꾸기 시작했다.

그의 라이벌인 클레르보의 베르나르 수도사에게 맡겨졌다면, 재건축된 성당은 프랑스의 다른 성당들과 마찬가지로 밋밋한 벽과 회랑으로 구성된 투박한 건물로서 세상과 차단되었을 것이다. 수도는 절제를 필요로 한다고 베르나르는 주장했다. 특히 성당이라는 공간 안에서 모든 호화로움을 거부하는 베르나르와 그의 수도회인 시토회는 "그리스도를 위하여, 아름답게 빛나는 모든 것을 똥처럼 여겼다."[3] 그러나 쉬제 수도원장은 교회란 그 아치 천장 아래 천국을 담아야 한다고 생각했다.

계획에는 12년도 넘는 세월이 걸렸지만, 1137년 즈음 건축가와 성직자, 그리고 재정을 조달할 루이 7세와 의논을 한 쉬제는 준비가 되어 있었다. 그는 석공, 채석공을 비롯해 기능공들로 팀을 꾸리고, 한밤중까지 잠을 잊고 세부 사항을 고민했다. 옅은 갈색의 성복을 입은 작은 남자는 멋진 참나무와 밤나무를 찾아 숲을 돌아다녔고, 비계와 천장에 꼭 필요한 수만큼의 나무를 기적처럼 찾아내고 기뻐했다. 또한 기적처럼

최초의 고딕 성당인 파리의 생드니 성당은 건축의 혁신을 통해 천국의 빛을 실내로 끌어들였다. 1144년에 문을 연 생드니 성당에 자극을 받아 수많은 성당이 이를 모방하여 세워져 중세 고딕의 빛을 정의했다. Getty Images

발견한 "좋은 채석장에 …… 질로 보나 양으로 보나 이 지역에서 본 적이 없는 매우 단단한 돌이 있었다."[4] 채석장 구덩이를 내려다본 수도원장은 "귀족과 평민이 함께 팔과 가슴, 어깨에 밧줄을 묶고 수레를 끄는 동물처럼 돌기둥을 끌어 올리는"[5] 모습에 하느님을 찬미했다. 재건축이 시작되고 7년 뒤, 성당의 애프스(apse, 하나의 건물이나 방에 부속된 반원 또는 반원에 가까운 내부 공간―옮긴이), 성가대석, 장미창(rose window, 꽃잎형의 장식 격자에 스테인드글라스를 끼워 넣은 원형의 창―옮긴이)이 완성되었다. 1144년 봄, 프랑스와 영국의 최고 권력자들에게 초청장이 전달되었다. 6월 11일, 루이 7세와 왕비인 아키텐의 엘레오노르를 필두로 뽐내는 듯한 성직자들이 줄지어 생드니 성당으로 들어왔다. 위쪽을 쳐다본 그들은 입이 쩍 벌어졌고 어린아이처럼 탄성을 질렀다.

이슬람 과학이 빛에 관한 연구 수준을 높여 간 수백 년 동안, 유럽은 신성한 빛을 더욱 격상시켜 갔다. 목표는 고결했다. 낙원을 지상에 재창조하는 것. 첫 번째 1000년 동안 천국, 열반, 정토, 그 어느 것으로 일컬어졌든 낙원은 약속이었다. 경전과 민담은 이 음울한 세상을 떠난 뒤에야 볼 수 있는 동산과 후광, 옥좌와 천국의 문에 관해 전했다. 중세의 철인들은 이와 다른 관점을 견지했다. 낙원은 지극히 영광스러워서 문이나 옥좌 같은 것이 있지는 않을 것이며 지극히 중요하기에 눈에 보이지 않을 것이라고 그들은 생각했다. 그곳은 고귀한 것, 완벽한 것, 여기서도 보이는 어떤 것으로 이루어져 있을 것이다. 중세의 손꼽히는 사상가인 토마스 아퀴나스는 "더욱 고결한 천국이 있다면 분명 빛으로 가득할 것이다"[6]라고 썼다. 그보다 평범한 이들도 똑같이 느꼈다. 중세의 평범한 이들은 밤하늘을 바라보면서 별이 빛나는 허공이 아니라 암흑을 보았고, 그것을 지구의 그림자라고 여겼다. 별들이 알려 주는 것처럼, 암흑 너머에는 낙원이 눈부시게 빛나고 있을 터였다. 아퀴나스는 이 빛을 일컬어 "여느 자연의 빛과는 다른 영광의 광휘"[7]라 했다. 중세의 절정기에 단테 알리기에리는 '천국'을 지나는 여행을 상상했다. 천국은 빛이 "살아 있는 듯 눈앞에서 흔들리고"[8] 있는 곳이었다. 그러나 단테가 천국의 빛을 시어로 빚어냈을 즈음, 생드니 성당에서는 이미 돌과 유리를 통해 빛이 들어오고 있었다. 오늘날 재건축된 지 거의 900년이 지났지만 이 최초 고딕 양식의 빛은 여전히 반짝이고 있다.

　여기 생드니 성당의 빛은 쉬제 수도원장이 중세 시대에 헌정한 것이다. 문을 열고 들어가면 목을 길게 빼고 둥그런 눈으로 놀라게 된다. 생드니 성당의 규모는 파리 노트르담 성당의 반쯤 되는데, 노트르담 성당은 건물 정면이 유명하다 해도 실내는 어둡고 동굴 같다. 하지만 생드니는 대담한 설계를 통해서 영원토록 이어질 빛을 낳았다. 창세기 1:3이 대리석으로 조각된다면 생드니의 석재는 "빛이 있으라!"는 명령일 것이다. 오케스트라가 빛을 연주할 수 있다면, 생드니는 오케스트라의 서곡일 것이다. 생드니는 최초의 고딕 성당이었다. 포근한 빛 속을 돌아다니면서 나는 반짝이는 벽과 초록색, 파란색, 빨간색이 어우러진 두 개의 큰 장미창을 넋을 잃고 바라보았다. 그리고 한 유리창에는 성모마리아의 발치에 무릎을 꿇은 이의 모습이 담겨 있는데, 쉬제 수도원장을 닮은 그는 초록색 긴 겉옷을 입고 시선은 위를 향해 있다. 신도석 건너편으로는 쉬제의 말이 돌에 새겨져 있다.

광채가 보태져
더욱 빛나도록.
장엄한 성당에 새 빛이 퍼져
찬란하도록.[9]

잠시 머물며 빛을 관찰해 본다. 구름이 몰려오니 색을 입힌 창이 어두워지고, 구름이 걷히니 문득 눈부시게 환해진다. 매일 아침, 동쪽을 바라보는 창들은 불타오르지만 맞은편 벽은 어둑어둑한 잿빛이다. 그리고 쉬제 수도원장이 태양을 전등 스위치로 삼기라도 한 듯 한낮부터 오후의 햇빛이 서쪽 창들을 환히 밝혀 해가 질 때까지 눈부시다. 물론 어느 집에서나 빛은 이와 비슷하겠지만, 생드니에서 빛은 이야기를 들려주고, 그림을 그리고, 성서 색칠 그림책이 된다. 방문객들은 눈에 띄게 경건한 태도로 뒷짐을 지고 걸어 다니며 소곤소곤 이야기를 나눈다. 대부분이 프랑스 사람들이기 때문에 생드니는 그들이 처음으로 방문한 고딕 성당은 아닐 것이다. 하지만 처음 방문했다고 생각해 보라. 중세의 진흙길과 신산한 일상으로부터 생드니에 처음 들어왔다고 상상해 보라. 이 빛 속에 살기 위해서 무슨 약속인들 하지 않겠는가? 그 영광에 흠뻑 젖는다면, 낙원에 갈 수 있다는 가능성은 의심스럽더라도 낙원에 가리라는 목표는 빛만큼이나 분명해질 것이다.

하지만 생드니의 빛에도 불구하고 오늘날의 방문객 가운데 무릎을 꿇는 이는 거의 없다. 생드니 성당에 와서 개종하는 일도 일어나지 않는다. 오늘날 생드니의 빛은 1144년 성직자회의 날 창을 통해 흘러들어온 빛과 똑같지만, 방문객 내면의 빛을 산란시키는 건 과학과 의심이다. 중세가 신성한 빛을 바라보기보다는 '느꼈다'는 걸 이해하려면, 그 신앙의 시대에 배어 있던 "빛의 형이상학"[10]을 감안해야 한다.

북부 유럽의 잿빛 여름과 긴 겨울 탓에 여기서 햇빛은 늘 축복이었다. 하지만 쉬제 수도원장은 아주 작은 반짝임에서 신성을 보았다. 보석, 금, 더 나아가 평범한 거울들이 성스러운 이유는 하느님의 빛을 반사하기 때문이라고 그는 말했다. 일상적인 반짝임을 하느님의 빛과 연결시킨 철학자가 있었는데, 오늘날의 학자들은 그를 '위(僞)디오니시오스'라는 이상한 이름으로 부른다. 이 6세기의 신비주의자는 사도행전에서 사도 바울 덕분에 개종한 디오누시오와 동일 인물이라는 오해를 받았다. 위디오니시오스는 사실 바울보다 몇 세기 뒤의 인물이지만, 이른바 암흑시대의 혼란 속에서 그 수백 년이 무시된 것이다. 1100년 즈음, 쉬제 수도원장과 프랑스 사람들은 위디오니시오스가 프랑스 수호성인 생드니(Saint Denis)인 바로 그 디오니시오스, 다시 말해 드니(Denis)라고 믿었다. 이런 혼동 덕분에 위디오니시오스는 중세의 빛을 빚어냈다.

위디오니시오스의 저술은 빛, 다시 말해 "신성한 빛,"[11] "신의 빛줄기,"[12]

"최초의 선물과 최초의 빛"[13]으로 그득하다. 위디오니시오스는 하느님이 모세한테 얼굴을 보여 주지 않았듯이(출애굽기 33:20) 그 완전한 광휘를 세상에 다 드러내기 않는다고 믿었다. "빛의 유일한 원천"[14]은 그 광휘를 섬광, 번득임, 반짝거림으로 펼쳐 놓는다. "모든 피조물은 눈에 보이는 것이든 안 보이는 것이든, 빛의 아버지에 의해 존재가 된 빛이다"[15]라고 위디오니시오스는《천사의 위계》(The Celestial Hierarchy)에 썼다. "이 돌이나 저 나뭇조각은 내게 빛이다. …… 나는 그것이 좋고 아름답다고 느끼기 때문이다." 평범한 물체들이 하느님을 암시한다면, 보석과 반짝이는 금속은 당당히 찬송가를 부른다. 위디오니시오스가 쓴 글에서 "금의 티 없는 빛"과 "은의 고결한 광택"[16]은 쉬제 수도원장에게 영향을 끼쳤다. 신성을 드러내는 빛의 능력을 생각할 때, 교회 창은 넓어야 하고 천장은 높고 보석은 풍부해야 한다고 쉬제 수도원장은 생각했다. 그는 자신의 근거를 생드니의 돌에 이렇게 새겨 넣었다. "아둔한 이들은 물질적인 것들을 통해 진리에 다가간다."[17] 아둔한 이들에게 다행스럽게도, 중세 건축가들은 지상의 물질들로 빛의 관문을 만드는 법을 배우고 있었다.

6세기 중반에는, 오늘날의 이스탄불인 콘스탄티노플에 있는 아야소피아 성당 건축가들이 최초로 천국의 빛을 실내로 들여온 사람들이었다. 아야소피아 성당의 돔은 높이가 거의 60미터에 가까운데, 돔을 둘러싼 40개의 창을 통해 빗살이 칼처럼 줄무늬를 자아내며 뿌연 실내를 가른다. 수십 개의 다른 창들이 교회 중심부를 빛으로 흘러넘치게 했지만 복도와 애프스는 여전히 어둑어둑하다. 이 비잔틴 미술의 걸작 이후 500년이 흐르는 동안 모스크와 로마네스크 교회들은 되도록 많은 창을 냈지만, 창문 때문에 벽이 약해져서 붕괴 위험이 높아졌다. 1075년에 건축이 시작된 에스파냐의 산티아고데콤포스텔라 대성당은 창이 벽면의 25퍼센트를 차지하고 있다. 쉬제 수도원장은 더 많은 창문, 더 많은 빛을 원했다.

이름이 알려지지 않은 건축가들과 의논하면서 수도원장은 세 가지 구조적인 개선을 채택했고 이는 고딕 시대의 길잡이가 된다. 늑골궁륭(肋骨穹窿, ribbed vault)의 특징은 아치를 교차시켜 중력의 하중을 이어지는 여러 기둥에 분산시키는 기법이다. 고딕의 첨두아치는 반원형 아치보다 튼튼함이 입증되어, 창들을 마치 받침대에 얹은 듯 더 많이 배치할 수 있었다. 버팀도리(飛樑, flying buttress, 대형 건물 외벽을 떠받치는 반아치형 벽돌 또는 석조 구조물—옮긴이)의 우아한 외부의 팔들은 생드니 성당의 애프스를 감싸면서 높이 쌓은 석재의 하중을 지탱하고, 천장이 더 높아질 수 있게 하며, 유리가 벽처럼 기능하도록 해준다. "구조적인 배치로써 거의 빈틈없이 하중을 견딘다"[18]고 역사학자 헨리 애덤스는 썼다. 쉬제의 새 성당의 성가대석은 "빛의 왕관"[19]이었다. 그의 "매우 환한 창들"[20]은 생드니 성당 벽면의 78퍼센트를 채우며 빛에 아주 새로운 목표를 부여했다.

더 이상 구름의 변덕에 시달리지 않게 된 신성한 빛은 하루아침에 일상적인 실재가 되었다. 이슬람 세계는 빛을 칼리프와 왕자들의 노리개로 삼았지만, 중세 유럽은 장엄한 석조 건물까지 걸어올 수 있는 모든 이에게 빛의 경이로움을 선사했다. 루앙 대성당(1145), 상리스 대성당(1153), 파리 노트르담 대성당(1163), 스트라스부르 대성당(1176) 같은 석조 건물들이 북부 프랑스 곳곳에서 세워지기 시작했다. 쉬제 수도원장은 건축가도 성자도 아니었다. 신학 논문을 한 편도 쓰지 않았다. 하지만 반짝이는 모든 것에 대한 그의 신앙 덕분에 빛은 평범한 이들에게 더 높은 존재가 되었다.

수도원장의 라이벌은 속을 끓었다. "성당은 사방팔방 반짝거리고 빛을 내지만 가난한 이들은 결핍 속에 웅크리고 있다."[21] 클레르보의 베르나르 수도사는 생드니 성당에 관해 썼다. "그 돌들은 반짝거리지만 아이들은 헐벗고 있다." 생드니 성당 축성식 직후에 베르나르의 시토 수도회는 성당 창문에 색깔이나 그림을 입히는 걸 금지했다. 쉬제 수도원장은 회고록에서 생드니 성당 건축의 타당성을 말했다. "우리, 가장 미천한 사람들은" 하고 그는 썼다. "가능한 한 가장 값진 재료로 …… 가장 성스런 유골을 보호하려는 우리의 노력을 가치 있게 여겨야 한다."[22] 성당의 반짝이는 보석들을 옹호하기 위해 쉬제 수도원장이 거론한 건 더 높은 권위, 다시 말해 성당에 안치된 순교자 성인들이었다. "'너희가 원하든 원하지 않든, 우리는 바로 최상의 것을 원한다'고 그분들이 우리에게 직접 말하고 싶은 것 같았다."[23]

1150년 가을, 생드니의 신도석이 고딕의 빛으로 탈바꿈하고 있을 때, 쉬제 수도원장은 말라리아에 걸렸다. 크리스마스가 다가올 무렵 그는 임종을 앞두고 있었다. 살아서 크리스마스를 보내고 싶다는 그의 기도는 응답을 받았으나 1151년 1월에 끝내 숨을 거두었다. 그즈음 고딕의 빛은 승리했다. "당신은 당신의 성당에 몸소 천국과 천국의 존재들을 그렸습니다"[24]라고 한 성직자는 쉬제 수도원장에게 편지를 보냈다. 다른 성직자들은 더 영구적인 봉헌을 궁리하기 시작했다.

루이 7세와 왕비는 물론이고, 1144년의 생드니 성직자회의에는 프랑스와 다른 나라의 주교 열일곱 명이 참석했다. 그들은 돌아갈 때, 자신의 애프스에, 자신의 스테인드글라스에 빛을 담을 계획을 품고 있었다. 12세기 동안 고딕 성당이 하나둘 세워졌다. 프랑스뿐 아니라 영국도 마찬가지여서 웰스, 링컨, 솔즈베리에서 성당 건축이 시작되었다. 시간이 흐르고 기술이 발전함에 따라 스테인드글라스가 반짝이고 천장은 높아졌으며, 쉬제 수도원장의 신성한 빛은 널리 퍼져 나갔다. 또한 화재에 손상된 낡은 성당들이 높은 고딕 성당으로 재건되었다. 캔터베리(1174), 샤르트르(1194), 랭스(1211)가 그랬다. 오늘날 학자들은 중세에 북유럽에서 채석된 돌의 양이 이집트 피라미드에 사용된 양보다 훨씬 많다고 믿는다. 이 건축 광풍이 일었던 시대는 최상의 시대도 최악의 시대도 아니었다. 번영 덕분에 유럽 인구는 곱절로 늘어났지만 기대수명은 45세에 머물렀다. 전형적인 집은 가축우리 같았고, 흙벽에는 아마 작은 창문 하나만 내서 유백색 유리를 끼우거나 때로 덧문을 달았을 것이다. 인구의 태반이 문맹이었지만, 빛은 성직자와 문맹 모두에게 이야기를 들려주었다. 누구든 성당에 들어오면 그 빛을 흠뻑 마실 수 있었다.

'고딕'이란 이름표는 중세 시대 내내 결코 사용되지 않았다. 쉬제 수도원장은 자신의 양식을 '현대적(modern)'이라 일컬었다.[25] 르네상스 시대에 와서야 '고딕'이라는 표현이 쓰였는데, 이는 야만적인 고트족이라는 뜻이 내포된 모욕적인 표현이었다. 종교개혁은 이들 성당을 과잉의 기괴한 본보기로 여겼다. 프랑스혁명은 '탈기독교화'[26]를 위해 이들 성당을 표적으로 삼았고, 파괴자들은 노트르담과 생드니에 난입하여 성당을 파괴했다. 19세기 중반에 와서야 고딕 성당들은 다시 칭송을 받았다. 빅토르 위고는 고딕 성당 하나하나가 "돌로 지은 교향곡"[27]이라고 표현했다. 오귀스트 로댕은 이 "웅장한 시들"을 칭송하며 그 안을 걸으며 "강렬한 환희"[28]를 느꼈다고 했다. 그리고 오늘날 심지어 무신론자들까지도 랭스나 생드니의 빛 속으로 걸어 들어와서는 예상한 것 이상의 느낌에 사로잡힌다. 샤르트르 대성당을 방문하고 200년이 흐른 지금도

"샤르트르에는 무신론자가 있을 곳이 없다"[29]는 나폴레옹의 말은 여전히 옳다. 우리가 사는 오늘날은 손에 들고 다니는 화면마다 빛이 번쩍거리는 시대다. 그런데도 고딕 성당의 빛은 쉬제 수도원장의 목표를 상기시킨다. "마음을 밝혀, 참된 빛을 지나 참된 빛을 향해 나아가도록 하기 위하여."[30]

음울한 수도원에서 수도 생활을 하고, 촛불 하나로 밝힌 방에서 오싹함을 견디면서, 수도사들은 빛을 목표로 삼고 살았다. 아침마다 돌아오는 빛은 기쁨을 가져왔다. 쏟아지는 빛은 영혼에 양분을 주었고, 저녁이 되어 빛이 사라지면 가장 신앙이 깊은 이마저 두려움에 떨었다. 달과 별은 약간의 위안을 주었다. 하느님은 달과 별의 모습으로 어딘가에 존재하시겠지만, 밤의 항복만이 영혼을 쉬게 할 수 있었다. 중세 신앙의 원천으로서, 빛은 1천 년 동안 제기되지 않았던 의문들을 자극했다. 빛은 순수한 정신인가 아니면 일종의 물질인가? 위디오니시오스가 선언했듯이 모든 빛은 신성한 것인가 아니면 반짝임과 상들은 그저 …… 빛일 뿐인가? 이에 대한 대답은 이론의 긴 목록에 몇 줄 더 보태는 것 이상이었다. 그리스와 아라비아의 학문을 바탕에 둔 스콜라철학의 수도사들은 신성한 빛과 세속의 빛을 융합하여 암흑시대로부터 광학을 이끌어냈다. 이븐 알하이삼의 저술들은 라틴어식 알하첸이란 이름으로 번역되어 막 설립된 파리, 옥스퍼드, 볼로냐, 살라망카대학에서 널리 읽혔다. 알하첸은 물론 무슬림이었지만, 십자군 전쟁이 이어지는 동안에도 그를 공부한 기독교인들은 동류의식을 느꼈다. 13세기 내내 빛은 성서라는 렌즈를 통해서, 그리고 오목렌즈와 볼록렌즈를 통해서 연구되었다.

로버트 그로스테스트는 1168년에 잉글랜드 동부 서픽에서 가난한 소작농의 자식으로 태어났다. 서픽은 영국 북해 해안을 따라 형성된 구릉지대 목초지이다. 청소년 시절에 그는 무척 명민하여 옥스퍼드대학에 입학 허가를 받았고 나중에는 파리대학에서 수학하면서 생드니 성당을 방문했을 것이다. 오늘날 광학 또는 중세 신학 연구자들만 알고 있는 사실이지만, 그로스테스트는 당대 가장 뛰어난 지성 가운데 하나였다. 음악과 천문학, 점성학과 아리스토텔레스를 공부한 그로스테스트는 혜성, 태양, 공기, 진리, 자유의지에 관해 글을 썼고, 특히 빛에 천착했다. "물리적인 빛은 존재하는 모든 실체 가운데 최상의 것이고, 가장 매력적이며 가장 아름답다"[31]고 그는 썼다. 빛을 응시하면서, 턱수염을 기른 이 엄숙한 성직자가 본 것은 광선만이 아니라 지성, 영혼, 우주 자체의 근본이었다.

이븐 알하이삼과 마찬가지로 그로스테스트는 뒤늦게 빛을 연구하게 되었다. 1235년 링컨 교구의 주교가 되고 난 뒤 60대 때 시작한 것이다. 쉬제 수도원장처럼 그로스테스트 주교는 하느님의 빛이 작은 반짝임 속에 드러난다고 믿었다. 아우구스티누스처럼 그는 하느님의 "빛이 있으라"와, 해와 달의 창조 사이의 사흘간을 흥미롭게 받아들였다. 짧은 논문 〈빛에 관하여〉(De Luce)에서, 그로스테스트는 창세기의 빛을 "최초의 실체적 형상"[32]이라 일컬었다. 미켈란젤로는 나중에 이 빛을 시스티나 성당에 묘사하는데, 하느님이 어둠으로부터 분리해 내는 빛이 부푼 듯이 퍼져 간다. 그러나 그로스테스트는, 빛은 모든 방향으로 확산된다고 쓴 알킨디의 글을 읽었다. "빛이 있으라"는 단지 광점(光點), 일종의 우주적인 지시등을 낳은 거라고 그로스테스트는 믿었다. 하느님이 만들어 낸 그 광점은 끊임없이 밖으로 확산되는데 원뿔 모양이 아니라 구 모양으로 확산된다. 빛의 내핵은 조밀하지만 외부는 훨씬 "성글어서" 더 큰 구체를 만들어 내고, 이는 계속 확장되어 "마침내 9개의 천구가 완전히 나타난다."[33] 곧이어 최고의 구는 불을 만들어 내고, 이것이 확장되며 공기가 생긴다. 그리고 공기는 서로 모여 "그 바깥쪽을 팽창시키면서 물과 흙을 낳는다."[34] 이렇게 하느님의 최초의 빛은 만물을 낳았다.

빛이 우주를 낳았다면 모든 사물은 "일종의 빛"[35]일 것이다. 600년이 흐른 뒤 스코틀랜드의 물리학자 제임스 클러크 맥스웰은 빛이 전자기에 녀지임을 입증했다. 한 세대 뒤 아인슈타인은 에너지가 물질과 같다는 걸 밝혀낸다. 하지만 1235년에 링컨 교구의 주교는 중요한 걸 알아냈다. 그로스테스트는 빛이 성당에 스며드는 광선에 머물지 않고, 빛을 확대시켜서 "아주 먼 거리에 있는 사물을 아주 가까이 있는 것처럼 보이게 하고, 가까이 있는 큰 사물을 매우 작아 보이게"[36] 하는 시대가 올 것임을 예견한 것이다. 그가 예견하고 50년이 채 되기도 전에 최초의 안경이 베네치아에서 제작되었다. 그즈음 그로스테스트의 묘지는 링컨 대성당의 빛을 쬐고 있었다.

그로스테스트의 논문 〈빛에 관하여〉는 빛에 관한 저술들의 목록에 보태지지만, 중세가 광학에 최대로 이바지하게 한 이는 옥스퍼드대학 교수였다. 로저 베이컨은 그로스테스트와 마찬가지로 수도사로서 수도사 두건을 쓰고 턱수염을 기르고 자연 세계를 설명하는 데 전념했다. 그는 신학 교육을 받았으나 빛의 노예가 되어 20년 동안 광학 연구에 몰두했다. 또한 "비밀리에 전해지는 책, 다양한 실험, 언어, 수표(數表) 같은 도구에 2천 파운드가 넘는 돈을 썼다."[37] 그 결과가《대저작》(大著作, Opus Majus)으로, 오늘날 현대 과학의 씨앗으로 인정되는 두꺼운 대작이다. 1267년 한 해 안에 쓴 베이컨의 이 책은 신학에서 연금술, 언어에서 윤리학, 수학에서부터 빛의 작용에 이르기까지 인간의 거의 모든 지식 범위를 아울렀다. 광학에 관하여 그는 "다른 과학 분야가 더 쓸모 있을 수는 있으나, 그토록 감미롭고 아름다운 효용성을 갖춘 과학 분야는 없다"[38]고 썼다. 빛에서 베이컨이 본 것은 고결함의 위계였다. 직사광선은 하느님과 직접 접촉하는 것과 비슷하다고 그는 말했다. 구름을 뚫고 나오면서 굴절되는 빛은 천사들의 세계를 암시하고, 지상의 사물에 반사되는 빛은 사람들의 신앙을 상징하는 것이었다.

로버트 그로스테스트는 빛을 실체적인 것으로 보았지만, 로저 베이컨은 빛을 "하나의 종(種)이고 …… 매질의 상이한 부분들을 통해 증식하는 것"[39]이라고 말했다. 그리고 하나의 종으로서 빛은 분명히 유한한 속도를 지닌다고 주장했다. "선이 없다면 점도 존재할 수 없듯이 시간이 없다면 순간 또한 존재할 수 없기 때문이다."[40] 그러나 빛의 속도는 상상을 초월할 만큼 빠를 것이 분명했다. "빛이 동쪽에서 서쪽까지 가는 시간을 알아챌 수 없음을 누구나 경험하기 때문"[41]이다. 그로스테스트 주교는 뒷날 빛이 증폭되리라는 걸 예견했다. 로저 베이컨은 더 멀리 내다봤다. "굴절된 상의 경이로움"[42]에 감탄하면서, 베이컨은 "믿기 힘들만큼 먼 거리에서 깨알만 한 글씨를 읽고 티끌과 모래 알갱이 수를 셀 수 있으며 …… 또한 해와 달, 별이 마치 여기 아래로 내려오는 것처럼 만들 수 있고, 그와 비슷하게 적의 머리 위로 나타나는 것처럼 만들 수 있으며, 많은 비슷한 현상을 일으켜서 사실을 알지 못하는 무지한 사람의 정신으로는 견딜 수 없게 만드는" 날이 오리라 예상했다.

그러나 그런 경이가 실현되는 미래는 한참 뒤에야 왔다. 그동안 더 넓고 더 환하고 더 천상을 닮은 성당들이 세워졌다. 부르고스 대성당(1221), 보베 대성당(1226), 쾰른 대성당(1248), 오를레앙 대성당(1278)이 그것이다. 성당 건립 터마다 석공, 목수, 대장장이, 미장공, 지붕공을 비롯한 수백 명의 일꾼들이 목재 비계를 타거나 흙먼지 속에서 묵묵히 일했다. 해가 떠서 질 때까지 고생스럽게 일하는 그들은 거대한 석재와 씨름을 히고 녹인 유리로 모양을 빚으면서 모두 빛을 담아내려 했다. 성당마다 완공되는 데 수십 년이 걸렸고 때로는 수백 년이 걸렸다. 모든 유리에 색을 입히고 모든 석재가 올라가는 동안, 또 다른 학구적인 수도사는 분화하는 빛의 경로들을 융화시키려 애썼다.

나폴리의 도미니크수도회 동료 수도사들은 토마스 아퀴나스를 "그 덩치 큰 바보"[43]라 일컬었다. 체구가 크고 뚱뚱한 아퀴나스는 하지만 스승들에게 강렬한 인상을 남겼다. "그 덩치 큰 바보는 나중에 온 세상 곳곳까지 영향을 미칠 것"[44]이라고 예견한 스승도 있었다. 1225년에 태어난 아퀴나스는 평생토록 연구를 이어 갔다. 파리에서 이탈리아로 갔다가 다시 돌아오면서, 그는 연구하고 기도하고 사상을 벼리어 명저 《신학대전》(Summa Theologica)을 남겼다. 이성과 신앙을 혼합한 이 영향력 있는 저서는 "반론 2. …… 반론 2에 대한 대답. …… 그와는 반대로 …… 내 주장은 ……"[45]이라며 논쟁을 펼쳐 간다. 아퀴나스는 이성이 하느님의 존재와 성경의 진리, 더 나아가 빛의 본질도 입증할 수 있다고 주장했다. 《신학대전》에서 아퀴나스는 신성한 빛에 관한 중세의 연구를 요약하며 다음과 같이 질문한다.

- 빛은 실체인가?
- 빛은 성질인가?
- 빛은 첫 번째 날에 만들어진 것인가?[46]

빛이 실체인지 성질인지를 논하면서, 아퀴나스는 유리와 돌을 투과하여 스미는 고딕의 빛이 단순한 물질일 수 없는 세 가지 이유를 들었다. 첫째, 어떤 물체도 동시에 두 곳에 존재할 수 없지만 빛은 동시에 모든 곳에 존재한다. 둘째, 어떤 물체도 순간적으로 이동할 수 없지만 "해는 수평선에 나타나자마자 반구 전체가 환해진다."[47] 셋째, 모든 물체는 시간이 흐르면 부식되지만 빛은 부패하지 않는다. 아퀴나스의 결론에 따르면, 빛은 "실체적 형상이 있는 태양 또는 스스로 빛을 내는 또 다른 물체의 작용에 따른 활동적 성질"[48]이다. 그는 또한 빛이 천지창조 "첫 번째 날에 만들어진" 것으로 보는데, "빛이 존재하지 않는다면 낮이 있을 수 없으므로 빛은 첫 번째 날에 만들어진"[49] 것이다.

빛의 신성함을 의심하는 이들이 있을까봐 아퀴나스는 모든 회의론을 반박했다. 아담과 이브 이전에 우주는 순수한 빛이었다고 그는 썼다. 그들의 타락으로 주변의 빛은 희미해졌지만, 그리스도가 부활함으로써 빛은 우주를 다시 비추어 "물은 수정 같고, 공기는 천국 같으며, 불은 천국의 불빛 같아질"[50] 것이라 했다. 그리고 고딕의 화려함을 비판하는 금욕적 수도사들에 대한 대답으로, 아퀴나스는 "창조된 빛은 하느님의 정수를 알기 위해 필요하다"[51]고 주장했다. 따라서 금, 보석, 색이 선명한 창문이 모든 성당을 장식해야 한다.

토마스 아퀴나스는 1274년 제2차 리옹 공의회에 가는 길에 숨을 거두었다. 그는 건축 중이던 리옹 대성당에는 도착하지 못했다. 다음 세기가 시작될 즈음에는 스웨덴에서 에스파냐에 이르기까지 수백 곳에 고딕 대리석 성당이 더 세워져 신도들을 맞이했지만, 이러한 밝은 빛이 중세의 정신 속에 비치게 한 이는 한 명의 시인이었다.

고딕의 빛은 이탈리아의 교회와 성당 속으로 파고들지 못했다. 돌이 아니라 벽돌로 지어진 이탈리아 건축물은 창이 거의 없고, 대부분의 창유리는 스테인드글라스가 아니라 투명 유리였다. 이탈리아 전역에서 천국은 멀리 있었다. 천국은 드디어 1300년대 초에 단테 알리기에리의 상상을 통해 나타난다.

단테가 태어난 1265년보다 중요한 해는 그가 사랑하는 베아트리체를 처음 본 1274년이다. 학자들은 단테가 여덟 살짜리 소녀에게 말을 걸지 않았을 거라고 추측하지만 그는 결코 그녀를 잊지 못했다. 그녀가 20대의 나이에 숨을 거두었을 즈음 단테는 피렌체의 떠오르는 정치인이었다. 그는 시간을 내어 아리스토텔레스부터 아퀴나스에 이르기까지, 이븐 알하이삼부터 아우구스티누스에 이르기까지 폭넓게 읽었다. 그리고 1301년, 정치적 갈등 관계에서 잘못된 편에 섰다가 피렌체에서 추방당하여 다시는 돌아오지 못했다. 이후 20년 동안 단테는 이탈리아를 유랑하며 베아트리체를, 복수를, 그리고 마지막으로는 낙원을 꿈꾸었다. 그는 8년에 걸쳐 《신곡》을 쓰면서, 베아트리체와 시인 베르길리우스와 함께 깊디깊은 지옥부터 높디높은 천국을 지나는 상상의 여행을 펼쳐놓았다.

단테는 고딕 성당에 들어가 본 적이 없었지만 중세 빛의 물리학과 형이상학을 모두 알고 있었다. 학자들은 시인 자신이 '페르스펙티바'(perspectiva)라고 일컬었던 과학을 탐독했다고 주장한다. 단테의 시 〈향연〉의 시구는 로저 베이컨의 광학에 공명하고 있고, '천국' 편에서는 이븐 알하이삼의 "최소한의 빛"에 대한 탐구가 다음과 같이 투영되어 있다. "빛의 투과를 허용하지 않는 두께의 임계치가 틀림없이 존재할 것"[52]이라고. 몇 행을 더 가면 베아트리체가 광학 실험을 제안한다. 거울을 세 개 준비한다. 두 개는 같은 거리에 놓고, 나머지 한 개는 훨씬 더 뒤에 놓는다. 촛불을 앞에 놓는다. "가장 멀어 보이는 빛이 / 크기는 가장 작아 보이지만, 그래도 알 수 있을 거예요 / 그 빛의 밝기는 똑같다는 걸."[53]

단테 또한 빛의 가장 기본적인 반사 성질을 알고 있었다. 연옥을 지나던 어느 오후에, 그와 베르길리우스는 햇빛을 받으며 걷고 있었다. 단테가 손을 들어 ……

너무도 강렬한 빛을 가린 건
한 줄기 빛이 물에서인 듯 거울에서인 듯
저편에서 튀어 오를 때였는데
솟구치는 각도가
하강하는 각도와 같고
수직선에서 양쪽까지의 거리가 같은 것이
과학과 실험이 알려 준 바와 같으니[54]

단테는 지옥을 "모든 빛이 사라진"[55] 곳으로, 연옥을 너무 어둑어둑해서 그림자가 생기지 않는 곳으로 그렸다. 지옥과 연옥을 지나면서 단테의 시는 펼쳐지고, 그의 뜨거운 상상력은 낙원으로 향했다. 천국에서 그가 그린 빛은 힌두의 신 크리슈나의 눈부신 빛과 불국정토의 빛에 견줄 만하다.

'천국' 편은 에덴동산에서 시작되고, 단테와 베아트리체는 거기서 "세상의 등불"[56]인 해를 응시한다. 그 이글거리는 불길을 보면서 시인은 빛나는 천국의 등정을 시작한다. 천국의 첫 번째 하늘에서, 단테는 월천(月天)에 매혹되고, 문득 "햇살을 받은 다이아몬드처럼"[57] 빛나는 구름이 자신을 감싸고 있음을 알게 된다. 이어서 수성천(水星天)에 오르니, 두 겹 빛들이 춤을 추는 모습이 "아주 빠른 불티가 나는 듯"[58]하다. 다음으로 금성천(金星天)에 도착한 단테와 베아트리체를 맞이한 건 빛 속의 빛들로서 "불꽃 안에 불티가 보이는"[59] 것 같았다. 빛들은 소용돌이치고 빙글빙글 돌고 노래를 부른다. 이 빛 속에서부터 목소리가 들려온다. "우리는 너를 기쁘게 할 준비가 되었으니 / 너는 우리로부터 기쁨을 느낄 수 있을 것이다."[60] 이 빛을 따라 태양천(太陽天)으로 간 단테는 보게 된다.

> 눈을 뜰 수 없을 만큼 눈부신, 많은 생생한 빛들이
> 우리를 가운데 두고 왕관을 이루는데
> 그들의 목소리는 그 얼굴의 광채보다 더 아름답도다[61]

빛나는 왕관이 시인 둘레를 세 바퀴 돌자, 시인은 왕관이 성인과 현자들의 영혼으로 이루어져 있음을 깨닫는다. 이들 가운데는 빛에 관한 이론으로 성당 건축에 영향을 끼친 철학자 위디오니시오스와,《신학대전》을 저술하여 단테가 여행하고 있는 아홉 개의 천국을 서술한 그 덩치 큰 바보도 있다. 그리고 더 밝은 두 번째 왕관이 나타나고 더욱더 밝은 빛이 소용돌이친다.

단테가 더 높은 하늘로 올라갈 때 낙원의 빛들도 점점 밝아진다. 빛이 노래한다. 빛은 눈부신 십자가를 형성한다. 여섯 번째 하늘인 목성천(木星天)에서 빛은 "D, I, L ……"[62] 글자를 그리며 메시지를 전한다. 이 최초의 네온사인은 라틴어로 "정의를 사랑하라, 땅을 심판하는 자들이여"(DILIGITE IUSTITIAM, QUI IUDICATIS TERRAM)[63]라는 말이었

귀스타브 도레가 그린 〈천국〉은 단테가 상상한 "눈을 뜰 수 없을 만큼 눈부신, 많은 생생한 빛들"
이 빛나는 낙원을 묘사하고 있다. Wikimedia Commons

다. 그리고 빛나는 독수리 머리가 나타나 단테를 토성천(土星天)으로 데
리고 간다. 그는 거기서 층계를 보는데, "그 빛깔이 햇빛을 받아 반짝이
는 금빛"[64] 같다. 층계를 타고 내려오는 "수많은 광채들은, 천국에서 빛
나던 모든 빛이 쏟아져 내려오는 듯하다."[65] 그리고 백 개의 태양이 시
인을 항성천(恒星天)으로 안내한다. 항성천에서는 "수많은 등불 위에 떠
있는 태양"[66]을 본다. 성 베드로에게 믿음에 관해서, 성 야고보에게 소

망에 관해서, 성 요한에게 사랑에 관해서 질문을 받은 단테는 이윽고 천국의 빛 때문에 눈이 먼다. 그의 시력은 베아트리체의 눈에서 나온 빛으로 회복이 되는데, 그건 "아주 머나먼 곳까지 밝히는"[67] 빛이었다. 그리고 단테는 아퀴나스가 원동천(原動天)이라 일컬었던 천사들의 하늘로 오른다.

나는 눈부신 빛을 내는 한 점을 보았고
그 강렬한 빛 때문에
눈을 감고서 그 쏘는 듯한 광채를 피해야 했지[68]

단테가 떨고 있을 때 아홉 개의 빛나는 테가 점점 커지며 하느님에 대한 찬미가 울려 퍼진다. 그의 둘레에서 천사들의 빛이 환히 빛나고 그는 마지막 하늘인 지고천(至高天)으로 오른다. 아퀴나스가 "빛으로 가득한 …… 더 높은 하늘"[69]이라 표현한 이곳에서 빛나는 테는 점점 희미해지며 오로지 빛나는 점과 눈부신 베아트리체만 남는다. 빛에 둘러싸인 단테는 본다.

빛이 강물처럼 흐르며
금빛 광채를 쏟아 놓고
양쪽 강기슭은 아름다운 봄의 빛깔들로 채색되었네.
그 물살에서 튀어 오르는 생생한 불꽃들은 ……[70]

그는 반짝임이 천사들임을 알게 된다. 더 높은 곳으로 눈길을 주어 빛나는 장미를 바라보는 그는 쉬제 수도원장의 생드니 대성당을 처음

찾은 방문객 같다. 베아트리체는 밝고 환한 꽃으로 단테를 이끈다. 성모 마리아, 아담, 모세, 그리고 다른 이들이 존재하는 기독교의 신전인 그곳에서 그는 순례를 이어 간다. 마침내 장대한 여정의 마무리가 다가오고, 단테는 하느님이 모세에게 보여 주지 않은 것, 성당들이 모방한 것이 바로 하느님의 본질임을 깨닫는다. 《바가바드기타》의 아르주나 왕자와 달리, 단테는 두려워하고 미심쩍어하지 않는다.

> 내가 견딘 생생한 빛은 너무도 강렬한 것으로
> 그렇게 거기서 눈을 돌렸더라면
> 나는 길을 잃게 되었으리라.[71]

가장 높은 천국에서는 빛에 관한 지상의 논쟁들, 눈이냐 사물이냐, 실체냐 성질이냐, 무한한 것이냐 측정할 수 있는 것이냐의 문제는 중요해 보이지 않았다. 천국에는 모든 것을 포용하는 전지전능한 빛이 있다고, 단테는 중세 세계에 분명히 알려 주었다. 천국에는 빛이 있어 영혼을 빚어내고 신의 태엽 장치를 움직인다. 그리고 여기에서 여정은 끝난다.

> 여기서 내 힘은 다하였다.
> 하지만 이제 내 의지와 열망은
> 한결같이 움직이는 바퀴처럼
> 태양과 뭇 별들을 움직이는 사랑의 힘으로 돌고 있었다.[72]

'천국' 편을 끝냈을 1321년 즈음, 단테는 '지옥' 편과 '연옥' 편을 통해 이미 이탈리아 전역에서 유명인사였다. 걸작을 쓰는 동안 그는 라벤나에 머물고 있었다. 그곳은 반짝이는 모자이크의 도시이므로 마지막 부분의 상상력을 발휘하기에 적합한 곳이었다. '천국' 편을 완성하고 몇 달 뒤 이느 후텁지근한 여름날 베네치아로 가는 길에서 그는 병에 걸리고 말았다. 그리고 그해 숨을 거둔다. '천국' 편은 이듬해에 출간되었다. 그리고 한 세대 안에 유럽 전역에 알려졌고, 숭배자들이 필사한 원고가 돌기도 했다. 운을 맞춘 3행 연구(聯句) 형식에 경쾌한 시어로 쓰인 각곡(曲, canto)은 그 명칭이 이탈리아어에서 뜻하는 바대로 노래이다. 이 노래들은 곧 기억되어 연례 축제에서 낭송되었다. 1300년대 말, 단테의 신성한 빛은 고딕미술보다 훨씬 휴대하기 좋고 건축가의 상상력보다 더 보편적인 것으로서 성서의 빛과 어깨를 겨루었다.

'천국' 편 23곡에서, 단테는 "천국을 묘사"(figurando il Paradiso)[73]하고 있다고 말했다. 다양한 번역본에서 이 문구를 "천국을 재현하다,"[74] "천국을 그려 보이다,"[75] "천국을 설명하다"[76]로 표현하고 있고, 문자 그대로 "천국에 대한 묘사"[77]라고 표현한 번역본도 있다. 그러나 단테는 단지 천국을 재현하거나 설명하거나 그려 보인 게 아니다. 그는 건축가처럼 천국을 빚어내어, 그 천상의 빛을 유구한 빛으로 형상화했다.

오늘날 북유럽의 아름다운 고딕 대성당들을 찾는 방문객은 연간 4천만 명에 육박하여, 미국 국립공원 상위 10곳을 찾는 방문객 수를 합한 것보다 많다. 단테의 3부작은 오디오북, 전자책, 만화책, 비디오게임, 아이패드 앱을 비롯하여 온갖 형태로 제작되고 판매도 잘된다. "독자들은 《신곡》을 손에서 놓을 수 없는 것 같다"[78]고, 《뉴요커》는 새로운 번역본 두 종류의 서평에 썼다. 신성한 빛의 유구한 매력을 측정하는 단위는 루멘이 아니라 희망이다. 천국과 그 광채는 신도들에게 더 높은 곳을 향하라고, 진흙탕 같은 세상과 의심에서 벗어나라고 촉구한다. 중세 시

대는 이 빛을 최고의 좌대에 모셨다. 모든 성당, 그리고 한 곡(曲) 한 곡
이 빛을 조명하며 오늘날에도 갈구하는 이들의 마음을 사로잡는다. 여
기 낙원이 기다리고 있다. 여기 그 빛이 있다고.

6장

키아로 에 스쿠로
캔버스의 가득 담긴 빛과 어둠

빛은 가장 훌륭한 화가이다.
- 랠프 월도 에머슨

화가라면 누구라도 빛의 중요성을 안다. 보는 것이 빛에 따라 달라지
듯이, 화가는 빛을 능란하게 연출해야 한다. 19세기에 사진이 발명되기
까지는, 레오나르도 다빈치가 말한 것처럼 그림만이 "자연의 모든 가시
적인 변화를 충실하게 묘사"[1]할 수 있었다. 그러나 충실하게 묘사하려
면 빛을, 그 미묘한 그림자를, 그 무한한 빛깔을 제대로 표현해야 했다.
오늘날 사진에 취한 시대에도, 빛은 붓을 집어든 모든 이들을 조롱한다.
초등학교 저학년 때부터 미술 선생님들은 원근법, 그림자, '광원'에 대해
설명한다. 이런 걸 직관적으로 알아채고 칭찬을 받는 아이들도 있다. 하
지만 나머지는 골치 아파하고 알아듣지 못하겠다는 몸짓을 보이고 분
초를 세다가 쉬는 시간을 맞는다. 그러나 빛을 화폭에 담는 데 필요한
시각이 생기기까지는 수백 년이 걸렸고, 아마 몇 가지 기법도 배워야 했
을 것이다.

1천 년이 훨씬 넘는 세월 동안 일상생활의 빛은 화가들에게 포착되

지 않았다. 그리스 설화에 따르면 화가 아펠레스는 포도나무를 실물처럼 그려서 새들이 날아들어 그림 속의 포도를 쪼았다고 한다. 그 고대 그리스의 그림은 오늘날 전해지지 않는다. 이집트 무덤의 벽에는 상징적인 의미가 풍부한 기묘한 인물들이 많이 등장하지만, 세계가 그처럼 과장되고 비현실적으로 보이는 척하는 이는 아무도 없다. 비잔틴 시대에 모자이크는 빛의 광채를 담았지만, 그 재료인 대리석은 아무리 작게 쪼개도 정밀한 빛의 화소로 세계를 보여 줄 수 없었다. 가장 정교한 모자이크는 옷자락의 주름, 일렁이는 물결, 사람 신체의 아주 작은 음영까지 묘사하지만, 그 평면적인 그림자 탓에 마치 아이들의 팝업북 같은 느낌의 장면이 된다. 빛은 결코 그렇게 간단하지 않았다.

중세 말 즈음 화가들은 회화 재능을 다시 연마하고 있었지만, 라틴어로 광휘를 뜻하는 '루멘'을 광원 자체를 뜻하는 '룩스'보다 선호했다. 금박에 반사되든 프레스코화의 축축한 회반죽에 표현되든, 중세 그림의 빛은 불순물이 걸러지고 그림자는 거의 없다. 빛이 절묘하게 표현되려면 먼저 빛의 절묘함이 파악되어야 했다. 하지만 화가들은 르네상스 시대가 되어서야 비로소 "최고의 화가"[2]가 세계를 얼마나 섬세하게 연출하는지 인식하기 시작했다.

1400년대 내내 그리고 다음 세기로 접어들어 르네상스가 이탈리아에서 북진하여 네덜란드까지 퍼지는 동안, 몇 안 되는 화가들이 빛을 캔버스 위에 새로이 펼쳐지게 했다. 그들의 전문성은 르네상스인이라면 숙달해야 할 모든 분야를 아울렀는데, 그저 그림 그리기만이 아니라 기하학, 화학, 철학, 건축학, 광학까지 포괄하고 있었다. 직선 원근법이라는 진화하는 도구로 무장하고 카메라처럼 예민한 시각을 갖춘 이 화가들은 사진처럼 사실적인 빛을 서양 미술의 독특한 구성 요소로 만들었다.

이 최초의 빛의 거장들 가운데에는, 신산했던 네덜란드 은둔자와 로마의 더러운 뒷골목에서 살인을 저지른 자, 그리고 역사상 최고의 천재가 있었다.

레오나르도 다빈치는 빛의 우아함을 캔버스에 가득 채우는 방법을 발견하지 못했다. 단지 절차를 체계화했을 뿐이다. 1452년 그가 태어났을 무렵, 빛의 예술적 진화는 한 세기 넘도록 꾸준히 진행되고 있는 중이었다. 1300년대 초에 접어들면서 이탈리아의 거장 조토 디본도네는 초기의 원근법과 함께 최초의 사실주의적인 몸짓과 역광을 결합했다. 이로써 미술사학자 조르조 바사리는 그를 "탁월하게 자연을 모방함으로써 투박한 그리스 양식을 완전히 떨쳐 버린 사람"이라고 평가했다. 조토의 살아 있는 듯한 프레스코화 이후 마사초는 성서에 나오는 장면들을 음영을 넣어 그렸고, 프라 안젤리코는 스포트라이트가 등장하는 〈수태고지〉를 그렸다. 그 뒤 1400년대 초에 화가들은 직선 원근법을 사용하기 시작했다. 관찰자의 시선을 멀어지는 '소실점'에 맞추는 기법을 완성한 이는 필리포 브루넬레스코였다. 그는 나중에 피렌체의 아름다운 대성당의 커다란 돔을 설계한다. 그림에 그림이 이어지고 거장 뒤에 거장이 출현하면서 르네상스 화가들은 빛을 보는 방법, 빛을 깊이 들여다보는 방법을 깨우쳐 갔다. 레오나르도가 태어나기 직전에 그들은 최초의 안내서를 손에 넣었다.

《회화에 관하여》는 화가로서는 조토의 이름만을 거론했지만, 널리 읽힌 책으로서 미술을 "정말로 자유로운 정신과 고귀한 지성을 발휘"[3] 해야 할 일로 격상시켰다. "회화에는 참으로 신성한 힘이 있다"[4]고 지은이 레온 바티스타 알베르티는 썼다. 이 힘을 이용하려면 "화가들은 무엇보다 먼저 빛과 그림자를 깊이 연구해야 한다"[5]고 조언했다. 알베르티 자신은 위대한 화가가 아니었다. 적어도 그가 영감을 준 이들과 비교할 땐 그랬다. 스스로를 주로 공학자이자 건축가라고 생각했지만, 알베르티는 완벽한 르네상스인으로서 시와 희곡과 미술사를 저술하고 수학과 암호학에도 손을 대 보았다. 자신감 넘치고 건강한 알베르티는 야생마에 올라탈 수 있고, 서 있는 자리에서 바로 사람 키를 훌쩍 뛰어넘을 수 있었다고 한다. 그는 몇몇 건축물을 설계했을 뿐 아니라 자신의 이름을 가장 널리 알린 저술을 남겼는데, 스스로는 "회화에 관한 이 보잘것없는 글"[6]이라 일컬었다. 《회화에 관하여》는 아리스토텔레스와 이븐 알하이삼의 광학을 르네상스의 미학과 혼합하여 빛을 포착하는 기교를 이해하기 쉽게 알려 준다.

"한 화가가 다른 화가들에게 이야기하듯"[7] 쓴 이 글에서 알베르티는 먼저 간단한 순서를 알려 준다. "내가 그림을 그릴 때 어떻게 하는지 먼저 말하려 한다. 가장 먼저, 그림을 그리려고 하는 화면에 직사각형을 그린다. ……"[8] 알베르티는 서로 겹치는 시각 피라미드들로써 빛이 공간을 채우고 있다는 알하이삼의 이론을 받아들였다. 이 피라미드들 가운데 하나가 화가의 눈에 부딪힌다. 그 피라미드를 가르는 수직면이 바로 오늘날 우리가 당연하게 여기는 시각 현상의 틀이다. 그림자는 광원의 반대쪽에 그린다. 평평한 물체의 빛깔은 균일하겠지만 둥글게 생긴 구는 미묘하게 음영의 차이를 둔다. 색칠한 부분은 가장 가느다란 선으로 외곽선을 그린다. 이런 내용을 설명한 뒤 알베르티는 빛을 최초로 연구한 이들을 골치 아프게 했던 수수께끼인 색상을 다루었다.

이후 화가들은 무지개 색상환을 연구하게 되는데, 알베르티의 조언은 훨씬 기초적이었다. 첫째, 그는 금색을 피하라는 주의를 주었다. 금빛으로 빛나는 그리스도와 성모마리아가 피렌체 우피치 미술관의 전시실 몇 곳을 보석 상점처럼 반짝거리게 만들고 있는 것으로 충분하지 않은가. 금빛이어야 할 대상은 햇빛, 후광, 일부 여인의 머릿결 등 얼마 되지 않으며, 이 또한 천박한 금박보다는 색상으로 표현되어야 한다고 그는 조언했다. 차분한 색을 쓰면 화가는 인식할 수 있다.

　색상 사이에 일종의 조화가 이루어지고, 색상들이 나란히 배치될 때 그 우아함과 아름다움이 커진다는 것을. 빨간색이 파란색과 초록색 사이에 놓이면 빨간색만 있을 때만큼이나 그 아름다움이 잘 느껴진다. 하얀색은 회색과 노란색 사이에 있을 때 화사해 보일 뿐 아니라 거의 모든 색상에 경쾌함을 준다. 하지만 어두운 색상은 밝은 색상들 사이에서 품위 같은 것이 느껴지고, 마찬가지로 밝은 색상은 어두운 색상들 사이에서 긍정적인 효과가 생겨난다.[9]

　알베르티는 뒤이어 검은색과 흰색에 관해 이야기했다. 흰색은 "매우 반짝거리는 표면에서 가장 밝은 부분"을 표현하고, 검은색은 "가장 깜깜한 밤"[10]을 묘사한다는 것이다. 두 색상은 빛의 양극단을 표현하기 때문에 "흰색을 과도하게 사용하고 검은색을 부주의하게 사용하는 화가들은 혹평을 받아 마땅하다."[11]

　화가들에게 "호의"를 베풀었다[12]고 믿는 알베르티는 끝부분에서 그에 걸맞은 오마주를 요구한다. 자신의 조언을 감사히 여기는 화가라면 역사적 장면 안에 자신의 초상을 그려 넣어서 "내가 이 기법을 연구한 사람이고 작가들이 이 호의를 인식하고 감사히 여기고 있음을 후대가 알게"[13] 해달라는 말이었다. 어떤 화가가 알베르티를 그려 존경을 표했는지 알려진 바는 없지만, 단테처럼 그는 이탈리아어로 써서 글을 읽을 수 있는 사람이면 누구나 자신의 조언을 받아들일 수 있도록 했다. 그런 많은 이들 가운데 한 사람이 레오나르도 다빈치였다.

레오나르도의 노트는 흥미롭게도 거울에 비친 상처럼 반대로 쓰였는데, 세피아 톤으로 세계의 운동을 그린 스케치들이 수록되어 있다. 근육과 골격, 기어와 레버, 물의 흐름, 말의 활보, 그리고 렌즈를 연마하는 발명품, 강을 건너기 위한 발명품, 비행을 위한 발명품 등이 그것이다. 이 모든 독창적인 발명품들 사이, 레오나르도의 《회화론》(Codex Urbinas) 깊숙이 하나의 스케치가 묻혀 있다. 오려 내기 도안 같은 수준을 넘어 빛이 생생한 걸작으로 진화하게 될 것을 예고하는 스케치이다. 레오나르도가 1490년 빛 연구에 착수할 때까지, 빛을 연구하는 이들은 빛의 경로를 평면에 각진 모습으로 나타냈다. 마치 똑똑한 아이가 심심한 오후에 자를 대고 그린 것 같았다. 프톨레마이오스와 이븐 알하이삼은 에우클레이데스의 도해를 모방했다. 로저 베이컨은 광선을 끈처럼 그렸다. 빛은 분명히 그런 각도로 전파되지만 우리 눈에 그렇게 '보이는' 건 아니다. 그런데 레오나르도는 하나의 스케치로, 빛이 어떻게 전파되는지를 우리에게 설명하는 데 머물지 않고 생생히 보여 준 것이다.

《회화론》에 실린 스케치는 복수의 광원을 받는 구(球)를 묘사하고 있다. 호(弧) 모양의 트랙 조명처럼 일곱 개의 광선이 일곱 개의 그림자를 드리운다. 구 뒤쪽에서 다른 각도로 비추어 오는 것은 알하이삼과 알베르티가 상상했던 피라미드들로서, 서로 겹치며 기하학적으로 음영을 이루는데 이는 에우클레이데스가 설명할 수는 있었지만 그려 보인 적은 없는 것이다. 구 자체는 각 광원의 각도에 따라서 흰색에서 회색을 거쳐

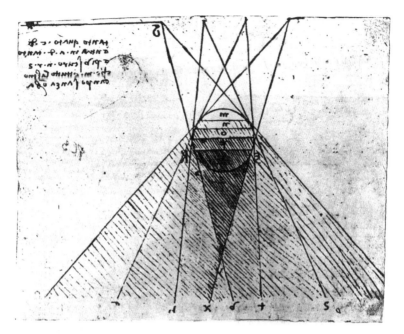

레오나르도 다빈치의《회화론》을 열심히 읽은 화가들은 그의 스케치를 보고 빛의 미묘한 그림자를 표현할 수 있었다. Wikimedia Commons

검정색까지 단계적으로 색이 입혀진다. 화가의 품위와 기하학의 정확성을 결합한 레오나르도의 그림은 빛이 결코 밤과 낮, '룩스'와 '루멘', 흑과 백처럼 간단하지 않다는 걸 보여 준다. 레오나르도의 스케치는 빛이나 '마찬가지다.'

광학을 공부하기 시작했을 때 마흔 살이 안 되었던 그가 완성해 놓은 그림은 열두 점이 안 되었다. 초기작 〈수태고지〉부터 후기의 성모마리아 그림들에 이르기까지 다빈치의 모든 그림은 조토, 마사초, 그리고 다른 초기 르네상스 거장들의 그림에서 표현된 것보다 훨씬 설득력 있게 빛을 포착했다. 하지만 그의 그림은 여전히 세계를 음울하게 보여 주었다. 레오나르도의 〈그리스도의 세례〉에서 위쪽의 하늘은 으스스한 보라색이다. 〈수태고지〉에서 성모 마리아의 긴 겉옷이 파란색이기 때문에 그녀의 낯빛은 유령처럼 창백하다. 그리고 1490년 레오나르도는 밀라노에서 성 안의 도서관을 발견했는데, 그곳은 베이컨과 알베르티, 그리고 《원근법》이라는 저술로 이븐 알하이삼을 널리 알린 폴란드의 수도사 비텔로의 저서를 소장하고 있었다. 이들 저서를 탐독한 레오나르도는 광학을 "물리학의 혈맥"[14]이라 일컫게 되었다. 그는 원근법에 매혹되어 "키아로 에 스쿠로"라고 일컬었다. "빛과 어둠"이라는 뜻의 이 이탈리아어 번역어는 이후 극명한 대비를 나타내는 미술 용어인 '키아로스쿠로'로 응축된다. 1490년대 내내 레오나르도는 육안이라는 현미경을 통해 빛을 관찰했다.

그의 공책에는 그의 발견들이 담겨 있다. 한 페이지에 실려 있는 남자의 옆모습에서 피라미드 모양의 광선은 정확한 각도로 그의 턱과 코, 대머리를 비추고 있다. 이것이 "빛을 받는 부위 가운데 특정 부분이 다른 곳보다 더 밝아야 하는 이유이자 증거"[15]라고 레오나르도는 썼다. 다른 페이지에서 빛은 경사면에서는 회색 타원을, 계단에서는 각이 진 그림자를 드리운다. "그림자는 그림자를 가로막는 표면의 모든 부분이 발광체로부터 등거리에 위치하지 않는 한 결코 단일한 심도로 보이지 않는다."[16] 더 나아가 긴 겉옷은 좌대에서 바닥으로 흘러내리는데, 모든 접힌 부분이 사진처럼 생생하게 묘사되어 있다. "그림에서 그림자 가운데 일부는 뚜렷하지 않은 그러데이션과 형태로 표현되었음을 알 수 있을 것이다."[17] 레오나르도의 공책은 폭풍, 전투, 계절, 밤을 묘사하는 법도 알려 준다.

거울로 자신의 눈을 살펴보던 중 레오나르도는 깜깜한 곳에서는 동공이 커지고 촛불에 다가갈수록 작아진다는 사실을 최초로 알아냈다.

그는 하늘의 색깔이 파란색인 건 "하늘 자체의 색깔이 아니라, 증발하여 감지할 수 없을 만큼 아주 작은 원자가 된 수분이 햇빛을 받아 보이기 때문"[18]이라고 추론했다. 그는 빛을 "물에 던져진 돌을 중심으로 많은 동심원의 물결이 생기는 것"[19]에 비유했다. 그리고 1495년, 〈최후의 만찬〉을 그리기 시작한 해에 자신의 이론을 집대성해서 《회화론》을 썼다.

레오나르도가 화가들에게 해주는 조언은 마치 자상한 선생님의 설명 같다. 글은 "오, 화가들이여,"[20] "자연의 모방자여, 신중하게 ……"[21]로 시작한다. 그는 빛을 아름답고도 당혹스러운 것으로 여겼다. "빛을 보고 그 아름다움을 생각해 보라. 눈을 깜빡이고 빛을 다시 바라보라. 그대가 보는 것은 처음에는 거기에 없었고, 거기에 있던 것은 더 이상 거기에 없다. 빛을 만드는 것은 늘 사라지는데, 빛을 새로이 만드는 자는 누구인가?"[22] 레오나르도는 그 이전에 누구도 빛을 본 적이 없는 것처럼 빛을 바라보았다. 하늘은 층층이 색이 다르므로 "낮은 하늘일수록 더 밝게"[23] 그려야 한다. 검은색 옷은 흰색 옷보다 사람의 살갗을 더 선명하게 보이게 한다. 그림자는 알 수 없는 세계를 담고 있다. "어렴풋이 포착할 수 있는 그림자를 작품에 표현할 때는 …… 예리하거나 뚜렷하게 그리지 않아야 그림의 분위기가 딱딱해지지 않는다."[24]

레오나르도의 《회화론》은 르네상스의 그림들을 변화시켰다. 빛이 흘러넘치는 캔버스, 스포트라이트처럼 비추는 햇빛, 시간 배경이 정오처럼 느껴지는 초상화는 사라졌다. "오, 화가여, 궁중에 검은 빛이 도는 벽을 세우고 …… 햇살이 비칠 때는 리넨 차양으로 가리도록 하라. 그렇지 않으면 저녁 무렵, 또는 흐리거나 안개 낀 날 초상화를 그려라. 이렇게 하면 완벽한 조명이 된다."[25] 빨갛고 파란 성인(聖人)들, 회색과 초록색의 풍경도 사라졌다. 특정한 색깔을 강조하려면 그 색깔들을 나란히 두어야 하며, "모든 색깔은 그 하나만 있을 때보다는 대조에 의해 분별될 때 훨씬 선명하기"[26] 때문이라고 그는 말했다. 그 예로 레오나르도는 무지개를 들었다.

브루넬레스코의 직선 원근법에 감탄하면서도, 레오나르도는 거리감이 소실점에 수렴해 가는 선들 이상의 것에 의지한다고 보았다. 화가가 원근감을 살리려면 먼 곳의 색채를 부드럽게 써야 한다는 말인데, 빛이 대기에 의해 부드러워지는 것과 같은 이치다. 멀리 있는 물체는 선명도가 떨어지니 분간하기 어렵게 그려야 한다. 하지만 레오나르도가 가르쳐 준 가장 중요한 내용은 알베르티가 주목했던 현상과 관계가 있다. 부드러운 빛에서 "색채 또한 연기처럼 점진적으로 옅어진다"[27]고 알베르티는 썼다. 레오나르도는 똑같은 직유법을 사용하여 '스푸마토' 기법을 완성시켰는데, 이 이탈리아어는 '부드러워짐' 또는 '섞임'을 뜻한다.

광학을 연구하기 전까지 레오나르도가 그린 인물들은 어두운 배경을 뒤로 하고 있다. 이 덕분에 그는 모자이크를 비롯하여 중세 미술에서 매우 보편적이던 유치한 외곽선에서 벗어났다. 1495년 이후 그린 나중의 회화에서 그는 빛에 관해 알게 된 모든 것을 표현한다. 〈최후의 만찬〉은 예수와 유다를 빛이 들어오는 뒤쪽 창틀 안에 배치했다. 〈모나리자〉와 다른 인물들은 한결같이 '스푸마토'에 의해 부드러워지는 배경 속으로 경계선 없이 스며든다. 이런 효과를 내기 위해 레오나르도는 모든 그림에 바니시를 얇게 발라 마무리했다. 바니시는 사이프러스와 노간주나무 기름에 검은 분말을 섞은 것이다. 레오나르도의 호박색 바니시는 모든 외곽선을 번지게 함으로써 "윤곽선이나 옆모습 선을 또렷하고 확실하게 표현하기보다 뿌옇게 나타나도록 그림을 그릴"[28] 수 있었다. 이

것이 바로 빛이 세계를 드러내는 방식이었다. 또렷하거나 황금빛이 아니라 부드럽고 미묘하고 수증기 같은 것이었다.

레오나르도는 《회화론》을 출간할 계획이었지만, 학자들이 지금껏 안타깝게 여기듯 무언가를 완성하는 데 어려움을 겪었다. "과연 뭐 하나라도 마무리한 게 있는가"[29]라고 그는 적곤 했다. 완성은 못했지만 그의 저술은 연기처럼 퍼져 나간 듯하다. 1500년대 내내 필사한 내용과 일부 원고가 돌아다녔다. 르네상스 미술의 홍보맨인 조르조 바사리는 칭찬을 아끼지 않았다. "레오나르도의 노트를 읽은 이라면 누구든, 그 놀라운 천재가 예술, 근육, 신경과 혈관을 얼마나 뛰어나게 파악했으며 그 모든 것을 얼마나 성실하게 해냈는지 알고 놀랄 것이다."[30] 그리고 르네상스 전성기에서부터 인상주의 여명기까지 화가들은 레오나르도의 "빛에 관한 간단한 규칙들"[31]을 따랐다. 물론 화가이기 때문에 그 규칙을 위반한 이들도 있었다.

그의 이름은 미켈란젤로 메리시였지만, 이탈리아에는 이미 유명한 미켈란젤로, 다시 말해 미켈란젤로 부오나로티가 있었으므로 메리시는 자신의 고향인 카라바조를 이름으로 삼았다. 반항적이고 폭력적인 십대였던 카라바조는 북적거리는 밀라노로 보내졌고, 1584년에 밀라노에서 미술 아카데미에 들어갔다. 거기서 바사리가 쓴 레오나르도의 일생을 읽고, 〈최후의 만찬〉을 보았으며, 아마도 《회화론》을 읽었을 것이다. 또한 카라바조는 조금 알려진 화가를 연구했는데, 실명한 뒤에 책을 쓴 사람이었다. 그 조반니 파올로 로마초에게, 빛은 "신의 마음의 표상"[32]이고, "그림에서 무척 큰 힘을 발휘함으로써 그림의 온전한 아름다움을 이루고 있다고 생각되는"[33] 수수께끼 같은 것이었다. 로마초는 화가들에게 자연의 빛을 부드럽게 표현하라거나 해질 무렵에 그림을 그리라고 조언하지는 않았다. 대신 그는 모델 바로 위에 등불을 두어 "해가 떠오를 때 바다 위로 미끄러지는 햇살"[34] 같은 빛을 만들라고 주문했다. 시력이 있는 레오나르도는 아늑한 오후처럼 축복 받은 빛을 추구했으나, 앞을 보지 못하는 로마초는 밤을 꿰뚫는 빛을 선호했다. 그리고 밀라노를 떠나 로마로 향할 즈음, 성마른 젊은 카라바조는 어둠을 잘 알고 있었다.

로마에서 지낸 지 얼마 안 되어 카라바조라는 이름은 예술 후원자들 사이에 그리고 전과 기록에 오르기 시작했다. 그는 거들먹거리며 거리를 활보하고, 텁수룩하고 염소수염을 길렀으며, 단도와 단검을 갖고 다닌다고 알려져 있었다. 소문에 따르면 카라바조는 1년을 감옥에 갇혀 있었는데 매춘부를 칼로 그은 것이 이유였을 것이라 한다. 카라바조는 싸움질을 일삼아 자주 체포되었는데, 이는 1500년대 말에 로마에서 일어나는 흔한 범죄였다. 로마에는 건축 붐이 일어 수많은 별장과 교회, 궁전이 지어졌다. 그동안 주변의 시골은 어수선하여 농장은 관리가 되지 않았다. 지주들은 가장 웅대한 건축 프로젝트인 성 베드로 성당 건축비를 지원할 목적으로 부과된 교황세 탓에 파산했다. 로마의 거리마다 거지와 폭력배, 도둑이 들끓었다. 키가 작고 못생겼으며 외설적이고 명석하다고 전해지는 카라바조는 거기에 잘 맞아 로마를 자신의 무대 배경이자 개인적인 죄의 소굴로 삼았다. 기분이 동할 때면 그림을 그렸다.

미술사학자들은 여전히 카라바조의 모든 작품이 암시하는 은유를 둘러싸고 논쟁을 벌인다. 칠흑처럼 까만 그림자와 눈부신 빛이 담긴 그림은 그의 명성과 죄악을 비유하는 것인가? "카라바조를 사랑하는 이 가운데 그의 키아로스쿠로 기법을 단지 기술적 장치라고 믿는 이는 없다"35)고 전기 작가 하워드 히바드는 썼다. 전기 작가 피터 로브는 더 나아갔다. "세계의 빛과 어둠, 그것은 그가 사람들에게 상기시키고 있는 것으로서 의식의 빛과 어둠이기도 했다."36) 모두가 동의하는 한 가지는 그이전의 어떤 화가도 빛에 그토록 원초적인 힘을 불어넣은 적이 없다는 점이다. 레오나르도는 "지나치게 많은 빛과 …… 지나치게 많은 어둠"37)을 피하라고 조언했지만, 카라바조는 그런 말에 코웃음 쳤다. 전해지는 작품 가운데 최초의 것인 〈과일 껍질을 벗기는 소년〉에는 그의 대담함이 보인다. 카라바조가 모델로 삼곤 했던 거리의 부랑자 소년은 내리비추는 빛을 받고 있다. 빛을 받은 흰 셔츠의 주름이 선명하고, 뒷배경은 칠흑처럼 까맣다. 〈과일 껍질을 벗기는 소년〉 이후 카라바조는 잠깐 빛을 억제했으나, 1600년 즈음에는 벽이 까만색인 어두운 작업실에서 그림을 그렸다. 유일한 빛은 창을 통해 스며들고, 그는 실제이자 상상의 어둠 속에서 이젤 앞에 서 있었다.

20년에 지나지 않는 활동 기간 동안, 카라바조는 여성미를 풍기는 소년들, 매춘부들, 뒷골목에서 목격했을 법한 폭력 장면으로 대중에게 충격을 주었다. 성경의 인물인 유디트가 홀로페르네스의 목을 들고 있는 모습은 보편적인 회화의 모티프이지만, 카라바조가 포착한 유디트는 목을 베고 있다(《홀로페르네스의 목을 치는 유디트》). 아브라함은 이삭을 죽이기 직전인데, 카라바조가 그린 반짝거리는 칼날은 맨살이 드러난 소년의 목 가까이에 있다(《이삭을 제물로 바치는 아브라함》). 〈도마뱀에게 물린 소년〉에서 보이듯이, 작은 사건을 그릴 때에도 카라바조는 자신이 빛의 거장임을 증명하듯 아플 만큼 눈부신 빛을 담았다. 찡그린 소년 옆에는 꽃병이 놓여 있고, 그 유리의 반짝임은 이후 두 세기에 걸쳐 서양 회화에서 이어진다.

〈과일 껍질을 벗기는 소년〉(카라바조, 1593). Wikimedia Commons

레오나르도는 광택과 일렁이는 아우라의 효과가 "언제나 빛보다 더
강렬하다"[38]는 걸 알았지만, 옷과 얼굴에 부드럽게 스치는 빛을 더 좋
아했다. 그러나 카라바조는 광택을 드러냈고, 이를 "과시했다"고 표현한
이도 있을 정도로 그가 그린 과일은 비단결 같고 꽃병은 장식용 반짝이

〈도마뱀에게 물린 소년〉(카라바조, 1592-1593). Wikimedia Commons

같다. 〈도마뱀에게 물린 소년〉에서 카라바조가 그린 꽃병은 반사되는 빛과 표면에 맺힌 물방울들이 마치 태양 자체인 듯 밝게 강조되어 있다. 이전에 빛은 그토록 정성껏 그토록 세심하게 그려진 적이 없었다. 쉬제 수도원장이 생드니의 "가장 환한 창들"에서 하느님을 보았다면, 카라바조가 보여 준 빛의 근원은 덜 신성했다.

그림 그리기가 끝나면 카라바조는 거리로 나가 술을 마시고 매춘을 일삼고 싸움을 벌였다. 작업실에 돌아와서 그린 초상화들은 오스카 와일드가 쓴 《도리언 그레이의 초상》처럼 그의 어두운 영혼을 반영했다. 전과 기록에 이름이 더 자주 오르던 무렵에도 그의 실력은 계속 늘어 사람들을 놀라게 했다. 연못을 들여다보는 나르키소스가 희미하게 물에 어린 모습, 예수를 체포한 병사들의 번쩍이는 갑옷, 성 마태오를 부르는 신성한 빛을 응시하는 환한 얼굴들을 보라. 이들 걸작 덕분에 "키아로스쿠로"는 서양 회화의 붙박이 장치가 되었다.

1605년 무렵 밀린 월세 때문에 재산이 몰수당했을 때, 카라바조의 명성은 북유럽까지 퍼져 있었다. "미카엘 안젤로 반 카라바조라는 화가가 로마에서 경이로운 일을 벌이고 있다"고 암스테르담의 미술 평론가는 썼다. "그는 이미 자신의 작품들로 높은 평가와 명예, 이름을 얻음으로써 …… 우리 젊은 화가들이 뒤따라야 할 본보기를 마련했다."[39] 로마에 있던 네덜란드 화가 몇 사람은 '카라바조파'로 알려지게 되는데, 이미 앞 다투어 그 빛을 담아내려 하고 있었다. 이윽고 로마에서 들려온 또 다른 소식은 그들의 우상을 감싸고 있던 아우라를 퇴색시켰다. "화가 카라바조가 일요일 저녁 싸움을 걸어 온 남자를 살해한 이후 심각한 부상을 입은 채 로마를 떠났다."[40]

싸움은 도박 빚 때문에 벌어졌다. 폭력배들에게 둘러싸인 카라바조가 칼을 꺼내 한 사내를 쓰러뜨렸다. 흥분한 또 다른 칼이 공격해 왔다. 머리에 입은 깊은 상처를 치료한 뒤 카라바조는 로마를 빠져나왔다. 그 뒤로 4년을 도피 생활을 했는데, 변함없이 그림을 그리면서 도망 다녔다. 교황청의 현상금까지 걸려 있었다. 그는 1610년 토스카나 해변에서 말라리아열로 쓸쓸하게 죽었다. 그의 작품은 이후 10년 동안 로마에서 여전히 인기를 끌다가 악평을 받게 되었다. 그러나 그즈음 네덜란드 '카라바조파'는 그의 회화 양식을 이미 네덜란드에 도입한 상태였고, 거기서 빛은 정밀하게 표현되어 오늘까지도 경외와 의혹을 불러일으킨다.

2000년 2월, 영국 화가 데이비드 호크니는 로스엔젤레스에 있는 작업실의 벽에 유럽 거장들인 조토, 마사초, 반에이크 형제, 레오나르도, 카라바조, 루벤스, 페르메이르의 그림 모사품들을 핀으로 고정시키기 시작했다. 일을 마쳤을 때, 호크니의 '거대한 벽'은 21미터 길이에 최근 500년간의 미술사를 아울렀다. 작품들 앞을 서성이던 호크니는 논란을 불러일으키는 결론을 내렸다. 15세기 서양 회화에서 중요한 일이 일어났다는 얘기인데, 호크니는 그것을 "광학적 투사"[41]라 일컬었다.

1430년대 이후 줄곧 네덜란드 화가들은 빛을 이용하여 빛을 복제했다고 호크니는 주장했다. 중국의 묵가 이래로 모든 문명에서는 구멍을 통과한 광선이 완벽한 이미지를 전도된 형태로 벽에 투사한다는 걸 알고 있었다. 이븐 알하이삼은 카메라 옵스큐라를 발명했고 그 경이로움은 15세기 네덜란드에 널리 알려졌다. 네덜란드 렌즈 가공사들 덕분에 안경이 보편화되었고, 이들은 더 나아가 망원경과 현미경을 발견하게 된다. 데이비드 호크니의 추론에 따르면, 네덜란드 화가들은 분명히 렌즈를 이용하여 캔버스에 빛을 투사하면서 세밀한 부분을 칠한 것이 된다. 자세히 알아보기 위하여 호크니는 광학과 서양 미술의 역사를 공부했다. 그리고 마사초의 그림에서 보이는 얼룩진 듯한 옷의 표현이 한 세대 안에 반에이크 형제의 선 세공 같은 표현으로 진화한 데 주목했다. 그는 화가들이 류트나 바이올린을 축소시키거나 꽃무늬를 흐릿하게 표현하는 법을 어떻게 그렇게 빨리 습득할 수 있었는지 궁금했다. 그건 자동으로 초점을 맞추는 우리의 육안으로는 결코 포착할 수 없는 모습이기 때문이다. 대부분의 화가들이 거울과 렌즈를 갖고 있었고, 일부는 그들의 그림에도 등장한다고 알려져 있지 않은가? "광학적 투사"는 왜 유럽에서만 자리 잡았을까? 중국이나 인도 화가들도 틀림없이 비슷한 화풍을 발전시킬 수 있었을 터이다. 물론 그들의 렌즈가 유럽의 렌즈에 필적할 수 없는 경우만 아니라면.

호크니는 미술사학자나 광학 전문가, 동료 예술가들과 의견을 나누었다. 호기심을 보이는 이들도 있었고 충격을 받은 이도 있었다. 그 나름대로 저명한 예술가이기는 하나 그가 어떻게 감히 페르메이르와 카라바조 같은 이들이 "부정행위를 저질렀다"고 말한단 말인가? 호크니는 논문에서 그리고 미술관 방문객 앞에서 자신의 논지를 옹호했다. 2006년, 그림이 풍부하게 수록된 책《명화의 비밀: 호크니가 파헤친 거장들의 비법》(한길아트, 2003)에서 그는 자신의 주장을 입증했다. 다윈의 지지자인 듯, 호크니는 그림들을 배열하여 초기 르네상스부터 후기 바로크 사이에 화가들이 이룩한 비약적인 진화를 보여 주었다. 갑옷의 빛은 15세기 그림에서는 거의 나타나지 않는 번득임으로서, 한 세기가 지난 뒤 마치 디지털카메라로 찍은 듯 표현되었다. 초기의 레이스 옷깃은 잿빛에 솜털처럼 보이지만, 프란츠 할스가 연구나 스케치도 없이 그린 비슷한 옷깃은 더없이 눈부시고 완벽하다. 그리고 카라바조의 키아로스쿠로는? 카메라 옵스큐라로 포착한 스포트라이트와 그림자를 그린 게 분명하다.

호크니의 주장은 새로운 것이 아니었다. 미술사학자들은 오래전부터 특정 화가들이 광학 보조 기구를 사용한 것이 아닌지 의심해 왔다. 카

〈델프트 풍경〉(페르메이르, 1660~1661). Wikimedia Commons

날레토는 엽서 그림 같은 베네치아 풍경 때문에 유력한 용의자였다. 또
다른 용의자는 요하네스 페르메이르인데, 그의 초상화에는 창에서부터
퍼져 들어오는 빛이 레이스처럼 흐른다. 일부 역사학자들은 페르메이르
가 작업실을 거대한 카메라 옵스큐라로 개조하여 풍경 전체를 캔버스
에 투사시키고 〈델프트 풍경〉을 그렸다고 주장했다. 다른 이들은 페르
메이르의 그림 가운데 상당수가 똑같은 빛을 받는 똑같은 방을 배경으
로 하고 있다는 데 주목했다. 2000년에 옥스퍼드대학 교수 필립 스테드
먼은 이 방의 모형을 만들어 실제 페르메이르 작품의 이미지 묘사를 재
현했다. "카메라 옵스큐라는 페르메이르에게 구성 기계 같은 것이었다"[42]
고 스테드먼은 썼다. "페르메이르는 카메라 이미지, 물체의 생김새와 그
그림자, 물체 사이의 여백을 연구하고, 물체 자체를 이동시키면서 구성

에 공을 들였을 것이다. …… 그의 구성은 흔한 순간 포착 장면과는 무척 거리가 멀다." 다른 학자들은 확신하는 건 아니지만, 페르메이르가 "화폭에 담은 가상의 이미지와 그가 인지한 그대로의 광학적 작업을 포함하여 가상을 능숙하게 다룬 사람"[43]이라고 주장한다.

레오나르도는 카메라 옵스큐라로 다양한 실험을 했지만 사용하는 데까지 나아가지는 않았다. "그런 발명품은 그런 것 없이는 사물을 그리는 법을 알지 못하는 이들이나 썼을 만한 것이다."[44] 레오나르도 연구자 마틴 켐프는 데이비드 호크니의 연구를 도왔지만 여전히 회의적이었다. 화가들이 카메라 옵스큐라를 사용했다는 증거가 될 만한 기록은 "거의 전적으로 부족하다"고 켐프는 꼬집었다. 광학적 입증은 흥미롭지만 "결정적이지는 않다"[45]고도 썼다. 논란은 계속되었다. 부정행위를 했다며 누군가를 비난하는 것이 아니라고 호크니는 주장했다. 화가들이 광학적 도구를 사용했을 거라는 자신의 추론은 "화가들의 성취를 깎아내리는 것이 아니다. 내게 그것은 그 성취를 더욱 놀랍게 만드는 것이다"[46]라고 했다. 평생 그림과 그 창작을 사랑한 사람으로서, 호크니는 "화가들이 지난날 도구를 사용하는 법을 알았고 이 지식이 사라졌다고 말하는 것일 뿐"[47]이었다.

모든 최고조의 빛과 번쩍임을 표현하기 위해, 일부 화가가 빛의 광학적 묘기를 이용한 것일까? 우리는 아마 앞으로도 확실히 알 수 없을 테지만, 이 논란은 예술과 모방 사이의 구분을 흐리게 한다. 스포트라이트를 쏜다고 해도 카메라 옵스큐라는 카라바조의 세심한 손길처럼 과일의 빛을 드러내지 못한다. 렌즈는 상을 투사할 수는 있지만 정확한 색상을 보여 주지는 못한다. 반에이크의 초기와 페르메이르 전성기 사이에, 호크니가 말한 "광학적 투사"의 진화에는 도구 이상의 것이 필요했다. 화가는 캔버스에 빛을 투사하고 플뢰르 드 리스(fleur-de-lis, 양식화된 백합 모양의 장식 문양으로서 프랑스의 상징으로 알려져 있다―옮긴이)에이브기까지 그 복잡한 모양들을 따라 그렸을 수 있으나, 빛의 구체성, 그 힘과 정신을 포착하는 데는 거장의 시선이 필요하다.

렘브란트가 카메라 옵스큐라를 사용했다고 비난한 이는 아무도 없다. 하지만 지난날 세상이 그의 그림을 마주하여 진가를 완전히 알아보려 할 때, 다른 의혹이 제기되었다. 그 빛, 여리고 아른거리는 그 금빛 뒤에는 틀림없이 어떤 비법이 있다는 것이다. 어떤 육안도 그처럼 민감할 수 없고, 어떤 붓도 그렇게 놀라운 솜씨로 생생한 환영을 창조할 수 없다는 말이었다. 이런 추론은 1669년 렘브란트가 세상을 떠난 직후 시작되어 21세기까지 이어져 왔다. 렘브란트는 분명 그림에 순금을 사용했을 것이다. 틀림없이 특별한 접착제를 썼을 것이다. 그가 쓴 숙성시킨 바니시는 그림자를 더욱 어둡게 만들어 빛이 더욱 두드러지는 것이다. 그의 안료는 아마도 ……

1960년대 이후 학자들은 빛을 이용하여 렘브란트의 작품을 연구했다. 네덜란드에 기반을 둔 '렘브란트 연구 프로젝트'는 그림 250점 정도를 엑스선으로 촬영했다. 엑스선 결과는 렘브란트가 후경부터 시작하여 전경으로 작업했음을, 다시 말해 그림자에서 시작하여 어둠 속에서 빛나는 인물들을 마지막으로 그렸음을 알려 주었다. 열에 민감한 적외선은 안료 밑의 숯을 감지했다. 다시 의혹은 사라졌다. 기체 크로마토그래피로 렘브란트의 안료를 분석한 결과, 뚜렷한 스펙트럼을 방출하며 그 화학적 성분을 드러냈다. 렘브란트는 분명 그 특별한 접착제를 사용한 것인가? 그것은 아마인유였고, 때로는 달걀노른자를 섞어 더 걸쭉하게 만들기도 했다. 그의 그림에 금은 없었다. 바니시 시료에 어둡게 하는 특별한 물질은 없었다. 아마도 비법은 화가의 시선에 있었을 것이다.

렘브란트가 그린 많은 자화상에서 화가의 시선은 우리를 응시한다. 젊은 시절의 웃는 모습, 나중에 아내 사스키아를 무릎에 앉히고 행복해 하는 모습, 마지막으로 나이가 들고 후회하는 듯한 모습에서 화가의 눈 빛이 드러내는 것은 화가 자신이다. 렘브란트 자화상의 눈빛보다 많은 걸 드러내는 것은 그가 다른 이들의 초상화에 담은 눈빛이다. 클로즈업 은 모든 화가가 정확하게 묘사하는 반짝거리는 동공뿐 아니라 눈꺼풀 아래의 미묘한 베이지색 안구와 거기 서린 습기까지 드러낸다. 그토록 예리하게 바라보고, 그토록 본능적으로 빛을 안다는 것이 바로 그의 비 결일 것이다.

렘브란트의 비결에 대한 조사는 그가 평생에 걸쳐 드리운 장막에서 부터 시작된다. 그는 화가로서의 선언 같은 글을 남기지 않았다. 그의 종교는 여전히 논쟁의 주제이다. 그는 출생지에서 100킬로미터 넘게 벗 어난 적이 없었고, 편지 몇 통만을 남겼다. 그의 기법은 다양하게 분석 되었지만 똑같이 따라할 수는 없었다. 그러나 재능은 어려서부터 눈에 띄어, 제분소를 하던 그의 아버지는 아들이 레이덴대학를 떠나 암스테 르담의 미술학교에 가도록 했다. 렘브란트를 가르친 교사 가운데 한 명 은 로마에서 돌아온 지 얼마 안 된 사람으로 키아로스쿠로 기법을 가르 쳐 주었다. 렘브란트 가장 초기의 그림들은 '카라바조파'답게 어두운 배 경과 조명을 받는 듯한 인물이 등장한다. 이후의 빛은 그 스스로 이해 한 것이다. 레이덴에 돌아가 작업실을 연 스무 살의 화가는 초상화와 성 경 속 장면들을 그렸는데 여기에는 특별한 빛이 담겨 있지 않다. 1629년, 렘브란트가 어둑어둑한 작업실에서 자화상을 그렸을 때 비로소 그는

렘브란트의 스튜디오. 이곳을 방문하면, 네덜란드 거장이 자연의 빛을 어떻게 다루었는지 알게 된다. 때로는 구석에 있는 캔버스로 창을 가렸다. 지은이 촬영, '렘브란트의 집'에서 사용 허락.

빛에 매혹되기 시작했다.

이후 10년에 걸쳐 매혹은 강박으로 변해 갔다. 〈은전 서른 냥을 돌려주며 참회하는 유다〉(1629)는 흉갑(胸甲)의 금빛 번쩍임을 처음 선보인 작품으로 이는 곧 트레이드마크가 된다. 〈감옥에 갇힌 베드로〉(1631)는 신성에 대한 암시를 조롱하는 세속의 빛으로 늙은 성인을 장식한다. 그리고 수많은 초상화에 등장하는 온화한 얼굴들은 한쪽에서 빛을 받는데, 이는 오늘날 이른바 '렘브란트 조명' 양식으로서 렘브란트에게 불멸의, 그리고 나날이 더해 가는 명성을 가져다주었다. 이에 주목한 많은 이들 가운데 한 사람인 콘스탄틴 하위헌스는 부유한 외교관이었는데, 그의 아들 크리스티안은 나중에 빛의 파동론을 개척하게 된다. 갈릴레오와 데카르트의 친구이기도 한 아버지 하위헌스는 렘브란트에게 그림

주문을 하고 몇 작품을 구매했다. 그즈음 렘브란트는 암스테르담에 살고 있었는데, 그 집은 오늘날에도 그의 이름을 내걸고 있다. 그의 비법을 알아보기 위해 나는 그 집을 방문했다.

한 해에 20만 명쯤 되는 방문객이 렘브란트의 집을 찾아온다. 운하를 굽어보는 우아한 집은 실제 렘브란트 작품은 한 점밖에 소장하고 있지 않지만, 집 안의 방들은 살아 있는 캔버스 같다. 부드러운 빛이 부엌과 응접실, 그리고 특히 2층의 작업실 안에 퍼져 있다. 이곳에서 한 무리의 관람객을 앞에 두고 화가인 에릭 아미티지는 렘브란트 작품 한 점의 창조 과정을 설명한다. 아미티지는 먼저 물감을 섞는데, 이는 1840년대에 튜브형 물감이 발명되기 전에 화가들이 날마다 반복하던 화학 수업이다. 분말 안료 한 술. 아마인유 약간. 섞기. 걸쭉해진 것을 돌 위에 올려놓고 다른 돌로 짓뭉개기. 긁어모아 짓뭉개고, 긁어모아 짓뭉개기. 마지막으로 아미티지는 물감을 주걱 칼로 떠서 돼지 방광에 쓸어 넣는다.

다음 순서는 캔버스 또는 나무판을 준비하는 일이다. 렘브란트는 캔버스를 화학물질로 바탕칠했다. 바탕칠이 마르면 조명을 조절하곤 했다. 그의 작업실 창문은 북향이어서 해가 집의 뒤쪽으로 지나가므로 낮 동안 주변의 빛은 거의 변하지 않았다고 아미티지는 설명한다. 알맞은 분위기를 만들기 위해 렘브란트는 그저 덧창문을 닫았을 수도 있지만, 아미티지는 또 다른 방법을 알려 준다. 바로 구석의 창 위쪽으로 캔버스 한 폭이 천장에 핀으로 고정되어 있다. 구석의 창 옆에서 모델들은 빛을 받으며 자세를 잡았고 렘브란트는 완벽한 구도가 나올 때까지 세밀하게 자세를 고쳐 주었다. 조명이 맞춰지면 육안이 일을 시작했다. 엑스선 분석에 따르면, 렘브란트는 후경부터 시작하여, 갈색과 황토색 안료를 6밀리미터 두께까지 펴 발랐다. 돼지 방광에서 물감을 짜내며 그림자와 밝은 빛을 표현하면서 그는 빛을 찾아내려 애썼다. 멀리서 보이는 빛, 멀리서 보았을 때 세계 자체인 듯 빛을 내는 빛이었다. "부디 이 그림을 밝은 빛이 들어오는 곳에 걸어 두십시오. 그리고 멀찍이 떨어져서 보면 그림이 참으로 빛날 것입니다"[48] 하고 그는 콘스탄틴 하위헌스에게 편지를 썼다.

역사학자 사이먼 샤마는 렘브란트가 레오나르도와 알베르티를 거역했다고 말했다. 이 르네상스 거장들은 부드러운 색감일수록 물체를 더 멀리 보이게 만든다고 했지만, "렘브란트는 과감한 붓질로 가장 밝은 영역을 뒤쪽에 둠으로써, 〈데릴라에게 배반당하는 삼손〉에서 데릴라는 그림의 환한 뒤쪽에서부터 다가오는 대학살을 피하려는 듯 보인다."[49] 어느 평론가는 렘브란트가 "스스로의 태양신"[50]이고, 그 신이 가장 강한 힘을 휘두른 것은 그의 집에서 여섯 개의 운하를 지나는, 약 1.5킬로미터쯤 떨어진 곳에 소장된 그림이라고 썼다.

바로 그곳, 유명한 암스테르담 국립미술관에서 나를 렘브란트의 가장 유명한 작품으로 이끈 것은 빛이 아니라 소리였다. 주고받는 말소리와 웅웅거리는 소리가 주변의 전시실까지 들려오고 메아리가 복도까지 울려 퍼지는 그곳에 〈야간순찰〉(Night Watch)이 걸려 있었다. 소음을 듣고 주랑현관(柱廊玄關) 안쪽으로 보이는 그림을 목격한 관람객들은 다른 렘브란트 작품들과 페르메이르 작품 몇 점을 빨리 지나치며 사람들 속으로 들어간다. 10열로 서 있는 관람객들은 중얼중얼 이야기를 나누거나 멍하니 그림을 본다. 학생들은 발로 바닥을 훑고 있고 선생님들은 네덜란드어, 독일어, 프랑스어로 '이' 그림이 왜 그토록 사람들의 관심을 받는지 설명한다. 곳곳에서 손가락이 그림을 가리킨다. 여기저기서 고개를 젓는다.

〈야간순찰〉은 단지 유명하다는 사실로 유명한 것일까? 어둠과 스포트라이트에 담긴 네덜란드 민병대를 그린 거대한 그림은 〈모나리자〉 같은 명성을 지니고 있다. 그러나 순서를 기다리면서 호기심을 갖고 한 발짝씩 다가가는 이들을 불러들이는 건 단순히 유명세만은 아니다. 금빛 옷과 장신구가 빛나는 인물, 옆에 있는 금빛의 소녀, 저마다 다른 음영 속에 드러나는 많은 얼굴들이 모두 어우러져 각 인물들의 자세만큼이나 자연스러운 하나의 빛을 만들고 있다. 더 들여다보면 놀라운 사실이 드러난다. 소녀의 얼굴은 렘브란트가 사랑했던 사스키아의 얼굴이다. 개한 마리는 어스름 속에 숨어 있다. 그리고 저 뒤에서부터, 마치 이 관람객들 가운데 뒤쪽의 누군가처럼 대원들 어깨 너머로 바라보고 있는 이는 렘브란트 자신으로 납작한 모자를 쓰고 있다. 그는 가장 어두운 곳에 있다. 북적거리는 전시실에서 렘브란트의 숭배자들은 서로 밀치면서 앞으로 다가가고 카메라를 높이 든다. 이 촬영꾼들은 고해상도의 이미지를 쉽게 다운로드하겠지만, 그것은 렘브란트 작품이 아니라 저마다 다른 렘브란트의 부분일 것이다. 〈야간순찰〉 앞에서 관람객은 거장의 세계를 목격할 수 있다. 그러나 그들은 렘브란트가 다시 아버지가 되고, 다정한 남편이었고, 재능을 맘껏 펼쳤던 영예로운 한 해 동안, 안료를 혼합하고, 슬픔 어린 눈동자에 집중하여, 빛의 완벽한 초상화를 그렸다는 사실 외에는 렘브란트에 관해 거의 아는 게 없다.

〈야간순찰〉을 완성한 때는 렘브란트의 이력에서 절정기이자 벼랑 끝이었다. 1642년 즈음 그와 사스키아는 이미 아기 셋을 잃은 뒤였고, 어머니와 누이의 죽음까지 겪은 터였다. 그리고 〈야간순찰〉을 완성하고 3주가 안 되어서 사스키아가 결핵으로 숨을 거두었다. 카라바조와는 달리, 렘브란트는 죽음을 겪으면서 그림이 어두워지지 않았다. 대신 그는

〈야간순찰〉(렘브란트, 1642). Wikimedia Commons

무엇보다도 드로잉과 에칭에 눈을 돌렸고, 처음에는 잿빛이었으나 갈수록 진화하여 햇살 속에 일렁이는 나무, 촛불의 동그란 빛, 창으로 쏟아져 들어오는 피라미드 모양의 빛을 표현하기에 이르렀다. 지난날 그의 자화상은 자신감과 자부심에 넘친 모습이었지만, 1650년대에 들어서면 음울한 사내가 보인다. 사스키아의 유언장과 관련하여 파산하게 된 렘브란트는 더 많은 그림을 그려야 했다. 이제는 성인과 사도, 생존한 외아들, 암스테르담의 엘리트 계층이 주제가 되어 그의 삶에서 잉걸불처럼 빛났다.

렘브란트의 말기 작품들은 비극과는 거리가 멀어서 밝은 살결과 빛나는 옷이 특징을 이룬다. 경의를 표하며 나는 〈야간순찰〉을 떠나 옆에 붙은 작은 전시실로 갔다. 그곳에도 똑같이 경이로운 작품이 걸려 있었지만 사람들의 관심을 거의 받지 못했다. 〈유대인 신부〉에서는 얌전한 여인이 남편 옆에 서 있고, 남편은 한 손을 그녀의 가슴에 대고 있다. 남편의 옷소매는 노란색과 금색으로 굵은 주름이 진 채 천지창조의 빛처럼 광채를 낸다. 훗날 이 빛을 보고 반 고흐는 걸음을 멈추었다. 〈유대인 신부〉를 한 시간 동안 바라본 빈센트는 친구에게 이렇게 말했다. "2주 동안 마른 빵 한 조각만 먹으면서 이 그림 앞에 앉아 있을 수만 있다면 내 목숨에서 10년을 덜어내도 좋겠네."[51]

렘브란트의 마지막 그림 네 점 가운데 셋은 자화상이었다. 이들 자화상의 눈빛은 생존자의 그것이다. 빛은 렘브란트의 성배였고, 그가 40년이 넘는 세월 동안 추구한 것이었다. 마지막 자화상의 눈빛은 지쳐 있지만 자부심이 서려 있어, 그토록 불가능한 희망을 좇은 인간이 치러야 할 대가를 드러낸다. 또한 이 세상의 빛이 얼마나 아름답든, 레오나르도의 작품이, 카라바조의 작품이, 렘브란트의 작품이 얼마나 과감히 그 빛을 표현했든, 빛은 여전히 찰나의 것이고 덧없는 것임을 암시한다. 그리고 삶 자체가 환영이라는 것을.

7장

빛의 본질을 파고들다
과학혁명과 '천체의 빛' 시대

찬양하라, 빛의 자녀들아.
– 존 밀턴, 《실낙원》

1629년 호박색 빛이 감도는 어느 봄날 오후, 로마의 고대 유적지 위로 높이 떠오른 다섯 개의 태양이 하늘을 장악했다. 태양은 자기 자리에서 이글거렸고, 양쪽으로 쌍둥이 같은 빛이 무지갯빛을 내며 일렁였다. 작은 왕관에 박힌 보석 같은 모양의 이 세 개의 태양 위로 두 개의 더 연한 태양이 빛났다. 빌라 보르게세 언덕에서 보면 태양빛은 성 베드로 성당의 새로운 돔에 왕관을 씌운 듯했다. 바티칸에서 다섯 개의 태양을 본 성직자들은 무릎을 꿇었고, 어떤 이들은 5년 동안 나쁜 일이 일어날 징조라며 두려움에 떨었다. 상인들이 거리로 나와 하늘을 바라보았다. 아이들은 손가락으로 하늘을 가리키며 궁금히 여겼다. 태양들은 한 시간 동안 빛나더니 빛이 사라지며 하나의 태양만이 남았다. 아홉 달 뒤 얼음장처럼 추운 1월의 어느 날, 빛의 왕관이 또다시 이 영원한 도시 위에 나타났다. 이번에는 태양이 일곱 개였다.

로마에서 태양들이 장관을 연출한 이때는 천문학의 시대였다. '천체의 빛' 시대가 열린 건 1572년 11월 밤, 새로운 별이 W 모양의 카시오페이아 별자리 근처에 나타났을 때였다. 이 시대는 100년 뒤, 유럽 도시들이 깜깜한 거리에 등을 달기 시작하면서 끝났다. 그 기간이 "경이의 시대"[1]로, 혜성, 초신성, 그 밖의 "무수한 별의 전령들"로 가득한 세기였다. 종교전쟁의 세기였으나, 유럽을 재편성한 평화의 세기이기도 했다. 연금술이 화학과 겨루던 세기였고, 천문학자들이 천체의 빗장을 풀었지만 천궁도로 별점을 치던 세기였고, 혈액이 순환한다는 사실이 처음 알려졌지만 환자들은 피를 흘리다가 졸도하던 세기였다. 발견의 세기였으나 종교재판과 마녀사냥, 그리고 교황 칙령 아래에 있던 무지의 세기이기도 했다. 또한 근대과학을 낳은 세기였고, 빛은 그 산파였다.

매일 저녁 빛이 사라지면 공포가 퍼져 나갔다. 땅거미가 지면 "문을 걸어 잠그기"[2] 시작했다. 성벽 안의 도시는 성문을 닫고 덧문을 잠갔으며, 모든 이는 서둘러 집으로 돌아갔다. 어두워진 포장길에는 도둑, 광인, 살인자가 배회했다. "밤이 내려서 세상을 무시무시한 암흑으로 뒤덮는다"[3]고 어느 수도사는 슬퍼했다. 이탈리아 속담은 "밤에 외출하는 건 두드려 맞으려는 짓이다"[4]라고 경고했다. 날마다 떠오르는 해는 밤에 치르는 혹독한 대가를 알려 주었다. 몽둥이에 쓰러진 시신이 길거리에서 발견되고, 강에는 물에 퉁퉁 부은 시신이 떠 있었다. 밤의 생존자들은 빛, 그 영원한 축복에 감사를 보냈다. 그러나 천체에 관한 탐구와 함께, 빛은 곧 축복을 초월하여 시대의 경이가 되었다.

1572년의 '새 별'은 그다지 새로운 것은 아니었다. 우리가 오늘날 초신성이라 일컫는, 폭발하는 별들은 이미 기원전 185년에 중국에서 기록되었고 이후 수백 년에 한 번씩 유럽 사람들에게 관찰되었다. 하지만

이 별만큼은 1년 넘도록 반짝거렸고 한낮에도 볼 수 있을 정도였다. 그리고 5년 뒤에는 매우 특이한 혜성이 나타났다. 달보다 밝고, 꼬리가 하늘이 3분의 1만큼 길게 늘어섰던 1577년의 대혜성이 나타나자 수천 명이 언덕에 모여 덜덜 떨며 기도를 드렸다. 하늘은 다음에 어떤 경고를 내릴 것인가? 20년 동안 더 많은 혜성이 명멸했고, 일반적인 일식과 월식, 그리고 밤하늘의 폭죽 같은 유성우가 간간이 나타났다. 1604년에는 또 다른 새 별이 나타났다. 3년 뒤에 또 다른 혜성이 나타났는데 오늘날 핼리혜성이라 불리는 것이었고, 1618년에 세 개가 더 나타났다. 드디어 1629년 봄날에 다섯 개의 태양이 로마 상공에서 빛났다. 이들 천체의 빛은 현인들의 확신을 뒤흔들었다. 천체의 운행은 여전히 믿을 만한 것인가? 우주에 새로운 설명이 필요한 것인가? 빛 또한?

새 별과 대혜성이 목격된 이후 수십 년 동안 르네상스인들은 빛을 설명하기 위해 고군분투했으나 미신과 민담이 그들을 방해했다. 또는 미신과 민담이 뒤섞인, 흔히 "자연의 마력"[5]이라 불리는 것이 훼방을 놓았다. 무엇보다 두 개의 전설이 압도적이었다. 첫 번째는 지난날 이집트 북부 해안에서 빛줄기를 내쏘았던 파로스 등대에 관한 전설이었다. 지진이 알렉산드리아의 높디높은 등대를 무너뜨린 뒤였지만, 그 유적은 여전히 항구에서 보였다. 고대의 이 불가사의는 전해지는 이야기 속에서 더욱 불가사의한 것이 되어 있었다. 르네상스 시대의 여러 여행기는 파로스 등대의 불빛이 160킬로미터까지, 심지어 900킬로미터까지 비춘다고 전했다. 그 빛을 퍼뜨리는 거울도 그에 못지않은 능력이 있다고 했다. 어느 아라비아 지리학자에 따르면, "그 거울을 보는 사람은 콘스탄티노플에서 일어나고 있는 일을 훤히 볼 수 있는데, 콘스탄티노플과 알렉산드리아 사이에 지중해가 있고 거리가 1,200킬로미터 떨어져 있다는 사실은 문제가 되지 않는다."[6] 그 파로스 등대 거울의 능력이 더 강해졌다는 소문이 돌았다. 1550년의 어느 여행기는 "거울의 덮개가 벗겨져 있을 때는 등대 근처를 지나던 모든 배에 불가사의하게도 순식간에 불이 붙었다"[7]고 주장했다.

이 주장에 공명하는 것은 빛의 마법에 관해 끈질기게 전해지는 다른 전설, 바로 아르키메데스의 전설이다. 그리스와 로마 설화에 끊임없이 등장하는 그의 태양광선 이야기는 거듭 되풀이되며 "불을 일으키는 거울"에 관한 관심을 새로 일으켰다. 아르키메데스 이후 1700년 동안 많은 이들이 그 거울에 관해 추론해 왔다. 젊은 미술학도였던 레오나르도는 "불의 거울"[8]이 청동 조각을 용접하는 데 이용되는 것을 보았다. 그의 공책에 실려 있는 불을 일으키는 거울들은 흔한 거울과는 비교도 안 되는, 직경이 6미터가 넘는 포물면 거울이다. 학자들은 레오나르도가 그런 거울을 만든 적이 있다는 사실을 의심하지만, 르네상스 후기에 그걸 만든 사람은 있었다.

나폴리의 소귀족 잠바티스타 델라 포르타는 희곡을 쓰고 여러 발명품을 고안했으며 '자연의 비밀 아카데미아'(Academia Secretorum Naturae)를 설립했다. 명민하고 장난꾸러기 같으며 낭만적인 델라 포르타는 남의 비법을 수집하여 자신만의 것을 만들어 내는 재주가 있었다. 둥글고 큰 눈은 세상의 경이들을 훑고 다녔고, 벗겨진 정수리는 아마도 렌즈처럼 태양광선을 모으고 있었는지도 모른다. 델라 포르타가 가장 유명해진 건 스무 권짜리 저서 《자연의 마력》(Magiae Naturalis) 덕분이다. 인쇄와 품절을 거듭한 시리즈이다. "자연과학의 다채로움과 즐거움"이라는 서정적인 소개 글이 붙은 《자연의 마력》은 "금속 변화시키기," "금 위조하기," "강철 담금질," "여성이 아름다워지는 법"[9] 등의 장으로 구성되어 있다. 또한 점성술, 연금술, 향수 만들기, 화약과 최음제 제조법에 관한 도움말도 실려 있다. 토끼 지방으로 양초 만드는 법을 서술한 부분에서는, 그 촛불을 켜면 "여인이 스스로 옷을 훌훌 벗고 남자에게 알몸을 드러낸다"[10]는 설명을 곁들였다. 빛이 실험실로 되돌아가기 직전에 자극한 것은 그런 판타지였다.

1580년부터 델라 포르타와 동료 선구자들은 베네치아의 놀라운 조선소 아스날에 모여 거대한 포물면 거울을 제조하기 시작했다. 그 거울은 아르키메데스를 능가하여 "열 걸음, 스무 걸음, 백 걸음, 천 걸음 밖이나 일정한 거리가 아니라 무한히 멀리 떨어진 곳에"[11] 불을 일으킬 거라고 델라 포르타는 예측했다. 그러나 결과는 실망스러웠다. 거울이 배에 불을 일으키지 못하자, 델라 포르타는 거울이 "멀리 보기 위한 도구"[12]에 머물렀다며 탄식했다. 그러나 나폴리 출신의 그 소귀족은 포기하지 않고 빛에 관해 꿈을 꾸었다. 달에 전언을 비추어 "아주 멀리 떨어진 곳에 사는 친구"[13]가 읽을 수 있게 하는 거울을 상상했다. 그리고 1589년의《자연의 마력》최신판에는 광학을 다룬 책이 보태졌다.

그의 포물면 거울로는 멀리 볼 수 없었을 것이지만, 델라 포르타의 광학은 멀리 내다보았다. 갈릴레오가 망원경으로 달을 바라보았을 때보다 20년 앞서서, 델라 포르타는 그런 도구를 만드는 방법을 설명한 것이다. 핵심은 두 개의 렌즈, 다시 말해 오목렌즈와 볼록렌즈를 함께 사용하는 데 있었다. "오목렌즈로는 멀리 떨어져 있는 작은 물체를 매우 선명하게 볼 수 있다. 볼록렌즈로는 가까운 곳의 물체를 더 크지만 덜 선명하게 볼 수 있다. 두 렌즈를 조화시키는 법을 알면 멀리 떨어진 물체와 가까운 곳의 물체를 더 크고도 선명하게 볼 수 있을 것이다."[14] 델라 포르타는 망원경을 제작한 적은 없지만, 그가 쓴 희곡 한 편에는 적군을 염

탐하기 위해 망원경을 구입한 인물이 등장한다. 지붕 위로 올라간 남자는 유리알을 눈에 대는데 그가 목격한 것은 자신의 딸이 남자친구 침실에 있는 모습이었다.

델라 포르타의 고귀한 저술은 로버트 그로스테스트와 로저 베이컨의 꿈, "굴절된 상의 경이로움"을 알려 주는 렌즈에 관한 꿈을 담았다. 델라 포르타의 예측 이후 20년 안에, 오목렌즈와 볼록렌즈는 그 누구도 가늠할 수 없는 먼 거리에서 온 빛을 포착하게 된다. 망원경 덕분에 빛은 셰익스피어의 외침 "오, 멋진 신세계여!"와 공명하는 시대의 촉매제가 된다. 그러나 먼저, 떨고 있는 구세계를 놀라게 하기 위해 하늘은 또 다른 장관을 펼쳐 보였다.

1604년 어느 10월의 밤, 프라하의 동화 같은 성 위의 작은 탑과 북부 이탈리아의 종탑들 위 높은 하늘에서 폭발하는 별이 또다시 빛을 냈다. 한 세대 전의 초신성처럼, 이 별도 바로 그 W 모양의 카시오페이아 주변이었고 밤낮으로 보였다. 갈릴레오는 자신이 강의하는 대학이 있는 파도바에서 이 별을 목격했다. 그는 별의 시차(視差)를 계산했다. 지구 공전궤도의 특정 지점들에서 관찰된 위치 변화를 계산한 것이다. 아무것도 알아내지 못한 그는, 이 별이 달보다 훨씬 멀리 있다고 판단했다. 그러나 또 다른 천문학자 요하네스 케플러는 1604년의 이 신성(新星)에 영원히 자신의 이름을 붙이게 된다.

케플러는 오래도록 기억될 괴짜였다. 어색해하고 수줍어하는 성격에, 동공이 작은 눈과 반다이크 수염을 기른 그는 과학자이자 철학자이며 성직자였다. 신학을 공부한 루터교회 목사였지만 성직에 임명된 적은 없었다. 수학 천재로서 행성 궤도가 타원형임을 입증한 케플러는 점성술 달력을 그려 날씨와 전쟁을 예측함으로써 수입 또한 풍족했다. 그는 점성술을 "천문학의 의붓딸"[15] 정도로 여겼으나 행성들이 사람들에게 복잡 미묘한 영향을 끼친다고 확신했다. 적어도 그의 집안에 안 좋은 영향을 미친 것만은 분명했다. 케플러 집안은 몰락한 귀족 가문으로, 조증이 두드러지고 구걸, 고주망태, 주술의 유산을 남긴 어지러운 집안이었다.

케플러의 심술궂은 어머니는 마녀로 몰려 재판을 받다가 한밤의 화형을 가까스로 면했지만 그녀의 친척 아주머니는 마녀로 처형당했다. 어렸을 때 케플러는 종기와 염증을 달고 살았고 "발에는 만성적으로 고름이 찬 상처"[16]가 있었다. 하지만 혼란스러운 유년기 속에서도 다섯 살 때 언덕에 올라, 그 꼬리가 하늘의 3분의 1을 차지했던 혜성을 바라본 기억을 생생히 간직했다.

1604년의 신성을 보기 몇 달 전, 케플러는 광학에 관하여 처음으로 쓴 논문을 발표했다. 논문을 채우고 있는 것은 잠바티스타 델라 포르타를 홀렸던 바로 그 '마력'이었다. 케플러는 혜성이 왜 질병을 퍼뜨리는지, 행성들이 기후에 어떻게 영향을 미치는지, 황새가 왜 고개를 치켜드는지를 설명했다. 하지만 신학자가 거의 될 뻔한 사람답게, 케플러는 빛이 "영혼과 비슷한 것"[17]이고 지상에서 하느님의 현신라고 찬미했다. "가장 지혜로운 창조주는 만물을 되도록 잘 꾸미고 좋고 훌륭하게 만들고자 하기 때문이다. 창조주는 빛보다 더 좋거나 더 잘 꾸밀 수 있는 것을 찾지 못했고, 그 자신보다 더 훌륭한 것을 발견하지 못했다. 그래서 물질세계를 고민하다가 창조주가 마침내 결정한 형태는 가능한 한 자신과 가장 닮은 모습이었다."[18] 그러나 그런 믿음을 갖고 있으면서도 케플러는 빛에 신성함을 부여하지 않았다. 빛은 "전체 물질세계에서 가장 훌륭한 것"[19]이라고 썼지만, 가장 주목해서 읽어야 할 부분에서 그는 빛이 "세계를 이루고 있는 바로 그 법칙에 종속된다"고 천명했다.

케플러는 에우클레이데스와 프톨레마이오스, 알킨디, 알하이삼이 길러낸 열매를 거두었다. 그의 광학 논문은 일식과 월식, 시차, 반사각과 굴절각, 빛의 속도를 계산했다. 빛의 속도가 순식간에 무한에 이르는 것이라는 판단은 틀렸지만, 다른 모든 것에 관해서 케플러는 대부분 옳았다. 그는 그리스의 거울 연구를 더욱 발전시키고, 카메라 옵스큐라를 탐구했으며, 빛의 기본 법칙을 발견했다. 아주 가까이에서는 그토록 눈부신 빛이, 작은 방 안에서도 조금 떨어져 있으면 그토록 희미해지는 이유는 무엇인가? 그런 특질은 하느님과 "가능한 한 가장 닮은 …… 형태"에 걸맞지 않다. 여기서 케플러는 중세와 현대 사이에 다리를 놓았다. 신학은 미뤄 두고 그는 눈에서 나오는 45도 각도의 광선, 다시 말해 시각의 원뿔을 그렸다. 그리고 수직면이 원뿔을 얇게 잘라 원을 만든다고 상상했다. 그다음 원의 면적을 구하는 공식인 'A=πr²'을 적용했다. 이 공식은 원의 반지름 r이 길어질수록 면적 A는 기하급수적으로 커짐을 나타낸다. 일반적인 원들이 이 공식에 부합한다면, 빛의 원도 동일한 비율로 확산되고 옅게 퍼질 것이라고 케플러는 추론했다. 양초에서 2피트(1피트는 약 30.48센티미터─옮긴이) 거리에서 빛은 반지름 2피트의 원을 형성한다. 따라서 그 면적은 4π 또는 약 12제곱피트이다. 그러나 양초를 6피트 거리로 이동시키면, 동일한 빛의 양이 형성하는 원의 반지름은 6피트이고 면적은 36π 또는 약 113제곱피트이다. 양초를 10피트 거리로 이동시키면, 빛은 면적 100π의 희미한 원이 된다. 밝기가 100분의 1(1/10²)이 되는 것이다. 여기서 케플러는 물리학의 중요한 법칙을 도출했다. 바로 '힘의 크기 = 1/거리²'이다. 케플러가 발견한 이 역제곱 법칙은 나중에 뉴턴이 중력에 적용하고, 다른 과학자들이 모든 전자기에너지에 적용하게 되는 탄탄한 진리였다. 이 법칙은 양초 열두 개가 왜 방 하나를 완벽하게 밝힐 수 없는지, 지나가는 자동차 전조등이 왜 눈앞에 닥치기 전까지는 작은 점처럼 보이는지, 맨해튼의 모든 불빛이 왜 뉴저지에서는 그저 희미한 빛으로만 보이는지 설명해 준다.

현대로 이어지는 다리를 놓은 케플러의 논문을 어지러이 채우고 있는 것은 고대의 사고방식이었다. 그의 논문은 아리스토텔레스와 점성학을 언급하고, 공기가 "달에서 퍼져 나온다"[20]고 설명했다. 그러나 이 기이하고 볼품없으며 종기에 시달리던 사람은, 알하이삼 이후 빛에 관해 가장 정확하게 계산한 연구자였다. 빛을 감싸고 있던 신비주의를 광학이 흐트러뜨리기까지는 한 세대가 더 지나야 한다. 핼리혜성이 나타났다 지나가고, 더 나중에 한 해에 혜성 세 개가 나타났다 지나갔다. 하지만 이 세 혜성은 이전의 모든 천체 쇼와 달리, 빛 최초의 경이로운 테크놀로지인 망원경으로 관측된다.

망원경을 누가 발명했는지는 누구도 확실히 말할 수 없지만, 망원경이 마침내 세상에 모습을 드러냄으로써 오랜 세월의 갈망은 충족되었다. 모든 게 훤히 보이는 기구에 관한 이야기는 율리우스 카이사르 시절까지 거슬러 올라가는데, 기원전 55년에 신기한 거울로 영국해협 너머 영국 해안까지 볼 수 있었다고 전해진다. 1천 년도 더 지난 뒤, 콜럼버스 이전 수백 년 동안 신앙의 문제였던, 사제왕 요한의 전설적인 왕국(동방의 무슬림과 온갖 이교도의 나라 너머에 있다는 거대하고 풍요로운 기독교 왕국으로, 12세기 초반에서 17세기 초반까지 유럽에서 유행한 이야기—옮긴이)은 모든 게 훤히 보이는 기구를 이용하여 경비를 선다고 여겨졌다. 초서의 〈소(小)지주의 이야기〉(《캔터베리 이야기》의 한 부분—옮긴이)와 에드먼드 스펜서의 《선녀여왕》(Faerie Queen)은 멀리까지 볼 수 있는 기구에 관한 공상을 펼쳐 보였고, 17세기의 어떤 글에 따르면, 예수회 사람들이 갖고 있는 "점성술 거울을 비추면 …… 아무것도 감출 수 없고, 다른 군주들의 추밀원에서 제기되는 모든 문제를 보거나 파악할 수 있다."[21] 잠바티스타 델라 포르타의 《자연의 마력》은 꿈 같은 망원경을 코앞의 현실로 느껴지게 했지만, 멀리에서 오는 빛을 모으기 위해서는 최상의 품질을 지닌 렌즈가 필요했다.

베네치아의 유리 제조업자들이 맨 처음 안경을 제작한 뒤 300년 동안 렌즈는 거의 발전하지 않았다. 독일 장인들은 베네치아의 젖빛 유리구를 대체하여 납작하게 절단한 유리를 금속 테에 고정시켰다. 구텐베르크의 인쇄기 덕분에 독서가 더욱 확산되고 안경 수요가 늘어났지만, 렌즈는 빛이 퍼져 빛무리가 지거나 반점, 더 나아가 무지개 현상이 나타나는 일이 잦았다. 렌즈 두 개는 고사하고 한 개만 통과해도 빛은 산탄처럼 흩어져서 왜곡 없이 초점이 맞춰지지 않았다. 그 뒤 1608년 가을, 네덜란드의 서로 다른 세 도시에서 일하던 장인 세 사람이 최초의 망원경에 대한 특허출원을 신청했다. 한스 리페르스헤이가 가장 큰 보상을 받았다. 망원경에 빛무리가 생기지 않도록 하기 위해 리페르스헤이가 내놓은 해법은 간단했다. 주렌즈 앞에 핀홀 조리개를 두어 산란광을 차단하고 필요한 빛만 들어가게 한 것이다.

1608년, 리페르스헤이는 헤이그 평화회의가 열리는 기간 동안 자신의 발명품을 소개했다. 네덜란드와 에스파냐 장군들을 탑으로 데리고 가서 망원경을 눈에 대보게 했다. 남동쪽으로 11킬로미터 거리의 델프트 시계탑과 북동쪽으로 22킬로미터가 넘는 거리에 있는 레이던 성당의 첨탑을 본 이들은 입이 떡 벌어졌다. 에스파냐 장군은 다시는 전장에서 안도감을 느끼지 못할 것 같다고 말했고, 리페르스헤이는 여러 개 망원경 주문을 받고서 탑에서 내려왔다. 망원경 제작 전에, 렌즈를 연마해 수는 네덜란드 사람이 견본품을 먼저 만들어 주었다. 흥분과 함께 이 소식이 유럽 곳곳에 퍼졌다. 1609년 4월 즈음, 파리의 한 상점은 망원경을 판매했고, 망원경은 곧 다른 몇몇 도시에서도 판매되었다. 그해 여름, 이 3배율의 망원경 소식이 갈릴레오의 귀에 들어갔다.

독실한 가톨릭 신자로서 갈릴레오는 빛을 하느님과 대등하게 여겼다. 때로는 "수분에 의해 뭉쳐진 빛"[22]이라며 포도주와 동일시하기도 했지만 말이다. 물리학자인 그는 빛을 "자연의 보편적 출발점"[23]이라 생각했다. 그러나 이렇게 정의한 건 더 나중의 일이다. 처음에는 빛을 아무도 감히 꿈꿀 수조차 없는 것으로 보았을 것이다. 한 친구가 최초의 망원경 얘기를 알려 주자 갈릴레오는 "그 멋진 물건을 손에 쥐고 싶은 욕망이 차올랐다."[24] 이탈리아에서는 구할 수 없어서 직접 만들어야 했다. 그는 충분히 준비가 되어 있는 사람이었다. 파도바대학에서 광학을 가르치면서 에우클레이데스와 알하이삼, 델라 포르타, 케플러를 연구해 왔기 때문이다. 1609년 여름, 갈릴레오는 평범한 안경에서 안경알을 빼내 연마하여 볼록렌즈를 만들었다. 그리고 납 경통의 양 끝에 렌즈를 끼웠다. 그는 하루 안에 쓸 만한 견본품을, 그리고 한 주 안에 8배율의 망원경을 제작했다. 그해 8월에 망원경을 가지고 베네치아로 갔다. 고루하고 나이 많은 원로원 의원들을 이끌고 산마르코 광장의 비둘기 떼를 지나쳐 종탑 계단을 오른 갈릴레오는 의원들에게 망원경으로 운하 너머를 보라고 했다. 서쪽으로 40여 킬로미터 떨어진 파도바에 있는 산주스티노 대성당의 하얀 돔들이 눈에 들어왔다. 그리고 멀리 북쪽으로 성벽과 성곽이 보였다. 또 방향을 돌리면 또 다른 먼 곳이 보였다. 갈릴레오의 월급은 곱절이 되고 종신재직권이 수여되었다. 그는 집으로 돌아가서 더 높은 배율의 망원경을 만들었고, 8월 중순 즈음에는 20배율의 망원경을 제작했다. 그리고 11월 말 어느 달밤이었다.

나는 지상의 것들을 떨치고 천계의 탐구에 눈을 돌렸다. 처음 본 달은 무척 가까이 있는 듯 지구 두 개 지름만큼의 거리에 있는 듯 보였다. 그 뒤 한 자리에 붙박여 있거나 떠돌아다니는 별들을 자주 관찰하며 크나큰 기쁨을 느꼈다. …… (그리고) 오리온자리 삼성(三星)의 세 별과 오리온의 검 여섯 별을 보았다. 이들은 오래전부터 관찰된 별이지만, 나는 최근에 80개의 다른 별을 오리온자리에 더 보탰다.[25]

1610년 여름, 갈릴레오가 《별의 전령》(Sidereus Nuncius)을 펴내 자신의 발견을 알리자, 별빛은 일상적인 이야깃거리가 되었다. 사람들은 경외감을 불러일으키기 위해 더 이상 혜성이나 초신성을 필요로 하지 않았다. 갈릴레오가 별들의 무리임을 밝힌 은하수가 이제 새로운 황홀감을 주었다. "은하수는 저마다 무리를 지은 무수한 별들의 집합이기 때문"[26]이라고 갈릴레오는 썼다. 달에도 지구처럼 산이 있다고 그는 유럽 사람들에게 알렸다. 또한 목성은 위성을 지니고 있어 바늘 끝처럼 작게 빛나는 위성들이 목성의 한쪽에서 보였다가 다른 쪽에서 보였다가 하며 둘레를 돈다고 했다. 갈릴레오는 "태초부터 밝혀진 적 없는 이 놀라운 것들을 오로지 나만이 최초로 관찰할 수 있게 해 주신"[27] 하느님께 감사했다. 그리고 유럽은 갈릴레오에 감사하며, 그를 새로운 콜럼버스라고 치켜세웠다. 케플러는 서사시 같은 말을 토해 냈다. "오 망원경이여, 수많은 지식의 도구이자 어떤 홀(笏)보다 값진 것이여!"[28] 장군들은 최신 제작품을 구입했고, 갈릴레오가 목성의 위성에 메디치 가문 사람들의 이름을 따서 붙이자 왕족은 자신들의 이름도 별에 붙여 달라고 부탁했다.

갈릴레오의 빛은 그를 유명하게 만들어 주었으나, 명성을 얻는 일에는 대가가 따르는 법이다. 그는 악명 높은 종교재판에 회부되고 코페르니쿠스 학설을 포기하라고 종용당했다. 하지만 교황이 우주의 중심에 고정시켜 놓은 지구를 두고, 그는 "에푸르 시 무오베!"(Eppur si muove)라고 말했다고 한다. "그래도 지구는 돈다"는 뜻이다. 그리고 이 지구는 금세기에도 계속 돌며, 빛이 보이고 연구되는 체계를 변화시키고 있다. 갈릴레오가 별의 메시지를 전해 준 뒤로, 빛에 관한 오래된 추정들은 마지막 빛을 깜빡이다 사라졌다. 아리스토텔레스의 진부한 견해가 가장 먼저 무너졌다. 아리스토텔레스는 달의 표면이 매끈하고 거울처럼 태양을 반사한다고 보았지만, 갈릴레오는 벽에 걸린 거울을 갖고 이를 반박했다. 그는 사그레도와 살비아티라는 두 연구자가 대화하는 장면을 묘사했다. 사그레도는 결론을 내리길, 달이 거울이라면 "견딜 수 없을 만큼 몹시 밝게 빛날 것"[29]이라 했다. 또한 하늘에 걸린 거울이라면 지구의 모든 곳에서 달을 볼 수는 없을 것이라 했다. 거울에서 반사된 빛은 벽의 한 지점에만 부딪히기 때문이다.

여생 동안 갈릴레오는 빛에 관해 숙고했다. 빛이 어떻게 반사되고 구부러지는지는 알았지만, 도대체 빛은 무엇이란 말인가? 아마도 두 개의 단단한 물체가 서로 마찰될 때, "그 물체들이 더는 분리될 수 없는 원자로 마침내 분해되는 지경에 이를 때, 빛이 생겨날 것"[30]이라고 그는 추측했다. 빛이 원자라면 일정한 속도를 지닐 터였다. 그 속도를 재기 위해 갈릴레오는 사그레도와 살비아티가 1.6킬로미터 떨어진 언덕 꼭대기에 저마다 등불을 들고 서 있는 경우를 설명했다. 사그레도가 등불로 신호를 보내면, 살비아티는 그걸 보고 자신의 등불을 흔든다. 빛이 1.6킬로미터를 되돌아오는 데 0.000005초가 걸릴 것이므로 살비아티가 "저쪽의 빛이 순식간에 온 것인가 아닌가, 하지만 순식간은 아니라 해도 엄청나게 빠르다"[31]고 여기는 것은 놀랍지 않다. 갈릴레오는 실제로 이 실험을 하지는 않았고, 빛에 속도가 있다고 해도 그 속도를 추정의 영역에 남겨 두었다.

"점점 빠져들고 있으면서도 알지 못하는 바다 같군요!"[32] 하고 살비아티가 감탄했다.

"그렇습니다. 이 문제는 정말 이해하기 어렵습니다" 하고 사그레도가 대답했다.

갈릴레오는 끝끝내 빛의 신비를 풀지 못했다. 가택연금 중에 녹내장으로 눈이 먼 그는 친구에게 좌절감을 고백했다. "빛이 무엇인지 이해한다는 건 거의 불가능하다고 늘 느껴 왔기에, 마침내 그토록 바라 온 이해에 이를 거라 확신할 수만 있다면 나는 평생 감옥에 갇힌 채 빵과 물만으로 연명한다고 해도 기꺼이 감수했을 것이네."[33] 갈릴레오는 1642년에 숨을 거두었다. 그즈음 이 천체의 빛의 세기에 가장 빛났던 쇼에서 자극을 받은 한 사람이 미래를 밝게 비추게 된다.

1629년 로마 상공에 다섯 개의 태양이 뜨기 훨씬 전에도, 관측자들은 하늘이 비슷한 속임수를 쓴다는 걸 익히 알고 있었다. 아리스토텔레스는 '환일'(幻日)들이 "태양과 함께 떠올라 온종일 태양을 따라다녔다"[34]고 기록했다. 어떤 관찰자들은 우리가 오늘날 "무리해"(sun dog)라 일컫는 현상에 관해 탐구했다. 1461년, 잉글랜드에서 벌어진 장미전쟁 때 전투를 앞두고 세 개의 해가 뜨자 요크 왕가의 군대는 승리욕을 불태웠고, 이는 《헨리 6세》에 셰익스피어의 오마주로 담겼다.

> "눈이 부시구나. 그러니까 내가 세 개의 태양을 보고 있는 게냐?"(에드워드)
> "세 개의 찬란한 태양이에요. 완벽한 태양 세 개! 떠가는 구름들과 한 몸 이 되어 있지만, 엷고 투명하게 빛나는 하늘에서 또렷하게 보여요."[35](리 처드)

그러나 환일이 나타나고 150년 뒤, 가장 독실한 성직자까지도 과학 이 성숙했음을 감지했다. 로마 교황청 위 다섯 개의 해가 희미해지기 전에, 프란체스코 바르베리니 추기경은 스케치를 했다. 그는 그 도해를 삼촌인 교황에게 줄 수도 있었으나, 교회가 무슨 말을 할지 이미 알고 있었을 것이다. 그래서 유명한 프랑스 천문학자에게 그림을 보냈다. 천 문학자는 추기경의 그림을 베껴서 친구들에게 우편으로 보냈고, 그 여 름 내내 유럽의 지식인들은 로마에 뜬 몇 개의 해에 관해 머리를 싸맸 다. 대부분 그저 입으로 떠들 뿐이었지만, 르네 데카르트는 연구에 착 수했다.

다섯 개의 해 이야기를 들었을 때 데카르트는 암스테르담에서 살고 있었는데, 렘브란트가 곧 구입하게 되는 집에서 1.6킬로미터 떨어진 거 리였다. 서른셋의 나이에, 자부심 넘치고 재치 있는 데카르트는 고향 프 랑스에서 지식인들에게 강력한 인상을 남긴 사람이었다. 당대에 이미 으 뜸가는 수학자였던 데카르트는 철학과 천문학에도 발을 담근 터였다. 미신과 확신을 버리고 "어떤 것이 사실이라는 것을 내가 분명히 알지 못 한다면 그것이 사실이라고 절대로 인정하지 않겠다고 …… 단호하고도 확고하게 결심"[36]한 것이 이미 10년 전이었다. 그는 나중에 이 결심을 정제된 표현으로 《방법서설》(Discours de la méthode)에 실었는데, 그 유명한 "나는 생각한다. 고로 나는 존재한다"는 명제이다. 이로써 맹목적인 수용을 의심과 증명이 대체하며 근대적 사유가 시작되었다. 하지만 1629년 즈음, 군대에 들어가 알프스산맥을 오르내리며 "세상이라는 큰 책"[37]을 탐구하고 있던 데카르트에게는 저서가 아직 한 권도 없었다. 형이상학에 관한 논문에 주력하던 때에 로마의 다섯 개의 태양 이야기를 들었다. 논문을 제쳐두고 그는 빛을 연구하기로 결심했다.

왜 빛인가? 데카르트는 이렇게 설명했다. "평면의 캔버스에 신체의 여러 측면을 똑같이 잘 표현할 수 없는 화가가 주요한 부분 가운데 하나를 골라 빛을 받게 하듯이 …… 생각하는 모든 것을 논문에 담을 수 없다는 것은 몹시 아쉬우나 내가 빛에 관해 아는 바만은 완벽하게 설명할 수 있다고 생각했다."[38] 데카르트는 짧은 논문을 쓸 계획이었으나 이후 4년 동안 《세계론》(Traité du monde et de la lumière)을 집필했다.

데카르트는 독자들에게 "나와 함께 빛이 무엇인지 탐구하자"[39]는 말로 시작했다. 벽난로 안에서 불타는 통나무를 관찰하던 그는 입자들이 "매우 격렬하게 움직이는"[40] 걸 보았다. 불은 빛을 냈기 때문에 그 입자들이 빛의 고갱이 자체 같았다. "불꽃 속의 그 움직임 덕분에 우리는 충분히 빛을 느낄 수 있다"[41]라고 데카르트는 결론지었다. "광학에서 내첫 번째 스승"[42]이라 일컬은 케플러를 성큼 앞선 데카르트는 빛의 열세 가지 속성을 정의했다. 빛은 "'발광'(發光)하는 물체에서 모든 방향으로 뻗어 간다." 빛의 이동은 "순식간이고…… 대체로 직선으로 확산한다."[43] 직선으로 퍼지는 빛은 산란하기도 하고, 렌즈나 거울에 의해 한 점으로 모여 불을 일으킬 수 있다. 데카르트는 빛을 압력으로 여기고, 튀어 오르고 구부러지고 가로막힐 수 있는 것으로 생각했다. 빛을 테니스공처럼 생각해 보라고 설명했다. 테니스공, 다시 말해 광선이 허공을 지나가서 물체에 부딪히면, 물체는 정확한 각도로 빛을 반사한다. 물이나 유리는 빛을 일부 반사하지만, 테니스공이 얇은 종이를 뚫으면 방향이 바뀌면서 계속 날아가게 되듯이 빛의 일부가 투과되며 방향이 바뀐다.

빛이 어떻게 압력을 전달하는지 고민하던 데카르트는 '아이테르'(aether)라는 고대 그리스의 개념을 되살려 냈다. 자연은 진공상태를 싫어한다고 주장한 아리스토텔레스는 사람의 눈과 물체 사이의 공간뿐 아니라, 광활한 우주를 '무언가'가 가득 채우고 있음이 틀림없다고 추론했다. 데카르트는 에테르(ether)를 그런 어떤 것이라 보며 그것을 '플레넘'(plenum)[44]이라 일컬었다. 빛은 눈에 느껴지는 에테르의 압력이고, 시각이라는 경이로운 기능에 의해 느껴지는 것이었다. 시각을 설명하기 위해 데카르트는 암소의 눈을 해부하여 망막을 벗겨 내고는 그 수정체를 끈적한 카메라 옵스큐라처럼 사용했다. 그렇다고 이 책을 읽는 독자는 집에서 직접 해부하지 마시라. 나는 해보았지만. 사체에서 빼낸 눈알은 이미지를 전도시킬 뿐 아니라, 여러분의 위장도 뒤집어 놓는다.

한 친구에게 말했듯, 데카르트는 여자들도 이해할 수 있을 만큼 무척 단순한 표현으로 빛을 설명했는데, 밤중에 대한 일반적인 공포심을 예로 들었다. "가끔 있는 일이지만, 조금 힘든 곳을 등불 없이 밤에 걸어갈 때는 막대기 같은 것을 사용해서 길을 더듬어 가야 한다. 그러면 막대기라는 매개체를 통해 주변에 놓인 다양한 물체를 지각할 수 있음을 알게 될 것이다."[45] 그는 빛이 눈에 전달되는 것은 손에 쥔 막대의 진동과 같은 것이라고 말을 이었다. 빛의 이동에 관해 데카르트는 테니스공에서 포도주 통 안의 와인으로 바꾸어 예를 들었다. 포도알 밖으로 스미어 나온 액체는 통 밑의 구멍을 통해 새어 나온다. "똑같은 방식으로, 우리가 마주하는 태양 주변에서 영향을 받는 미묘한 매질의 모든 부분이 우리가 눈을 뜨자마자 우리 눈을 향해 순식간에 직선으로 이동해 온다."[46)

빛을 정의한 데카르트는 무지개 검증에 나섰다. 신화와 종교는 오래 전부터 무지개에 의도를 입혔다. 바빌로니아 사람들은 무지개를 여신 이슈타르의 목걸이로 여겼다. 창세기에서 무지개는 하느님이 "땅을 멸할 홍수가 다시는 있지 아니하리라"[47)(창세기 9:11)라고 노아에게 한 언약의 증표였다. 오스트레일리아 원주민은 때로 하늘로 솟아오르는 거대한 뱀인 무지개뱀에 관해 이야기했다. 호메로스 또한 제우스의 "경이로운 활"[48)을 칭송했다. 《일리아스》에서, 무모한 파리스가 스파르타의 왕비인 아름다운 헬레네를 몰래 데리고 나온 뒤, 헤라는 무지개를 타고 날아가는 전령 이리스를 보내 소식을 알려 메넬라오스 왕을 격분시켰다. 그러나 아리스토텔레스는 그런 허무맹랑한 이야기를 지지하지 않았을 것이다. 《기상학》에서 아리스토텔레스는 해와 구름을 쳐다보는 남자를 그림으로 나타냈는데, 무지개란 "햇빛이 반사되어 보이는 것"[49)임을 암시한다. 이븐 알하이삼은 그렇게 생각하지 않고, 무지개는 햇빛이 구름의 오목한 표면에 부딪혔을 때 생긴다고 주장했다. 혼란은 중세에까지 이어졌다. 그리고 1235년, 로버트 그로스테스트 주교는 무지개는 빛이 반사되어서가 아니라 빛이 구부러지며 생기는 것이라는 의견을 내비쳤다. 굴절이지 반사가 아니라는 말이다. 로저 베이컨은 성큼 더 나아가, 수평선 위로 수직 시야각 42도까지 무지개가 뜬다고 측정했다. 마지막으로 1300년대 초반에, 대륙과 문화권은 다르나 알하이삼을 읽었다는 공통점이 있는 두 사람이 무지개를 이해했다. 도미니크회 수도사인 프라이베르크의 디트리히와 페르시아의 과학자 카말 알딘 알파리시는 빗방울이 굴절시키고 반사시키는 것이라고 했다. 햇빛이 빗방울에 들어갈 때는 굴절되고 안쪽 벽에 부딪히면 입사각과 동일한 각도로 반사되며 빗방울 밖으로 나갈 때는 다시 굴절된다. 이것이 바로 무지개가 발생하는 원리로서, 두 번의 굴절과 한 번의 반사로 빛깔이 활 모양으로 펼쳐진다. 하느님의 언약만큼이나 경이로운 것이다.

데카르트는 햇빛이 부서지는 분수에서 무지개를 보고는 어항을 빗방울처럼 이용했다. 해를 등지고 어항을 높이 치켜들었다. 건너편 어항 벽에서 빨간색에서 보라색까지 스펙트럼이 일렁였다. 당대 최고의 수학자였던 그는 굴절각을 측정하여 공식을 세웠다. 1500년 전 프톨레마이오스는 평범한 산술로 굴절 각도를 측정했지만, 태양이 지구 둘레를 돈다고 본 점에서 틀렸다. 굴절을 측정하려면 산수가 아니라 삼각함수가 필요했다. 네덜란드 천문학자 스넬리우스나 아라비아의 수학자 알하이삼과 마찬가지로, 데카르트는 각도를 계산하는 법을 알았다. 그 결과는 빛 최초의 광학적 측정 기준인 굴절률이었다.

매질의 밀도가 높을수록 빛을 더 많이 굴절시킨다. 물이나 올리브기름이나 다이아몬드 따위의 매질이 빛을 굴절시키는 정도가 굴절률이다. 굴절률이 높다는 것은 빛이 들어가는 매질이 조밀할수록 속도가 느려지며 더 크게 구부러진다는 뜻이다. 물의 굴절률은 1.33, 올리브기름은 1.47, 다이아몬드는 2.42이다. 굴절률은 삼각함수의 사인(sine) 값을 사용한다. 한 예각의 대변의 길이를 빗변의 길이로 나눈 값이 사인 값이다. 이를테면 내가 물이 담긴 냄비에 레이저포인터를 쏘는데, 광선이 수직선에서 15도 각도로 수면에 닿는다고 하자. 다시 말해 레이저포인터를 거의 수직에 가깝게 비춘 것이다. 그리고 붉은 광선이 이루고 있는 수면 위 예각의 사인 값을 수면 아래 더 작은 예각의 사인 값으로 나눈다. 그 답은 언제나 1.33이다. 굴절률을 알면 계산해 낼 수 있다. 계산을 해보면, 수면에 15도 각도로 닿은 빛은 물속에서 구부러져 11도 각도를 이룬다. 이 공식에 이름을 붙일 때 과학자들은 네덜란드의 천문학자 빌레브로르트 스넬리우스의 이름에 데카르트의 이름을 보탰지만, 아라비아인 발견자인 알하이삼의 이름은 빼거나 무시한 채 '스넬데카르트 굴절법칙'이라고 명명했다.

사인 값 일람표를 갖고, 데카르트는 무지개를 바라보는 동안 자신의 시선과 햇빛이 만드는 각도를 측정했다. 빗방울에 부딪힌 햇빛은 각의 위쪽 광선을 형성했다. 데카르트의 시선은 아래쪽 광선을 형성했다. 무지개의 가장 높은 부분이 꼭짓점으로서 두 광선이 만나는 지점이다. 이렇게 이루어진 각도가 로저 베이컨이 측정한 것처럼 정확히 42도인 지점에 무지개가 나타났다. 데카르트의 관측은 무지개가 왜 아침이나 오후에만 나타나는지 설명해 주었다. 정오의 해는 42도 각도로 빗방울에 부딪히는 일이 결코 없기 때문이다. 그의 관측은 왜 무지개가 지평선 위로 동일한 고도에서만 나타나는지, 그리고 무지개 너머의 행운은커녕 왜 무지개 끝자락조차 잡을 수 없는지도 설명해 주었다. 우리가 무지개를 좇아 얼마나 빨리 다가가든, 일곱 빛깔은 뒤로 물러나며 완벽한 각도를 유지하기 때문이다.

외무지개를 관측한 뒤, 데카르트는 어항을 기울여 몹시 보기 드문 현상인 쌍무지개를 측정했다. 42도에서 무지개가 보였다. 하지만 10도 더 높은 곳에서 두 번째 무지개가 보이곤 했는데 첫 번째 무지개보다는 희미했다. 두 번째 무지개는 위아래가 뒤바뀌어 빨간색이 보라색 위가 아니라 아래에 나타났다. 그 이유를 도무지 알 수 없었다. 그나저나 빗방울은 왜 여러 빛깔을 만드는 것인가? 데카르트는 그 이유를 추론해야 했다. 빛의 입자가 테니스공이라면 입자마다 회전할 것이다. 빗방울을 통과할 때, 어떤 입자는 속도가 빨라지고 어떤 입자는 느려질 것이다. 속도가 느릴수록 하늘에 빨간색으로 걸리고, 빠를수록 보라색으로 걸릴 것이다. 데카르트는 두 번이나 틀렸다. 첫 번째 오류는 빛이 공기보다 물속을 지날 때 더 빨라진다고 믿은 것이다. 그는 공기가 부드럽고 폭신하고 흐늘거리기 때문에 카펫 위를 굴러가는 공이 느려지듯이 빛의 속도가 줄어들 거라고 보았다. "투명한 물체의 작은 입자가 단단하고 견고할수록 더 쉽게 빛을 투과시킨다"[50]고 데카르트는 썼다. 두 번째 오류는 빨간 '테니스공'이 보라색 공보다 더 느리게 이동한다고 가정한 데 있다. 그러나 이런 오류에도 불구하고 데카르트는 무지개를 신비의 영역에서 수학의 문제로 바꾸어 놓았다. 그는 빛에 관해 거의 완벽했다. 다섯 개의 태양에 관해서는 어떠했을까?

예수회가 운영하는 학교에서 교육을 받았지만, 데카르트는 다섯 개의 태양을 하느님이 보여 주시는 징조로 여기거나 심지어 태양이라고 보지도 않았다. 대신 광학과 기상학을 혼합하여 로마 상공에서 일어난 일을 인식했다. 지중해에서 불어오는 따뜻한 바람이 북쪽에서 불어오는 찬바람과 만난다. 두 바람은 공중에서 얼음 고리를 형성하는데, 각 결정이 프리즘처럼 작용한다. 데카르트는 성 베드로 성당 위로 왕관 모양의 다섯 개의 태양을 이루고 있는 정확한 각도를 자신의 굴절법칙을 사용하여 계산했다.

100페이지가 조금 넘는 저술 《세계론》에서, 데카르트는 빛을 알기 쉽게 설명했다. "내가 더 이야기해야 할 필요가 있다고 생각하지 않는다"고 그는 독자를 향해 말했다. "이 논문에서 설명한 모든 것을 이해한 이에게 여전히 미궁 속에 남아 쉽게 이해할 수 없는 부분이나, 신기하게 생각할 여지를 주는 부분이 없기를 나는 바라기 때문이다."[51] 데카르트는 또다시 틀렸다. 몇 세기가 지난 뒤에도 광학이라는 복잡한 과학은 여전히 빛의 경이로움 속에서 허우적댔기 때문이다.

데카르트는 다시는 빛을 탐구하지 않고 신의 존재를 입증하는 더 단순한 과제에 관심을 기울였다. 1650년 그가 숨을 거둘 때까지 하늘은 잠잠해졌다. 혜성들이 나타났다 사라졌지만 1577년의 대혜성에 견줄 만한 것은 없었다. 한 세대 안에 새로운 초신성 둘이 나타난 뒤, 다시 초신성이 관측된 것은 한참 세월이 흘러 1987년에 망원경을 통해서였다. 하지만 데카르트는 빛을 천상에서 끌어내려 사인 값 표에 정리해 놓았다. 이후로 철학과 수학을 아우르는 논쟁이 이어진다. 영국의 철학자 토머스 홉스는 빛이 압력이라는 데 동의했지만 압력을 만들어 내는 것은 맥동하는 태양이라고 보았다. 프랑스의 수학자 피에르 페르마는 물속에서 빛의 속도가 빨라진다는 데카르트의 견해에 의문을 제기했다. 페르마의 "최소 시간의 원리"[52]는 물에 빠진 사람을 구하러 가는 인명구조대원을 예로 들었다. 허우적대는 사람에게 다다르기까지 빛은 모래(공기)를 질주하고 물속에서 헤엄치는 속도는 느려지지만, 가능한 가장 빠른 경로로 두 속도 구간을 결합하여 목적지에 도달하게 된다. 하지만 데카르트는 이미 연구 주제를 바꾸었다. 독실한 신자인 그는 여전히 빛을 천상의 것으로 보았고, 다른 이들이 "빛이 무엇인가"에 대한 데카르트의 탐구를 이어 갔다. 그리고 탐구가 깊어짐에 따라 어둠의 공포는 스러져 갔다.

천체의 빛의 세기 동안 밤은 변함없이 끔찍하고 야수 같고 길디길었다. 여느 밤이면 파리의 컴컴한 길거리에서 열다섯 명이 살해당했다. 그러나 성벽 안쪽에서는 왕실 소속 공학자들이 으리으리한 무도회장을 환하게 밝히는 법을 연구하면서, 한밤의 연주회가 이따금 프랑스 궁정 생활 속에 들어오도록 했다. 그런 공연 가운데 하나가 〈밤의 발레〉(Ballet de Nuit)였다. 1652년에 무대에 올려진 〈밤의 발레〉에서 어린 루이 14세는 불꽃 모양의 테두리가 달린 금빛 태양으로 분장했다. 루이는 나중에 '태양왕'이 된다. 빛에 매료된 그는 수천 개의 초를 밝히고 정기적으로 밤의 연희를 열기 시작했다. 뒤이어 1666년에, 치안위원회의 자문에 따라 태양왕은 수많은 등불을 도르래로 올리고 밧줄에 걸어 두어서 파리의 큰길들을 밝히라는 포고령을 내렸다.

이보다 앞선 가로등은 특히 이븐 알하이삼 시대에 아라비아의 도시를 밝혔지만 파리의 가로등과는 달랐다. 파리를 찾은 이들은 입이 떡 벌어졌다. "무수한 등불로 밤 동안 파리를 밝힌 모습을 보러 아주 멀리서부터 사람들이 찾아왔다."[53] 도시 공무원들이 보러 왔고, 많은 이들이 저마다 계획을 품고 돌아갔다. 머지않아 암스테르담(1669), 함부르크(1673), 베를린(1682), 코펜하겐(1683), 런던(1684), 빈(1688), 하노버(1690), 더블린(1697), 라이프치히(1701)에 가로등이 설치되었다. 그 결과 적어도 도시는 "시커먼 괴물"을 정복했고 인간의 행위에 혁명이 일어났다. 사람들, 정확히 말하자면 남자들이 지난날에는 다니지 못했던 거리에 나타났다. 주점과 선술집이 자정 가깝도록 문을 열었고, 커피점이 번성했으며, 빈둥거리는 한량들은 더 게을러졌다. 프랑스의 한 수도원장은 이렇게 회상했다. "이전 시대에 사람들은 거리에서 죽임을 당할까 두려워 일찍 집으로 돌아갔고, 이는 일하는 데 보탬이 되었다. 이제 사람들은 밤늦도록 돌아다니고 일하지 않는다."[54]

정밀한 시선 덕분에 빛은 검증되고 측정되었다. 왕들의 분부에 따라 밤이 길들여지기 시작했다. 신비주의에 빠져 있던 이들 말고 그 누구도 더 이상 "자연의 마력"이니, 촛불을 켜면 "여자가 옷을 훌훌 벗는다"느니 하고 떠들지 않았다. 드디어 무대가 마련되었고, 불이 켜지자 아이작 뉴턴이 등장했다.

8장

어두운 방안에서

아이작 뉴턴과 《광학》

> 만물을 드러내는 빛이지만 미지의 것이었지,
> 빛보다 눈부신 그의 지성이 낮의 눈부신 옷자락을 활짝 펼치기 전에는
> - 제임스 톰슨, 〈아이작 뉴턴 경을 추모하며〉

1664년 늦여름, 머리가 어깨까지 치렁치렁한 맵시 좋은 케임브리지 대학 학생은 스투어브리지공원에서 열리는 박람회에 가기 위해 쓸쓸한 기숙사를 나섰다. 영국은 왕정복고 이후 흑사병 창궐까지 환란을 거듭하던 시절이었는데, 스투어브리지 박람회는 여느 때보다도 북적거렸다. 대학생에게 아무도 관심 없는 듯 밀짚모자를 쓴 여인들과 에일 맥주를 꿀꺽꿀꺽 들이키는 취기 어린 사내들이 지나쳤다. 중세부터 시작된 스투어브리지 연례 박람회는 해마다 성장하여 유럽 최대의 박람회가 되었고, 곡예사, 유랑악단, 상인들이 모여들었다. 치즈와 거위 구이 냄새가 사방에 진동했다. 목재로 설치한 수백 개의 부스는 직물, 백랍, 식기류, 향신료, 비단, 휘장을 가득 쌓아 놓고 관심을 끌려 했지만, 단박에 눈길을 사로잡는 것은 뭐니뭐니 해도 공원 중앙에 세워진 높은 장식 기둥인 메이폴이었다. 그러나 아이작 뉴턴이 찾고 있었던 것은 그런 요란한 볼거리가 아니었다. 전해에 열린 박람회에서 천문학 책을 한 권 샀는데 삼

각함수가 만만치 않았다. 그해 여름에 데카르트가 쓴 빛에 관한 논문을 읽은 뉴턴은 장난감을 파는 부스에서 작은 프리즘을 샀다.

연구를 이어 가면서 뉴턴은 낱말 400만 개 분량의 글을 쓰게 되지만, 그가 프리즘을 산 때가 눈에 바늘을 밀어 넣기 전인지 뒤인지를 학자들은 지금도 모른다. 영국 사람들이 보드킨(bodkin)이라 일컫는 구부러진 바늘은 눈알과 눈구멍 사이에 쉽게 들어갔다. 뉴턴은 자신의 실험을 다음과 같이 묘사했다. "보드킨을 쥐고 내 눈알과 뼈 사이에 밀어 넣어 최대한 눈알 뒷부분에 이르도록 하고, 그 끝으로 눈알을 눌러 눈알에 만곡이 생기도록 했더니 희고 검고 빛깔이 있는 원들이 나타났다."[1] 치켜든 얼굴에 보드킨이 튀어 나와 있는 채로 뉴턴은 실험을 계속했다. 바늘을 움찔움찔 움직이니 원이 더 많이 보였다. 눈알과 보드킨을 건드리지 않고 가만히 있으니 원들이 사라졌다. 조금 뒤 뉴턴은 눈구멍에서 바늘을 빼냈다. 어두운 벽을 바라보니 여전히 "정령들의 움직임 같은"[2] 원들이 보였다. 원들이 사라지자, 그는 눈알을 스치듯 지나서 시신경에 닿을락말락한 보드킨을 스케치했다.

실험을 한 뉴턴은 데카르트에 대한 의심이 깊어졌다. 그가 "데-카트"라거나 아예 "카트"[3]라고 일컫은 이 프랑스 학자는 빛에 관해 틀렸다. 빛이 막대의 진동 같은 것이라면, "우리는 밤에도 볼 수 있거나 낮보다 더 잘 볼 수 있을 것이다." 빛이 압력이라면 "우리는 하향 압력을 받으므로" 우리 위쪽의 빛을 볼 것이다. 빛의 압력을 받으며 전진하는 경우라면 "걷거나 뛰는 사람은 밤에도 잘 볼 수 있다."[4] 그러나 데카르트가 틀렸다면, 빛은 무엇인가? 프리즘을 구입하기 전후 언제쯤, 뉴턴은 태양을 응시하기로 마음먹었다.

아이작 뉴턴을 둘러싼 몇몇 이야기가 전해 온다. 사과, 평생 동정으로

산 삶, "거인들의 어깨"에 올라탄 덕분이라는 말, 이런 이야기는 그의 영향력을 보여 주지 못한다. 로마 상공에 나타났던 것 같은 다섯 태양의 왕관을 빛의 신전이라 일컫는다면, 에우클레이데스와 이븐 알하이삼이 아래 두 개의 환일, 아인슈타인과 제임스 클러크 맥스웰이 위 두 개의 환일일 것이다. 뉴턴은 태양이다. 그가 탐구한 빛은 그가 창안한 미적분처럼 복잡하지도, 그의 운동 법칙처럼 완벽하지도 않았다. 하지만 뉴턴은 광학을 일상생활 속으로 들여왔다. 어떤 멍청이라도 박람회에서 프리즘을 살 수 있다. 로마의 전성기 이래로, 삼각형 유리로부터 퍼져 나오는 빛깔을 보며 아이들은 즐거워했고 어른들도 매혹되지 않았던가. 하지만 그 장난감으로 빛의 중요한 비밀을 풀기 위해서는 뉴턴이 필요했다.

뉴턴은, 알 수 없는 거대한 지식의 바다를 앞에 두고 바닷가에서 노는 어린아이를 말한 적이 있다. 그러나 그는 바다를 본 적이 없었고, 행복하지 않은 어린 시절을 보냈다. 그의 은유가 암시하는 평범함조차 거의 누리지 못했다. 어린 시절의 모든 일은 고생스러운 삶을 예고했다. 뉴턴이 태어난 1642년 크리스마스, 무지렁이 농부였던 아버지는 이미 열병으로 숨을 거둔 뒤였다. 어머니는 아이작이 세 살 때 재혼하면서 친정어머니에게 아이를 맡겼다. 외톨이에 화를 잘 내던 뉴턴은 어렸을 때부터 공책에 잔뜩 끼적이며 위안을 찾았다. 이런 글도 썼다. "꼬맹이. 쓸모없는 녀석. 한심한. 내가 끼어 앉을 자리가 없다, 지붕 꼭대기, 지옥의 밑바닥에도. 도대체 무슨 일을 할 수 있을까? 어디에 쓸모가 있을까?"[5] 뉴턴의 어린 시절 내내 영국은 내전이 이어졌다. 왕당파와 의회파의 내전으로 뉴턴이 다니던 기숙학교의 소년들도 패가 갈렸다. 꼬맹이로서는 고립과 관찰이 더 좋았다. 그는 "여동생에게 주먹질하고…… 하인들과 사이가 나빠진 일. 아서 스토러(Arthur Storer, 1648~1686, 나중에 미국으로 건너가 천문학자가 되었다—옮긴이)를 때린 일"[6]처럼 자신이 지은 죄를 나열하기도 했지만, 빛깔들에 더 마음을 빼앗겼다. 무엇 때문에 빨갛거나 푸르거나 "파란"[7] 것일까? 고유한 특징일까 아니면 그렇게 보이는 것 뿐인가? 연금술에도 심취한 그는 통증을 가라앉히려고 이상한 용액을 제조해 마시고는 평생 후유증을 앓게 된다. 열일곱 살 때, 학교에서 뭐 하나 내세울 게 없던 그는 고향으로 불려 갔다. 런던에서 마차를 타고 1주일을 가야 하는 울즈소프에 와서 어머니 집을 돌보라는 말을 들은 것이다. 그러나 그는 들판을 돌아다니고 사색하며 몽상에 잠기다가 케임브리지대학에 진학했다. 1661년에 트리니티칼리지에 입학한 것이다.

그 무렵 대부분의 젊은이들과 마찬가지로 수학 영역에서 뉴턴의 역량은 에우클레이데스를 크게 넘어서지 못했지만, 수의 역사상 가장 이해가 빨랐던 건 분명했다. 케임브리지에서 그는 데카르트의 해석기하학, 케플러의 광학, 갈릴레오의 물리학을 흡수했다. 영국의 최신 광학 저서로 로버트 보일이 쓴 《색에 관한 실험과 고찰》(Experiments & Considerations Touching Colours)을 읽었다. 촛불 몇 개와 책상, 요강 뿐인 방에 틀어박혀 홀로 연구를 하던 어느 때, 눈에 보드킨을 밀어 넣었다. 이 일로는 눈을 다치지 않았는데, 거울에 해를 비치게 하여 응시했을 때는 사흘 동안 앞을 볼 수 없었다. 그리고 이후 몇 달 동안 이따금씩 여러 색깔이나 빛이 눈에 아른거렸다.

1664년 여름, 뉴턴은 박람회에서 프리즘을 샀고, 그해 가을쯤 케임브리지 기숙사에서 프리즘으로 빛 투과 실험을 시작했다. 로버트 보일로부터 알게 된 바에 따르면 색깔이 나타나는 건 하얀 빛이 반사나 굴절에 의해 "변화"하기 때문이므로 뉴턴은 직접 빛을 변화시키고자 했다.

방을 어둡게 하고 덧창에 구멍을 내서 적당한 양의 햇빛이 들어오게 했다. 빛이 들어오는 쪽에 프리즘을 놓고 굴절된 빛이 반대쪽 벽에 나타나도록 말이다. 처음에는 선명하고도 강렬한 색채가 나타나는 것이 막간의 여흥을 보듯 즐거웠지만, 곧이어 좀 차분해지고는 '기다란 모양'으로 나타난 색깔들을 보고 있다는 데 놀랐다.[8]

알하이삼, 데카르트를 비롯해 여러 사람들이 사용한 프리즘은 뉴턴의 프리즘보다 길이가 짧아서 무지갯빛이 둥근 모양으로 나타났다. 길쭉한 스펙트럼에 어리둥절해진 뉴턴이 벽에 나타난 색깔들의 길이를 재니, 높이가 너비의 다섯 배였다. "그 불균형이 상당히 커서 검증해 보고자 하는 호기심이 크게 일었다."[9] 프리즘에 문제가 있나 미심쩍게 생각한 그는 다른 프리즘을 갖고 '덧창'을 통해 빛이 들어오게 했다. 그러자 빛깔들이 다시 가지런히 줄지어 나타났다. 벽까지의 거리와 빛이 프리즘에 닿은 각도(63도 12분)를 측정했다. 데카르트로부터 배운 사인법칙을 이용하여 프리즘의 굴절률, 당시 그가 '굴절성'(refrangibility)이라 일컬은 것을 측정한 다음, 공기, 빗물, 아라비아고무, "올리브기름"[10] 같은 몇 가지 물질의 굴절률을 쟀다. 하지만 빛이 데카르트가 묘사한 테니스 공과 같다면, 어떻게 굴절되며 빛깔로 나타나는 것일까? 그는 "주변의 에테르"가 붉은 빛을 파란 빛보다 더 굴절시키는 것일 수 있다고 추측했으나, "빛깔들에서 그런 굴곡성(curvity)을 관찰하지는 못했다."[11]

뉴턴의 관심은 얼마 지나지 않아 혜성으로 옮겨 갔다. 1664~1665년의 겨울 동안, 한 혜성을 지켜보며 고민하느라 밤을 지새웠다. 얼마 안 되어 두 번째 혜성이 나타났고, 몇 달 뒤 세 번째 혜성이 나타났다. 그해 여름, 흑사병이 런던을 덮쳐 수천 명, 더 나아가 수만 명이 목숨을 잃었

프리즘을 사용한 아이작 뉴턴의 실험은 1704년 논문《광학》의 출간으로 이어졌다. 이는 미래의 모든 빛 연구의 초석이 되었다. Getty Images

다. 트리니티칼리지는 휴교에 들어갔다. 스투어브리지 박람회도 취소되었고, 뉴턴은 거기서 더 살 물건도 없었다. 가을 즈음 어머니의 시골집으로 돌아와 외롭게 지냈다. 이듬해까지 1년을, 사람들은 뉴턴의 '기적의 해'라고 일컫는다. 뉴턴은 먹지 않으면 안 될 때에만 식사를 했고 주로 빵과 물을 먹었다. "어두운 방에"[12] 틀어박힌 채, 자신이 유율법(流率法)이라 일컬은 수학의 새로운 분야를, 그리고 뒤이어 빛에 관한 대담한 이론을 궁리해 냈다.

그 옛날 기원전 400년 무렵, 그리스의 원자론자인 데모크리토스는 "붉다는 것은 무엇인가?"[13]라는 질문을 던졌다. 사과가 붉어 '보이는' 까닭은 눈이 색깔을 지각하기 때문인가 아니면 사과가 붉은 원자로 구성되어 있기 때문인가? 플라톤은, 색깔은 "모든 물체에서 발산되는 불꽃이고 그 입자들이 시각에 대응한다"[14]고 생각했다. 아리스토텔레스는 다르게 생각했다. 눈은 빛을 방출하지 않으므로 색깔도 방출하지 않으며, 색깔의 인식은 오로지 밝기에 따라 달라진다고 말했다. 아리스토텔레스의 관점은 몇 세기 동안 지지를 받다가 이후 로마 시인 루크레티우스에게 반박되었다. 루크레티우스가 쓰기를, 원자는 "색깔이 있을 필요가 없다."[15]

원자는 어떤 색채도 입지 않고
투명하다.
칠흑 같은 어둠 속에
무슨 색깔이 있겠는가?
색이 변하는 건 빛의 장난일 뿐,
그 밝기가 반사되는 방식,
이를테면 꺾여서 반사되는지
똑바로 반사되는지에 달린 것이다.

서력기원 제1천년기로 접어들어서도 혼란은 이어졌다. 카이로에서 연구할 때, 알하이삼은 여러 과일에 햇빛을 받게 하며 그 변화하는 빛깔을 관찰했다. 색깔의 변화는 빛의 세기가 아니라 빛의 작용에서 비롯된다고 그는 결론지었다. 그것은 내면적인 것이다. 그는 홍조를 예로 들어 말했다. 얼굴이 붉어질 때, 그 붉은색은 "다른 게 아니라 부끄러움 탓이다. 그리고 부끄러움은 외부에서 비롯되는 게 아니고, 그 얼굴을 보는 눈 또는 빛과도 무관하다"[16]고 알하이삼은 썼다. 중세 시대에 학자들은 색상의 대비와 혼합을 연구했다. 로저 베이컨은 팽이가 회전하면 색깔이 혼합되는 데 주목했다. 로저 베이컨처럼 성직자이자 학자였던 요하네스 페캄은 색채가 "비추는 빛에 따라 다채롭게 나타난다"[17]고 밝혔다. 색깔이 "햇빛을 받을 때와 촛불을 받을 때가 완전히 다르다"고 페캄은 1277년에 썼다. "또한 색깔이 있는 모든 것은 일식이 일어나는 동안 그 빛깔이 내는 본래의 아름다움을 빼앗긴다."

뉴턴이 프리즘을 구입했을 무렵, 색채의 수수께끼는 여전히 남아 있었다. 케임브리지대학에 다니는 동안 그는 색깔이 "상상력과 공상과 창조"[18]의 산물이라고 생각했다. 그러다가 1666년, 변함없는 햇빛을 받으며 여전히 세계는 돌고 런던은 흑사병에서 벗어나지 못하던 시절, 이 스물네 살의 외톨이는 빛을 하인이자 마법사이자 노리개로 삼았다. 길쭉한 모양의 스펙트럼이 여전히 수수께끼였던 그는 프리즘을 회전시키면서 길쭉한 모양이 커졌다가 사라질 때 붉은 빛이 위로 가고 파란 빛이 아래로 가는 걸 보며 경탄했다. 스펙트럼을 종이에 비추고, 가까이, 멀리 움직여 보니, 파란색이 "뚜렷해질" 때 붉은색이 "흐릿해지"고, 또 그 반대도 마찬가지라는 걸 확인했다. 종이를 기울이면 색채가 퍼지며 흐릿해졌다. "호기심이 한껏 부푼" 그는 프리즘의 빛줄기를 어두운 방 전체에 퍼지게 했다. 스펙트럼이 넓어졌다. 덧창에 낸 구멍 크기를 달리하고 더 두꺼운 프리즘을 비추었지만 "이미지의 길이에 뚜렷한 변화"[19]를 만들어 내지는 못했다. 마침내 그는 스스로 "결정적 실험"이라 일컬은 작업을 시작했다. 프리즘에 빛을 통과시키는 건 어떤 명청이라도 할 수 있겠지만, 아이작 뉴턴은 프리즘을 두 개 사용했다.

　그는 방에 두 번째 프리즘을 놓았다. 색깔이 펼쳐진 프리즘이 벽을 비추었다. 구멍을 뚫은 나무판으로 다른 색깔은 가로막고 빨간색만 통과시켰다. 한 줄기 빨간 빛이 두 번째 프리즘에 닿았다. 그는 프리즘이 이 빨간 빛줄기를 분산시켜 흰 빛으로 되돌려놓을 거라고 예상했다. 하지만 곧은 빛줄기가 프리즘을 지나 벽에 나타낸 것은 빨간색이었다. 빨간색 그대로라니! 프리즘을 기울여 실험해 보니 주황색도 마찬가지였다. 빛은 모든 색깔로 구성되어 있고, 일단 분리되면 각 색깔만이 뚜렷하게 나타난다는 걸 알게 된 것이다. 그리고 두 프리즘을 움직여서 빨강, 노랑, 초록, 파랑, 보라색이 펼쳐지게 했다. 종이를 둥글게 오려 내고 한 프리즘을 통과한 파란빛과 다른 프리즘을 통과한 빨간빛을 비추었더니 종이가 밝은 보라색으로 변했다. 그는 렘브란트처럼 색깔을 혼합하고, 알하이삼처럼 결과를 기록한다. "빨강과 파랑이 섞이면 보라색이 된다. 노랑과 빨강이 섞이면 주황색이 된다. 보라와 빨강이 섞이면 자주색이 된다. 빨강과 초록이 섞이면 갈색이 된다."[20] 직접 망원경을 제작한 갈릴레오처럼 뉴턴은 곧이어 프리즘을 제작한다. 유리판을 접합하여 삼각형 수조를 만들고 빗물을 채운다. 그리고 자신만의 방식으로 이해한다. "따라서 붉은색, 노란색 등은 더 빠른 광선의 움직임을 크게 방해함 없이, 느리게 움직이는 광선을 멈추게 함으로써 만들어진다. 그리고 파랑, 초록, 보라색은 더 느린 광선이 아닌 더 빠른 광선의 움직임을 감소시킴으로써 나타난다."[21]

뉴턴은 빛을 완전히 파악하지 못했으며 완벽하게 설명한 적도 없다. 색채를 다룰 수 있었지만 사람 대하는 법은 익히지 못했다. 이런 발견 이후 오래도록 사람들과 불화를 겪었다. 벽에 펼쳐진 스펙트럼처럼 분노가 솟구치고 떠돌다 잦아들었다. 성격이 고약하고 복수심을 품은 그가 《광학》(Opticks)을 출간한 것은 그다음 세기로 접어들어서였다. 그러나 뉴턴 덕분에 훗날 빛의 정복이 가능해졌다. 상대성이론과 양자론에 의해 재구성된 빛은 오늘날 판독과 치료와 측정과 측량에 쓰이지만, 여전히 그 속성은 아이작 뉴턴이 말한 그대로이다.

빛에 관한 뉴턴의 혁명적인 발견 소식을 가장 먼저 들은 이들은 관심이 갈 수밖에 없었을 터이다. 1670년 1월, 트리니티칼리지의 루커스 석좌교수로 얼마 전에 임명된 뉴턴은 주 1회 강의를 시작했다. 전임자가 전해의 광학 강의를 마무리하고 뉴턴이 그 뒤를 이었다. 몹시 찬 공기가 감돌고 나무책상들이 삐걱거렸으며 빛이라고는 잉글랜드다운 겨울날 창으로 들어오는 것이 전부인 강의실에 선 뉴턴 교수는 입을 열었다. "최근 망원경 발명이 대부분의 기하학자들을 사로잡으면서, 그들은 광학에서 어떤 미지의 영역도, 심화 발견의 여지도 다른 이들에게 남겨 놓지 않은 듯합니다. ……"[22] 아마도 강의실은 하품을 하거나 그저 침묵뿐이었을 것이다. 어쨌거나 라틴어로 진행된 강의였으니 말이다. 뉴턴은 말을 이었다. "내가 이 분야를 다시 다루려고 하는 건 헛수고이자 공연한 노력으로 보일지 모릅니다. 하지만 내가 지켜본 바로는 기하학자들이 여태까지 빛의 굴절과 관련하여 그 명백한 속성에 관하여 잘못 생각해 왔기 때문에 ……"[23] 뉴턴은 한 시간 동안 강의했다. "내가 여러분에게 진리가 아닌 꾸며낸 이야기를 늘어놓았다고 생각하지 않도록"[24] 당당하게 자신의 발견을 주장하고 실험에 관해 설명했다. 한 주 뒤 수업을 하러 가니 강의실은 텅 비어 있었다. 어떤 교수의 표현에 따르면 어쨌든 그는 "벽을 보고"[25] 강의를 했고, 이는 학계에 몸담았던 시절 내내 종종 있던 일이다. 학생들은 뉴턴의 발견에 아무런 관심을 갖지 않았다. 빛의 수수께끼들이 으레 그렇듯, 그 비밀을 알고자 하는 이들은 호기심이 가장 왕성한 이들뿐이었다.

1660년부터 영국왕립학회 회원들은 그레셤칼리지의, 벽에 나무판을 댄 널찍한 연구실에서 회의를 열어 왔다. 런던타워에서 그다지 멀지 않은 곳이다. 치렁치렁한 가발을 쓰고 프록코트를 입은 이 콧대 높은 학자들이 이글거리는 난로 앞에 모여 있는 모습은 자연 속에서 뭔가를 만지작거리며 노는 소년들 같았다. 회의는 조류(潮流), 날씨, 달의 위상 변화에 관한 연구로 시작하여 실험으로 이어졌다. 왕립학회가 시작되고 얼마 지나지 않아 회원들은 유니콘의 뿔을 검토했다. 생김새의 변형을 연구하는 인기 있는 기형학(畸形學) 분야는 특히 선호도가 높아서, 회원들은 머리가 둘인 송아지, 흉측하게 생긴 사산아, 거대한 종양까지 가지고 왔다. 임신 기간이 몇 해 동안 지속되었다고 알려진 임부들은 자주 연구 대상이 되었고, 벽난로 앞에서 최신의 해부 기술에 희생되는 개, 뱀, 닭 같은 가여운 동물들을 하늘이 보우했다.

자연 지식을 향상시키기 위해 왕립학회는 세계 최초의 과학 학술지도 발행했다. 《철학회보》(Philosophical Transactions)라는 그 제목은, 과학과 철학이 구별되기까지 여전히 아이작 뉴턴을 기다리고 있음을 암시하는 것이었다. 그리고 1671년, 갈릴레오의 굴절망원경보다 훨씬 성능이 좋은 새로운 발명품인 길이 15센티미터짜리 반사망원경을 왕립학회에 보낸 뉴턴은 회원이 되어 달라는 요청을 받았다. 자신이 발견한 내용을 "편견이 있고 비판적인 다수"[26]와 공유하기는 꺼림칙했지만, 자부심이 일어나 요청을 수락했다. 케임브리지에서 런던까지 덜거덕덜거덕 마차를 타고 가야 하는 탓에 학회 회의에 참석하지 못하면서, 나이에 상관없이 사내들 사이에 흔한 뒷말이 뉴턴을 향해 쏟아졌다. 학회에 가입하고 한 달 반쯤 지나 그는 왕립학회 간사인 하인리히 올덴부르크에게 "빛과 색채에 관한 이론"을 설명한 글을 보냈다.

1672년 2월 8일, 왕립학회 회의 개최가 선언되었다. 첫 번째로 오른 의제는 달이 기압계에 미치는 영향에 관한 보고서였다. 다음은 타란튤라 거미가 무는 것에 관한 연구였다. 뒤이어 간사인 올덴부르크가 그날 아침 학회의 독보적인 신입 회원인 케임브리지대학 교수로부터 받은 논문을 발표했다. 학회에 발표하는 논문은 대개 동료 학자들에 대한 찬사나 연구자의 겸손함을 한껏 늘어놓으며 시작하는데, 뉴턴의 논문은 등대의 빛줄기처럼 그 안개를 곧장 뚫고 지나쳤다.

1. 광선들의 굴절성이 저마다 다른 것처럼, 광선들의 성질 또한 서로 다르기 때문에 어떤 특정한 색깔이나 다른 특정한 색깔로 나타나는 것이다. 일반적으로 색깔은 굴절 또는 물체의 반사로 인해 펼쳐지는 빛의 능력이라고 여겨진다. 하지만 사실은 빛의 고유하고도 타고난 속성으로서 광선마다 서로 다른 색깔이 들어 있다.

2. 동일한 색깔은 동일한 굴절 정도를 지니며, 동일한 굴절 정도는 동일한 색깔로 나타난다. '굴절성이 최소한'인 광선들은 모두 '빨간'색으로 나타나는 경향이 있고 …… 가장 '잘 굴절되는 광선들은' …… 짙은 '보라'

색으로 나타난다.[27]

로버트 보일이 집중하여 듣고 있었다. 뉴턴이 지난날 그의 색 이론을 신봉했던 뉴턴보다 열다섯 살 위이고 데카르트와 갈릴레오에 심취한 보일은 여전히 어떤 식으로든 빛이 변화하여 색깔이 나타난다는 생각을 지닌 채였다. 그런데 이제 이 젊고 건방진 자가 빛이 개개의 색채들로 '구성'되어 있다고 주장하고 있지 않은가. 올덴부르크는 계속 읽었다.

　그러나 가장 놀랍고도 경이로운 구성은 '순백'의 빛이다. 홀로 순백으로 드러나는 광선 종류는 존재하지 않는다. 순백은 혼합이 되어야 나타나는 색으로, 앞에서 말한 모든 기본 색상이 다 들어가 적당한 비율로 섞인 것이다. 이렇게 '순백'은 '빛'의 평상시의 빛깔이 된다. 다양한 발광체에서 광선들이 어지러이 발산될 때, 빛은 온갖 색깔의 광선들이 뒤섞인 총체이기 때문이다.[28]

보일이 뉴턴의 이론에 관해 어떻게 생각했는지는 알려져 있지 않다. 학자들이 들어찬 연구실 또 다른 곳에 키가 작고 등이 구부정하며 딴 생각을 품은 사내가 앉아 있었다. 그는 곧 뉴턴의·삶을 비참하게 만들게 된다. 로버트 후크는 전문적으로 현미경을 연구했고 획기적인 저서 《현미경 관찰》(Micrographica)을 펴냈는데 뉴턴도 감탄한 저술이었다. 후크와 뉴턴은 마치 앙숙이 되려고 태어난 것처럼 보였다. 한 사람은 매부리코에 키가 컸고 다른 한 사람은 구부정하고 얼굴에 주름이 졌다. 한쪽은 고독하게 살고 있었고 다른 한쪽은 런던 커피점 같은 데서 늘 볼 수 있는 사람이었다. 한 명이 천재라면 다른 한 명은 필사적으로 그런 찬사를 얻어 내려 했다. 두 사람의 30년 동안의 반목이 시작된 때가 그 2월의 오후는 아니었다. 후크는 반듯하게 앉아 뉴턴의 논문이 낭독되는 걸 들었고, 뒤이어 이론이 도용되지 않도록 논문을 출간해야 하는지를 결정하는 만장일치 투표에 참여했다. 하지만 회의가 연기되자 후크는 인근의 조스 커피하우스로 자리를 옮겼다. 템스강에서 몇 블록 떨어진 플리트스트리트의 그곳에서 새로운 라이벌에 맞설 계획을 세우기 위해서였다.

후크는 프랑스 사람인 데카르트의 팬은 아니었지만 빛이 압력이라는 말이나, 토머스 홉스가 상정하듯 태양의 맥동이라는 데 동의했다. 색깔은 흰색과 검정에만 한정되고, 나머지 색은 "일정치 않게 맥동하는 비스듬한 빛이 망막에 남기는 인상"[29]에서 비롯된다고 믿었다. 백색광이 구성 요소들로 갈라져 나타나는 것이 색깔이라는 이론은 후크에게 이치에 맞지 않다고 느껴졌다. 그런 말도 안 되는 논리가 확산되는 건 위험해 보였다. 뉴턴의 이론에 답변서를 작성하는 과제가 왕립학회의 실험기획자인 후크에게 맡겨졌다. 논문을 잠깐 검토하고 아무런 실험을 하지 않은 채 그는 글을 쓰기 시작했다.

케임브리지에서 뉴턴은 왕립학회가 논문을 출간할 것이라는 소식을 듣고 기뻤다. 하지만 며칠 뒤 후크의 답변서를 읽었다. "뉴턴 씨의 탁월한 담론"[30]을 치하하면서도, 후크는 모든 프리즘 실험이 몇 년 전에 행해진 것이라고 주장하며 독창적인 실험은 아니라고 퇴짜를 놓았다. 또한 순백의 빛 안에 원색의 '여러' 광선이 들어 있다는 주장을 비웃었다. "그가 주장한 바로 그 실험들조차 빛이 동질이고 균일하며 투명한 매질을 통과하는 맥동 또는 움직임일 뿐임을 입증하는 것으로 보인다."[31] 프리즘이 빛을 '분할'할 수는 있겠지만, 색깔이란 게 음향이 어우러지는 오케스트라라기보다 훨씬 뚜렷하게 구분되는 거라고? "색채는 그러한 맥동이 투명한 다른 매질을 통과하면서 생기는 빛의 교란일 뿐이다. …… 그리고 자연에서 가장 단순한 두 가지 색깔은 굴절이 일으키는 복합적인 맥동의 결과 또는 움직임의 교란된 전달일 뿐이다."[32] 후크는 자신이 몇 해 전에 만든 것과 무척 비슷한 작은 망원경을 개선하는 데 시간을 쓰는 편이 뉴턴 씨에게 좋겠다고 주장하며 글을 마무리했다.

분노에 색깔이 있다면 물론 핏빛 붉은색이겠지만, 뉴턴의 분노는 늘 집안을 장식하고 있던 긴 커튼과 가구처럼 짙은 붉은색이었을 것이다. 그는 최대한 분노를 억누르고 왕립학회에 자체적으로 실험을 해달라고 요청했다. 하지만 후크는 거절했고 딱딱한 서신 왕래가 그 봄 내내 이어졌다. 후크는 그 모든 것을 이미 다 확인한 것이라고 주장했고, 뉴턴은 답신에서 그저 실험을 '해보라'는 요청을 거듭했다. 왕립학회의 천문학자 존 플램스티드는 프리즘이 실제로 하나의 빛줄기를 여러 색깔로 분산하지만, 각 색깔은 다른 색깔과 뒤섞여서 "명료하지 않고 온갖 색이 혼합된 색이 나타난다"[33]고 왕립학회에서 장담했다. 왕립학회의《철학회보》가 뉴턴의〈빛과 색체에 관한 이론〉을 실어 펴내자 더 많은 의심이 파리에서부터 전해졌다. 뉴턴의 길쭉한 스펙트럼은 태양의 여러 부분에서 나온 빛이 프리즘을 통과해서 생긴 것이라고 의심 많은 어느 프랑스 사람은 썼다. 그리고 색깔들은 검은색과 흰색의 혼합일 뿐이라고 이 데카르트의 제자는 주장했다.

뉴턴은 1672년 여름을 시골에서 보냈다. 그는 더 많은 광학적 발견을 성취했지만 이제는 밖에 내놓지 않았다. 빛에 관한 그의 혁명적인 이론은 몇 안 되는 호기심 많은 이들 사이에서만 토론되었고, 세상의 나머지 사람들에게 알려지기까지는 30년이 더 지나야 했다. 후크는 뉴턴의 독창적인 논문을 재검토하라는 지시를 받고, 둘이서 비밀리에 교신하자고 자신의 라이벌에게 제안했다. 뉴턴은 수락했지만 불화는 결코 여기서 끝나지 않았다.

곧이어 의심은 더욱 퍼졌다. 네덜란드 천문학자 크리스티안 하위헌스(호이겐스)는 빛은 딱 두 가지 색조만 포함하고 있지만 검은색도 흰색도 아니라고 주장했다. "뉴턴 씨가 왜 노랑과 파랑 두 색깔에 만족하지 않는지 모르겠다. 이 두 색의 차이를 해명해 주는 운동을 기초로 가설을 세우는 것이, 다른 색깔들을 전제하고 그만큼 많은 가능성을 해명하는 것보다 훨씬 쉬울 텐데 말이다."[34] 뉴턴은 "저명한 천문학자께서 세상을 두 가지 색으로 칠하고 싶다면 차라리 화가가 되라"고 답변했다.

1673년 3월, 뉴턴은 왕립학회를 탈퇴하겠다고 요청했고 간사인 올덴부르크는 요청을 무시했다. 하지만 뉴턴 씨로부터는 완전히 소식이 두절되었다. 나중에 시인 윌리엄 워즈워스가 뉴턴을 떠올리며 표현했듯이, 그 뒤 두 해 동안 뉴턴은 자신의 프리즘과 함께 "사색의 낯선 바다를 외로이 항해"[35]했다. 갓 서른의 나이였지만 그의 긴 머리는 희끗희끗하고 헝클어졌다. 왕립학회와 연을 맺고 자신의 발견을 방 밖으로 내보낸 것이 후회스러웠다. "나는 여태껏 허깨비를 잡겠다고 진짜 중요한 문제인 내 평온을 희생해 왔다"[36]고 그는 썼다. 그는 로버트 후크나 크리스티안 하위헌스, 또 빛에 관한 토론에 관심을 가질 어느 누구에게도 더는 편지를 보내지 않았다. 촛불을 밝힌 방에서 연구하면서 그는 물질과 운동뿐 아니라 연금술과 고대 문명에 관한 연구로 공책을 채워 나갔다. 트리니티칼리지의 좁다란 오솔길을 걸으며 숙고하고 사색했고, 가끔은 걸음을 멈춰 막대기를 주워 들고는 자갈길에 방정식을 썼다.

뉴턴을 은둔하게 만든 불화는 단순한 색의 문제가 아니었다. 과학혁명이 꽃을 피우게 되자 빛의 본질도 파악되었다. 1600년대 중반, 영국에 확산되고 있던 퀘이커교파는 하느님의 "내적인 빛"[37]을 추구하고 있었지만, 어떤 철학자나 과학자도 빛을 영적인 것으로 생각하지 않았다. 빛은 '어떤 것'으로 만들어진 '어떤 것'이고, '어떤 것'처럼 작용해야 했다. 하지만 그게 무엇인가? 방향을 잘못 잡은 로버트 후크는 빛이 맥동이라는 자신의 이론에 집착했다. 다른 이들은 빛이 압력이라는 데카르트의 이론을 고수했다. 그러나 새 이론이 부상하고 있었다. 어쩌면 빛은 테니스공이나 막대기로 전달되는 진동 같지 않을 것이다. 빛의 최상의 모형을 발견할 수 있는 곳은 대양의 언저리일지 모른다.

1661년으로 돌아가서, 뉴턴이 케임브리지에서 막 학업을 시작했을 때 볼로냐의 어느 교수는 이미 빛의 또 다른 난제에 주목했다. 광학을 가르치는 사람이었지만, 프란체스코 그리말디 신부에게는 빛이 무엇인지 설명할 수 있다는 망상이 전혀 없었다. "정직하게 말해서 우리는 빛의 본성에 관해 진실로 아는 바가 없고, 의미도 없는 거창한 말을 사용하는 건 정직하지 못하다"[38]라고 이 예수회 신부는 썼다. 그러나 그림자를 연구하면서, 그리말디 신부는 레오나르도 다빈치를 뒤흔든 무언가를 알아챘다. "그림자는 두 부분으로 나뉘는데, 첫 번째 그림자는 일차 음영, 두 번째는 파생 음영이라 일컬어진다"[39]고 레오나르도는 썼다. 레오나르도는 더 어두운 본영(本影)을 둘러싼, 윤곽이 흐릿한 그림자인 파생 음영을 반사된 빛이라 보았으나, 그리말디 신부는 또 다른 원인을 간파했다. 그는 덧창에 작은 구멍을 내고 빛다발이 들어오게 했다. 빛살을 동전으로 가로막자 그 그림자는 본디 그림자보다 윤곽이 흐릿하고 조금 더 컸다. "빛의 전파나 확산에는 직사와 굴절, 반사만 있는 것이 아니라 네 번째 방식인 회절도 있다"[40]고 그리말디는 결론을 내렸다.

빛이 단단한 모서리를 지나치면서 약간 휘는 현상인 회절(回折)은 윤곽이 흐릿한 그림자를 해명해 주었다. 또한 그리말디가 표면을 긁은 금속판에 빛을 반사시켰을 때 빛줄기들이 흩어져 희미한 빛깔을 띠는 이유도 설명해 주었다. 그리말디가 표면을 긁은 금속판은 최초의 회절격자였다. 오늘날 회절격자는 장난감에 무지개 패턴을 만들고, 홀로그램의 중요한 부분이다. 모든 DVD와 CD는 빛을 회절시켜 색채를 일렁이게 하는데 이는 새의 깃털이 하는 일과 비슷하다. 빛의 미립자들은 회절을 설명할 수 없다. 입자라면 어떤 모서리를 지나가도 그 주변에서 흩어짐이 없기 때문이다. "빛의 변화에 의해 빛은 지속적이고 뚜렷한 색채를 띠게 되는데, 그 변화는 아마 파동(undulation)에서 비롯된다고 말할 수 있을 것이다"[41]라고 그리말디는 썼다. 그리말디 신부는 1663년에 숨을 거두었고 더 나아간 실험을 하지는 못했다. 예수회에서는 그를 안장한 묘지에 "그리말디는 우리 사이에서 말다툼조차 없이 살았다"[42]고 새겼다. 하지만 빛이 '파동'이라는 그의 의견이 일으킨 논쟁은 250년 동안 이어지게 된다.

1670년대 중반에 뉴턴을 비판하던 이들 가운데 한 사람이 떠오르고 있던 빛의 '파동설'을 체계화했다. 크리스티안 하위헌스는 아르키메데스, 데카르트, 그리고 아마도 뉴턴에 필적할 만한 수학자였다. 확률론의 선구자이고 토성 고리의 발견자인 하위헌스는 파리에서 연구를 하는 동안 《빛에 관한 논고》(Traité de la lumiére)에 착수했다. 단 90페이지짜리 논문은 빛이 무엇인가에 관한 현존하는 모든 이론을 논했다. 빛은 압력일 수 없다고 하위헌스는 말했다. 그렇다면 서로 눈을 바라보고 있는 두 사람이 어떻게 되겠는가? 서로 반대 방향의 압력이 부딪혀

서 시력을 방해하지 않겠는가? 또 빛은 데카르트와 뉴턴의 믿음과 달리 공기보다 물속에서 더 빠르게 지날 수 없다. 유리, 물, 프리즘 같은 더 밀도 높은 매질은 모두 빛이 속도를 느리게 하고 그 광선은 휘게 한다. 하지만 빛은 광선인가 아니면 직선으로 흐르는 입자인가? 빛은 해안에 부딪히는 파도 같은 파동이어야 한다고 하위헌스는 주장했다. 파동의 각 부분이 또 다른 부분과 부딪히면 2차로 잔파동을 일으키고 이는 파두의 주변으로 번진다. 파동과 잔파동이 어떻게 굴절하는지 예측하기 위해 하위헌스는 인접 삼각형을 이용하여 각도를 계산하고 연쇄 운동을 분석했으며 스넬데카르트 굴절법칙을 적용했다. 그 결과 파동 운동의 정확한 수학적 모형이 도출되어 빛에 쉽게 적용되었다. "무수한 파동이 발광체의 다양한 지점에서 방출되더라도 발광체와 먼 거리에서 함께 단일한 파동을 형성하여 감지될 만큼 강해진다는 걸 알면 우리는 앞으로 놀랄 일이 없을 것이다."[43]

하위헌스는 뉴턴처럼 결과를 공개하지 않았다. 무려 12년 동안 논문을 발표하지 않는다. 그즈음 뉴턴은 고독에서 벗어나 왕립학회에 두 번째로 논문을 보냈다.

1675년 크리스마스 시즌 내내 왕립학회 회의에서는 동물을 고문하거나 기형을 연구하는 일을 하지 않았다. 대신 회원들은 뉴턴의 "빛의 성질을 설명하는 가설"을 두고 토론했다. 뉴턴은 여느 때처럼 불참했다. 며칠 오후 동안 회원들은 이글거리는 난로 앞에서 토론을 이어 가고 있었다. 뉴턴의 최근 논문은 이전 비판으로 입은 상처를 드러냈다. 일반적으로 그는 실증적 증명에만 근거를 두었지만, 이번에는 자신의 담론을 가설이라 이름 붙였다. 그 덕분에 그는 빛이 무엇인가를 자유롭게 추론했지만, 해답을 내놓는 데는 여전히 조심스러웠다.

　내가 하나의 가설을 세운다면 아마 이 논문일 것이고 더 일반적인 수준으로 논하려 한다. 빛이 무엇이다라거나, 더 나아가 그래서 빛은 어떤 것이라거나 또는 에테르에서 진동을 일으킬 수 있는 다른 어떤 것이라고 정의하지 않기 위해서다. …… 어떤 이는 빛은 멀리 있는 발광체에서부터 상상하기 어려울 만큼 작고 빠르며 다양한 크기의 무수한 미립자가 하나씩 튀어나오는 것인데, 그 시차는 감지할 수 없으며 운동 법칙에 의해 쉼 없이 전진한다고 가정할 수 있다. …… 또 어떤 이는 빛이 영적인 것이지만 역학적인 면이 나타날 수 있다는 데 기꺼이 동의할 것이다. ……[44]

뉴턴의 최신 가설로 인해 로버트 후크와 동료들은 런던의 커피하우스에서 기나긴 논쟁을 벌였다. 건축가 크리스토퍼 렌은 1월의 토론에 참여했고, 그즈음 후크는 자신의 일지에서 "나의 맥동 또는 파동 가설을 뉴턴 씨가 받아들였다는 걸 증명했다"[45]고 자랑했다. 하지만 뉴턴이 더 많은 실험 결과를 제출했을 때 후크는 얼굴이 화끈 달아올랐다.

《현미경 관찰》(Micrographica)에서 후크는 얇고 투명한 판들을 서로 겹쳤을 때 다채로운 색상의 동심원들이 나타나고 가운데가 검은 타원임을 묘사했다. 후크는 이 동심원들을 관찰했을 뿐이지만, 이제 뉴턴은 그 원리를 설명했다. 뉴턴은 두 프리즘을 겹쳤을 때 처음으로 동심원들을 보았는데 으스스하고 움직이고 유리 사이에 떠 있는 것처럼 보였다. 중심 부분을 둘러싸고 있는 "여러 빛깔의 가느다란 많은 호가 처음에는 마치 나사선 같은 모양을 띠었다."[46] 뉴턴은 얇은 판들을 겹치면 동심원들이 커지고 물을 묻히니 사라지는 현상을 관찰했다. 그는 동심원들을 스케치하고 어두운 중심을 둘러싸고 있는 각 색깔에 꼬리말을 달았다. 그리고 굴절을 계산하고 오늘날 뉴턴의 원무늬라 일컫는 것의 원주를 측정했다. 뉴턴의 실험 기록을 읽던 후크는 참을 수 없었다. 후크에게 발견의 공을 돌린 뒤 그 덕분에 관찰할 수 있었다는 뉴턴의 답변 때문이었다. "내가 힘들여 알아낸 사실을 사용할 수 있도록 그가 허락하리라 믿는다."[47] 그리고 왕립학회 회원들이 계속 자신의 이론을 반박하자 뉴턴은 처음에 했던 호소를 되풀이했다. 실험을 '해보라'고. 결국 실험을 했다. 스톤헨지의 하지가 "태양의 생일"처럼 보인다면, 빛의 근대적 개념은 그 탄생 날짜와 장소를 얻었다.

런던 그레셤칼리지, 1676년 4월 27일. 뉴턴을 제외하고 모든 왕립학회 회원들이 참석했다. 밖에는 봄꽃들이 흐드러져 있다. 건물 안에서는 구부정하고 왜소한 로버트 후크가 덧창 구멍으로 들어온 빛줄기를 프리즘에 맞추었다. 직사각형의 화사한 색상들이 벽에 나타났다. 후크는 하나의 색깔을 골라 두 번째 프리즘을 통과하게 했다. 빨간색은 그대로 빨간색이었다. 후크는 각 색상을 겹쳐 가며 다른 색조를 만들어 본 뒤 뉴턴의 다른 방법들도 재연했다. 왕립학회의 그날 기록에 따르면, 빛은 "뉴턴 씨의 지시에 따라 움직이고, 그가 한결같이 주장했던 대로 움직임을 이어"[48] 갔다.

1677년 뉴턴은 《광학》 출간 준비를 시작했지만 트리니티칼리지의 연구실에 화재가 나 많은 원고를 잃고 말았다. 뒤이어 왕립학회 간사인 하인리히 올덴부르크가 숨을 거두었다. 그 빈자리에 회원들이 앉힌 이는 로버트 후크였다. 뉴턴은 은거에 들어갔다. "새로운 어떤 것도 내놓지 않겠다고 결심하든가 아니면 그것을 지키기 위해서 노예가 되든가 해야

함을 알기 때문이다."[49] 그 뒤 10년 동안 그는 벽을 보고 강의하고, 연금술, 그리고 스스로 세계 최고의 철학자라고 일컬은 솔로몬의 성전에 관한 논고들을 저술했다. 홀로 지내면서 중력과 운동을 연구하고, 자신의 '기적의 해'에 가장 영향력이 큰 창조였던 미적분학을 세밀하게 손질했다. 독일 철학자 고트프리트 라이프니츠도 같은 시기에 그 나름의 미적분학을 정립했으나, 뉴턴이 더 자세하게 공표한 덕분에 뉴턴의 미적분학이 즉각 신임을 얻었다. 1687년, 뉴턴의 우주는 빛에 관한 연구를 제외하고는 《프린키피아》(Philosophiae Naturalis Principia Mathemetica)에 등장했다. 라틴어로 쓰이고 방정식, 공리, 문제, 정리가 가득 담긴, 양피지 장정의 이 우주는 많은 언어로 번역된 결과 소수의 빛 연구자 무리를 훨씬 뛰어넘는 인기를 뉴턴에게 가져다주었다. 프랑스의 한 철학자는 뉴턴에 관해 의문을 던졌다. "먹고 마시고 잠을 자기는 하는가? 그는 다른 사람들과 비슷한 사람인가?"[50] 스코틀랜드의 수학자는 뉴턴에게 감사를 전하길 "그 누구도 알 거라고 내가 기대조차 하지 않았던 것들을 애써 세상에 가르쳐 주었다"[51]고 했다. 그리고 1698년, 러시아 표트르 대제는 런던에 왔을 때 3대 기적인 영국 조선소, 영국 조폐국, 그리고 아이작 뉴턴을 보고 싶다고 했다.

이름이 알려지면서, 뉴턴은 광학적 발견을 출간하라는 채근을 받았다. "아직은 출간하고 싶은 마음이 없다고 말하는데, 왜 그러는 겁니까?" "아니, 지금이 아니라면 언제가 될까요? …… 그러면 당신은 명성을 놓치고 우리는 혜택을 놓치는 것입니다"[52] 하고 한 수학자는 뉴턴에게 서신을 보냈다. 뉴턴의 대답은 침묵이었다. 1703년 '마침내' 로버트 후크가 숨을 거두었다. 왕립학회 회원들은 만장일치로 뉴턴을 그 후임으로 선출했다. 연구와 은둔은 그즈음 "가엾고…… 창백하며…… 소심한 사람"을, 한 동료의 표현에 따르면 "내가 아는 한 가장 두려움 많고 신중하며 의심 많은 성격"[53]의 소유자로 바꾸어 놓았다. 그러나 그의 이론을 반박하는 사람은 거의 없었고, 후크가 세상을 떠남으로써 뉴턴은 빛에 관해 그 오래전에 발견했던 사실을 마침내 세상에 알렸다.

《광학》은 1704년에 출간되었다. 그 실험들은 정확성의 본보기였으나, 빛의 몹시 변덕스러운 작용을 서술하는 건 여전히 어려웠다. 뉴턴은 고군분투했다. 물이 왜 빛의 입자 일부는 반사시키고 다른 일부는 굴절시키는지를 설명하면서 그는 "용이한 반사 주기"(fits of easy Reflexion)와 "용이한 투과 주기"(fits of easy transmission)[54]의 '주기'를 말했다. (발광체로부터 방출된 빛의 모든 입자는 그것이 부딪히는 표면에서 일정한 간격을 두고 반사되거나 투과되는 성질을 지닌다고 뉴턴은 보았다. 용이한 반사 주기에 입사한 광선은 표면에 닿자마자 반사되고, 용이한 투과 주기에 입사한 광선은 투과되는 것이다. 뉴턴은 입자설을 신봉했지만, 이 주기성은 빛을 입자이자 파동으로 바라보아야 할 필요성을 물리학 최초로 암시한 것이었다 ─ 옮긴이) 흡수된 빛은 "억제되거나 소실"[55]되고, 나머지 빛은 "밖으로 빛나지만,"[56] 그 공통된 속성은 그저 "평범"[57]했다. 골치 아픈 내용이긴 했어도 《광학》은 프리즘이 광선을 굴절시키듯 극적으로 빛에 관한 이해를 높여 주었다.

책의 처음 두 절에서 뉴턴은 수십 년 전에 했던 실험들을 설명했다. 프리즘과 동심원. 《광학》의 페이지를 넘기다가 보게 되는 한 그림에서, 빛은 구멍 F로 들어와서 프리즘 ABC를 비추고 렌즈 MN을 통과하여 개별적인 빛줄기 P, R, T로 나타난다. 명제는 문제로 펼쳐지고, 문제는 정리로 정돈되었다. "예리한 지성과 높은 이해력을 지녔지만 광학에 조예가 깊지는 않은 독자들을 위한 입문서"[58]를 썼다고 뉴턴은 서술했지만, 그 책을 읽으려면 데카르트 기하학에 대한 완벽한 이해가 필요했다. 3권에서 뉴턴은 그리말디 신부를 '그리말도'[59]라고 일컬으면서 그가 발견한 회절을 재연하려고 했다. 예수회 신부였던 그리말디처럼 뉴턴은 최대한 가느다란 빛을 사용했는데, 측정해 보니 42분의 1인치의 빛줄기였다. 그는 그 빛을 한 올의 머리카락에 비추었다. 또 두 개의 칼 날 사이로 비추었다. 흰 종이를 가까이 댔다 멀리 댔다 했다. 색색의 띠와 "혜성의 꼬리처럼"[60] 생긴 두 개의 빛줄기를 보았지만, 빛이 나아가는 이 네 번째 방식에 관해서는 결론을 내리지 못했다. 그는 회절에 관한 완벽한 연구를 계획했으나, 완벽함을 추구하는 그의 지성이 요구하는 만큼 정확하게 정의를 내릴 수는 없었다. 대신 그는 여러 가지 의문들로 논문을 마무리하며 더 깊은 연구로 안내했다.

《광학》에 실린 스물여덟 가지 의문은 빛이 아이작 뉴턴마저 얼마나 괴롭혔는지를 드러낸다. 에테르에 관해서 그는 "공기보다 훨씬 미묘한 매질"[61]이라고 추측하면서도 "이 에테르라는 게 무언지 모르겠다"고 시인했다. 파동설에 바치는 오마주로서, 그는 "광선은 물체의 모서리와 측면을 지날 때 장어가 움직이듯 구부러지는 건 아닌가?"[62] 하고 질문했다. 당시 네덜란드의 천문학자가 목성의 위성들을 관측하며 빛의 속도를 측정했기에 뉴턴은 과감하게 자신의 추정치를 초속 315,431킬로미터, 태양빛이 지구에 도달하는 데 7분이 걸린다고 발표했다. 오차는 딱 1분, 초속 16,093킬로미터가 어긋났다. 마지막으로 뉴턴은 빛의 본질을 파고들었다. 그런 그가 연금술사, 신비주의자, 구도자였다는 건 아무도 몰랐지만, "광선이란 게 발광 물질에서 방출되는 매우 작은 입자들은 아닌가?"[63] 그리고 변화는 자연의 변함없는 본성으로서 올챙이가 개구리가 되고 구더기가 파리가 되는 거라면, "왜 자연은 형체를 빛으로, 빛을 형체로 변화시킬 수 없는가?"[64] 인류는 이런 질문들에 이미 답을 내놓았을 수도 있었지만 안타깝게도 그럴 수 있는 소중한 시간을 "가짜 신들 …… 태양과 달, 죽은 영웅들의 숭배"[65]에 낭비했다고 뉴턴은 결론을 내렸다. 이후 그는 《광학》 개정판을 거듭 펴내며 의문을 더 보태면서도 실험은 초판 그대로여서 점점 더 많은 이들에게 호기심을 불러일으켰다.

현인이자 시인인 알렉산더 포프는 뉴턴이 《광학》을 출간하자 "모든 것이 환해졌다"[66]고 여겼다. 하지만 과학혁명은 이데올로기 장벽을 허물겠다고 돌진하지 않는다. 대신 철학자 토머스 쿤이 말했듯이, 새로운 이론들이 점점 늘고 대립과 논쟁이 벌어진 끝에 패러다임이 변화하는 것이다. 1704년 왕립학회는 뉴턴의 《광학》에 침묵으로 일관했다. 그것은 씁쓸한 기억을 되살리는 옛이야기일 뿐이었다. "런던에서 이 책은 《프린키피아》 같은 떠들썩함을 일으키지 못한다"[67]고 존 플램스티드는 썼다. 왕립학회와 견줄 만한 파리의 과학아카데미는 10차례에 걸쳐서 뉴턴의 논문을 경청했으나 당연하게도 데카르트 씨를 여전히 신뢰했다. 프랑스인 몇 명이 뉴턴의 프리즘 실험을 재연했으나, 나머지 사람들은 서툴렀고 명확한 증명을 하지 못했다. 의심하는 시각은 1720년대에까지 이어졌다. 그 무렵 아이작 뉴턴 경은 여든이 넘은 나이로 신장결석에 시달리며 쇠약해져 갔다. 1727년 숨을 거두었을 때 장례식은 완전히 국장으로 치러졌는데, 평민으로서는 최초의 사례였다. 웨스트민스터 사원 고딕의 빛에 싸인 뉴턴의 관을 본 이들 가운데, 망명 중인 프랑스 작가가 있었으니 볼테르라는 이름으로 통하는 사람이었다. 그는 집에 보내는 편지에 "내가 본 수학 교수는 학자로서 위대했고, 신민들에게 자애로웠던 왕처럼 장례가 치러졌다"[68]고 썼다.

볼테르는 프랑스로 돌아가 우아한 샤틀레 부인을 만났다. 부인은 수학 천재였지만 볼테르는 주눅 들지 않았다. 두 사람은 곧 함께 살면서 유럽 사회에 뉴턴을 가르치기 시작했다. 부인은 《프린키피아》를 프랑스어로 번역했고, 볼테르는 《철학편지》(Lettres philosophiques sur les Anglais, 1733)에서 뉴턴을 일컬어 "천년 세월 동안 그에게 필적할 만한 이를 찾기 힘들다"[69]며 추켜세웠다. 뉴턴은 "최고로 유능한 사람이 인체를 해부하는 것보다 더 능숙하게"[70] 빛을 해부했다고 평가하면서, 볼테르는 "이분이 오시도다"라고 선언했다. 《철학편지》는 프랑스를 비판하는 내용 탓에 파리에서 금서가 되었다. 볼테르는 다시 망명길에 올랐다가 샤틀레 부인과 재결합하고는 뉴턴에 관한 글을 쓰기 시작했다. 창조된 이후 처음으로, 빛은 이제 지고지순한 신비론자나 말이 장황한 마법사가 아닌 당대에 가장 필력 높은 작가에 의해 설명된다.

되도록 가장 널리 읽히는 것을 목표로, 볼테르는 프톨레마이오스의 컵 속 동전부터 그리말디의 회절에 이르기까지 광학의 근본 원리를 끈기 있게 설명했다. 빛은 "불 자체"이고, "태양에서부터, 그리고 멀리는 토성 등으로부터 상상을 뛰어넘는 놀라운 속도로 우리에게 던져진"[71] 입자들로서 전해진다고 볼테르는 선언했다. 볼테르는 빛이 포탄보다 166만 배 빠르다고 추측했다. 그는 입자설을 설명하면서, 빛의 입자 하나하나는 정해진 무게를 지니며 빨간색이 가장 무거워서 가장 크게 굴절된다고 했다. 그는 무지개와 굴절된 빛의 경이로움을 이야기하며, 자신처럼 프리즘으로 직접 관찰해 보라고 독자들에게 권했다. 그리고 여전히 데카르트 씨 편을 드는 이들을 비웃었다. "프랑스에서 태어났다는 이유로 영국 사람이 알아낸 진리를 받아들이는 게 수치스러운 것인가?"[72]

1738년 《뉴턴 철학의 요소들》(Éléments de la philosophie de

Newton)이 파리에서 출간된다. 그리고 패러다임이 변화했다. "파리 전체에 뉴턴이 울려 퍼지고 있다. 파리 전체가 뉴턴을 더듬더듬 따라 말한다. 파리 전체가 뉴턴을 학습하고 배우고 있다"[73]고 어떤 이는 썼다. 볼테르의 한 친구는 이탈리아에 뉴턴을 소개하기 위해 《숙녀를 위한 뉴턴》(Il Newtonianismo per le dame)을 저술했다. 나머지 18세기 동안 뉴턴은 빛이 되어 대륙에 퍼져 나가고 굴절되고 그가 예측한 그대로 움직였다. 《광학》은 대학교에서 강의되고 시에서 칭송되고 궁정에서 환영받았다. 별개이고 지속적인 색깔들로 백색광이 구성되어 있다는 그 기본 주장은 상식이 되었다. 어떤 멍청이라도 프리즘이 있으면 아이작 뉴턴만큼 빛에 관해 알 수 있었다. "보려고 하는 이들의 눈에는 새로운 우주가 저절로 열리는 법"[74]이라고 볼테르가 말한 것처럼.

뉴턴은 컴컴한 방에서 홀로 프리즘을 "덧창 구멍에 …… 그 축이 세계의 축과 평행하도록" 둔다. 반대편 벽에 책을 기대어 펼쳐 놓는다. 프리즘과 책 사이에 렌즈를 고정한다. 프리즘을 조정하면서 빛의 색깔들이 렌즈를 통과한 뒤 빨간 빛줄기 하나가 책의 한 페이지에 맺히도록 한다. 그는 선 채로 태양이 소리 없는 쇼를 펼치도록 한다. "그리고 나는 계속해서 태양의 움직임에 따라, 그 결과 책에 나타나는 그 이미지의 움직임에 따라, 그 빨간색부터 파란색까지 모든 색깔이 문자들 위를 지나가게 했다."[75]

9장

격정적이고도 조화로운 선율

낭만주의와 매혹의 빛

시인의 목소리를 들으라,
그는 현재와 과거와 미래를 보고
태고의 숲을 거닐던
거룩한 말씀을 귀로 들었으니

타락한 영혼을 부르고
이슬에 젖어 흐느끼며
별이 흩뿌려진 하늘을 움직이고
타락한 빛을 되살리리라!
- 윌리엄 블레이크, 〈목소리를 들으라〉

흩날리는 눈과 떠도는 구름처럼 빛은 침묵 속에 우리를 달래 준다. 이글이글 떠오르는 아침 해가 펼쳐 보이는 장관은 묵음이다. 밤 동안 하늘을 굴러가는 별자리들의 바퀴는 아무런 소리를 내지 않는다. 별똥별의 뚜렷한 꼬리조차 고요함을 깨뜨리지 않는다. 오로지 우리 내면에서만 천상의 빛의 음악이 흐른다. 동영상 배경음악을 만들 듯, 해와 달을 지켜보는 우리 머릿속에는 협주곡이 흐른다. 일출은 베토벤이고 일몰은 모차르트이다. 그러나 빛이 처음으로 음악이 되었을 때, 빈 콘서트홀의 그 누구도 준비되어 있지 않았고 빛이 소리를 내는 걸 아무도 들어 본 적이 없었다. 때는 1798년, 낭만주의 시대의 동이 텄다.

전쟁터를 뒤덮은 화염처럼 이글거리며, 낭만주의 시대는 이성적이고 분석적이며 '계몽'이라는 딱지가 붙은 모든 것에 저항했다. 바이런에서 괴테, 쇼팽에서 키츠에 이르기까지 낭만주의자들은 뉴턴의 실증주의, 루소의 '사회계약', 이마누엘 칸트의 '순수이성'을 거부했다. 낭만주의자들은 산업화하고 있는 대중보다 개인을 옹호하고, "간섭하는 지성"[1]보다 가슴으로 느껴지는 감정을 선호했다. 무엇보다도 아름다움과 갈망의 미묘한 혼합을 "숭고한 것"[2]으로 소중히 여겼다. 낭만주의자들은 사랑에 빠지고 또 빠졌으며, 마시고 쓰고, 마시고 그리고, 마시고 작곡하면서 비극으로 치달아 가는 사건들에 휘말렸다. 예술이나 사랑하는 이의 눈동자에서 낭만을 발견할 수 없을 때는 자연에서 낭만을 찾았다. 달빛 어린 묘지나 이탈리아의 해변을 따라 한참을 걸으며 바람과 파도, 빛이 주는 황홀감에 젖었다.

낭만주의는 아이작 뉴턴을 네메시스(그리스 신화에 나오는 복수의 여신으로 '숙적'을 뜻한다―옮긴이)로 삼았다. 18세기 내내 뉴턴의 업적은 전설에 가까워졌다. 학자들에 의해 인용되면서도 누구에게나 알려진 뉴턴은 계몽주의 시대 세속의 신이라도 되듯 "우리의 철학적 태양,"[3] "신 같은 사람,"[4] "그 자체가 빛"[5]이라고 칭송되었다. 1784년, 프랑스의 한 건축가는 뉴턴 기념비를 주제로 하는 모델 시티를 계획했다. 빛의 세례를 받는 기초부에 직경 228미터의 건축물이 자리 잡은 모습이다. 기념비는 실제로 건축되지 않았지만 뉴턴의 빛은 상승세를 탔다. 물리학뿐 아니라 예술과 문학 연구자들이 빛이 어떻게 굴절되고 반사되는지, 빛을 구성하고 있는 것이 무엇인지 그 원리를 알고자 했다. 작가들은 대중소설에 빛을 이용했다. 레뮤얼 걸리버는 그 유명한 여행에서 라퓨타 섬에 사는 사람들을 만났는데, 그들은 빛을 낙으로 삼아 별을 연구하고 아침에 태양의 건강을 확인하는 것으로 하루를 시작한다. 화가들은 뉴턴에 경의를 표하는 뜻으로 색상환, 색의 삼각형, 색입체 같은 정교한 색상표를 만들었는데, 이는 뉴턴 스펙트럼의 색상을 구조화한 것이었다. 프랑스 화학자 앙투안 라부아지에는 자연 원소 총 33개를 정리했는데 그 첫 번째는 후대의 주기율표가 정한 것처럼 수소가 아닌 빛이었다.

계몽주의 시대 내내 철학자와 천문학자는 우주를 확장했다. 1755년에 이마누엘 칸트는 밤하늘의 광막함을 추측한 최초의 인물이었다. "거대한 은하수를 채우고 있는 무수히 많은 세계와 우주를 보게 될 때 우리는 얼마나 놀라겠는가!" 하고 칸트는 썼다. "끝도 없고 참으로 거대한 심연만 존재하니, 그것을 마주하여 인간이 가질 수 있는 모든 상상은 소진되어 침몰한다"[6]고 썼다. 한 세대 뒤에 천문학자 윌리엄 허셜은 너무 멀어서 육안으로 보이지 않는 행성인 천왕성을 발견했다. 누이동생 캐롤라인과 함께 연구하면서 허셜은 계속 성운을 발견해 가는데 그 수가 수백을 헤아린다. 은하수 너머에 있는 것은 천상의 빛을 가리고 있는 지구의 그림자가 아니라 "미래 태양이 될 무질서한 재료"[7]로 얼룩져 있는 거대한 허공이라고 허셜은 말했다. 빛은 항성의 본질이고, 태양은 수십억 항성 가운데 하나에 지나지 않는다. 이는 볼테르가 뉴턴의 프리즘을 통해 엿보았던 "새로운 우주"의 일부였다. 그러나 어떤 이들은 그것을 보려고 하지 않았다.

한 세대 동안 낭만주의가 경외한 빛은 어두운 방을 꿰뚫는 빛줄기 이상이고 항성의 본질 이상의 것이었다. 아마 그것은 더 이상 신이 아니고 더 나아가 신의 자화상도 아니었을 테지만, 낭만주의는 빛을 아름다움과 초월의 본질로 바라보았다. 거울과 프리즘, 방정식 같은 과학의 도구들이 "타락한 빛"에서 위엄을 빼앗았을지라도, 예술의 도구들은 그것을 복구하게 된다. 그리고 낭만주의 시대 내내 빛은 시로 칭송되고 교향곡으로 완성되었다. 태양은 캔버스에서 그 어느 때보다 환하게 이글거리고, 달 또한 그에 못지않았다. 빛의 낭만주의 시대, 그것은 오케스트라의 웅장한 합주로 시작되었다.

〈천지창조〉라는 새로운 오라토리오가 관심을 불러일으키긴 했지만, 1798년 봄 어느 밤에 빈의 슈바르첸베르크 궁전에 군중이 모여들게 한 것은 그 작곡가였다. 사람들은 눈처럼 하얀 바로크 건축물 밖에 모여들었고, 경찰은 사랑하는 "파파 하이든"을 보고 싶을 뿐인 그 구경꾼들을 해산시켜야 했다. 오스트리아 수레바퀴공의 아들로서 오두막집에 날마다 음악이 흐르게 한 요제프 하이든은 군주와 왕자들의 궁정에까지 알려졌다. 왕실위원회는 협주곡, 오라토리오, 그리고 100여 곡의 교향곡을 포함해 그의 작품 대부분을 후원했다. 60대 중반의 나이에 여전히 유럽에서 가장 유명한 작곡가 가운데 한 사람이었던 하이든은 〈천지창조〉를 작곡하기 시작했다.

아이디어는 런던의 친구가 준 영어판 대본으로부터 솟아났다. 창세기와 밀턴의 《실낙원》에 토대를 둔 대본은 성서의 천지창조를 묘사하며 그 시작도 "태초에 ……"였다. 하이든은 흥미가 일었는데, 특히 거대하고 빛으로 가득 찬 우주에 관해 이야기를 들려준 천문학자 윌리엄 허셜을 만난 뒤였기 때문이다. 빈에서 하이든은 친구에게 그 대본을 독일어로 번역해 달라고 했고, 그 뒤로는 기도에 매달렸다. "내가 가장 독실했을 때는 〈천지창조〉를 작곡할 때였다"고 그는 뒷날 회고했다. "나는 날마다 무릎을 꿇고 하느님께 곡을 쓸 힘을 달라고 기도했다."[8]

4월 20일, 빈의 최상류층은 살랑살랑 흔들리는 드레스를 입고 깃을 세우고 악취 제거용 가루를 뿌린 가발을 쓴 채 궁의 콘서트홀에 모여들었다. 샹들리에가 반짝였다. 드러난 목선과 가슴골에서 보석이 빛을 냈다. 오케스트라가 무대에 오르고, 뒤이어 세 명의 독창자, 작은 합창단, 그리고 마지막으로 통통한 몸집에 흰 가발을 쓴 하이든이 지휘봉을 쥐고 등장했다. 청중 가운데 한 사람이 그 순간을 이렇게 회상했다. "가장 깊은 침묵, 가장 완벽한 집중, 어쩌면 종교적인 존경심 같은 감정이 팽팽한 가운데 활이 첫소리를 냈다."[9] 〈천지창조〉는 약음기를 단 트럼펫 소리로 시작하였다가 원시 혼돈 속으로 잦아든다. 인상적인 단조로, 바이올린, 플루트, 클라리넷이 불협화음 속을 일렁이며 "형체 없는 공허"인 듯 소용돌이쳤다. 청중이 감상하는 동안 혼돈이 이어지고 거세졌다 가라앉으며 흘러갔다. 그리고 느릿느릿 세 음이 이어진 뒤 장내는 잠잠해졌다. 정장을 입은 남자가 무대 앞쪽으로 나섰다. 몸을 가다듬은 그는 단조로운 저음으로 노래를 시작했다.

태초에 하느님이 천지를 창조하셨네[10] ……

바이올린과 클라리넷이 빈틈을 채웠다. 저음의 목소리가 이어졌다.

그리고 땅은 형체 없이 공허하고 ……

여성 네 명의 목소리가 "수면 위를 운행하는"(창세기 1:2) 하느님의 영처럼 피어올랐다. 소프라노가 멈춘 뒤 부드럽게 이어진 노래는 하느님의 첫 말씀이었다.

빛이 있으라 ……

손으로 부드럽게 현을 뜯어 석 대의 바이올린이 소리를 냈다. 다시 고요해졌다. 청중도 숨을 죽인다. 그리고 낮게 합창이 이어졌다.

그러자 빛이 있었네 ……

2초쯤 지나고 오케스트라 전체가 숨을 들이쉬었다. 그리고 ……

트럼펫의 파열음과 바순의 큰 소리, 둥둥 팀파니의 울림과 오보에의 높은 소리, 그리고 코넷의 어울림까지, 모든 악기가 폭발하듯 한 음을 냈다. 현악기의 경쾌한 연주가 밀려오는 구름처럼 부풀어 올랐다. 연주는 크레셴도로 점점 강해졌다. 지휘석에서 하이든이 팔을 힘차게 휘두르며 바이올린 소리가 더 거세졌고 오케스트라의 연주가 강하게 휘몰아쳤다. 한 사람은 나중에 "빛이 최초로 생겨난 장면에서, 광선은 작곡가의 이글거리는 눈동자에서 화살처럼 내뿜어졌다고 말할 수 있을 것이다"[11]라고 회상했다. 15초 뒤, 마지막 광선을 내쏘듯 트럼펫의 울림이 멈추자, 독창자는 하느님이 빛을 보시니 "보시기에 좋았네"(창세기 1:4)라고 노래했다. 청중은 침착하려 애썼다. 빛, 최초의 빛이 울려 퍼진 것이었다. 몇 분 뒤 흥분이 가라앉고 새로운 아리아가 시작되었다.

그 뒤 10년 동안 하이든의 〈천지창조〉는 유럽에서 가장 많이 논의되는 음악 작품이 되었다. 런던에서부터 상트페테르부르크까지, 콘서트홀에서 청중은 빛을 귀로 '들을' 수 있었다. 그 오라토리오는 파리에서 나폴레옹을 기쁘게 했고 빈에서 베토벤이 피아노를 연주하게 했다. 빛, 그 낭만이 세상을 유혹하기 시작했다. 다음으로 굴복한 이는 화가였다.

렘브란트가 사망한 뒤 130년 동안 빛이 현혹시킨 캔버스는 거의 없었다. 과일과 꽃병은 여전히 빛났으나, 바로크와 마니에리즘파 화가들은 적갈색 배경과 약화된 빛을 더 좋아했고, 특별히 광휘에 사로잡힌 듯 보이는 화가는 아무도 없었다. 그런데 하이든이 빛에 곡을 붙인 바로 그해에, 키가 작고 못생기고 말수가 적으며 자신의 사랑을 줄 가족 하나 없는 화가가 사랑에 빠졌다.

어렸을 때 공업 도시 런던의 매연 속에서 자라난 조지프 말러드 윌리엄 터너는 태양에 매혹되었다. 1775년 터너가 태어난 해에 템스강 위로 해가 빛난 적은 거의 없었다. 굴뚝과 공장으로 막힌 런던 하늘은, 화가 존 컨스터블이 기억하듯 "그을린 유리 밖으로 보이는 진주"[12] 같았다. 가난한 이발사와 정신병이 있는 어머니의 아들인 터너는 빛에, 땅거미를 가르는 어떤 빛에든 이끌렸다. 종교적인 의미는 아니었지만 그는 숨을 거두기 직전에 "태양은 신이다"[13]라는 말을 남길 만큼 이미 확신에 가까워졌다. 그의 재능은 십대 나이에 눈에 띄었고, 20대 초반에는 렘브란트에 견줄 정도였다. 그러나 렘브란트의 초기 회화처럼, 터너는 특별한 빛을 그리지 않았다. 그의 풍경화는 대부분의 풍경화보다 밝았고, 그 광휘는 초원, 영지, 대성당 위로 고르게 퍼졌다. 이 평범한 빛은 터너의 성격을 반영하는 것이기도 했다. '피시코이,' 수도사, 시인, 괴짜를 비롯한 모든 빛의 사도 가운데, 터너는 분명 가장 단조로운 사람이었다. 사람과 접촉을 피하고, 아이들에게 둘러싸여 있을 때에만 웃음을 띠는 그는 유별나게 평범하다는 인상을 주었다. "그는 남들에게 반쯤만 이해되는 것이 즐거웠던 것 같다"[14]고《런던 타임스》는 썼다. 터너는 인상적인 편지글을 전혀 남기지 않았고, 예술에 관해 아주 간단한 기록만을 남겼을 뿐이다. 그를 사로잡았던 것은 오로지 머나먼 곳을 여행하며 발견한 것을 그리려는 충동뿐이었다. "그가 사랑 받은 것은 그 사람 자체보다는 작품 덕분일 것이다"라고 한 지인은 말했다. "인간적으로 특별한 구석이 없고, 대화를 해봐도 멋지지 않기 때문이다."[15]

터너는 이미 풍경화로 돈을 잘 벌고 있던 때인 1798년에 어린 시절의 희미한 햇빛을 그리기 시작했다. 시는 하나의 촉발제였다. 런던 왕립미술원은 터너가 미술을 배우고 곧이어 가르치게 된 곳인데 갤러리에 전시하는 그림 옆에 영감을 주는 시를 붙여 놓기 시작했다. 이런 변화는 시와 회화를 "자매 예술"[16]로 보는 왕립미술원의 신념을 반영한 것이다. 터너는 밀턴의 작품들을 샅샅이 조사했다. 《실낙원》에 이런 구절이 있었다.

오오, 거룩한 빛이여, 하늘의
또는 영원히 공존하는 빛줄기의 첫째 자녀여!
이렇게 일컫는 게 마땅하지 않은가? 하느님은 빛이시니 ······

터너에게 밀턴은 계시였다. 아마 다른 이들 또한 태양을 하나의 신으로 여겼을 것이다. 한 부유한 후원자가 터너를 집으로 초대하여 회화 한 점을 보여 주며 감탄했다. 프랑스 화가 클로드 로랭의 작품은 일몰의 빛을 받는 항구를 그린 것이었다. 이 아름다운 빛에 마음을 빼앗긴 채 터너는 눈물을 흘렸다.

"자네, 왜 그리도 우는가?" 하고 터너의 후원자가 물었다.

"그런 그림을 평생 그릴 수 없을 것 같아서입니다."[17]

한 해 안에 터너는 모든 낡은 규칙에 도전하고 있었다. 레오나르도 다빈치 이후로 화가들은 하늘을 파란색으로 바라보았다. 풍경화마다 똑같이 옅은 파란색의 하늘과 비슷한 뭉게구름과 거기서 거기인 빛이 그려졌다. 하지만 파랑은 터너가 기억하는 런던의 하늘색이 아니었고, 매연을 걷어낼 수 있다 한들 그가 상상하는 색깔이 아니었다. 터너의 빛, 이미 그의 그림 속에 스며들고 있는 빛, 일몰 앞에 말문이 막힌 적이 있었던 누구에게든 다가갈 빛은 '노란색'이었다. 1799년, 터너는 수채화 〈카나번 성〉(Caernarvon Castle)을 완성했다. 태양이 뉴턴의 프리즘을 뚫고 방을 꿰뚫듯이, 캔버스 위의 빛은 갑자기 모든 경계를 뚫고 지나갔다. 단박에 "터너의 작품"이라고 알아볼 수 있는 이 최초의 터너 그림에서, 웨일스의 오래된 성은 타는 듯한 태양의 역광을 받고 있다. 작은 캔버스의 중심에 있는 2펜스 은화만 한 동그라미는 불타오르는 하늘로 녹아들 듯 퍼져 나간다. 〈카나번 성〉에 그려진 열기는 공기를 데우고 아래쪽 강물에 물결무늬를 이룬다. 이는 회화의 빛을 넘어선 것이었다. 태양을 숭배하기를 두려워하지 않는 화가, 그 환희와 그 부재를 모두 감내하는 화가의 빛이었다. 그리고 이후로 계속, 비록 하나의 그림 안에서는 아니더라도 터너의 빛은 밝아지고 그림자는 더 짙어졌다. 다른 화가들은 레오나르도의 조언을 선호했을 수도 있지만, 터너는 카라바조에게 영감을 주었던 이론가인 조반니 파올로 로마초를 읽었다. 터너는 자신의 스케치북 한 권에 휘갈겨 쓴 오마주를 남겼다.

빛
곧장 다가오는 근원의 빛……

로마초는 이를 신의 현신, 다시 말해 영광의 숭배에 바친다.[18]

"태양은 신이다"라고 윌리엄 터너는 선언했다. 그의 작품 〈카나번 성〉(1798년경)은 회화의 새 빛을 알렸다. Wikimedia Commons

　1800년대에 들어서도 터너는 오래된 수도원과 교회가 희미하게 표현된 그림들을 꾸준히 팔았으나, 돈이 목적이 아니라 마음에서 우러나 그린 그림들에서는 자신의 빛을 증폭시켰다. 그의 바다 그림에는 넘실대는 파도에 구원의 빛이 줄무늬를 이룬다. 잉글랜드의 목초지에 드리운 그의 빛은 반짝거리는 노란색으로, 마치 파란 하늘은 어디에도 없다는 듯하다. 그리고 그가 사랑하는 태양은 〈증기 속의 일출〉(Rising Through Vapor)이라는 그림에서처럼 두 눈이 부실 정도이다.

　동료 낭만주의자들처럼 터너는 여성을 좋아하는 만큼이나 머나먼 곳을 사랑했다. 결혼한 적은 없지만 한 미망인과 띄엄띄엄 함께 살았고, 수십 년 뒤에는 또 다른 미망인과 그렇게 살았다. 첫 번째 미망인과의 사이에 딸 둘과 아들 하나를 두었다는 소문이 있었지만, 그는 그림들이 자신의 자식이라고 말하곤 했다. 영국제도, 파리, 알프스산맥을 거침없이 방랑하고는 수백 장의 스케치를 들고 집으로 돌아왔다. 갈수록 야외의 창작을 고취시키는 이 스케치들을 모두 스튜디오에서 채색했다. 한 번은 창가에서 템스강을 내려다보던 그가 몸짓으로 지평선을 가리켰다. "자네는 내 연구 주제를 본 적이 있나?" 그가 친구에게 물었다. "하늘과 물이라네, 장엄하지 않은가? 여기서 나는 밤낮없이 연구한다네."[19]

1812년 터너는 〈눈보라 - 알프스를 넘는 한니발의 군대〉(Snow Storm: Hannibal and His Army Crossing the Alps)에서 한 번 더 도약했다. 이 그림에서 작은 형체들은 대양의 파도처럼 휘몰아치는 검은 구름 아래를 터벅터벅 걷는다. 태양은 계란 노른자 같고 그 둘레는 검다. 그 빛은 마니와 조로아스터의 신의 빛처럼 어둠의 위협을 받는다. 그다음 몇 해 동안 태양은 터너의 상업적 작품들에 카메오처럼 등장하지만, 근엄한 런던 화단의 수요는 그 광휘를 반기지 않았다. 그리고 1819년, 터너는 베네치아로 여행을 떠났다.

바다나 강 옆에 사는 이라면 빛과 물이 아름답게 서로를 보완한다는 걸 알 것이다. 물은 햇빛을 반짝이는 장신구로 바꾸어 놓고, 허드슨강, 아르노강, 센강 위의 지평선을 어떤 평지보다도 더 빛나는 색조로 물들인다. 네덜란드의 화가들은 오래전부터 "네덜란드의 빛"[20]에 관해 이야기했다. 그것은 페르메이르의 델프트와 그 주변 지역을 비추는 하늘의 특별한 광채를 가리킨다. 네덜란드의 빛은 저지대 나라들의 풍부한 물에 반사되어 퍼져 나온다. 터너는 베네치아 운하에서 비슷한 빛을 보았다. 거기서는 채색을 하지 않고 스케치만 하고 로마로 떠났으나, 이탈리아에서 돌아올 때 그 잔광을 마음에 품고 있었다. 한 해 안에 그의 빛은 캔버스에 표현되었던 어떤 빛과도 달라져 있었다.

〈베네치아, 주데카에서 본 동쪽: 일출〉(Venice, Looking East from the Giudecca: Sunrise)에서, 돔 모양 지붕과 종탑이 드러나는 희미한 스카이라인 위로 연한 노란색이 넘실댄다. 베네치아를 그린 터너의 다른 작품에서는 흔한 배경을 비추는 해의 형체가 보이지 않는다. 다른 작품에서 터너의 달빛은 바다의 파도를 환히 비추고, 한낮의 해는 대기에 가득하다. 여생 동안 터너는 빛과 내통한다. 렘브란트의 것보다 더 눈부신 터너의 빛은 근원의 빛이다. 비평가 윌리엄 해즐릿은 터너가 "기꺼이 돌아가는 곳은 세계 최초의 혼돈, 또는 물이 육지와 분리되고 빛이 어둠과 분리되려 할 때의 상태이다. …… 모든 것이 '형체 없이 공허'하다"[21]고 썼다. 후기의 터너 작품을 바라보는 건 태양 자체를 향해 떠가는 것, 단테처럼 천국을 향해 올라가는 것, 근원을 향해 가까이, 더 가까이 가는 것이고, 그동안 그 음악은 내부에서 점점 고조된다.

터너의 순수한 빛은 순수한 물감의 산물이 아니었다. 렘브란트와 달리 터너는 여러 가지 기법을 썼다. 그 네덜란드의 거장과 대부분의 다른 화가들은 황토색 배경을 선호한 반면, 터너는 캔버스를 흰색 바탕으로 준비했다. 유화가 자신의 수채화만큼 발광하도록 하기 위해 그는 반짝거리는 베니어판 위에 그림을 그렸다. 마지막에는 투명한 느낌을 입히거나 불투명한 표현을 더해 반투명의 부드러운 느낌을 덧입혔다. 터너는 손톱 하나를 길게 길러 물감을 펴고 긁으며 캔버스에 효과를 내는 데 썼고, 때로는 물감에 침도 섞었다. 딱딱한 빵부스러기를 묻혀 특정한 색감을 강조하고, 분말 안료와 김빠진 맥주를 섞기도 했다. 색채에 홀린 터너는 최신 유행 색조로 1810년대에는 코발트블루, 10년 뒤에는 에메랄드그린과 군청색(French ultramarine)을 썼다. 그러나 터너의 작품을 "터너의 작품"으로 만든 것은 노란색, 퍼져 가며 흰색으로 스며들어 빛이 엷어지는 하늘 속으로 해가 녹아드는 듯 만드는 노란색이었다. 존 컨스터블은 터너의 색채를 "색이 입혀진 증기"[22]라 일컬었고, 1840년대에 거의 일흔을 눈앞에 두고 있던 터너는 "빛의 화가"로 알려졌다. 종종 그의 빛은 격노한 폭풍이나 파도에 휘말리며 한 세기 뒤 잭슨 폴록의 "내가 자연이다"[23]라는 선언의 전조가 되었다. 터너의 마지막 작품들은 색채의 물결에 잠기며, 머지않아 물리학자들이 빛의 속성으로 발견하게 되는 날것 그대로의 에너지를 드러낸다.

그를 렘브란트에 견주었던 비평가들은 분노하고 혼란스러웠다. 터너의 빛은 떠오르고 있는 빅토리아 시대에 어울리지 않게 지나치게 날것이 되었기 때문이다. 풍자 잡지 《펀치》는 터너 작품에 만능으로 들어맞는 제목으로 "노르웨이해협의 소용돌이 해류 위의 뜨거운 바람 속에 몰아치는 태풍; 불에 타는 선박, 일식, 그리고 달무지개의 영향"[24]을 제안했다. 빅토리아 여왕은 터너를 제정신이 아니라 여기고 기사 작위 수여를 거부했다. 터너와 친구가 된 젊은 비평가 존 러스킨만이 그를 감쌌다. "그의 그림이 눈부시다는 이유로 왜 터너를 비난하는가?"[25]라고 러스킨은 썼다. "만약 …… 당신이 딱 15분만이라도 그림을 바라본다면, 대기와 공간에 대한 인식이 모든 선에 스며 있고, 모든 구름 속에, 그리고 눈에 보이게 반짝거리며 마음을 빼앗는 빛으로 가득하여 눈부신 모든 색채 속에 숨 쉬고 있음을 알게 될 것이다."

영국은 여전히 비웃었지만, 1870년에 런던을 방문한 프랑스의 젊은 화가 두 명은 터너를 주목했다. 카미유 피사로와 클로드 모네였다. 그때는 터너의 마지막 소원이 이미 이루어진 뒤였다. 1855년, 템스강가의 스튜디오에서 휠체어에 앉은 그는 창가로 옮겨 달라고 부탁했다. 거기서 그는 자신의 신을 보았고, 빛 속으로 들어갔다.

대부분의 낭만주의자들에게는 빛을 숭배하는 것으로 충분했다. 하지만 일부는 뉴턴에 동의하지 않는 데에만 그치지 않았다. 그들은 뉴턴을 혐오했다. 윌리엄 블레이크에게, 뉴턴은 영적인 모든 것의 적이었다

이성과 뉴턴은 확연히 다른 두 가지
제비와 참새가 서로 다르게 지저귀듯이
이성은 기적을 말하고 뉴턴은 의심을 말하지
암, 그것이 만물을 이해하는 방식[26]

신비주의자인 블레이크는 다마스쿠스로 가던 바울처럼 환시를 겪었다. 바울은 눈부신 빛인 예수를 보았지만, 블레이크는 열 살에 처음 환시를 본 것을 시작으로 빛을 내는 천사들의 방문을 받았다. 빛은 신성한 게 아니라고 그에게 알려 준 사람은 없었지만, 그는 몇 안 되는 기회를 놓치지 않고 "뉴턴식 공상, …… 이 불가능한 불합리"[27]라며 헐뜯었다. 블레이크가 뉴턴을 혼이 없는 수학자로 묘사한 그림에서 뉴턴은 천지창조 앞에서 몸을 굽힌 채 손에는 컴퍼스를 들고 모든 아름다움을 숫자로 축소시키고 있다. 뉴턴에게 분노한 시인은 또 있었다. 런던의 어느 저녁 취기가 도는 만찬에서, 워즈워스, 존 키츠, 그리고 여러 시인들은 주최자인 화가가 최근의 작품에 뉴턴을 그려 넣었다고 잔소리를 시작했다. 얼마 전 달에 관한 4천 행의 시를 마무리한 키츠는 뉴턴이 무지개를 '프리즘'으로 격하시켰다'[28]고 비난했다. 다른 시인은 뉴턴이 "삼각형의 세 변만큼 명확하지 않으면 아무것도 안 믿는 작자"라고 했다. 술과 혹평이 이어졌다. 마지막으로 모인 사람 모두가 "뉴턴의 건강과 빌어먹을 수학을 위하여"[29]라며 반어적인 건배사를 외쳤다. 한편 독일에서

시인 프리드리히 실러는 뉴턴이 태양을 "영혼 없는 불덩이"[30]로 바꾸어 놓았다고 불평했다. 실러의 친구는 한술 더 떴다.

1749년에 태어난 요한 볼프강 폰 괴테는 계몽주의의 산물이었으나 낭만주의의 창시자가 되었다. 그의 소설《젊은 베르테르의 슬픔》을 읽고 유럽 전역에서 사랑에 번민하는 이들은 자살을 생각했다. 괴테의 희곡은 곳곳에서 상연되었고, 그의 시는 베토벤과 모차르트에 의해 곡이 붙여졌으며, 바이마르에 있는 그의 집 주변에 사는 저명인사들은 누구든 그와 가까이 지내고자 했다. 그러나 골상(骨相), 식물, 지질학에 관한 괴테의 연구에 관심을 갖는 이는 거의 없었다. 아마도 과학과 인문학 사이에 점점 커지는 간극에 다리를 놓으려 했던 최후의 지식인이었을 괴테는 빛을 연구해야겠다고 느꼈다. 뉴턴을 비난하는 것이 그 시작이었다.

뉴턴을 비판할 수 있는 사람은 오로지 누구에게나 알려진 유명한 사상가뿐이었다. 적극적이고 독창적이며 자신감이 넘치는 괴테는 바로 그런 사상가였다. 지난날 위대한 뉴턴이 발언했다면, 괴테는 "이 세상에 대기와 갖가지 빛깔의 세계를 자유롭게 해석하는 화가나 염색가, 물리학자가 있는지, 피부색에 맞게 자신을 꾸미는 어여쁜 소녀가 있는지"[31] 아무도 관심을 갖지 않는다고 한탄했다. 그렇지만 동료 낭만주의자들은 "색상의 발현과 의미에 경탄하고, 색상의 비밀에 탄복하며, 가능하다면 그 비밀을 파헤칠 권리를 지닌다"[32]고 덧붙였다. 1788년 이탈리아 여행을 마치고 돌아온 뒤, 괴테는 자신만의 빛 이론으로 뉴턴을 반박하기 시작했다. 볼테르의 펜을 거쳐 흘러나왔던 것처럼, 빛은 다시 당대 가장 필력 있는 작가의 관심을 사로잡았다.

이탈리아에서 괴테는 몇몇 화가의 스튜디오를 방문했다. 그림을 그려보며 그림자와 원근법을 이해했지만, "색상에 관해서는 모든 게 우연에

맡겨진 것 같았다."[33] 괴테는 독일로 돌아와서 색상을 연구하기로 마음먹었다. "세상 전체가 그렇듯이, 나는 모든 색상이 빛에 들어 있다고 확신했다"[34]고 그는 회상했다. 뉴턴의 이론을 실험하기 위해 괴테는 프리즘 몇 개를 빌렸지만, 직접 실험을 하기도 전에 프리즘을 돌려 달라는 말을 들었다. 돌려주려던 차에 그는 프리즘을 들여다보기로 결심했다. 어린 시절 이후로 한 번도 해보지 않은 일이었다. 괴테는 프리즘을 눈에 대고 흰 벽으로 돌아서며 프리즘이 빛을 익히 알고 있는 색채로 펼쳐 놓으리라 예상했다. 놀랍게도 그가 본 벽은 …… 흰색이었다. 괴테는 창을 향해 몸을 돌렸다. 이번에도 역시 빛은 색채로 펼쳐지지 않았다. 그러나 창틀 수평 방향을 따라서 괴테는 색채가 나타난 띠들을 보았다. 뉴턴의 스펙트럼이 아닌 가느다란 띠로, 위쪽 창틀에는 주황색 밑에 노란색이, 아래쪽 창틀에는 청록색 밑에 감청색이 보였다. "순간 나는 본능적으로 뉴턴 이론은 틀렸다고 혼자 크게 소리쳤다. 그때 프리즘을 돌려줘야 한다는 생각은 더 이상 들지 않았다."[35]

이후 20년 동안 《파우스트》를 비롯한 세계적인 걸작들을 집필하면서 괴테는 색채를 연구했다. 뉴턴은 프리즘 하나에 빛을 통과시킨 뒤 두 개로 통과시켜 보았지만, 괴테는 이것으로 충분하지 않다고 주장했다. 유레카를 외칠 만한 발견에 고무된 이 독일 낭만주의자는 프리즘을 통해 흑백의 기하학적 무늬를 바라보았다. 또다시 그는 뉴턴이 결코 보지 못했던 것을 보았다. 독자도 직접 실험해 보시라.

먼저 프리즘을 빌려오면서 반환을 약속한다. 이제 이 책을 다리 위에 올려놓고 흑백 이미지가 실려 있는 다음 페이지(212쪽)를 펼친다. 프리즘을 눈에 대고 직사각형을 바라본다. 괴테가 본 놀라운 현상을 볼 수 있다. 흰 바탕에 놓인 까만 직사각형을 보면 위쪽에 파란색과 보라

색 띠가, 아래쪽 경계선 밑으로 주황색과 노란색 띠가 보인다. 이제 까만 직사각형 안에 든 흰 직사각형을 본다. 흰 네모는 색채로 가득하다. 위로는 주황색 띠가 옅어지며 노란색 띠로 바뀌고, 아래쪽은 파란 띠가 있다. 흰 직사각형에 붙어 있는 까만 직사각형은 그 반대다. 영문을 알지 못하면서도 매혹된 괴테는 뉴턴이 프리즘으로 얻었던 무늬들을 재현해 본 뒤 친구들에게 달려가 놀라운 발견을 알렸다. "나는 이 마지막 실험을 한 뒤 놀라지 않은 사람을 아직 찾지 못했다"[36]고 괴테는 썼다. 분명히 그 색채는 아이작 뉴턴 경의 이론과 들어맞지 않았다.

괴테는 시와 과학 사이에 경계가 없다고 인식했다. 대신 둘을 통합한 "섬세한 실증주의"[37]를 추구했다. 괴테의 빛은 고대 중국 도가의 빛과 닮은 것으로, 관찰자와 분리된 것이 아니라 인간의 감각에 완전히 통합된 빛이다. 인간의 눈에 의해 해석되고 인간의 영혼에 의해 이해된 빛만이 연구할 가치가 있다고 괴테는 주장했다. 실험에서 각각의 광선은 아무것도 입증하지 않는다. 가장 공정한 실험자만이 자신이 보고자 하는 것을 볼 수 있다. "실험을 해서 자연을 인간과 단절시킨 것은 재앙이다"라고 괴테는 썼다. "고작 인공적인 도구가 밝혀내는 것을 통해서만 자연을 이해하는 데 만족하기 위해서라니……. 사실 현미경과 망원경은 사람의 타고난 지성의 명료함에 혼란을 줄 뿐이다."[38] 괴테가 건설하고 있었던 섬세한 가교는 오늘날에도 서양 과학을 유연화하리라는 기대를 받고 있는 전체론적인 접근법이다. 그러나 도가 지나치기는 쉬운 일이었다.

1810년 괴테는 《색채론》(Zur Farbenlehre)을 펴냈다. 장장 4권, 1,500페이지에 수백 개의 도해가 실린 책이었다. 《색채론》은 광학을 심리학과 추측으로 바꾸어 놓았다. 한 학자가 표현한 것처럼, "색채에 관한 연구인 만큼이나 색채에 관한 신학"[39]이었다. 관찰자는 "두 눈이 아니라 영혼으로 보아야 현상 자체가 더 많이 보인다"[40]고 주장하면서, 괴테는 잔상, 착시, 천연색 그림자, 비누거품의 무지갯빛을 연구했다. 그가 '모든' 색채라고 주장한 이 색깔들은 흑과 백 사이의 수평 경계로 인해 생겨났다. "프리즘으로 분광되는 색채 현상이 일어나려면 이미지가 있어야 하고, 이미지가 있다는 건 경계가 있다는 말이다."[41] 뉴턴은 이어져 있는 일곱 가지 색깔을 보았지만, 괴테는 그의 프리즘이 드러낸 노랑, 주황, 파랑의 세 가지 색깔만 보았다. 나머지는 빛과 어둠의 혼합이라고 그는 주장했다. 흰 빛은 합성물이 아니라 "우리가 아는 것 가운데 가장 단순하고 단색이며 나눌 수 없는 실체"[42]라고 말했다. 그 반대인 뉴턴의 주장은 "타락하지 않은 이를 경악하게, 그리고 공포스럽게 만드는 것"[43]이었다.

그리고 괴테는 점점 낭만적이 되었다. 각 색깔은 저마다 분위기를 창출한다는 이론을 세웠다. 노랑은 "평온하고 즐겁고 약간 흥분되는 특징,"[44] 파랑은 "흥분과 평정 사이의 일종의 모순,"[45] 빨강은 "무게감과 위엄과 동시에 우아하고 매력적인 인상을 전달,"[46] 초록은 "눈으로 보았을 때 분명히 감사한 느낌을 받게 되는 색깔"[47]이었다. 개인적인 데서 정치적인 것으로 옮겨 가서는 민족적 특성에서 색깔을 찾아냈다. "활달한 민족들, 예를 들어 프랑스 사람은 특히 능동적인 쪽의 강렬한 색깔을 좋아한다. 영국과 독일 같은 침착한 민족들은 짚이나 가죽 같은 노란색과 함께 감청색을 입는다."[48] 더 나아가 색 지각은 성별과 나이에 따라서 달라지는데, "여성은, 젊어서는 장밋빛과 바다의 초록빛에 끌리고 나이가 들면서 보라색과 청록색에 끌린다"[49]고 했다.

뉴턴처럼 색상환을 만들어 낸 괴테는 시인의 관점을 덧입혔다. 괴테의 색상환은 "군주, 학자, 철학자"의 색깔인 보라색을 '미식가'의 색깔인 노란색 맞은편에 배치했다. "웅변가, 역사가, 교사"가 선호하는 색상인 파란색은 영웅과 폭군이 좋아하는 주황색 맞은편에 놓았다. 초록은 '연인과 시인'[50]의 색상이었다. 빨강은 따로 언급하지 않았다.

삶의 막바지에, 괴테는 자신의 색채 이론이 자신이 쓴 걸작들만큼 위대하다고 여겼다. 세계는 동의하지 않았다. 괴테의 《색채론》은 런던 왕립학회와 프랑스의 과학아카데미에 의해 무시당했다. 괴테는 이 존경받는 기관들을 '길드'[51]라 깎아내리며 "나는 《색채론》의 쟁점들 때문에 가장 명석한 사람들과 논쟁해 왔다"[52]고 썼다. 괴테의 친구들조차 회의적이었다. 신예 철학자인 아르투어 쇼펜하우어는 처음에 괴테의 이론을 지지했으나 곧 마음을 바꾸었다. 어느 날 두 사람이 빛에 관해 토론할 때, 뚱한 쇼펜하우어는 숲에서 쓰러지면서 아무런 소리를 내지 않는 그 유명한 나무("숲에서 나무가 쓰러질 때 주변에 아무도 듣는 사람이 없었다면, 과연 소리가 난 것인가?"의 의문은, 존재와 현실을 둘러싼 관찰과 인식의 문제를 탐구하는 데 있어 서양 철학계와 과학계에서 오랜 세월에 걸쳐 인용되고 변용되어 왔다—옮긴이)를 빛이 닮았을 수도 있다고 말했다. 괴테는 발끈했다. "뭐라고? 빛이 보이는 한에서만 존재할 수 있다는 말인가? 아닐세! 빛이 자네를 보지 않는다면 자네는 존재하지도 않겠군!"[53]

동료 낭만주의자들은 괴테의 이론에서 더 많은 걸 발견했다. 베토벤은 《색채론》이 괴테의 후기 시보다 더 흥미롭다고 여겼다. 터너의 후기 회화 가운데 한 작품의 부제는 '괴테의 색채론'(Goethe's Theory of Color)이었다. 20세기에 괴테의 가장 굳건한 옹호자는 오스트리아의 교육자 루돌프 슈타이너였다. "색채는 자연의 영혼이다"라고 슈타이너는 썼다. "그리고 우리가 색채를 경험할 때 우리는 이 영혼에 참여하는 것이다."[54] 슈타이너의 이론에 바탕을 둔 오늘날의 발도르프 학교는 분위기를 만들어 내는 괴테의 색들을 학년별로 각 교실에 적용한다.

뉴턴에 이의를 제기하면서 괴테는 낭만주의의 빛을 체계화했다. 물론 그는 우리가 빛을 보고 '느낀다'고 했다. 그러나 낭만주의자 가운데 가장 낭만적인 이는 빛에 영혼이 깃들어 있음을 입증하기 위해 이론을 필요로 하지 않았다. 달이면 충분했다.

낭만주의 시인들이 유도등으로 삼기 전부터 달은 신화와 미신의 세계에 영감을 주어 왔다. 다양한 빛깔을 뿜내는 별을 논외로 하면 달은 홀로 어둠과 싸웠고, 그 고요한 존재는 여러 문화권에 수많은 의미로 다가갔다. 달은 농부의 달력이고, 나그네의 길잡이이며, 수천 가지 이름을 지닌 여신이어서, 그리스의 셀레네, 인도의 소마, 로마의 디아나, 이집트의 오시리스, 수메르의 이나나, 피그미의 페, 일본의 쓰키요미(月読宮)[55]…… 이다. 달은 영원과 다산을 상징했고, 형용사인 'lunar'는 광기를 암시한다. 힌두의 리그베다는 "달의 저택"[56]을 이야기하고, 달의 주기에 바탕을 둔 음력을 쓰는 코란은 예언자 무함마드가 달을 둘로 갈랐다는 이야기를 전한다. 광기나 운명의 장난을 유발하지 않을 때, 달빛은 여러 동물에 비유되어 곰, 개구리, 토끼, 황소가 되었다. 그리고 달은 사냥꾼, 실 잣는 이, 피륙 짜는 이…… 였다.

초창기의 연구자들은 달빛의 구성 요소와 영향력을 두고 깊이 고민했다. 보라색 긴 겉옷을 입은 엠페도클레스는 "온화한 달"[57]을 "불이 도려낸 공기"[58]이고 우박처럼 얼어 있다고 여겼다. 아리스토텔레스는 이지러지는 달빛을 여성의 월경과, 보름달을 영아 사망과 연관 지었다. 갈릴레오가 망원경으로 달 표면을 보았을 때에야 달은 전설 속의 아우라를 잃기 시작했다. 낭만주의는 그 아우라를 복구하고 자신들의 것을 보태어 달을 연인들의 등불로 만들었다.

인도의 성 안내서인 《카마수트라》는 연인들이 사랑을 나눈 '뒤'에 감상하는 여흥의 대상으로 달을 언급한다. 이탈리아의 르네상스 시인 페트라르카는 사랑하는 라우라에게 바치는 수백 편의 소네트를 썼지만 달이 등장하는 시는 거의 없다. 마찬가지로 셰익스피어의 소네트는 달을 낭만적으로 표현하지 않는다. 로미오가 '저기 신성한 달'을 두고 사랑을 맹세할 때, 줄리엣조차 그 은유를 거부한다.

> 오! 달에, 변덕스러운 달에 맹세하지 말아요,
> 궤도를 돌며 한 달 내내 모습을 바꾸잖아요.[59]

둥그렇고 차오르고 이지러지면서 달은 천지창조 이후로 인간 세상을 비추었다. 하지만 낭만주의 시대에 와서야 비로소 달을 사랑에 결부시키거나, 달(moon)과 압운을 맞추어 6월(June)을 등장시킨 이가 등장했다.

바이런은 동료 낭만주의 시인들을 "머리가 돈 시인들"(moon-struck bard)이라 일컬었다. 저마다 달과 사적인 관계를 돈독히 맺고 있는 것 같았다. 친밀한 관계는 괴테로부터 시작되었다. 그의 비극적인 젊은 베르테르는 "창백한 달빛 속에서 황야를"[60] 방랑하기를 꿈꾸었다. 이탈리아의 시인 자코모 레오파르디는 "우아한 달…… 오, 내 기쁨의 달"[61]에 몇 편의 시를 바쳤다. 쇼팽의 〈녹턴〉은 나무 사이를 비추는 달빛처럼 스며든다. 그러나 모든 낭만주의자들 가운데 가장 몽상적인(moony) 무리는 영국에 살고 있었다.

자전적인 시 〈서곡〉에서 워즈워스는 이렇게 썼다.

달은 내게 소중했네
목표들마저 잊을 수 있었으니까,
언덕 사이 한가운데 걸려 있는
달을 꿈꾸듯 바라볼 때면[62]

셸리는 똑같이 달에 매료되어 "저 둥근 아가씨"[63]라 일컬었다. 이탈리아에서 그는 "기묘하고도 아름답게 지나가는" 달빛에 이끌려 편지를 썼는데, 얼마나 황홀해 했는지 이웃들은 그가 "달을 숭배한다고 믿"[64]었다. 셸리는 이지러지는 달을 "죽어가는 여인처럼 해쓱하고 창백한 모습으로, 얇은 베일을 쓰고 휘청휘청 지나가는 것처럼"[65] 여겼다. 워즈워스와 셸리는 몇 편의 짧은 시에서 달을 칭송했지만, 키츠는 지치지 않고 열광했다.

젊고 허약한 존 키츠는 마게이트의 절벽에서 반짝이는 북해 위로 떠오른 달을 바라보며 말을 잊은 채 수많은 저녁을 보냈다. 시와 편지에서 키츠는 "멋진 달," "빛나는 달," "부드러운 달," "쾌활한 달," "금빛 달," "나의 은빛 달"[66]을 찬미했다. 1818년에는 그리스 신화를 서사시 《엔디미온》(Endymion: A Poetic Romance)으로 개작했다. 신화에서처럼 달의 여신은 잠든 양치기 소년 엔디미온과 사랑에 빠진다. 그 또한 매혹되었다.

그대 안에는 무엇이 있기에, 달이여!

내 심장을 이토록 쿵쾅쿵쾅 뛰게 하는가?

어렸을 때에도 나는 종종

그대가 미소 지으면 눈물을 거두곤 했나니……

시가 전개되면서, 달은 제우스에게 양치기 소년을 영원히 재워 달라고 간청한다. 그렇게 해서 그의 아름다운 얼굴을 늘 탐닉하고 싶었던 것이다. 엔디미온은 찬가를 이어 간다.

그리고 내가 자라나는 동안 그대는 변함없이

내 모든 열정과 혼합되어, 그대는 깊은 협곡이었고

산꼭대기였고, 현자의 펜,

시인의 하프, 벗들의 목소리, 태양이었네.

그대는 강이었고, 그대는 쟁취한 영광이었네.

그대는 내 클라리온 소리였고, 그대는 내 준마였으며,

포도주를 가득 따른 내 술잔, 내 최고의 위업이었고,

그대는 여성스런 매력이었네, 아름다운 달이여!

오, 격정적이고도 조화로운 선율이여……[67]

그러나 달을 사랑하는 것과 달빛 아래에서 나누는 사랑은 같은 것이 아니다. 키츠는 "여성스런 매력"을 달의 여러 모습 가운데 하나로 만들었지만, 바이런은 로맨스를 달빛의 본질로 삼았다.

표류하는 모험가이자 전설적인 난봉꾼 바이런은 해안 절벽에서 달이 뜨는 걸 본 적이 거의 없고 달빛 아래 편지를 쓴 적도 없었다. 달빛은 그에게 다른 충동을 일으켰을 것으로 짐작된다. 애정 행각으로 영국에 숱한 소문을 일으키면서 바이런은 달이 연인들에게 미치는 영향을 알았다. 그의 대표작 《돈 주안》에서, 떠오르는 달은 주인공을 매혹으로 이끈다.

그들이 바라본 하늘은, 감도는 빛이 퍼져
장밋빛 바다인 듯 광활하고 선명하네.
아래에 반짝이는 바다를 응시하니
커다란 달이 두둥실 떠올랐네.
파도가 찰싹거리고, 바람은 잔잔했네.
서로를 바라보는 까만 눈동자가
빛을 내고, 눈빛을 보며
그들의 입술이 가까워지고 키스를 하네.[68]

돈 주안은 얼마 전에 차지한 여인을 잊은 것인가?

그는 그토록 빨리 그녀를 잊은 것일까?
내가 할 수 있는 말은,
그건 가장 당혹스러운 질문 같다는 것뿐.
하지만 틀림없이 달이 저지르는 일이지,
그리고 새로이 심장이 쿵쾅거리는 것도 달이 주는 은혜.
그렇지 않고서야 우리 미천한 인간들에게
신선한 용모가 그토록 매력적일 수 있을까?[69]

이렇듯 영국의 "머리가 돈 시인들"이 자신의 이미지를 따라 다듬어 놓은 달은 고독하고 방랑하고 매혹적인 것이었다. 또는 바이런이 "달빛 어린 미묘한 상황"[70]들을 묘사하면서 표현한 것이었다.

> 그러나 연인, 시인, 아니면 천문학자,
> 목동, 구혼자, 또는 누구든 달을 바라보면
> 비현실적인 것을 보고 느낄 수 있네.
> 거기서 위대한 사상을 얻네.
> (내 느낌이 잘못된 게 아닌 한 때로는 감기에 걸리기도)
> 넘실대는 달빛의 깊은 비밀을 알게 되네.
> 달빛은 바다의 해류와 인간의 뇌를 뒤흔든다는 것을,
> 또한 진실을 덧붙인다면, 마음도 흔들어 놓는다는 것을.[71]

키츠는 1821년에 결핵으로 숨을 거두었다. 셸리는 이듬해에 익사했다. 바이런이 곧이어 열병으로 죽었고, 블레이크는 노환이었다. 과학자들은 괴테의 색채론을 매장하며 "인간의 능력이 오용된 인상적인 사례"[72]라고 매도했다. 낭만주의 시대가 저물어 갈 무렵 하이든의 〈천지창조〉는 거의 연주되지 않았고, 얼마 지나지 않아 "삼류 오라토리오"[73]라고 조롱받게 된다. 터너의 가장 근원적인 회화는 어떤 미술관에서도 찾아볼 수 없었다. 빛의 낭만주의 간주곡의 유일한 유산은 부드럽고 미묘하고 아름답고 우아하고 멋지고 매력적인 금빛의 달이었다.

1832년, 베토벤의 우울한 나무 그늘 소나타는 '월광소나타'로 이름이 바뀌었다. 바이런의 《돈 주안》은 새 세대의 마음을 얻으려 노력하면서, 달을 연인들이 다니는 으슥한 길의 고정 장치로 만들었다. 대부분이 프

랑스인인 더 젊은 작가들은 바이런이 못다 한 자리를 차지하여, 보름달 아래에 자신들의 로맨스를 구성했다. 이후로 대중가요도 그랬다. 낭만주의는 달에 신선한 목적을 부여했다 더 이상 다산의 상징이 아니라 이유가 된 달빛이 동요시킨 것은 운명도 이성도 아니고 마음이었다. 1832년 임종 때, 괴테는 마지막 요청을 말했다. 덧창을 열어서 '더 많은 빛'[74]을 보게 해 달라고.

2부

우리는 지난날보다 훨씬
섬세하게 사고하는 법을 배워야 한다.
닐스 보어

10장

입자 vs. 파동

뉴턴이 떠난 자리

나는 빛에 관해서는 암흑 속을 헤매고 있다고 고백할 수밖에 없다. 나는 빛이
라는 입자 또는 물질이 태양의 표면에서부터 엄청난 속도로 끊임없이 떨어져 나
오고 있다고 가정하는 이론에 만족하지 못한다.[1]

— 벤저민 프랭클린

5천 년 문명 내내 빛은 길들여지지 않고 거의 알려진 바가 없었다. 빛
을 신 또는 신의 얼굴로 여기는 이들은 신앙에 의지해야 했고, 빛을 연
구한 이들은 뉴턴이 스스로를 인식한 바와 같이 "발견되지 않은 거대한
진리의 바다를 앞에 두고"[2] 바닷가에서 노는 어린아이였다. 갖가지 도
구들이 빛을 땜질해 왔다. 땅에 막대를 꽂은 걸 시작으로, 호기심 많은
이들은 윤을 낸 은판 거울, 거칠게 연마된 유리 렌즈, 컵에 떨어뜨린 프
톨레마이오스의 동전, 이븐 알하이삼의 보리 낟알, 갈릴레오의 망원경,
뉴턴의 프리즘으로 나아갔다. 빛이 매혹시킨 연구자들의 옷은 토가, 터
번, 모자 달린 망토로 다양했다. 빛의 사도는 종합대학이라 해도 될 만
큼 다양한 분야에 걸쳐 있었다. 신화와 종교, 철학과 천문학, 건축과 회
화, 물리학과 형이상학, 시와 산문, 기하학과 삼각법……. 그러나 19세기
초에, 빛에 관해 알려진 내용은 다음이 전부이다.

- 빛은 직선으로 나아가지만 그렇지 않은 경우가 있는데, 회절이 그것이다.
- 빛의 굴절 각도를 계산할 수 있다.
- 그 밝기는 중력과 마찬가지로 역제곱 법칙에 따라 줄어든다.
- 여러 색채로 분광될 수 있다.
- 빛은 대기에서 초당 231,746 또는 315,431킬로미터의 속도를 내며, 물속에서 훨씬 더 빠르거나 어쩌면 더 느리다.
- 빛은 발광 에테르 속을 흐르는데, 그 누구도 에테르의 존재를 입증하지 못했다.
- 빛은 입자로 구성되어 있다. 혹은 파동일 수도?

1801년을 기점으로 새로운 세대의 연구자들은 빛을 규명하기 시작했다. 괴테가 색채의 영혼을 탐구하고 바이런이 달을 낭만화한 반면, 새로운 실험과 되살아난 회의적 시각 덕분에 빛이 무르익게 되었다. 그리고 그리스 사람들이 에이돌라를 둘러싼 논쟁에 들인 시간보다 훨씬 짧은 시간에, 빛은 19세기 호기심의 대상에서 20세기의 도구로 진화했다. 이런저런 발견은 때로 혼돈 속에서 서로 충돌하거나 무효로 만들었다. 그러나 서로 맞물리며, 파도 위에 파도가 실리듯 힘에 힘을 보태는 경우가 더 많았다.

근대의 빛 연구자들은 그들의 선조만큼이나 기인이었다. 한 사람은 명석한 언어학자로 로제타석의 판독을 도왔다. 또 다른 이는 양자역학을 제련하고 있지 않을 때에는 콩가 드럼을 두드리며 여가를 보냈다. 자칭 '계산기'[3]라는 이는 빅토리아 시대의 아취를 압운을 맞춘 시로 쏟아냈다. 그리고 가장 유명한 이는 괴짜 천재의 상징이 되어, 빛을 이용하여 시간, 공간, 물질, 운동을 뒤흔들려고 했다. 그러나 그는 양말을 신지 않으려 했다. 이 모든 현대 연구자들은 물리학자 앨버트 마이컬슨의 정신을 공유했다. 그는 노벨상을 수상한 최초의 미국 과학자였다. 왜 빛을 연구하느냐는 질문에, 마이컬슨은 "너무 재미있으니까요"[4]라고 대답했다.

그러나 더 깊은 수수께끼가 의지한 대상은 천재만이 아니었다. 빛에 관해 훨씬 섬세하게 생각하려는 노력에는 질투, 불화, 경연대회, 그리고 아이슬란드 해안에서 발견된 결정체도 필요했다.

전설에 따르면 바이킹은 흐린 날에 '일장석'(sunstone)을 사용하여 뱃길을 찾아갔다. 선원은 이 결정체를 하늘을 향해 들고 90도 회전시켜서 햇빛의 방위적 특성을 사용하여 뱃길을 찾아냈을 것이다. 추정일 뿐이다. 하지만 나머지 유럽에서는 '아이슬란드 방해석'(Iceland spar)을 알지 못했는데, 1660년대에 들어서 한 여행자가 반투명 돌 몇 개를 갖고 코펜하겐으로 돌아왔다. 많은 이들은 그 작은 결정체가 무언지 궁금했다. 인쇄된 종이에 놓으면 문자가 두 겹이 되어, 글자들이 유령처럼 돌 안에 떠 있었다. 아이슬란드 방해석이 촛불을 둘로 갈라 두 빛줄기를 다른 방향으로 보낸다는 걸 누군가가 알아냈다. 아이작 뉴턴은 곧 소식을 들었다. 《광학》에서 그는 "그 신기한 물체인 섬(Island) 결정체"[5]가 빛줄기를 가른다고 썼다. 결정체 두 개에 빛을 비춘 뉴턴은 신기한 점을 더 발견했다. 두 방해석의 넓은 면이 서로 평행하도록 놓으면, 두 번째 방해석도 첫 번째 방해석의 광선을 갈라놓았다. 하지만 한 방해석을 90도 회전시키면 그것은 한 빛줄기는 갈라놓지만 다른 빛줄기는 가르지 않았다. 설명할 수 없었던 뉴턴은 가설을 세웠다. "따라서 모든 광선은 마주보는 두 면들을 지닌다"[6]는 것이었다.

뉴턴이 입자에 관해 설명할 수 없었던 것을, 크리스티안 하위헌스는 파동이론으로 설명하고자 했다. 하위헌스의 《빛에 관한 논고》는 한 장 전체를 아이슬란드 방해석에 할애했다. "투명한 물체 가운데 이 물체만이 광선과 관련하여 일반적인 법칙을 따르지 않는다"[7]고 그 네덜란드 천문학자는 썼다. 하위헌스의 두꺼운 저서는 방정식으로 가득하고 냉철하게 분석하고 있지만, 그에게도 방해석의 비밀은 '경이로운'[8] 것이었다. 그는 스넬데카르트 굴절법칙을 사용하여 방해석을 관통하며 '정상'과 '이상'[9] 굴절로 갈라지는 파동의 각도를 계산했다. 하위헌스는 풍차처럼 보이는 에우클레이데스의 종이접기 도안 모양에서부터 사각형과 삼각형을 둥글게 감싼 파동으로 나아갔다. 이는 하나의 결정체가 두 개의 서로 다른 굴절률을 지녀서 한 가닥 광선을 둘로 쪼갤 수 있음을 드러냈다. 그러나 왜 두 번째 방해석이 '정상' 빛줄기는 쪼개면서도 '이상' 광선은 쪼개지 못하는지 고민하는 지점에서 가로막혔다. "위쪽 방해석을 지나면서 정상 광선은 매질을 움직이게 하는 데 필요한 무언가를 잃은 듯하다. 그 무언가가 이상 굴절에 필요한 것인데 말이다. 하지만 그 원리가 어떤 것인가를 설명하자면, 아직까지는 스스로 만족할 만한 답을 전혀 찾아내지 못했다."[10]

다른 연구자들은 뉴턴과 하위헌스를 통해 방해석에 관해 알게 된 뒤 직접 실험해 보았다. 영국의 물리학자는 각이 진 거울과 프리즘을 장착한 목재 장치에서 아이슬란드 방해석을 실험했다. 프랑스 연구자는 방해석을 떨어뜨렸는데 그것이 완벽한 육면체로 쪼개지자 흥미가 생겨 결정학(結晶學) 분야의 선구자가 되기에 이르렀다. 또 다른 사람은 방해석의 신기한 현상을 착시로 설명했다. 나 또한 아이슬란드 방해석 하나를

1600년대에 발견된 아이슬란드 방해석은 빛줄기를 갈라놓는다. 이 작은 결정체는 과학자들을 좌절시키고, 빛의 본성인 파동을 연구하도록 자극했다. Julie Kumble

웹에서 구매하여 내 충실한 레이저포인터를 쏘아 보았다. 붉은 빛줄기 하나가 저쪽 벽에 닿았고, 두 번째는 왼쪽으로 한 걸음 떨어진 곳에 흐릿한 점을 비추었다. 모두가 작고 신기한 결정체의 비밀을 풀지 못했다. 뉴턴의 입자설은 그 효과를 설명할 수 없었고, 하위헌스의 파동설도 마찬가지였다.

1800년 무렵, 빛 연구는 정지 상태였다. 뉴턴의 《광학》 이후 거의 한 세기가 지났지만, 그 한 세기 동안 빛에 관해 유일하게 진전을 보인 분야는 물리학이 아닌 식물학이었다. 1779년, 네덜란드 물리학자 얀 잉엔하우스는 초록 이파리들을 햇빛 비치는 물에 담갔다. 이파리에서 공기방울이 생겨났는데 그늘에 두었을 때는 공기방울이 생기지 않았다. 잉엔하우스는 모든 식물이 "햇빛을 받으며 공기를 정화하는 대단한 능력"[11]에 감탄했다. 이것이 바로 빛의 최대 축복, 다시 말해 광합성으로 만들어지는 산소였다. 그러나 물리학자들은 여전히 뉴턴에게 사로잡혀 있었다.

빛은 이미 정복되었다는 것이 상식이었다. 더 알아야 할 것이 있다면 분명히 뉴턴이 이미 밝혀냈을 터였다. 계몽주의가 저항과 혁명 속으로 빨려 들어가는 시대에도 뉴턴의 권위는 여전했다. 그러나 1800년대가 시작되었을 때, 과학계에 막 입문한 이들은 뉴턴 숭배에 염증을 느꼈다. 최신의 도구, 최신의 수학으로 빛에 관해 더 밝혀낼 것이 있지 않을까. 그 본질이 밝혀질 수도 있을 것이다.

토머스 영의 지성에 관해서는 주변의 찬사로 알 수 있다. 1700년대 케임브리지대학의 학우들은 그를 '특출한 영'[12]이라 불렀다. 나중에 이 과묵한 영국 신사는 "역사를 통틀어 가장 예리한 사람 가운데 한 명"[13]으로 인정받게 된다. 하지만 영은 사람들에게 자신이 "늦게 태어나서 '젊어서 죽었다'(die young, 이름이 'young'이므로 자신의 죽음을 뜻하기도 한다―옮긴이)는 말을 들을 수 있다"[14]고 즐겨 말했지만 말장난의 의도는 전혀 없었다. 아장아장 걸을 때부터 글을 읽었고, 여섯 살에는 라틴어와 고대 그리스어를 잘 알았으며, 곧이어 호라티우스와 베르길리우스를 원서로 읽었다. 계속해서 열두 가지 언어를 익혔다. 열다섯 살 때에는 에우리피데스, 소포클레스, 에우클레이데스, 호메로스와 프랑스 역사를 탐독하는 한편, 뉴턴의 저작을 차근차근 읽어 나갔다.《광학》을 읽으면서 십대 소년은 "뉴턴 학설에 한두 가지 문제"[15]가 있음을 알아차렸다. 에든버러와 괴팅겐대학에서 영은 빛은 제쳐놓고 음향을 연구했다. 음파에 관한 논문을 쓰면서 파동이론의 복잡한 기하학을 탄탄하게 익혔다. 의학에 끌린 영은 사람의 안구를 연구했고, 곧이어 자신만의 색각(色

覺) 이론을 정립했다. 그는 망막에 빨강, 초록, 파랑, 단 세 종류의 색 수용체만 있다고 보았다. 우리가 보는 수많은 색은 모두 이 세 가지의 혼합이다. 광학자들은 150년 동안 이를 확증하지 않았다. 파동설과 시각을 기초로 삼은 영은 자연스레 빛으로 방향을 돌려 뉴턴이 중단하고 떠난 자리, 다시 말해 회절 연구를 시작했다.

회절의 발견자인 프란체스코 그리말디 신부는 1661년 볼로냐에서 또 다른 빛의 변덕에 관해 고민하고 있었다. 인접해 있는 슬릿을 통과한 빛 줄기들은 서로 겹치는 밝은 원들을 만들었지만, 겹쳐진 각 원에는 검은 수직선이 들어 있었다. 이와 비슷하게 뉴턴은 그의 빛깔을 띤 원무늬에서 검은색 원무늬들을 보았다. 그의 유일한 설명은 빛이 "용이한 반사 주기" 또는 "용이한 투과 주기"[16]의 '주기'를 거친다는 것이었다. 마땅히 뉴턴을 존중하면서도, 영은 다른 원인이 있을 거라 추측했다.

19세기가 막 시작되었을 무렵, 그러니까 1801년 11월 12일, 스물여섯 살의 토머스 영은 의학을 전공하고 광학을 전공하지는 않았는데 아이작 뉴턴이 틀렸음을 밝히기 위해 런던의 대표적인 과학자들 앞에 섰다. 자신의 논문 〈빛과 색채에 관한 이론〉을 읽으면서 영은 빛은 입자로 구성되어 있지 않다고 발표했다. 빛이 입자라면 그것을 방출하는 것이 "풍로의 불길이든 태양 자체의 강한 열기든…… 어떻게 늘 변함없이 균일한 속도로 추진되는"[17] 일이 가능하겠는가? 또한 빛이 물에 부딪힐 때 왜 일부 입자는 반사되는 반면 다른 입자는 통과하는 것인가? 영은 아이슬란드 방해석에 관한 뉴턴의 결론 또한 반박하며 하위헌스의 파동 계산을 지지했다. 그리고 영은 뉴턴의 원무늬를 화제에 올렸다. 무늬의 간격을 연구하면서 그는 "빛의 파동 방식에 관해 전에 갖고 있던 선입견이 변화되었다."[18] 이 도전으로 뉴턴의 지지자들이 격분했는지 헛

기침만 했을 뿐이었지는 아무도 모르지만, 아이작 뉴턴을 의심하는 이에게는 아직 설명해야 할 것이 있었다.

영은 이어서 빛을 물에 비유했다. "고요한 호수 표면에서 똑같은 파동이 수없이 일어난다고 가정해 보자……."[19] 영은 그 자리에 앉아 있는 모두가 익히 알고 있는 사실을 설명했다. 파동이 겹쳐서 힘이 더해지거나 때로는 마루와 골이 만나 서로를 상쇄하여 정지된 수면을 만든다. "이제 나는 이처럼 빛의 두 부분이 혼합되는 지점이라면 어디든 비슷한 효과가 발생한다고 주장하는 바이며, 이를 빛의 간섭의 일반 법칙이라 일컫는다."[20]

영이 발표를 마쳤을 때, 여느 때처럼 타당성을 논하는 회의가 이어졌다. 스물한 살 때 왕립학회 회원이 되었던 영의 평판은 존경 일색이었지만, 더 확고한 증거가 요구되었고 영은 곧 증거를 제출했다. 1802년에 그는 망원경 이후 최초로 새로운 광학 도구를 발명했는데, 수면파 수조(ripple tank)가 그것이다. 그것은 세상을 놀라게 했다. 특히 과거에는 왜 누구도 그걸 생각해 내지 못했을까 하는 놀라움을 일으킨 멋진 기기 가운데 하나였다. 이 장치는 수조가 선반에 올려지고, 밑에는 양초, 위에는 거울, 전면에는 화면이 설치되어 수면파가 움직이며 일으키는 모양을 쉽게 볼 수 있었다. 막대로 물을 가볍게 치면 물결이 번지고, 그 곡선이 화면에 일렁이며 나타났다. 오늘날 영의 수면파 수조는 물리학 수업의 필수 장치이고, 만들기도 쉽다. 또는 무료 아이패드 앱인 리플 탱크를 다운로드하면, 다채로운 빛깔의 파문을 볼 수 있다! 수면파 수조는 영의 추론을 뒷받침했다. 파문이 번지며 부딪히고 '간섭'하여 그물 무늬를 만든 지점에서 수면이 잠잠해지는 게 장치의 화면에 나타났다. 그러나 수조의 물결로 빛 자체가 파동임을 증명하지는 못했다. 영에게는 '결정적 실험'이 필요했다. 그는 나란히 있는 두 슬릿으로 빛을 관통시키면 어떻게 될까 궁금해졌다.

오늘날 '영의 실험'으로 알려진 것은 "아마도 근대 물리학에서 가장 영향력 있는 유일한 실험"[21]이었다. 빛이 파동이어서 교차하고 충돌한다면, 이 '간섭'은 예측할 수 있는 무늬로 나타나야 한다. 두 파동이 동일한 경우에, 두 마루는 서로 일치하고 서로 보강하며 빛은 더 밝아질 것이다. 한 파동의 마루가 다른 파동의 골과 만나는 경우에, 두 파동은 서로를 상쇄하여 어두운 색, 또는 적어도 희미한 색이 나타날 것이다. 그리고 단색광의 평행 광선을 두 슬릿 사이로 통과시켰을 때, 영이 예상했던 무늬가 벽에 나타났다. 가운데에 밝은 줄이 나타나고 그 양쪽으로 얼룩말 무늬처럼 어두운 줄과 밝은 줄이 나타난 것이다. 특유의 건조한 문체로 영은 결론지었다. "운동 방향으로 일정한 동일 거리에 있는 단색광은 서로를 상쇄하거나 파괴하고, 서로 결합하게 되는 경우에 빛을 소멸시킬 수 있는 반대의 속성을 지닌다고 추론할 수 있다."[22]

빛에 빛이 더해져서 어둠이 생긴다? 입자도, 주기도, 뉴턴에 대한 믿음도 이를 설명할 수 없었다. 자신의 이론을 뒷받침하기 위해, 영은 빛의 파동을 최초로 측정했다. 수학은 복잡하지만 논리는 단순했다. 빛이 파동이라면, 각 파동은 정확한 길이, 마루 사이의 거리를 지녀야 한다. 두 파동이 파괴적으로 간섭하려면, 한 파동의 마루가 다른 파동의 골과 부딪혀야 한다고 영은 추론했다. 해안에서 바다 쪽으로 흐르는 역조(逆潮)가, 밀려드는 파도를 중지시키는 것과 마찬가지이다. 가운데의 밝은 줄무늬에서부터 측정할 때, 어두운 줄무늬는 빛의 반(半)파장 또는 그것의 홀수 배수에 비례하는 거리에서 나타날 것이다. 영은 줄무늬를 측정하고 양초에서부터의 거리를 잰 뒤, 슬릿 간격을 바꾸어서 다시 측정했다. 닮은꼴 삼각형의 기하학을 적용한 그는 빛의 속도만큼 놀라운 답을 얻었다. 음파는 길이가 몇 미터에 이를 수 있다는 걸 그는 알고 있었지만, 빛은 그 자체로 기이한 실체였다. 빨간 파동의 길이는 측정할 수 없을 만큼 짧아 0.00000065미터에 지나지 않았다. 보라색은 더 짧아서 0.00000044미터였다. 영의 측정 도구는 오늘날의 관점에서 석기시대 도구처럼 보이지만 측정 수치는 현대의 나노미터 수준이었다. 이제 광파는 길이를 얻었지만, 여전히 뉴턴의 그림자에서 벗어나지 못했다.

영은 자신의 발견을 1807년에 출간했다. 자신의 '파동론'을 정의하면서, 그는 연못에 돌을 던질 때 생기는 것처럼 교차하는 파동의 그림을 그렸다. 파동이 X 모양으로 교차하는 지점에서는 수면의 흔들림도 빛도 없다는 걸 누구나 알 수 있었지만, 뉴턴의 지지자들은 알려고 하지 않았다. 영의 이론은 "인간이 세운 가설의 역사에서 우리가 기억하는 가장 이해할 수 없는 가정 가운데 하나"[23]라는 질타를 받았다. 영은 반박했지만 어떤 신문도 실어주지 않았다. 그는 직접 팸플릿을 펴냈다. "나는 뉴턴이라는 이름을 존경하기는 하지만, 그렇다고 해서 당연히 그를 무오류라고 믿어야 하는 건 아니다"[24]라고 그는 썼다. 팸플릿은 한 부 팔렸다. 그러자 영은 뉴턴의 옹호자들에게 패를 넘겼다. 영은 한 비판자에 관해 "직접 실험해 보기를 권한다"고 말했다. "그리고 할 수 있으면 그가 결과를 반박하면 된다."[25]

영은 곧 다른 관심사를 좇았다. 의학 학위를 받은 그는 영국해협 가까운 곳에 개업을 했고, 언어 공부를 다시 시작했다. 1814년에는 진기한 돌에 관심을 가졌다. 영국 군인들이 이집트에서 갖고 돌아온 돌덩어리에 세 종류의 서로 다른 문자가 새겨져 있었다. 영은 고대 그리스어를 문제없이 읽었지만, 그도 다른 누구도 이집트 상형문자를 해독할 수 없

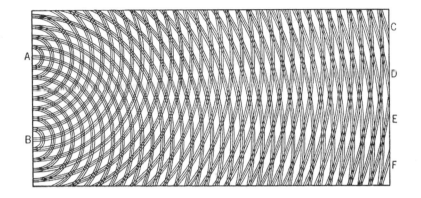

었다. 영은 돌덩어리의 세 번째 문자인 민중 언어에 사로잡혔고, 1년의 연구 끝에 실마리를 얻었다. 고고학자들은 돌에 새겨진 두 언어가 동일한 내용을 담고 있을 거라 이미 추측하고 있었지만, 영은 민중 문자가 상형문자와 "놀랄 만큼 닮은꼴"[26]이고, 이집트의 상형문자들은 표음문자이며, 각 문자는 소릿값을 나타낸다고 보았다. 영의 통찰력을 빌려, 장프랑수아 상폴리옹은 곧 로제타석의 글귀를 판독했다. 한편 영의 간섭하는 빛의 파동 소식은 영국해협을 건너갔다. 그곳에서 뉴턴에게만이 아니라 광학 전체 역사에 이의를 제기했다.

엠페도클레스의 등불이 "지칠 줄 모르는 빛살"로 퍼져 나간 이후로, 파동이 아니라 광선이 빛의 근원이었다. 에우클레이데스의 《광학》은 "광선은 눈에서부터 나아간다. ……"[27]로 시작했다. 불교 경전은 뒤엉킨 보석들 같은 광선을 말했고, 성 아우구스티누스는 하느님을 "어떤 지적인 빛의 광선"[28]으로 보았다. 알킨디의 광선은 사방으로 퍼졌고, 알하이삼의 광선은 판때기에 부딪히는 공으로 비유되었다. 빛이 갑자기 파동으로 보일 수 있으려면, 그것은 줄무늬를 만드는 것 이상의 일을 해야 할 것이다. 빛의 본성 자체가 위태로워졌다. 입자는 물질이고 파동은 운동이다. 누구나 소리가 파동이라는 걸 알았지만, 얼마 지나지 않아 '방출론자'로 알려지게 되는 입자론자들은 소리가 빛과 다르게 작용한다고 주장했다. 모퉁이 뒤에서 외치는 소리는 귀에 들리지만 외치는 사람을 볼 수는 없듯이. 그리고 소리는 공기에 의지한다. 유리벽으로 만든 방에 종을 넣고 공기를 빼면 종소리는 들리지 않지만 종은 변함없이 보인다. 뉴턴은 회절되는 빛이 "장어처럼 구부러지"[29]는 걸 알았지만, 입자는 곧게만 나아갈 수 있다고 결론지었다. "소리는 곧은 파이프를 지나듯 쉽게 굽은 파이프를 지나 퍼진다"고 뉴턴은 썼다. "하지만 빛은 절대로 구부러진 경로를 따라가지 않고, 구부러져서 그림자 속으로 들어가는 일도 없다."[30]

그렇다면 아이슬란드의 그 작은 결정체는 어떻게 된 일인가?

영국이 토머스 영의 파동론을 외면하자, 빛의 횃불은 프랑스로 넘어갔다. 혁명을 겪었고, 유럽의 절반을 정복했다가 잃은 프랑스의 그다음 세기는 고대 그리스 이후 다른 어떤 나라보다도 빛에 매혹된 시간이었다. 파리와 그 근교에서부터 최초의 빛 쇼, 최초의 사진, 최초의 근대적 등대, 최고 수준의 광속 측정, 빛을 가장 신선하게 사용한 회화, 최초의 활동사진이 나타나게 된다. 그 불꽃이 점화된 곳은 한 학교였다.

1794년 여름, 프랑스에서 폭동과 집단 처형이 끊이지 않던 때, 중앙공공사업학교(Ecole Centrale des Travaux Publics)가 파리 라틴지구에서 조용히 개교했다. 그 목표는 프랑스혁명의 목표와 마찬가지로 미래를 건설하는 것이었다. 한 해 안에 학교는 에콜폴리테크니크(Ecole Polytechnique)로 이름을 바꾸었고, 프랑스에서 최고의 과학기술 수재들이 입학했다. 긍지가 높고 애국적이며 엄격한 교수들은 미적분, 토목

공학, 화학, 물리학, 광학을 토대로 엄정한 교과과정을 수립했다. 학교에서 광학을 가르치는 수준은 낮고, 한 학생의 말을 빌리자면 광학 교수는 "호칭만 교수"[31]일 뿐이었다. 하지만 광학이 교과과정에 들어 있다는 사실만으로도 미래의 화학자, 물리학자, 공학자, 수학자, 생물학자인 모든 학생이 빛에 관해 호기심을 갖게 되었다. 교수들은 뉴턴의 중력 법칙과 운동 법칙을 믿는 만큼이나 그의 입자설을 신실하게 믿었다. 나폴레옹이 에콜폴리테크니크를 육군사관학교로 바꾸어 놓았을 때에도, 자신의 경력과 우정이 위태로워지는 걸 무릅쓰고 뉴턴을 옹호하는 명석하고 적극적인 생도가 꾸준히 배출되었다. 이 청년층의 이름들은 과학 역사에 기록되고, 에펠탑의 거대한 아치 바로 위의 철판에는 그 일흔두 명의 성이 새겨져 있다.

앙페르 푸코 피조 프레넬 아라고

몇 사람은 실험실과 강의실에 틀어박혀 있는 학자였으나 많은 이들이 외교관, 파리의 지식인, 그리고 사막을 횡단하거나 열기구를 타고 활공하는 모험가이기도 했다. 그들을 프랑스 최고의 수재로 인식하는 나폴레옹은 에콜폴리테크니크 학생 마흔두 명을 징집하여 이집트 원정에 데리고 갔다. 에콜폴리테크니크 졸업생들은 명예직이나 종신 재직을 전혀 기대하지 못한 채 오로지 가르치고 여행할 뿐이었으며, 프랑스 자체를 가슴에 품고 있는 만큼이나 사랑하는 과학적 진리를 둘러싸고 끊임없는 논쟁을 벌였다. 그러나 에콜폴리테크니크에서 곧 세대 차이가 발생했다. 뉴턴의 영향을 받은 세대의 교수들은 뉴턴에 이의를 제기하려는 학생들이 걱정스러웠다. 1807년에 이의 제기는 늘고 있었다. 처음에는 아이슬란드 방해석에 관해서, 다음에는 토머스 영의 간섭 이론 소식을 둘러싼 논쟁이 벌어졌다. 두 논제 모두 설명 또는 해명되었을 수도 있지만, 이어지는 도전들은 논박하기가 더 어려워질 것이었다. 젊은 연구자들이 틀렸다고 입증할 유일한 방법은 경쟁뿐이라고 교수들은 결론지었다.

1807년 12월, 프랑스 과학아카데미는 새로운 대회를 제안했다. 참가자들은 크리스티안 하위헌스의 파동설을 이용하여 아이슬란드 방해석의 갈라지는 광선을 설명해야 했다. 젊은 과학자 몇 명만이 지원했다. 입자냐 파동이냐보다 훨씬 혹독한 논쟁에서 살아남는 단 한 명이 승자가 된다.

에티엔 루이 말뤼스는 잘 알려진 인물이 아닌데, 그의 발견을 가능하게 한 장치와 관련하여서 이름을 듣게 된다. 말뤼스가 1798년에 빛에 관심을 갖게 된 건, 에콜폴리테크니크에서 차출되어 나폴레옹과 함께 이집트로 보내졌을 때 목격한 참상으로부터 탈출구가 필요했기 때문이다. 말뤼스는 짙은 색깔의 곱슬머리에 양고기 모양의 구레나룻, 그리고 빳빳한 견장을 단 위풍당당한 모습이었지만 무관심한 군인이었다. 선페스트에 걸린 뒤 자파(Jaffa, 이스라엘 서부에 위치한 곳—옮긴이)에 있는 격리 병원으로 이송되었다가 카이로로 돌아왔다. 거기서 그가 쓴 일기에는 "살육의 광란…… 피비린내, 부상병들의 신음, 정복자들의 외침……"[32]이라고 적혀 있다. 그는 친구들이 전염병에 걸려 죽는 걸 보았고, 그 버려진 시신들이 야생 짐승들에게 뜯어 먹히는 광경을 목격했다. 어찌어찌 살아서 전장으로 돌려보내졌다. 참상 속에서 희망을 찾고 싶었던 그는 빛에 의지했다. 나일강 삼각주의 모래땅에서 그의 막사는 밤늦도록 불이 환했다. 그가 양초와 거울을 움직이고 각도를 계산하며 말짱한 정신을 밝히고 있을 때에도 그의 육신은 이질과 여러 질병으로 고생스러웠다. 나중에 파리로 돌아와서도 말뤼스는 연구를 이어 갔다. 뤽상부르 공원 근처에 있는 자신의 방에 틀어박힌 채 아이슬란드 결정체에 몰두했다. 방해석 덩어리에 빛을 통과시키면서 그는 또 다른 놀랄 만한 특징을 알아냈다. 방해석은 모든 빛줄기를 양분하는데, 빛이 특정 각도로 표면에 부딪힐 때만은 '예외'였다. 52도 54분 각도에서 빛은 직선으로 관통한 것이다.

말뤼스는 아카데미 대회 소식을 듣고 한 해를 오로지 빛에 소비했다. "나는 여기서 은둔자처럼 산다"고 그는 썼다. "말 한마디 내뱉지 않고 하루를 보낸다."[33] 양초와 결정체가 여기저기 굴러다니는 방에서, 그는 구리판에 밀리미터 단위의 눈금을 새겼다. 그리고 방해석을 눈금 위에 올려놓고 두 겹 이미지 각각의 각도를 쟀다. 굴절법칙과 꽤 발전된 대수학을 혼합하여 방정식을 끊임없이 풀어 갔다. 에우클레이데스 시대 이후로 빛은 계산되어 왔지만, 그토록 정확하게 계산된 적은 없었다. 1808년 12월, 말뤼스는 대회에 출전했고, 아카데미의 노학자들은 뉴턴을 지지하는 입장이면서도 말뤼스의 수학을 반증하지 못했다. 결국 그는 대회의 우승자가 되었다. 파동이론은 아이슬란드 방해석을 설명할 수 있었지만, 교전 중인 그 병사는 아직 자신의 결정체들과 끝난 게 아니었다.

어느 화창한 가을 오후, 말뤼스는 방에 말없이 시무룩하게 앉아 있었다. 뤽상부르 궁전의 창유리에서 반짝거리는 햇빛을 바라보던 그는 방해석 하나를 눈앞에 댔다. 괴테가 프리즘을 통해 세계를 보았을 때처럼 말뤼스는 말문이 막혔다. 햇빛 반사가 복굴절될 것이라는 예상과 달리, 결정체를 통해서 보이는 이미지는 하나뿐이었던 것이다. 저녁이 되어서도 여전히 방해석을 통해 관찰하고 있던 말뤼스는 초의 불꽃이 물에 반사된 걸 보았다. 구부정하게 서서 입사각을 재면서 그는 보고 확인하고 다시 보았다. 촛불이 수면에 36도로 부딪히는 지점에서 복굴절이 단굴절로 바뀌는 것이었다. 유리 또는 수면에서 반사되는 빛은 어떤 이유인지 '변화한다'고 말뤼스는 결론지었다.

삼각함수표를 참고하면서 여러 각도의 사인 값과 코사인 값을 계산한 말뤼스는 뉴턴이 추측했던 것처럼 빛에 '면'이 있다고 결론지었다. 빛은 비대칭인 게 틀림없다. 이 현상에 대해 말뤼스는 우리가 지금도 사용하는 '편광'이라는 용어를 만들어 냈다. 빛의 '면들'이 정렬되면, 일부 투명한 표면은 통과하지만 다른 표면에서는 걸러진다. 이 이론을 검증하기 위해 말뤼스는 회전하는 거울이 포함된 장치를 만들었는데, 평행 축들을 따라 거울이 위아래로 위치한다. 이제 그는 어떤 각도에서든 빛을 반사시킬 수 있었다. "평면각의 코사인 제곱"[34] 같은 수학과, 방해석을 90도 회전시키면 '정상' 광선이 '이상' 광선처럼 작용하고 그 반대도 마찬가지라는 통찰력을 보태서, 말뤼스는 편광 법칙을 입증했다. 빛은 데카르트의 테니스공보다는 럭비공처럼 빙글거리며 나아가거나, 특정 조건에서는 완벽한 나선형으로 진행했다. 아이슬란드 방해석을 통과하거나 특정한 각도로 반사되는 빛은 편광이 되며, 그 '면들'은 정렬되었다.

편광을 과학아카데미에서 발표한 건 1811년이었다. 에티엔 루이 말뤼스는 이집트에서 걸린 여러 질병의 합병증 탓에 그 이듬해에 서른일곱의 나이로 세상을 떠났다. 그의 이름은 누구보다도 과학자들에게 알려졌다. 요즘 편광 필터가 들어간 모든 선글라스와, 평판 TV나 노트북의 모든 액정 화면은 편광을 사용하여 그 화소를 밝게 하거나 어둡게 한다. 선글라스를 끼고 노트북을 한 번 보시라. 그리고 고개를 기울여 보라. 화면이 어두워지는 게 보이지 않으면 싸구려 선글라스이다. 물리학자들은 곧 말뤼스의 발견을 진전시켜, 원형편광과 타원편광을 비롯하여 다양한 종류의 편광을 밝혀 나가며 21세기 빛을 향한 길을 닦았다. 그러나 이러한 진보의 토대는 파동이론이었고, 그 패러다임은 계속 옮겨 가고 있었다. 증거가 쌓이면서 프랑스인들의 확신도 흔들리기 시작했다. 뉴턴에 대한 저항이 커지고 있었다. 아카데미 원로들은 신진 학자들을 신중하게 주시했다.

그런 신진 학자 한 사람이 프랑수아 아라고였다. 프랑스 남부 지방에서 태어난 아라고는 파리의 이방인이었고, 그의 에스파냐 성(姓) 때문에 "정말로 프랑스 사람"[35]이냐고 사람들이 묻곤 했다. 아라고는 천문학을 공부하기 위해 1803년에 에콜폴리테크니크에 입학했다. 졸업 후에는 먼저 햇빛의 속도가 다른 별에서 나오는 빛의 속도와 동일하다는 걸 증명하고 있었다. 1806년, 키가 크고 위풍당당한 이 천문학자는 에스파냐로 보내져서 장기 프로젝트를 이어받아 지구 경선을 측정했다. 먼 탑에서 빛을 비추며, 아라고는 삼각측량으로 결과를 도출하여 정확한 거리를 계산했다. 그러나 나폴레옹 군대가 1807년에 에스파냐를 침략했을 때, 탑에서 빛을 비춘 프랑스인들은 첩보 활동 혐의를 받았고 아라고는 이비사 섬에서 옥살이를 했다. 그는 두 번 탈출했으나 번번이 잡혀왔다. 마침내 석방된 그는 마르세유를 향해 항해하던 중 강풍을 만나 북아프리카에 다다랐다. 아라고는 길을 안내할 길잡이를 고용하고 버누스를 입어 신분을 감춘 채 사막을 횡단했다. 파리에 도착하자 그가 겪은 일들 덕분에 유명인이 되었다. 잘생기고 매력적이며 의문의 여지없는 프랑스 사람이기에 과학아카데미 회원이 되었고 나중에는 총리까지 지내게 된다. 그는 계속해서 빛을 연구했으나 자신이 해외에서 고난을 겪는 동안 아카데미가 전쟁터가 되었다는 사실을 곧 알게 되었다.

영국왕립학회 회원들은 종종 철부지 사내아이들처럼 굴었지만 프랑스 과학아카데미는 자존심과 천재성을 뭉근히 달이는 곳이었다. 센강을 굽어보는 프랑스학사원에 모인 아카데미 회원들이 프록코트 안에 받쳐 입은 것은 빳빳한 경멸감이었다. 조각마루를 깐 바닥과 여러 동상이 어우러진 널찍한 실내에서 회원들은 논문을 발표하고 특허를 수여하고, 무엇을 대중이 알고 믿어야 하는지에 대한 판결을 내렸다. 그러나 빛처럼 중요한 문제에 관해서는 예의는 온데간데없고 험담과 노골적인 표절이 난무했다.

1812년 운모판에 빛을 투과시키면서 프랑수아 아라고는 색편광을 발견했다. 햇빛이 편광될 수 있는 것처럼, 무지개와 모든 굴절되는 색채 또한 편광될 수 있다. 아라고는 아카데미에 자신의 발견을 발표했으나, 그 내용을 출간하기도 전에 에스파냐 원정의 동반자였던 장 바티스트 비오가 항의했다. 로버트 후크가 뉴턴을 침해한 것처럼, 비오는 '자신'이 이미 '색편광'(polarisation colorée)을 발견했다고 주장했다. 아카데미는 조사 뒤 아라고의 편을 들었지만, 그즈음 비오는 이미 자신의 결과물을 출간했고 그의 이야기가 받아들여졌다. 아라고는 분노했고 비오는 선전 공세를 이어 갔다. 둘은 서로 말을 섞지 않게 되었으나 회의 때는 종종 고함을 쳤다. 뉴턴을 신봉하던 아라고는 자신의 라이벌을 위축시킬 수 있다면 어떤 빛 이론에 대해서도 마음을 열었다. 그 열린 태도는 1814년 12월에 보람을 거두었다. 호화로운 공식 만찬에서 프레넬이라는 이름을 처음 듣게 된 것이다.

아라고의 테이블에 앉은 처음 보는 사람이 자신의 조카 이야기를 꺼내며 병약하지만 매우 장래가 촉망된다고 소개했다. 그 허약한 청년은 토목기사로 프랑스의 벽지에서 도로와 교량을 건설하고 있다고 했다. 그는 이전 한 해 동안 저녁 내내 빛을 연구하며 보냈다고 한다. 얼마 전 논문을 무슈 앙페르에게 보냈는데 무슈 앙페르는 응답이 없었다. 무슈 아라고께서 봐주시겠습니까?

반년 전, 오귀스탱 장 프레넬은 동생에게 보낸 편지에서 빛에 관해 혼란스럽다고 털어놓았다. 에콜폴리테크니크의 교수들은 빛이 입자로 이루어져 있다고 주장했지만, 프레넬은 의심이 일고 있었다. 그는 편광에 관한 이야기를 들었고, "머리가 깨질 만큼 고심해 보았지만 이게 무엇인지 이해할 수 없다"[36]고 시인했다. 동생이 그에게 광학 교과서를 보내주었을 때, 프레넬은 뉴턴을 배반한 이론들 쪽에 기울기 시작했다. "말하자면 나는 빛과 열을 전달하는 특별한 유체의 진동을 너무 믿고 싶다"고 그는 동생에게 썼다. "어떤 이는 음속을 설명하듯이 광속의 균일성을 설명한다. 그리고…… 태양은 왜 그렇게 오래도록 우리에게 빛을 비추면서도 그 부피가 줄지 않는 것인지 등을."[37]

뉴턴을 의심하면서도 이 프랑스 토목기사는 뉴턴과 무척 비슷했다. 뉴턴은 "우려와 경계와 의심이 많은" 사람으로 알려져 있었다. 프레넬의 동료들은 프레넬을 '쌀쌀맞은 사내'로 여겼다. 프레넬과 뉴턴 모두 건강이 안 좋았다. 뉴턴이 병으로 생각한 대부분의 것은 상상이었지만, 키가 작고 유약하며 독수리가 떠오르는 인상에 도망자의 시선을 한 프레넬은 늘 기침과 열에 시달렸다. 두 사람 모두 어두운 방에서 빛줄기를 분광시키고 예상대로 빛이 작용하게 하는 법을 직관적으로 알았다. 그리고 뉴턴처럼, 프레넬은 스스로 "엄밀함에 대한 애호"[38]라 일컫는 것을 지니고 있어, 지면마다 방정식으로 가득 채워 놓았다.

1814년부터 1819년까지, 하이든의 〈천지창조〉가 뿜어내는 최초의 빛이 유럽 전역의 심포니홀에 울려 퍼졌다. 존 키츠는 《엔디미온》을 집필하여 "그대 안에는 무엇이 있기에, 달이여……"라고 감탄했으며, 윌리엄 터너는 베네치아의 광휘를 화폭에 흡수했다. 한편 영국해협에서 수십 킬로미터 떨어진 작은 방에서, 오귀스탱 장 프레넬은 홀로 앉은 채 종종 덜덜 떨며 '정확히' 빛이 어떻게 나아가는지를 소수점 셋째, 넷째, 다섯째 자리까지 계산했다.

프레넬은 익히 알려진 대로 실험을 시작했다. 핀홀을 통해 빛다발을 통과시킨 것이다. 구멍을 통과한 햇빛은 프톨레마이오스, 알하이삼, 그리고 뉴턴에겐 충분히 안정적이었지만, 프레넬이 바라는 정확도에 비하면 해가 너무 빨리 움직였다. 지역의 대장장이가 만든 그의 마이크로미터는 0.01밀리미터까지 측정할 수 있었지만, 그러기 위해서는 관통하는 빛의 속도를 좀 줄여야 했다. 렌즈가 효과가 없었는데, 프레넬의 어머니가 꿀벌을 치는 덕분에 벌꿀로 핀홀을 막으니 햇빛이 약간 굴절되면서 머물렀다. 회절을 관찰하기 위해 그는 팽팽한 실에 빛을 비추었다. 그러자 벽에 선이 생겼는데 가운데는 짙고 위아래는 더 연한, 그림자 샌드위치 같았다. 프레넬은 마이크로미터로 측정했다. "초점과 빛이 사실상 동일한 2밀리미터 렌즈를 사용하여, 실 가까이에 생긴 줄무늬들을 관찰할 수 있었다. …… 줄무늬 간격을 마이크로미터로 측정하니 0.015밀리미터 미만이었다."[39] 파리에 와서야 프레넬은 토머스 영의 간섭 논문에 관해 들었다. 프레넬은 영어로 쓴 그 논문을 읽을 수 없었다. 그러나 방으로 돌아온 프레넬은 영의 또 다른 발견과 간섭무늬를 보았다. 실 위로 빛을 막은 그는 위쪽 줄들만 사라질 거라 예상했다. 그런데 위아래 '모든' 줄이 사라졌다. 회절이란 경계 위아래로 파동이 지나가는 것이 분명했다. 입자라면 이렇게 될 수 없다. 프레넬은 자신의 결론을 파리로 보냈다. 무슈 앙페르는 그것을 읽지 않았지만 무슈 아라고는 관심을 보였다. 불평 많은 아카데미에서 먼 거리에 있는 신진 연구자는 잘난 척하는 라이벌들에 맞서는 데 도움이 될지도 모르기 때문이었다. 그래서 아라고는 "하늘의 상태가 허용하는 한"[40] 프레넬의 발견을 증명하는 일을 시작했다. 얼마 지나지 않아 이 유명한 천문학자는 무명의 토목기사에게 편지를 보내, 자신의 결과가 "파동설이 진리임을 입증할 수도"[41] 있다고 전했다.

아라고는 동료들에게 프레넬에 관해 소개하고 1816년 3월에 그의 논문을 과학아카데미에 제출했다. 그 여름 프레넬은 파리로 돌아와 아라고를 만났고, 서로 잘 어울리는 두 프랑스인은 빛에 관해 끝없이 이야기를 나누었다. 프레넬은 파리에 실험실을 만들었지만, 1816년은 "여름이 없던 해"[42]였다. 인도네시아에서 화산이 폭발하여 화산재가 대기를 뒤덮었다, 파리는 한 해 내내 영하의 기온과 기근에 시달리고 여름은 여느 해와 달리 부슬비가 계속 내렸다. 좌절한 프레넬은 집으로 돌아가서 토목 일을 다시 시작했다. 몇 달 뒤 다시 아라고로부터 연락이 왔다. 아라고는 얼마 전 영국에서 토머스 영을 찾아갔다. 아라고의 설명에 따르면, 프레넬의 연구를 영에게 설명하고 있을 때 그 영국인은 정중하게 듣고만 있었지만 영의 아내가 일어서더니 방을 나섰다. 잠시 뒤 그녀는 남편의 소논문을 갖고 돌아와서 비슷한 간섭 실험을 자세히 기록한 페이지를 펼쳤다. 그 의미는 명확했다. 소논문을 읽으면서 프레넬은 연구를 포기할까 생각했다. "다리와 도로를 건설하는 보통의 토목기사로 남기로 결심했다"고 그는 동생에게 편지를 썼다. "구태여 얼마 안 되는 영광을 얻겠다고 달려드는 게 어리석은 일임을 이제 알겠다. 그래 봤자 사람들하고 그 문제에 관해 늘 언쟁을 벌여야 할 것을."[43] 그러나 이듬해 봄, 그는 다시 방으로 돌아갔다. 파동에서 비롯되는 기본 문제를 해결하려면 손 놓고 있을 수 없었기 때문이다.

파동이론이 개연성이 있으려면 수학이 작용해야 했다. 물을 지날 때 파동은 스넬데카르트 법칙에 따라 굴절해야 한다. 거울에서 반사될 때는 입사각과 동일한 각도로 반사되어야 한다. 크리스티안 하위헌스는 넓은 공간을 군인처럼 줄을 지어 진군하는 파두(波頭)를 계산했다. 하위헌스의 파동은 1700년 이전에 알려진 몇 안 되는 빛의 법칙에 따라 예측 가능하게, 수학적으로 움직였다. 하지만 파동은 물과 마찬가지로 물체 주변에서 휘어진 다음 이어서 곧게 나아갈 수 있는가? 장애물에 부딪힌 물은 뒤로 밀린다는 걸 누구나 알고 있다. 빛이 그런 소용돌이를 형성한다고 상상할 수 있는가? 파동설이 한걸음 더 나아가려면 이런 형태가 논문으로 입증되어야 했다. 영국해협 근처 어머니의 집에 틀어박힌 프레넬은 증명하는 작업에 착수했다.

프레넬이 정밀하게 측정하는 동안, 과학아카데미에 있는 뉴턴 신봉자들은 방어 태세를 갖추었다. 푸아송, 라플라스, 라그랑주 같은 나이 든 과학자들은 중력, 운동, 미적분, 프리즘, 무지개 등 모든 것에 관해 뉴턴이 옳다는 걸 알았다. 이제 그들은 서른 살도 안 되고 대학교수나 연구직에 있지 않은 무명의 토목기사가 자신들의 '철학적 태양'보다 빛에 관해 더 잘 안다고 믿어야 한다는 압박을 받았다. 그런 말도 안 되는 일이 무한히 계속되지 않으려면 또 다른 경쟁이 필요했다.

1817년 3월 17일, 과학아카데미는 대회의 주제를 발표했다. 참가자들은 "직사광과 반사광 모두에서 발광 광선들이 하나 이상의 물체의 경계 부근을 각각 또는 동시에 지날 때 회절의 효과를 구체적인 실험을 통해 밝혀야……"[44] 했다. 다시 말해 참가자들은 가장 정교한 수학을 사용하여, 빛이 장애물을 어떻게 우회하여 지나가는지 계산해야 했다.

프레넬이 등불 아래에서 대회 규칙을 읽을 때, 한 낱말이 계속 눈에 띄었다. "광선," "발광 '광선'······,"[45] "'광선'이 발산하는 빛······,"[46] "'광선'의 움직임······",[47] (입자로 구성된 빛이 광선을 이루어 전파된다는 관점을 가리킨다—옮긴이) 아카데미는 파동에 관한 이야기를 들으려고 하지 않는 게 분명했고, 프레넬은 참가를 망설였다. 프랑수아 아라고는 참가를 설득했고, 나중에 그 이름이 전류의 단위 암페어로 쓰이게 되는 무슈 앙페르는 "그는 수월하게 상을 탈 것이다"라며 맞장구쳤다. 앙페르는 프레넬의 삼촌에게 편지를 보냈고, 프레넬의 삼촌은 조카에게 '아라고 장군'이 지휘하는 '악전고투'[48]에 참여하라고 설득했다. 경쟁자들에게는 1년 반이라는 시간이 주어졌다. 프레넬은 토목 일에서 휴가를 얻었다.

그는 입자설을 공격하는 것으로 시작했다. 입자설이 빛의 운동 전체를 설명할 수 없는 이유는 입자 자체가 운동을 제약하기 때문이다. 화살, 테니스공, 또는 '광선'은 예측대로 반사되고 굴절되지만, 예리한 모서리를 에둘러 가거나 다른 빛과 간섭을 일으켜 짙은 줄무늬를 만들지는 않는다. "누군가 진행 운동에 회전운동을 첨가할 수는 있지만 그게 전부이다"[49]라고 프레넬은 썼다. 입자론을 고수하는 이들은 인류 자체만큼 오래된 소망인 단순함에 굴복하고 있는 것이라고 그는 믿었다. 그러나 자연은 "분석의 어려움을 두려워하지 않는다"[50]는 것이 그의 인식이었다. 그 어려움은 곧 찾아왔다.

하위헌스의 파동이론은 미적분을 사용하지 않았다. 1670년대에 이론을 정립하면서, 하위헌스는 젊은 고트프리트 라이프니츠에게 수학을 직접 가르쳤다. 라이프니츠는 나중에 직접 미적분학을 정립하게 되는데, 틈틈이 하위헌스에게 편지를 써서 그 가능성을 이야기했다. 무한 소급과 순간 속도의 정복, 자연의 가장 미묘한 힘들을 그래프로 나타낸 것이 그것이다. 그런가 하면 하위헌스는 아버지가 알고 지내던 데카르트의 해석기하학을 배웠고, 미적분학을 수학의 새로운 분야로 완전히 인정한 적이 없었다. 그는 뉴턴의 《프린키피아》가 출간되고 3년 뒤에 《빛에 관한 논고》를 펴냈지만 미적분학을 포함시키지 않기로 했다. 이제 그로부터 100여 년이 지난 시점에서 프레넬은 미적분학을 포함시켰다. 뉴턴을 이용하여 뉴턴을 반증하려는 것이었다.

과학아카데미 대회에 참가한 프레넬은 이전에 자신이 한 연구를 활용했지만, 몇 달 동안 수학을 재정비하기 위해 노력했다. 그 핵심은 적분이라는 수학 도구였다. 방정식에서 우아한 S($\int$)로 표시되는 적분은 곡선과, 곡선 내부의 면적을 측정한다. 적분은 미사일의 궤적, 바닷조개의 아름다운 형태, 그리고 프레넬이 아는 것처럼 파동의 움직임을 계산한다. 미적분학을 빛의 파동에 적용하면서, 프레넬은 오늘날 '프레넬 적분'이라 불리는 것을 정립했다. 초보자에게는 현대 상형문자처럼 보이는 고등수학 분야로 머리가 빙글빙글 돌게 된다. 프레넬의 방정식을 바라보자면 무한히 복잡한 우주를 향해 끌려가는 느낌이 들 것이다. 부호와 기호가 케이크의 층처럼 첩첩이 쌓여 있다. 그리고 그리스 문자가 나오는데, 파이(π)처럼 익숙한 것도 있지만 파장을 가리키는 람다(λ), 수의 합을 나타내는 시그마(Σ), 곡률을 표시하는 카파(κ)도 있다. 이 모든 게 촘촘히 들어간 괄호 밖에 위쪽으로 지수가 붙어 있고, 이를 또 각 괄호가 싸고 그걸 또 괄호가 싸고 있다. 전체는 부분의 총합보다 훨씬 크니, 가만히 바라보고 있으면 프레넬의 미적분 협주곡은 최면을 거는 동시에 영감을 준다. 바로 '이것'이 빛이 작용하는 방식임을 생각하고 한 사람이 그 문을 열었음을 깨달으면, 빛의 복잡함을 이해하고 인간의 발견에 경탄하게 된다.

또한 빛은 물처럼 소용돌이친다. 하위헌스를 토대로, 프레넬은 파동이 어떻게 이차 파두를 만들어 내는지 계산했다. 열린 문을 통해 옆방의 교한 소리를 듣는다고 싱싱해 보자. 소리가 문 자체에서 비롯되는 것처럼 보이는 게 새로운 잔파동이다. 그러나 원음의 일부는 첫 번째 방에 머물며 그 자신에게로 되돌아간다. 또는 프레넬이 표현한 것처럼 "분자들은 평형상태이고(움직이지 않고) 그 순간 분자를 전진시키는 속도만 받아들인다면, 후퇴하는 파동 또한 생겨날 것이다. …… 따라서 이 두 운동은 역행하는 파동에서 서로 상쇄한다."[51]

1818년 4월 20일, 입자냐 파동이냐의 전투는 바리케이드에 가까워졌다. 프레넬은 대회 출품작에 "단순하고 비옥한 자연"(Natura simplex et fecunda)[52]이라는 라틴어 명구(銘句)를 달아서 봉투에 밀봉하여 제출했다. 석 달 뒤, 익명의 참가자가 등장했다. 이 두 명만이 뉴턴을 반증하는 데 참여한 것이다. 심사위원단이 회의를 열었다. 세 사람은 확고한 '방출론자'(빛이 입자나 미립자의 형태로 발광체로부터 방출된다고 보는 뉴턴의 지지자를 가리킨다 — 옮긴이)였다. 한 사람은 젊은 화학자로 어느 쪽이라고 말할 수 없었다. 다섯 번째가 심사위원장인 프랑수아 아라고였다. 심사단은 여름, 가을을 지나 해를 넘기면서 심의했다. 프레넬의 출품작이 더 받아들여지기 쉽도록, 아라고는 '파동'이란 표현을 죄다 '기본 광선'[53]으로 바꾸어 놓았다. 그래도 심사는 계속되었다. 방출론자 가운데 한 사람인 존경받는 수학자 시메옹 푸아송은 직접 계산을 해보았다. 원반에 쏘인 빛이 프레넬의 주장대로 작용한다면, 그것은 그 그림자의 정확한 중심에 밝은 점을 남길 것이라고 푸아송은 주장했다. "얼토당토않지!" 방출론자들은 프레넬을 이겼다고 생각했지만, 아라고는 주근깨 크기만 한 원반을 제작하여 빛을 쏘아 보았다. 벽에, 원반 그림자의 중심에, 바로 정확한 중심에, 바늘끝만 한 완벽한 빛이 있었다. 그래도 푸아송은 주장을 꺾지 않았다. 그는 여생 동안 변함없이 입자설을 신봉했다. 하지만 심사위원단은 납득하게 되었다. 연구 결과를 출품하고 11개월 뒤, 마침내 프레넬이 우승자로 발표되었다. 그는 명예 따위에 아랑곳하지 않았다. 갈채는 발견의 전율과 비교할 수 없는 것이라고, 그는 나중에 토머스 영에게 말했다. 그러나 프레넬이 아카데미 대회에 우승한 때로부터 입자론은 후퇴의 길을 갔다.

그 뒤로 몇 해 동안, 밭은기침을 하면서도 프레넬은 연구에 몰두했다. 먼저 아이슬란드 방해석에 집중하여 신비한 점을 더 발견했다. 그 결정체에 빛을 투과시켰을 때 그 빛줄기는 예상대로 편광되었다. 그러나 일부가 서로 간섭하며 줄무늬를 만든 반면, 수직으로 편광된 빛은 그렇지 않았다. 수학만큼이나 직관에 의지하여, 프레넬은 토머스 영이 받아들이지 않았던 빛의 속성을 제시했다. 파동론자들은 작업대에서 손바닥으로 소금을 쓸어내듯이 빛의 파동이 평행한 파두를 따라 나아간다고 가정했다. 소리도 그런 파동이라고 알려져 있었다. 프레넬은 대안을 제시했다. 빛의 파동은 문고리에 줄을 묶고 흔들 때처럼 위아래로 움직이며 나아가는 횡파일 것이라고. 아라고는 믿으려 하지 않았으나 프레넬은 미적분으로써 이를 증명했다.

머리를 싸매고 편광을 연구한 지 7년 만에 이 허약하고 병약한 토목기사는 전 세계의 어떤 사람보다도 빛에 관해 더 많이 알게 되었다. 프레넬이라는 명예로운 이름은 오늘날 에펠탑에 남아 있을 뿐 아니라, 프레넬 회절, 프레넬 스포트라이트, 그리고 자동차 헤드라이트, 카메라, 프로젝터, 태양열 집열기에 쓰이는 프레넬 렌즈에서도 보인다. 멋진 프레넬 적분은 오늘날에도 롤러코스터의 곡선부터 비디오 게임에 구현되는 바다의 파도에 이르기까지 파동을 계산하는 데 이용된다. 그러나 프 레넬이 남긴 불멸의 유산은 무엇보다도 아이작 뉴턴과 겨루어 이겼다 는 사실이었다. 빛이 파동으로 흐른다는 사실을 입증했으니 말이다. 그 흐름은 빛이 최고 흥행사로 떠오른 멋진 시대인 19세기의 남은 시간 동 안 지속되었다.

11장

뤼미에르

프랑스의 눈부신 세기

오늘날 파리의 부랑아는…… 국가의 상징이자 질병이다.
질병은 치료되고 말 것이다. 어떻게? 빛으로!
– 빅토르 위고, 《레미제라블》

19세기 초, 북대서양에 진입하는 큰 선박에 탄 선원들은 자신들이 깜깜하고 위험한 곳 프랑스로 향해 가고 있음을 알았다. 혁명은 오래전 일이었지만 이야기는 여전히 떠돌아 다녔다. 단두대, 폭동과 분노, 나폴레옹, 유럽 전역의 재앙에 관해서. 파리는 계몽주의에서 떠맡은 그 역할 덕분에 빛의 도시라 일컬어지게 되었지만, 파리 자체는 재앙이고, 질병과 타락의 미궁이었으며, 그 공기에는 비워 낸 요강의 악취가 풍기고, 그 강물은 걸러지지 않은 오물로 누르스름했다. 빛의 도시? 대부분의 시민이 복닥거리며 거주하는 지역은 그렇지 않았다. 《레미제라블》에서 묘사하듯 "하늘은 격자무늬가, 한낮은 지하실이, 태양은 문가의 거지가 되어 버린"[1] 겨울은 분명히 그렇지 않았다.

프랑스의 위험은 파리에만 국한된 게 아니었다. 암석으로 이루어진 프랑스 해안선에는 등대가 거의 없었고, 있는 등대마저 몹시 희미해서 배가 곧 부딪힐 지경이 되어야 비로소 그 빛줄기가 보였다. 해마다 거의

200척의 배가 프랑스 연안에서 좌초되었다. 그래도 선원들은 프랑스 서부 해안으로 향했다. 거기서부터 지롱드강은 전 세계인이 찾는 와인으로 유명한 보르노도 이어졌다. 해안이 가까워질수록 배는 강어귀의 등대, 다시 말해 '르 파르'(le phare)를 찾기 시작했다.

코르두앙 등대는 유럽에서 가장 높고 오래된 등대 가운데 하나였다. 에스파냐 북쪽으로 뱃길로 하루 거리의 노두(露頭)에 서 있는 코르두앙 등대는 "바다의 베르사유 궁전"[2]이었다. 호화로운 프랑스 양식의 10층 탑은 1층에 왕의 침실, 2층에 예배당, 그리고 곳곳에 수많은 조각이 배치되었다. 그러나 그 빛은 오래전 데카르트 시대에 처음 비추었을 때보다 더 밝아지지 않았다. 당시에는 장작불을 땠다. 19세기에 접어들 무렵 관리자들이 등불과 거울로 실험을 했지만, 빛은 여전히 희미해서 선원들은 알렉산드리아의 파로스라는 이름을 따라한 이 '파르'가 제발 좀 이름값을 하게 하라고 프랑스에 간청했다. 나폴레옹은 등대위원회를 설립했지만 회의는 거의 열리지 않았다. 불평들은 무시되었다. 코르두앙의 빛은 여전히 깜빡거리는 촛불과 다름없었다. 그러다가 1820년 세계에서 가장 뛰어난 빛 전문가가 이 문제를 연구하기 시작했다.

문제는 반사였다. 오귀스탱 장 프레넬은 결론을 내렸다. 가장 밝은 등불 뒤에 위치한 가장 큰 포물면 반사경조차 빛의 절반도 반사시키지 못했다. 우아한 저분과 "엄밀함에 대한 에호"를 한껏 발휘하여 프레넬은 반사가 아니라 굴절로써 빛을 포획할 방법을 계산했다. 몇 달 안에 파리의 유리 공장들은 7.5센티미터 두께에 50센티미터 정도 길이의 프리즘을 생산해 내고 있었다. 프레넬의 "계단식 렌즈"[3] 설계에 따라 유리 제조업자들은 직경 60센티미터의 다각형 판을 조립했는데, 각각의 판은 이랑을 이루듯 투명한 동심원들로 이루어져 사방에서 오는 빛의 초점을 모았다. 1821년 4월, 3.7미터 높이의 유리 벌집 같은 프레넬 렌즈가 시험을 기다리고 있었다. 파리 뤽상부르 공원 남쪽의 왕립 천문대 꼭대기에 올린 렌즈는 센강 건너, 아보 쉬제의 생드니 성당을 지나, 몽마르트르 언덕 너머로 빛줄기를 내쏘았다. 한 해 안에 수백 킬로그램의 프리즘과 유리판이 브르타뉴반도의 해안 절벽을 돌아서 코르두앙 등대에 도착했다. 프레넬은 때로 각혈까지 하면서도 바람이 휘몰아치는 강어귀의 노두에서 그 봄을 다 보냈다.

1823년 7월 25일, 깜깜하고 위험한 프랑스 해안은 인류가 만든 것 가운데 가장 밝은 빛으로 밝혀졌다. 흰 빛이 어둠을 꿰뚫어 수평선까지 보였고, 해안에서 50킬로미터 떨어진 먼 바다에서 돛 꼭대기에 오른 선원들에게도 등대 불빛이 보였다. 2년 뒤 영국 선원들은 프레넬의 빛줄기가 "일등성처럼"[4] 영국해협을 비추는 걸 보았다. 얼마 지나지 않아 프레넬은 서른아홉 젊은 나이에 결핵으로 숨을 거두었지만, 그의 빛은 스웨덴부터 에스파냐, 뉴저지에 이르기까지 지구 곳곳의 해안을 밝혔다. 선원들의 뱃길을 알려 주면서, 프랑스는 세상에서 빛의 사령관이 되었다. "프랑스의 광휘"(rayonnement de la France)라는 옛말을 따르듯이, 프랑스는 모든 종류의 빛을 포획하고 반사하고 투사하고 가리고 옮기고 색을 입히고 측정하고 동결하고 짜맞추었다. 에콜폴리테크니크에서 교수와 학생을 사로잡았던 바로 그 매력이 대중 일반에게까지 확산되어, 빛은 하나의 볼거리로, 타임머신으로, 궁극적으로는 근대 세계에 주는 선물로 변모하고 있었다.

1820년대에 파리 센강의 시테 섬에 있는 상점 한 코너에서는 온갖 광학 물품을 판매하고 있었다. 빛에 매혹된 파리 사람들에게, 라 메종 샤를슈발리에는 빛의 창이었다. 슈발리에 집안은 처음에는 루이뱅상이 그리고 나중에는 그의 아들들이 유럽에서 가장 많은 종류의 렌즈, 안경을 비롯해 온갖 유리 장신구를 디자인하고 제주하고 판매했다. 퐁네프의 아치 모양 교각이 내다보이는 반짝거리는 상점을 둘러보면서, 천문학자는 가장 좋은 망원경을 구입했고, 생물학자는 최신 현미경을 조작해 보았으며, 오페라 애호가는 '자개'나 '상아'로 겉면을 장식한 쌍안경을 만지작거렸다. 화가는 카메라 옵스큐라나 그 최신 파생 제품인 카메라 루시다를 살 수 있었다. 카메라 루시다는 프리즘과 거울로 수평면에 수직의 상을 투사하는 장치였다. 라 메종 샤를슈발리에는 외알안경과 코안경, 볼록렌즈와 오목렌즈, 오페라글라스, 거울, 돋보기도 판매했다. 가장 인기 있는 품목 가운데 '환등기'도 있었다.

1600년대 중반에 발명되었다고도 하고, 파동론자인 크리스티안 하위헌스가 발명했다는 말도 듣는 환등기는 원시적인 프로젝터인데, 양초, 렌즈, 채색한 슬라이드로 어두운 방 저편에 이미지를 나타내는 장치이다. 깜빡거리는 유령과 악령을 보며 이 "공포의 등불"[5] 앞에서 관객들은 덜덜 떨었다. 그러나 환등기는 파리 사람들에게 빛에 관한 또 다른 사실, 다시 말해 그 공연을 보려면 돈을 내야 한다는 사실을 가르쳐 주었다.

1798년 여름, 파리 사람들은 어떤 '공포의 등불'보다도 훨씬 오싹한 빛의 쇼에 모여들기 시작했다. 촛불로 밝힌 방에 줄줄이 들어간 관객은 조용히 앉은 채 기대에 부풀었다. 막 뒤에서 한 남자가 나왔다. 그는 초자연적인 것과 의심의 필요성에 관해 차분히 말했다. 남자가 무대를 떠나고 촛불이 꺼졌다. 이윽고 예고도 없이 무대 안쪽 벽에서 번갯불이 번쩍거렸다. 해골, 메두사의 대가리들, 마녀들이 암흑 속에서 떠다녔다. 유령들이 불쑥 나타나고 점점 커지며 벽에서 너울거렸다. 곧이어 연기가 실내를 채우고 빛이 연기 속을 스며들었다. '팡타스마고리'(Fantasmagorie)라 불리는 공포 쇼는 90분 동안 이어졌다. 부들부들 떨고 몸서리치며 소름 돋은 채 줄지어 나간 관객들은 소문을 퍼뜨렸다. 아마 몇몇은 그것이 결국 프로젝터가 하는 일이라는 걸 알았을 것이지만, 그래도 어떻게 유령이 너울거리며 눈알을 굴릴 수 있는 것일까? 죄다 환영일까? 경찰은 그렇게 생각한 것 같지 않았다. 단두대에서 처형당한 루이 16세가 부활할까봐 잠깐 동안 쇼를 금지시켰기 때문이다. 새로운 세기에 접어들어 낭만주의자들이 '고딕 호러'(gothic horror, 가장 오래된 공포 장르 가운데 하나로 18세기 후반에서 19세기 초에 특히 성행했다. 주로 중세를 배경으로 공포와 오싹함을 자극한 데서 '고딕'이라는 수식어가 붙었다―옮긴이)에 매료되자, '팡타스마고리' 극장이 런던과 뉴욕에도 개장했다. 그 무렵 파리는 그다음 빛의 쇼를 준비하고 있었다.

라 메종 샤를슈발리에의 단골 고객 가운데 키가 큰 곱슬머리 사내가 있었다. 크고 슬픈 눈동자에 콧수염을 짧게 다듬은 그는 자신감과 호기심을 드러내며 주로 카메라 옵스큐라를 살펴보았지만 모든 광학 장난감에 관심이 있는 듯했다. 아마 십대일 때 '팡타스마고리'를 보았을 것이고, 여기 슈발리에 상점에는 가정용 모델이 있었다. 바퀴가 달려 있고 목재로 만들어졌으며, 렌즈, 거울, 등불 연기를 빼내는 양철 연통까지 갖춘 것이었다. 말쑥한 고객에게는 250프랑이라는 가격을 지불할 여력이 충분했지만 그는 거기에 관심이 없었다. 샤를슈발리에는 그를 잘 알았다. 교육받은 풍경화가인 그는 파리 오페라하우스의 무대를 디자인하고 있었다. 기둥이 있는 아치형 현관과 폐허를 그린 상당히 높은 막을 만드는 중이었다. 전문성이 최고조에 이른 때였지만, 그는 늘 새로 나온

렌즈, 최신의 환영, 빛의 무한한 가능성에 관해 질문을 했다. 점원들은 그를 무슈 다게르라고 불렀다.

사진의 선구자였던 은판 초싱 사진에 사신의 이름을 붙이기 전에, 루이 자크망데 다게르는 빛의 거장으로 파리 전역에서 유명했다. 파리 북쪽 작은 도시에서 자라난 다게르는 어렸을 때부터 스케치를 시작했고, 열세 살 때는 부모의 초상화를 그려서 부모가 익히 그의 재능을 알아보았다. 하지만 예술은 불안정한 직업이어서 다게르는 한 건축가의 도제가 되었다. 견디지 못하고 곧이어 파리로 갔다. 무난한 수준의 화가인 그는 파리미술전람회에 그림 몇 점을 걸 수 있었지만, 무대 화가로 고용되었을 때 비로소 자신의 천직을 발견했다. 1820년, 파리 사람들이 빛을 사랑하는 데 주목한 다게르는 등불, 슬라이드, 막을 조작하여 일몰과 달빛 어린 밤을 펼쳐 놓았다. 파리 오페라하우스에서는 시칠리아 에트나산 그림에 역광을 비춘 뒤 천장 조명을 번쩍이게 했다가 줄여서 화산이 폭발하는 듯 보이게 했다. 그 효과는 "여태까지 제작된 것 가운데 가장 놀라운 것"[6]이라고 어떤 비평가는 말했다. 그 뒤 무슈 다게르는 무대 위로 해가 떠오르는 장면을 연출하고, 점점 어두워지는 아치와 기둥들 아래에서 보석이 반짝이는 '빛의 궁전'[7]을 창조했다. 그것은 "무슈 다게르가 만든 또 하나의 경이로움"[8]이었고, 그는 무대 조명의 수준을 더 높일 준비가 되었다.

1822년 7월의 어느 화창한 아침, 사람들은 파리 극장가의 최신 극장 앞에 모여들었다. 4층 건물의 기다란 아치형 창문들 위로 대문짝만 한 글자가 보였다.

DIORAMA

오전 11시, 안내원들이 사람들을 데리고 로비를 지나 등불이 켜진 실내로 들어갔다. 모두 무슈 다게르가 만들어 낸 새로운 경이를 보려고 기대하고 있었다. 어둠에 눈이 적응하자, 사람들은 천장이 높은 원형의 널찍한 홀로 들어갔고 그 한쪽에는 유리창이 있었다. 유리창 안쪽으로 캔터베리 대성당의 내부가 펼쳐졌지만, 거대한 석재는 전혀 인공적으로 보이지 않았다. 작업자들이 보수공사를 하고 있었고, 관객 가운데 많은 이들은 장담컨대 인부들이 움직이는 걸 보았다고 했다. 성당에 들어가게 해달라는 부인도 있었다. 그때 성당의 스테인드글라스가 환히 빛나더니 어두워졌다. 어둠 속에서 석재가 움직였다. 관객들이 눈을 부릅뜨고 지켜볼 때, 대성당이 멀어지면서 점점 작아지고 희미해지다가 사라졌다. 잠시 뒤, 그 똑같은 창 안에 희미한 산맥이 나타났다. 점점 밝아지면서 스스로 스케치를 해나가듯 높은 산들이 모습을 드러내며 알프스 골짜기가 나타났다. 오두막, 솟아나는 샘물, 햇빛을 받아 반짝거리는 호수가 보였다. "가장 인상적인 효과는 빛의 변화이다"라고 《런던 타임스》는 썼다. "고요하고 아늑하고 달콤하고 평온한 여름날이었는데 지평선이 점점 변화하여 잔뜩 우중충해지더니 마침내 어두워졌다. 밤처럼 깜깜한 게 아니라 누가 봐도 폭풍이 몰려오는 어둑어둑하고 흉포한 어둠이었다. 어둠이 모든 사물의 색채를 바래게 하고, 우리 귀에는 거의 우레가 들리는 듯했다."[9]

쇼는 30분만 진행되었지만, 다게르의 "마술 화면"[10]은 이내 장안의 화제가 되었다. 입장료 2프랑이면 누구나 빛이 아로새기는 목가적인 풍경을 볼 수 있었다. 이어지는 디오라마는 산사태가 일어나는 스위스의 골짜기, 샤르트르 대성당과 랭스 대성당, 베네치아 대운하, 세인트헬레나에 있는 나폴레옹 묘지를 보여 주었다. 속고 또 속은 관객들은 채색된 막을 향해 종이뭉치를 던지며 가짜라는 걸 확인하려고 했다. 언론은 열광했다.

"긴장만 승리."[11]
"회화 역사의 신기원."[12]
"다게르는 역대 가장 뛰어난 화가 가운데 한 사람으로 꼽힐 자격이 있다."[13]

'디오라마'는 런던과 베를린에서 문을 열었다. 라 메종 샤를슈발리에에는 폴리오라마 파놉티크(Polyorama Panoptique)를 팔기 시작했다. 후면 조명이 들어오고 장면이 전환되는 상자로 아이들이 다게르의 효과를 흉내 낼 수 있게 한 것이었다.

여느 마술사와 마찬가지로 다게르는 자신의 비밀을 밝히지 않으려 했다. 그는 어떻게 달이 떠오르게 하고, 강물이 흐르게 하며, 대성당이 아른아른 빛나게 한 것인가? 모든 디오라마는 카메라 옵스큐라를 사용하여 비단 막에 그림을 그려 초현실적인 '트롱프뢰유'(trompe l'oeil)를 만들어 낸 것이다. '눈을 속인다'는 뜻의 이 기법을 다게르는 무대 디자이너일 때 익혔다. 하지만 가장 꽁꽁 감춘 비밀은 빛이었다. 다게르는 고정된 물체를 불투명한 오일로 바탕칠했지만, 유리창, 냇물, 양초, 그 밖에 반짝이는 표면에는 얇은 반투명의 색을 입히거나 채색하시 않은 채로 두어 빛이 투과하도록 했다. 무대 아래에서 작업하는 작업자들은 등불과 채색한 스크린을 옮기고 때로는 지붕의 천창에서 빛을 받아들였다. 자정미사의 촛불에 조명 효과를 주고, 무릎을 꿇은 인물들의 그림자를 옮겨 놓고, 촛불을 끄며 교회를 어둡게 만드는 효과들은 어른들을 즐겁게 하고 아이들은 넋을 잃었다. 한 쇼에서 염소 한 마리가 알프스의 마을에 나타났다. 관객 가운데 루이필리프와 그의 어린 아들이 있었다.

"아빠, 저 염소 진짜예요?" 왕세자가 물었다.

"모르겠구나, 얘야." 왕이 대답했다. "무슈 다게르에게 물어 보렴."[14]

더 많은 디오라마가 리버풀, 베를린, 스톡홀름에 문을 열었다. 유럽 전역에서 다게르는 기적을 만드는 사람으로 칭송받았지만, 그는 빛으로부터 더 많은 걸 원했다. 가끔 샤를슈발리에의 상점에서 카메라 옵스큐라의 장면을 가리키며 그와 이야기를 나누었다. "이런 완벽한 이미지를 고정하는 데 성공하는 사람이 나오지 않겠습니까?"[15] 다게르가 물었다. 1824년 언제쯤, 그의 디오라마 극장에서 가까운 집에서, 다게르는 화학 물질과 동판으로 실험을 시작했다.

"달의 은"[16]이라고도 불리는 질산은이 빛에 노출되면 잿빛으로 또는 검게 변한다는 사실이 알려진 건 이미 거의 한 세기 전이었다. 염화은은 더 짙은 이미지를 만들었다. 빛의 무늬를 종이에 담는 데 최초로 성공한 때는 1790년대였다. 당시 웨지우드 도자기 명가의 상속인인 토머스 웨지우드는 종이에 질산은을 씌우고 나뭇잎을 올려놓은 채 햇빛에 노출시켰다. 그리고 노출시킨 질산은 판에 라벤더 오일을 발랐다. 그 결과 또렷한 윤곽이 나타났다. 그러나 웨지우드의 "포토그램"[17] 어떤 것도 오래 지속되지 않았다. 고정 물질이 없으면 아주 희미한 빛이라도 질산은을 검게 변하게 했다. 다른 영국 과학자들이 다양한 화학물질로 검게 변하는 속도를 늦춰 보았지만 잠깐뿐이었다. 그러다가 1816년에 프랑스의 한 신사가 부르고뉴의 저택에서 연구를 시작했다.

조제프 니세포르 니에프스는 질산은보다 염화은을 선호했다. 그가 얻은 이미지는 당시로서 가장 또렷했으나, 여전히 고정시킬 수 없었다. 몇 해에 걸쳐 좌절을 거듭한 뒤, 니에프스는 이름이 희한한 유대 역청이라는 물질을 사용했다. 빛에 노출되면 유리에 고착되는 타르 물질이다. 1826년 5월 어느 날 아침, 니에프스는 와인잔에 역청 분말을 담고 라벤더 오일을 첨가한 뒤 그 축축한 검은 반죽을 가열하여 은판에 발랐다. 다리미로 은판을 데운 뒤 카메라 옵스큐라에 넣고서 렌즈를 열었다. 여덟 시간 뒤에 렌즈를 닫았나. 판을 세척하며 부스러지는 역청을 제거하여 니에프스는 최초의 사진을 얻었다. 음영이 퍼져 흐릿해지기는 했지만 사진에는 니에프스의 뒤쪽 창에서 보이는 그대로 얼룩진 지붕과 담장이 담겼다. 니에프스는 자신의 공정을 '헬리오그래피'라 일컬었고, 이 용어는 곧 샤를슈발리에의 귀에 들어갔다. 슈발리에로부터 획기적인 발전 소식을 들은 다게르는 니에프스에게 편지를 써서 그런 공정이 상용화될 수 있을지 물었다. 니에프스는 헬리오그래피로 상이 새겨진 백랍판을 다게르에게 보냈고, 1829년에 둘은 제휴 관계를 맺었다. 니에프스는 4년 뒤에 숨을 거두며 자신의 발견을 아들에게 넘겼지만 아들은 아버지의 일에 관심이 없었다. 다게르는 홀로 일을 추진해 나갔다.

지난날 종교는 빛을 숭배했고, 물리학은 빛을 계산했으며, 회화는 빛을 복제했고, 시는 빛을 칭송했다. 하지만 마침내 빛을 포획한 것은 화학이었다. 다게르는 한 번도 유대 역청을 사용하지 않았다. 그가 원한 것은 완벽한 이미지였지 음영이 퍼진 흐릿함이 아니었다. 감광 물질에 관해 알기 위해 화학 서적을 탐독하면서 그는 "볼로냐 스톤"[18]으로도 실험해 보았다. 갈릴레오에게 빛에 관한 궁금증을 일으킨 바로 그 빛을 내는 광물이었다. 그는 요오드 증기를 은판에 쐬어 요오드화은을 만들었는데 이는 염화은보다 색이 더 짙다. 탄산으로 음화의 명암을 바꾸고, 등불로 가열한 염소산칼륨으로 대비를 세밀하게 조정했다. 어느 날 다게르는 샤를슈발리에의 상점 문을 벌컥 열고 들어갔다. "내가 그 찰나의 빛을 포획했소!"[19] 하고 그는 외쳤다. "나 대신 태양이 그림을 그리도록 한 것이오." 하지만 흐릿한 형태는 여전히 점점 더 검어졌다. 다게르의 아내는 남편이 작업에 '홀려' 있다고 걱정했다. "그는 늘 일 생각뿐이랍니다" 하고 마담 다게르는 유명한 화학자에게 말했다. "일 때문에 밤에 한숨도 못 자요."[20] 그 꿈이 가능하긴 한 걸까요? 하고 그녀는 물었다. 화학자는 가망이 없을 거라고 예상했다.

1835년 어느 날, 다게르는 실험을 마치고 빛에 얼마 노출되지 않은 판을 화학약품 캐비닛에 넣어 두었다. 이튿날 아침, 그 판을 또 사용할 수 있을 거라 생각하며 꺼냈다. 멈칫하고 자세히 살펴보았다. 판에는 섬세하게 새겨진, 희미하기는 했지만 그가 실험한 것 가운데 단연코 최상의 이미지가 나타나 있었다. 무엇이 이미지를 현상시킨 것인지 알 수 없었기에 다게르는 캐비닛 안에 감광된 판을 두고 화학약품을 하나씩 없애 갔다. 징후가 포착된 물질은 수은이었다. 깨진 온도계에서 수은 증기가 샜던 것이다. 여러 고정 물질로 실험을 계속한 끝에 1837년, 다게르는 그의 최초의 영구 이미지를 얻었다. 점토 두상 두 개가 테이블에 놓여 있는 뿌연 정물 사진이었다. 이후 1년 반 동안 다게르는 외국 정부로부터 자신의 실험 비용을 지원받으려 노력했고, 마침내 모든 사진 연구자들의 기억 속에 현상된 날을 맞이했다.

1839년, 이전까지 인류 역사를 빛낸 모든 빛은 시간 속으로 사라졌다. 제국의 흥망, 왕과 여왕의 대관식, 어린 아이들의 귀여운 표정, 노인의 지혜로운 얼굴 모두. 우리에겐 그림이 있고, "그것만이 모든 가시적인 자연의 업적을 충직하게 그리고 있다"고 지난날 레오나르도는 말했다. 빛과 관련되어 역사의 전환점은 파리, 프랑스학사원에서 일어났다. 1839년 8월 19일, 월요일. 빛의 도시 아름다운 여름날 오후. 실내의 빛

세계 최초의 사진으로 기록된 〈예술가의 스튜디오〉(1939). 1837년 루이 자크망데 다게르는 다양한 화학물질과 구리판을 사용하여 자신의 스튜디오에서 빛을 포획했다. 두 해 안에 파리는 "다게레오타이프 열풍"이 불어, 수많은 이들이 카메라를 들고 다게레오타이프를 찍었다. (프랑스사진협회)

은 너무 희미해서 포획할 수 없었을 테니 그날의 사진은 하나도 없다. 그러나 말쑥하게 차려입고 머리가 곱슬곱슬한 다게르가 화려한 홀에서 개최된 프랑스 과학아카데미와 미술아카데미의 합동 모임 앞에 선 모습을 상상해 보자. 군중은 누런 센강과 루브르궁의 네모나고 까만 지붕들이 보이는 강둑으로 몰려든다. "무슈 다게르는 카메라 옵스큐라가 생성한 이미지를 자신이 준비해 놓은 판에 맺히게 하는 방법을 발견했다. 물리학은 아마 이와 견줄 만한 발견을 내놓은 적이 없을 것이다"[21]라고 수은 증기 덕에 뜻밖의 발견을 한 소식이 미술 잡지에 처음 실린 이후 파리가 기다려 온 순간이다. 그러나 증거 없이 네 해가 흘렀고 의심은 점점 증폭되어 왔다. "덧없는 반사광을 붙들어 두겠다는 바람은 불가능하기만 한 게 아니라, 그렇게 하겠다는 소망, 의지만으로도 모독이다. 하느님은 자신의 형상대로 사람을 창조하셨고, 사람이 만든 어떤 기계도 하느님의 형상을 고정시킬 수 없다"[22]고 독일의 한 신문은 비판했다.

1839년 1월, 프랑스 정부에 권리를 판매하기 위해 다게르는 자신의 공장을 대중 매체에 공개적으로 발표했다. 자신의 이름을 발명에 결부시키지 않았지만, 조제프 니에프스에게 공을 돌리면서도 자신이 이미지를 더 선명하게 만들고 노출 시간을 3분까지 줄였다고 주장했다. 초상 사진은 그 정도의 시간으로는 가능하지 않을 것이라고 덧붙였지만, 다게르는 사람들이 다게레오타이프 사진으로 일상을 찍고, 과학자들이 달의 이미지를 기록하며, 여행자들이 평소에 꿈꾸던 풍경을 간직할 것임을 예견했다. "다게레오타이프는 자연을 그리는 데 도움이 되는 도구로만 그치지 않는다. 오히려 그것은 자연에 스스로 복제하는 능력을 주는 화학적이고도 물리적인 공정이다"[23]라는 말로 그는 마무리했다.

그러나 그런 기적이 어떻게 일어난 것일까? 다게르는 밝히지 않았다. 후원을 받기 위해서 그는 1839년 봄 내내 수십 킬로그램 무게의 카메라를 들고 루브르, 노트르담 같은 랜드마크를 다녔다. 엽서 이미지를 정부 관리에게 제출하며 20만 프랑에 모든 권리를 양도하겠다고 했다. 그러나 정부는 발명에 관한 권리를 공공연하게 구매한 적이 없었고, 정치인들은 반대했다. 6월에 처음에 나타났던 대중적 열기는 이미 시들해졌고, 파리는 다시 의심에 빠졌다. 디오라마 발명가인 다게르는 결국 환영을 이용하는 자일 뿐이다. 그리고 7월, 프레넬의 파동설 증명의 옹호자인 프랑수아 아라고는 다게르에게 힘을 실어 주었다. 유명한 천문학자이고 당시 프랑스 하원의원이던 그는 동료들에게 확신을 주었다. 거의 만장일치 투표 결과로 하원은 정부가 "이 새로운 화가의 눈과 연필"[24]을 구매하는 것을 승인했다. 50대였던 다게르는 금전 보상 요구를 적당한 연금으로 낮추었다. 프랑스 정부는 다게르에게 해마다 6천 프랑을, 조세프 니에프스의 아들에게는 4천 프랑을 지급했다.

한 달 뒤인 8월 19일, 마침내 장막이 걷혔다. 다게르는 신경과민과 오한 속에 인후염이라고 양해를 구하고 말없이 앉아 있었고, 프랑수아 아라고는 프랑스학사원에 몰려든 청중에게 개회를 선언했다. 권위자들이 모여든 홀 앞에 선 그는 과학과 프랑스가 최근 이룩한 성공을 설명했다. 그가 말을 마치기도 전에 바깥의 군중은 강둑을 따라서 큰 소리로 비법을 말하고 있었다.

"요오드화은이래!"

"수은!"

"하이포아황산나트륨!"[25]

한 시간도 안 되어서 라 메종 샤를슈발리에에서 카메라 옵스큐라가 매진되었다. 그러나 빛을 포획하는 일은 셔터를 누르는 것처럼 간단하지 않았다. 아라고의 설명은 많은 이들을 혼란스럽게 했고, 다게르는 나중에 자신의 스튜디오에서 기자들을 위해 시연을 했다. 은을 씌운 동판을 꺼내 부석(浮石) 분말로 닦은 뒤 질산 용액에 헹궜다. 방을 어둡게 한 뒤 가열된 요오드가 들어 있는 상자 위에 동판을 엎어 놓았다. 증기가 모슬린 천을 통해 새 나오면서 동판이 누렇게 변했다. 그리고 다게르는 동판을 카메라에 끼웠다. 카메라는 길이 60센티미터, 직각 방향으로 30센티미터 크기에 샤를슈발리에가 제작한 렌즈가 부착된 금속 상자이다. 창문 높이로 카메라를 올린 다게르는 시계를 보았다. 흐린 오후였다. 그는 화창한 날이라면 또는 에스파냐나 이탈리아라면 노출 시간이 더 짧아질 거라고 말했다. 렌즈 덮개를 열었다. 밖에서는 마차와 말, 사람들이 지나갔지만, 그 찰나의 이미지는 그의 동판에 거의 정착되지 않는다. 다게르는 다시 시계를 확인했다. 기자들은 조바심이 났다. 몇 분 뒤 그가 렌즈를 덮고 판을 꺼내서는 수은이 들어 있는 양철통 위에 기대 놓았다. 아래쪽으로 불을 붙였다. 수은이 섭씨 60도에 이르렀을 때 다게르는 증기가 피어오르는 수은을 식힌 뒤 판을 용액에 세척했다. 강둑에서 사람들이 "하이포아황산나트륨"이라고 큰 소리로 외치던 티오황산나트륨 용액이다. 전체 공정은 반 시간이 걸렸다. 기자들이 에워싼 가운데 다게르는 가로세로 13센티미터 정도의 정사각형에 담긴 깨끗한 이미지를 보여 주었다. 해가 그린 창밖의 정경이었다. 안경, 외알안경, 코안경을 통해서 기자들은 세밀한 이미지를 꼼꼼히 살펴보았다. 눈썹이 올라갔다. 탄성이 터져 나왔다.

파리는 순식간에 "다게레오타이프 열풍"[26)]에 휩쓸렸다. 파리 전역에서 사람들은 커다란 상자를 삼각대 위에 올렸다. 요오드와 수은이 약국에서 바닥났다. 어떤 이는 "우리 모두는 특별한 감정과 전례 없는 감각을 느끼며 정말로 즐거웠다"고 회상했다. "누구나 자신의 창에서 보이는 풍경을 복제하고자 했다. …… 그리고 조악한 사진들조차 형언할 수 없는 기쁨을 주었다."[27)] 9월 중순 즈음, 다게레오타이프 사진은 런던과 뉴욕에서 촬영되었다. 다게르의 촬영 설명서는 여러 언어로 8종이 판매되었다. 사람들은 카메라와 화학약품을 챙겨서 이탈리아, 이집트, 성지로 떠났다. 그들이 돌아왔을 즈음, 프랑스 물리학자 두 사람이 다게레오타이프로 달 사진을 찍었고 현미경을 이용했다. 영국의 한 화학자는 요오드 증기에 염소 증기를 혼합하고 노출 시간을 몇 초 단위로 줄였다. 얼마 지나지 않아 부유층과 유명인들이 목을 버팀대에 대고 카메라 앞에 앉았다. 몇 분 뒤 다게레오타이프 스튜디오를 나설 때는 저마다 반짝이는 초상 사진을 손에 들고 있었다.

초창기의 다게레오타이프는 사진이라기보다는 작은 기적이다. 요오드화은에 새겨진 다게레오타이프는 파르테논 신전, 피사의 사탑, 텅 비고 황폐한 1840년의 모습 그대로인 로마 광장을 보여 준다. 그리고 널리 알려진 최초의 초상 사진들이 있다. 프랑스의 왕 루이필리프. 영국의 웰링턴 공. 링컨. 휘트먼. 포. 그러나 초기의 많은 다게레오타이프는 보통 사람들도 담고 있다. 프릴이 달린 보닛을 쓴 깐깐해 보이는 여인들, 제복을 입은 건장한 남자들, 정지된 시간에 머문 아이들까지. 또한 통통하고 굳은 모습의 다게르 자신도 담은 다게레오타이프 공정은 이후 계속 진화해 나간다. 요판 사진술, 석판술, 셀룰로이드 필름, 코닥 카메라로……

1840년, 연금과 명성이 확정된 다게르는 은퇴하여 파리 외곽의 소도시에 정착했고, 지역 교회에서 작은 디오라마를 제작할 때에만 모습을 드러냈다. 브리쉬르마른에 있는 작고 하얀 생제르베 생프로테 성당의 디오라마는 최근에 복구되어 전시되고 있다. 다게르는 빛을 포획했고, 그 뒤로 빛은 찰나의 것으로 보이지 않게 된다. 그의 공정이 단순화되자, 사진술은 빛을 인간의 손에 쥐어 주었다. "다게레오타이프 열풍"의 흥분은 거의 잠재워지지 않았다. 1839년 이래 약 3조5천억 장의 사진이 찍혔고, 스마트폰의 확산으로 그 수는 기하급수적으로 치솟고 있다. 오늘날에는 해마다 거의 4천억 장의 사진이 찍히는데, 19세기 내내 찍혔던 것보다 더 많은 사진이 몇 분마다 찍히는 것이다.

미국의 화가이자 발명가인 새뮤얼 모스는 파리의 다게르를 방문하고는 그의 작업을 "완성된 렘브란트"[28]라고 일컬었다. 다른 화가들은 그렇게까지 확신하지는 않았다. "오늘부터 회화는 죽었다"[29]고 어떤 이는 말했다. 그러나 프랑스는 막 빛나기 시작하는 참이었다.

1848년, 빛의 도시는 우울한 도시가 되었다. 다게레오타이프가 도시의 보물들에 초점을 맞출 때조차, 근처의 공동주택들 탓에 파리는 "가난과 전염병과…… 질병이 일제히 만들어 내는 오물의 거대한 공장이자 햇빛이 거의 스며들지 않는 곳"³⁰⁾이었다. 파리 주민 100만 명 가운데 대다수는 바게트 하나를 사기에도 충분치 않은 1프랑으로 이틀을 살았다. 그 기념비적인 해 초반에 부패와 추문은 또 다른 봉기를 낳았다. 다시 바리케이드가 세워지고 또다시 피가 흘렀으며 루이필리프 왕정은 무너졌다. 군주를 대체하여 또 다른 나폴레옹, 다시 말해 폐위된 보나파르트의 조카가 왔다. 국민투표로 선출되었으나 루이 나폴레옹은 얼마 지나지 않아 의회를 해산시켰고, 1852년 스스로 나폴레옹 3세라 선언했다. 눅눅하고 좁은 길거리는 반란의 온상지였기에 황제는 파리를 재건설할 계획에 착수했다.

1850년대 내내 파리는 재건되고 재탄생했다. 빈민 지역이었던 곳에 폭넓은 대로가 뚫렸다. 새로운 광장과 널찍한 공원인 불로뉴 숲과 뱅센 숲에는 햇빛이 환했다. 센강에 버려지던 하수는 다른 경로로 흘러갔다. 인구의 3분의 1은 난민이 되고 마을들은 사라졌다. 거의 2만 채의 건물이 파괴되고 4천 채가 새로 지어졌다. 반대자들은 그런 대변동과 그 기안자인 조르주외젠 오스만 남작을 비난했지만, 프로젝트가 마무리되었을 때 파리는 드디어 그 별명이 붙여졌다. 이제 파리의 대로인 '그랑 불바르'는 탁 트인 하늘 아래 눈이 부셨다. 빛은 도시 어디에나 존재했다. 샹들리에가 반짝이고 카페에서 빛이 새나오고 거리에 줄지어 선 1만5천 개의 가스등이 불을 밝혔다. 1855년 파리가 첫 번째 만국박람회를 개

최했을 때, 프레넬 등대 렌즈는 샹젤리제 위에서 빛을 냈다. 공짜에 화수분 같고 즐거움을 주는 빛은 파리 사람들이 도시와 하늘과 서로를 보는 방식을 변화시키기 시작했다. 10년 뒤에는 예술가들이 이 빛을 포착했다.

에드가르 드가는 무대의 풋라이트를 무희의 내비치는 스커트에 담았다. 베르트 모리조는 빛의 흐름을 아기 침대 위로 늘어진 레이스에 표현했다. 오귀스트 르누아르는 얼룩처럼 떨어지는 여름빛을 나무 그늘의 소풍에 드러냈다. 알프레드 시슬레는 겨울 빛을 눈 위에 드리웠다. 조르주 쇠라는 빛의 모든 점을, 그리고 그것 이상을 그랑드자트 섬의 일요일 오후에 담았다. 클로드 모네는 건초더미를 아침의 은은한 잿빛과, 정오에 작열하는 주황빛과, 저녁의 보랏빛 어스름 속에 나타냈다. …… 그린 것이 무희든 건초더미든 바다든 눈이든, 주제는 빛이었다. "내게 모티프는 사소한 문제일 뿐이다"라고 모네는 말했다. "내가 재현하고자 하는 것은 모티프와 나 사이에 존재하는 것이다."[31]

"햇빛에 취했다"[32]고 르누아르가 표현한 것처럼, 인상파는 미술의 지겨운 규칙을 깨뜨렸다. 레오나르도는 화가들에게 그늘에서 그리라고 말했지만, 인상파는 햇빛 아래에서 그리지 않을 때에는 스튜디오를 환히 밝혔다. 카라바조는 키아로스쿠로를 서양 미술의 특징으로 만들었고, 자신의 화려한 광택을 정물화의 고정 장치로 만들었다. 인상파는 그림자와 광택을 경멸하고, 모든 곳에서 불쑥 나타나는 빛을 좋아했다.[33] 일찍이 레온 바티스타 알베르티가 화가들에게 충고하기를 순백색 사용을 절제하라고 했다. 그러나 인상파는 눈 덮인 들판, 포말이 이는 바다, 하얀 꽃이 담긴 흰 꽃병, 흰 침구 위에 흰 옷을 입고 있는 여자들에게 이끌렸다. 수백 년 동안 화가들이 검정색에 골몰했던 반면, 모네는 그

전통을 한 문장으로 일축해 버렸다. "검정은 색깔이 아니다."[34]

인상파가 표현한 빛의 매력은 유명한 미술관을 관람하는 이들에게는 친숙하다. 중세의 금박으로 가득한 전시실을 지나면 르네상스의 황토색이 펼쳐지는 전시실이 나온다. 이어지는 전시실들에는 인상주의 화가 에두아르 마네가 "갈색 소스"[35]라고 조롱했던 음울한 색조로 가득하다. 인상파 이전에 회화의 빛은 로마와 성서 시대의 '룩스'와 비슷하여, 집중되고 강렬한 빛이 창을 통해 흘러나오거나, 물체에서 반짝거리거나, 구름 뒤에서 뿜어져 나왔다. 그러나 다게르는 '룩스'가 화가의 관념일 뿐임을 알려 주었다. 다게레오타이프에 동결된 빛은 '룩스'가 아니라 '루멘', 호수에서 반짝거릴 수도 있지만 땅과 하늘에 고루 퍼진 하나의 분위기였다. 그런 빛을 채색하려면, 화가들은 카라바조의 번득이는 빛과 렘브란트의 백열을 잊어야 할 것이다. 또 어떤 멍청이라도 사진은 찍을 수 있지만, 회화가 요구하는 것은 미술적 완성을 넘어선 것이었다. 인상파는 카메라가 아니라 사람의 눈으로 보는 것처럼, 흐릿하고 덧없는 빛을 그리기 시작했다. "그들의 목표는 직접적인 광학적 감각 데이터, 또는 '시각'을 기록하는 것이었다. …… 이는 인상파 화가들이 왜 어린아이의 배우지 않은 눈을 닮고 싶다고 했는지 설명해 준다"[36]고 미술사학자 앤시아 캘런은 썼다. 혁명은 갑작스럽고 충격적이었으며, 앞선 프랑스혁명과는 달리 바리케이드가 아니라 물감과 캔버스가 수반되었다.

인상파 화가들은 저마다 특징적인 스타일이 있으면서도 특정한 기법을 공유했다. 루브르미술관의 고리타분한 걸작들은 하나같이 바니시와 유제에서 반사되는 빛을 뿜어냈지만, 인상파 작품은 환하게 빛나지 않았다. 일반적인 오일의 광택을 잠재우기 위해 그들은 압지에 물감을 짜서 색깔들이 엉기게 했다. 테레빈유 또한 번득임을 죽일 수 있었고, 모네는 때로 백토 반죽을 안료와 혼합했다. 고전파 화가들은 유대 역청을 사용하여 짙은 그림자를 표현했다. 최초의 사진을 만든 바로 그 타르 물질이다. 하지만 빛을 어둡게 히려면 어떻게 해야 할 것인가? 마네는 답을 찾고는, 두꺼운 붓질로 모든 색의 불투명성을 높였다. 레오나르도는 분말이 섞인 바니시를 그림에 덧발라서 스푸마토를 완성했지만, 인상파는 완성된 작품에 바니시를 칠하지 않았다. 르네상스 이후로 화가들은 빈 화폭에 어두운 색을 발라 밑칠했지만, 인상파는 터너를 좇아 순백색의 바탕을 사용했다.

그들이 그린 빛은 파리가 본 빛이었으나, 인상파는 10년의 조롱을 감내했다. 1864년 파리미술전람회에서 거부된 그들은 길 건너편 낙선전(落選展, Salon des Refusés)에 작품을 걸었다. "사람들은 런던에 있는 마담 터소 밀랍인형관 공포의 방에 들어오듯 전시회에 들어왔다"고 한 화가는 회상했다. "문을 나서자마자 웃음을 터뜨렸다."[37] 빅토리아 여왕은 터너를 미친 사람이라고 생각했지만, 파리 사람들은 인상파를 저속하게, 인상파의 작품을 "극도로 추하게"[38] 여겼을 뿐이다. 그러나 이 버림받은 자들은 덧없는 빛에 이끌렸다. 최신의 색채 이론을 공부하고, 카페에서 만나고, 함께 '야외에서' 그림을 그리고, 압생트를 홀짝홀짝 마시고, 여인을 사랑하고, 손에 닿는 모든 것을 낭만화하면서, 인상파는 점차 반감을 누그러뜨리고 사람들을 일깨웠다. 이것은 결국 파리의 '면모'라고. 다게르는 구리판에 빛을 동결시켰고, 인상파는 똑같은 일을 캔버스에 한 것이다. 그리고 마침내 '새로운 화풍'이 정착했다. 낙선전을 열고 12년 뒤, 널리 읽힌 팸플릿의 저자는 이 반역자들에 관해 썼다. "직관에서 직관으로 나아가며, 그들은 햇빛을 광선으로, 원소로 분해하는 데 조금씩 성공해 왔다. …… 가장 해박한 물리학자라도 빛에 대한 그들의 분석에서 흠잡을 만한 곳을 전혀 찾아내지 못할 것이다."[39]

1890년대 중반 무렵, 인상파는 가장 완고한 비평가들 말고는 모두를 개종시킨 상태였다. 1895년 5월, 루브르미술관 북쪽으로 몇 블록 거리에 있는 뒤랑뤼엘 갤러리 밖으로는 그즈음 유명 작가였던 클로드 모네의 최신작을 보려는 군중이 줄지어 서 있었다. 전시회에 걸린 쉰 개의 캔버스 가운데 스무 개가 똑같은 주제, 루앙 대성당이었다. 모네는 두 해 봄을 루앙에서 홀로 보내며, 작은 아파트와 근처의 작업실에서 그림을 그렸다. 두 곳 모두에서 내다보이는 광장에 그림자를 드리우는 것은 그 웅장한 고딕 성당이었다. 그 건축이 시작된 때는 루앙 대성당의 주교가 생드니 성당에서 아보 쉬제의 빛을 본 직후였다. 처음에 모네는 옛 성당을 숭앙했다. 무광의 색채로 육중한 탑과 장미창을 표현한 그는 몇 개의 캔버스를 동시에 작업했고, 시시각각 변하는 빛을 그렸다. 그러나 이내 모든 석재에 싫증이 났다. 습한 날씨에 낙담하고 햇빛의 변덕에 분개한 그는 연작 걱정이 태산이었다. "새벽 6시 전에 일어나서 7시부터 저녁 6시 30분까지 그린다고 생각해 보십시오"라는 글을 연인에게 보냈다. "선 채로 아홉 개의 캔버스에 그림을 그립니다. 고역이죠. 이를 위해 나는 모든 것을, 당신과 내 정원을 포기했습니다."[40] 몇 개 화폭은 내동댕이치고 다른 그림을 시작했는데, 〈아침 효과〉, 〈햇살 어린 전면〉, 〈일몰〉(회색과 분홍빛의 조화)이 그것이다. 지쳐서 잠자리에 들면 성당이 징그러운 초록색이 되거나 그에게 무너져 내리는 악몽에 시달렸다. 루앙에서 보내는 첫 번째 봄이 다섯째 주에 이르렀을 때 모네는 연작을 포기하고 캔버스를 정리하여 지베르니로 돌아가 결혼식을 올렸다. 그 여름 내내 정원과 다른 주제를 그리며 루앙의 빛은 손대지 않았다. 그러나 2월이 오자 그는 성당 앞에 다시 섰다. 날씨는 더 나빠졌고 작업은 "신물이 났다."[41] "아아!" 그는 새 아내에게 편지를 보냈다. "내가 그림을 쓱쓱 그려 낸다고들 하는데, 잘 모르고 하는 소리입니다! 물론 선한 의도로 말하는 것이지만 그뿐이죠! 그림 그리는 일이 쉽다고 믿는 어린아이들은 행복한 겁니다. 나도 한때는 그랬지만 지금은 그렇지 않죠. 하지만 내일 아침 7시면 난 다시 그림을 그리고 있을 겁니다."[42] 꾸준히 그림을 그리며 3월로 접어들었다. 이슬비가 내리고, 해가 비치고, 비가 더 내렸다. 하루 종일 팔레트에 엄지를 끼우고 있어 손에 감각이 없어지고 퉁퉁 부었으며 등은 뻐근했다. 그는 쉰을 갓 넘긴 나이에 시각의 포로, 빛의 포로였다. 그러나 이윽고 봄은 그를 석방했다. 모네는 "2월에 계속되던 비스듬한 빛살은 이제 사라졌습니다. 날마다 빛은 더 희고 더 수직으로 비춥니다. 당장 내일이라도 나는 두세 개 캔버스를 더 작업하고 있을 것입니다"[43]라고 썼다. 마침내 1893년 4월 중순, 연작이 완성되었다. 모네는 이후 2년 동안 마무리 작업을 했고 전시회가 열렸다.

관객들은 뒤랑뤼엘 갤러리를 돌아다니며 흥미를 느끼고 놀랐으며 무슨 말을 해야 할지 몰랐다. 똑같은 대성당이, 그 치솟은 아치와 주랑 현관이 캔버스마다 그려져 있었다. 빛만이 달랐다. 연한 파랑이 번진 새벽녘, 금빛의 정오, 잿빛의 오후, 흰색을 퍼뜨린 안개. 반감도 나타났다. 대성당들이 "화가 나 있고 음울하다"고 평가한 이도 있는 반면, "총성 없는 혁명"이라고 연작을 찬양한 이도 있었다. 이후 미술사학자들은 루앙 대성당 연작을 "19세기 프랑스 회화가 해야 했던 마지막 말"[44]이라 여겼다. 그러나 모네의 대성당 연작이 한 발언은 그다음 세기에도 영향을 미치고 있었다. 그즈음 더 젊은 화가들은 빛의 피라미드를 부수고, 색채를 과장하며, 규칙이 존재함을 받아들이길 거부하고 있었다.

프랑스는 군주제에서부터 혁명과 제국, 공화제로 나아가면서 빛에 새

1892년 봄, 클로드 모네는 변화하는 빛을 받는 루앙의 고딕 성당을 그리기 시작했다. 세 해 뒤 성당 그림 스무 점이 전시되었을 때, 한 비평가는 성당들이 "화가 나 있고 음울하다"고 혹평했다. 반면에 다른 비평가는 "총성 없는 혁명"이라고 연작을 칭송했다. Wikimedia Commons

로운 역할을 주었다. 그것은 바로 타임머신이었다. 햇빛은 언제나 믿을 만한 시계였으나 이제 시계는 정지될 수 있었다. 한 순간은 구리판이나 캔버스에 고정될 수 있게 되었다. 다게르가 창가에서 내다보이는 풍경을 포착하여 기자들에게 보여 준 것은 오후의 한 순간이었다. 모네는 고딕 성당 그림에 '아침 9-10 A.M'과 '늦은 아침 11:45 A.M.-12시 정오' 같은 부제를 달아, 시간을 빛만큼이나 자신의 모티프로 삼았다. 이렇듯 새롭게 길들여진 빛은 그것을 가질 수 있는 이들에게는 선물이었고, 오늘날에도 우리가 열어 보는 선물이다. 디지털카메라나 스마트폰을 건네면서 방금 전에 찍은 장면을 보며 함께 즐거워하지 않는가. 방금 전과 달라진 것은 별로 없다. 옆에 있는 사람이 고개만 돌리면 같은 장면을, 같은 얼굴을, 더 크고 생생하게 볼 수 있다. 그러나 우리는 모두 이미지에 매혹된다. 그래서 빛을 손에 쥐고 보는 것이다. "이 순간을 정밀하게 저며 내어 동결시킴으로써 모든 사진은 시간이 가차 없이 사라져 버림을 증언한다"[45]고 수전 손택은 말했다.

'파리, 1895년 12월 28일, 카퓌신 가 14' 파리 오페라하우스에서 한 블록 떨어진 곳에서, 중산모를 쓴 남자들과 치렁치렁한 드레스를 입은 여인들이 널찍한 거리에 북적인다. 그랑카페 밖에서, 한 남자가 최신 빛 쇼인 '시네마토그래프'를 관람하라고 사람들을 꼬드긴다. 빛에 관심이 있는 수십 명의 파리 사람들이 일인당 1프랑을 내고 나선 계단을 내려가 좌석에 앉는다. 흰 막이 벽에 걸려 있다. 관객 뒤에 자리 잡은 나무상자에 렌즈가 튀어나와 있다. 등유 램프가 꺼진다. 이미지 하나가 영사막에 나타난다. 노동자들이 공장 입구에 서 있는 고정된 이미지이다. 사진인가? 이게 최신 볼거리라고? 이윽고 뒤쪽에 있던 남자가 상자의 손잡이를 돌린다. 빛이 깜박인다. 영사막에서 사람들이 움직이기 시작한다! 걷는다! 처음에는 천천히, 곧이어 보통 속도로, 긴 치마를 입은 여인들과 멜빵바지를 입고 밀짚모자를 쓴 남자들이 북적북적 공장을 나서고는 오른쪽이나 왼쪽으로 방향을 틀어 사라졌다. 개가 나타난다. 남자가 자전거를 타고 간다. 아이가 총총 지나간다. 움직이는 이미지들은 1분도 채 되지 않아 사라졌지만, 잠시 어두컴컴했다가 또 다른 '활동사진'이 시작된다. 이번에는 열차가 다가온다. 거대한 기관차가 관객을 향해 곧장 달려온다. 몇 사람은 벌떡 일어서고, 곧장 문쪽으로 허겁지겁 뛰쳐나가는 사람들도 있다.

영화, 다시 말해 움직이는 빛이 도착한 것이다. 그 발명가는 리옹 출신의 형제, 오귀스트와 루이 뤼미에르이다. 얼마 지나지 않아 카퓌신 가의 뤼미에르 시네마토그래프는 주마다 7천 프랑을 쓸어 담는다. 역설적이게도 '뤼미에르'의 뜻은 '빛'이다.

12장

작고 동그란 햇빛
전기, 밤을 정복하나

이 투명한 관 모양의 전기 광선은 광학적으로 순수하지.
어떤 티끌도 혼탁함도 없이 안정된 상태!
하지만 이게 다가 아니야.[1]
- 제임스 클러크 맥스웰

스위치를 누르는 것으로 해결되기 전까지, 빛을 만드는 일은 난해하다기보다는 성가신 일이었다. 먼저 쉽게 구할 수 있는 동물, 이를테면 사슴이나 젖소, 야크나 황소를 도축하고 그 지방을 떼어냈다. 생석회가 든 통에 미끈거리는 기름투성이 지방을 담아 가열하면 악취가 부엌과 집에 넘쳐흘렀다. 내용물이 걸쭉해지면 황산으로 석회를 분해하고 기름기 도는 현탁액을 얻는다. 그다음 나무막대에 매서 늘어뜨린 실을 담그고 또 담그기를 거듭하면 심지마다 밀랍 같은 것이 하얗게 굳는다. 죽은 동물에 저장되어 있던 에너지는 이제 양초로 변해 타오를 준비가 된 것이다. 돌멩이로 부싯돌을 쳐서 불꽃이 심지를 태우면 고마운 빛이 너울댄다. 가정에서 빛을 밝히는 또 다른 방법은 동물성 지방이나 가연성 기름을 태우는 등불이다. 석등에서 점토등, 나중에는 유리등과 백랍등, 목등과 자기등이 등장했다. 그렇게 세월이 흐르는 동안, 수천 년의 밤을 밝혀 준 건 오로지 양초와 등불이었다.

1700년대에 들어서야 더 나은 빛이 등장했다. 심지 두 개짜리 기름등이 그것이다. 뒤이어 같은 세기 후반에 특정 고래 종류에서 얻은 경랍을 태우면 밝기가 다른 지방의 두 배라는 게 알려지며 사람들은 배를 타고 바다로 나갔다. 그리고 아르강등이 나타났다. 속이 빈 심지가 불꽃에 공기를 공급하여 양초 여섯 개의 밝기가 나왔다. 하지만 아르강등이 쓰인 곳은 유럽과 그 식민지뿐이다. 1800년대에 들어와서 가스등이 도시 거리와 저택을 밝혔으나, 세계 곳곳의 오두막과 가정집, 마을에서는 해가 지면 옛날 방식대로 불을 밝혔다. 1860년대 원유에서 정제된 등유는 기름덩어리와 악취와 도축을 어느 정도는 거두어 주었다. 하지만 빛은 여전히 불꽃을 필요로 했고, 불꽃은 연기를 피우고 때로는 화재를 일으켰다. 양초나 등불 하나만 넘어뜨려도 집채 또는 도시 절반을 태워 버릴 수 있었다. 런던, 모스크바, 암스테르담, 도쿄, 보스턴, 시카고……. 이들 도시에서 발생한 '대화재'는 '무시무시한 어둠'을 몰아내는 보상으로 빛이 강요하는 대가였다.

촛불과 등불을 밝힌 수천 년 동안, 이후에 세상에 흘러넘치게 되는 빛의 원천은 허공에 숨어 있었다. 호기심을 느낀 이들만이 고민했다. 그리스 철학자 탈레스는 호박돌에서 불꽃이 튀는 걸 보았다. 중국의 묵가 또한 정전기를 관찰했고, 인도 바이셰시카 학파도 마찬가지였다. 그러나 거의 2천 년이 흐르는 동안 이 불꽃을 손에 넣지 못했다. 뉴턴이 상상한 전기라는 것도 "어떤 매우 미묘한 정령으로서, 모든 오싹한 형체에 스며들어 숨어 있으면서…… 몇 마디 말로 설명할 수 없는"[2] 것이었다. 정전기가 일어나면 깜짝 놀라고 머리털이 쭈뼛 선다. 라이덴 병(瓶)의 전극에 의해 가둬진 전기가 방출되면 한 사람을 방 저편으로 날려 버릴 수도 있었다. 라이덴 병은 하전(荷電)을 만들어 내는 18세기의 발명품이다. 당연히 그토록 불안정하고 그토록 위험한 힘은 절대로 안정적인 광원이 될 수 없었다.

빛과 전기는 바람과 물처럼 손에 쥘 수 없는 것으로 남을 운명인 듯했다. 영국의 화학자 험프리 데이비가 1802년에 백금 가닥을 통해 작은 전류를 흘려보냈을 때, 타오르는 듯한 빛이 순식간에 필라멘트를 달구었다. 7년 뒤, 데이비는 또 다른 전광을 만들어 냈다. 불꽃이 탄소봉 사이를 도약하는 아크등이 그것이다. 그러나 아크등은 너무 눈이 부셔서 가정에서 사용할 수 없었고, 이후 가로등으로 실용화되었을 때에도 여전히 눈을 피곤하게 했다. "새로운 종류의 도시의 별이 이제 밤마다 빛을 낸다"고 1878년에 로버트 루이스 스티븐슨은 한탄했다. "사람의 눈에 끔찍하고 섬뜩하고 불쾌한, 악몽을 꾸게 하는 등불이다! 그런 불빛은 살인이나 공공 범죄 현장 또는 정신병원 복도에나 어울릴 것이다."[3] 그러나 스티븐슨이 〈가스등에 대한 호소〉[4]를 썼을 때에도, 발명가들은 앞다투어 작은 '백열등'의 특허를 얻으려 하고 있었다. 못마땅해 하는 이들도 많았다. 《뉴욕 타임스》는 "냉정하고 과학적인 전기 전문가들의 말을 빌리면, 널찍한 공간은 전기로 조명을 밝히기에 편리하고 경제적일 수 있지만, 양초 몇 개만으로 밝힐 수 있는 침실이나 응접실, 작은 공간은 전기 조명이 필요하지 않다"[5]고 밝혔다. 가정 조명은 안정적이고 믿을 만해야 하지만, 전기는 장어처럼 손에 잡히지 않고 벼락처럼 치명적이었다. 가정과 전기가 마침내 연결되는 것은 다정하고 마음이 맞는 두 사람의 창의성 덕분이었다.

마이클 패러데이와 제임스 클러크 맥스웰은, 빛의 초기 연구자들이 닦아 놓은 좁은 길을 넓히기 시작했다. 소크라테스 이전 철학의 자기도취, 로버트 그로스테스트와 로저 베이컨의 수도사다운 관점, 뉴턴과 후크의 첨예한 대립, 프레넬과 프랑스 과학아카데미의 힘겨루기, 이 모든 국면이 펼쳐지고 지나갔다. 늘 그렇듯 전형적인 학문적 경쟁이 벌어지고, 빛으로 돈을 벌려는 이들의 치열한 경쟁이 이어지지만, 20세기로 접어들면서 '빛이라 일컫는 것'을 연구하는 물리학자들은 자신의 발견을 공유하게 된다. 경쟁자의 발견을 반박하되 그 진실성을 존중하고, 서로의 연구를 보완하고, 한참 동안 함께 산책하고 더 한참 동안 회의를 하며, 조각조각 퍼즐을 맞추어 갔다. 그러한 협력은 과학의 성숙, 또는 철학으로부터의 분화를 알리는 것일 수도 있으나, 가장 유력한 원인은 복잡성이었다. 빛에 관해 많이 알게 될수록 더 생소해진다. 수학은 더 어려워지고 변수는 더 복잡해져서, 빛을 이해할 수 있으려면 모든 최고 지성들의 통찰력이 한데 어우러져야 하는 것이다. 이제부터 빛을 연구하는 이들은 몇몇 예외를 빼고는 신사다운 과학자이다. 자기도취에서 벗어나는 건 마이클 패러데이로부터 시작되었다.

아이작 뉴턴은 "벽을 보고" 강의했지만, 마이클 패러데이의 런던 강연에는 청중이 들어찼다. 금요일 저녁 그의 강연을 들으러 온 빅토리아 시대 사람들은 학생이 아니었다. 패러데이는 교수가 아니었기 때문이다. 초등학교를 중퇴하고 독학한 패러데이는 소년다운 열정으로 과학자들에게 깊은 인상을 주었고, 그의 예리한 지성은 전기의 실체를 가리고 있던 장막을 걷어냈다. 160센티미터가 조금 넘는 키에, 머리는 마구 헝클어져 있고, 장난꾸러기 같은 눈빛을 지닌 패러데이는 모든 학생이 동경하는 과학 선생님처럼 끈기 있고 명석하며 어떤 것에든 불을 지필 듯한 열의를 지녔다. 그는 강의를 시작할 때면 앞에 놓인 테이블에 작은 촛불을 밝혔다. 이는 영국 왕립학회의 전통으로 이어지게 되었고, 패러데이가 시작한 매주 금요 강연 또한 지금도 진행된다. 패러데이가 강의를 시작한 것은 1826년이었고, 나중에는 해마다 어린이를 위한 크리스마스 강연을 하며 어린이들을 동료 '철학자'[6]로 대우했다. 1850년 즈음, 마이클 패러데이는 찰스 디킨스만큼이나 런던의 유명인사였다. 소설가 조지 엘리엇에게 패러데이의 강연은 "오페라만큼 멋지고 즐거운"[7] 경험이었다. 다른 이들도 패러데이의 행복감에 이끌렸는데, "자연의 아름다움에 관해 설명할 때 그는 황홀경에 이른 것처럼 보였다"[8]고 할 정도였다.

런던 사우스엔드 대장장이의 아들인 패러데이는 책 제본공의 견습생으로 일하다가 험프리 데이비에게 고용되었다. 아크등의 발명가에게는 조수가 필요했을 뿐이지만, 데이비는 패러데이가 자신의 화학 강의를 듣고 꼼꼼하게 기록하여 뒷날 공부를 위해 책으로 묶어 둔 걸 알게 되었다. 패러데이는 영국 왕립학회의 다락방과 연료와 촛불, 하루 한 끼, 주당 25실링의 급여를 지급받았다. 그가 전기에 관해 아는 모든 것은《브리태니커 백과사전》에서 읽은 것이었지만, 데이비를 도우며 조명 분야에서 한 걸음 더 나아갔다. 데이비를 도와 메탄가스를 폭발시키지 않는 광부용 안전등을 만든 것이다. 그러다가 1820년 어느 날 실험실에서 일하고 있던 패러데이는 덴마크에서 전해진 놀라운 소식을 들었다. 전기 강의를 하던 물리학자 한스 크리스티안 외르스테드는 쥐고 있던 코일을 전지에 연결했다. 그런데 옆에 나침반 바늘이 움직였다. 나침반 바늘이 움직이다니! 전기는 자기와 동일한 힘인 것인가? 외르스테드는 곧 "모든 현상은 동일한 힘에 의해 생성된다"[9]고 믿게 되었다. 여기서 그가 말한 '현상'은 열, 전기, 자기, 그리고 빛이었다.

소식을 들은 데이비와 젊은 조수는 곧바로 쇠막대에 코일을 감고 전선을 전지에 연결했다. 다시 바늘이 움직였다. 하지만 얼마 지나지 않아서 데이비는 패러데이를 질투하게 된다. 이 위대한 과학자는 뒷날 자신의 가장 큰 발견은 나트륨이나 칼슘이 아니라 마이클 패러데이라고 말한다. 두 사람은 1829년에 데이비가 숨을 거둘 때까지 서로 피했다. 그 뒤로 패러데이는 평생을 바쳐 전기와 자기를 연구했다. 그는 수학에 관해 아는 바가 거의 없어서 물리학의 '상형문자'[10]가 해독되기를 바라곤 했다. 그러나 '수학 지식의 부족'[11] 때문에 그는 자연을 계산하기보다 관찰하게 되었다. 1830년대 내내 패러데이는 원시적인 코일과 전지, 전압계로 실험하며 전기 연구의 초석을 놓았다. 그는 최초의 모터를 만들었는데, 수은이 든 통에 세워 놓은 전자석 위로 단순히 바늘을 매달아 놓은 구조이다. 전지와 연결한 패러데이와 그의 처남은 바늘이 회전하는 모습을 지켜보았다. 나중에 그 소년은 패러데이가 방에서 빙글빙글 돌며 춤을 추었다고 회상한다. 그 뒤 와이어코일에 자석을 넣었다 뺐다 하던 패러데이는 전압계가 크게 움직이는 걸 보았다. 최초의 발전기를 만들어 낸 것이다. 뒤이어 그는 자연력이 공기 또는 에테르 속에서 어떻게 전파되는지에 관해 혁명적인 생각을 발전시키기 시작했다.

처음에는 화학에, 이후 전기 연구에 전념한 패러데이는 빛에는 거의 관심을 두지 않았다. 하지만 프레넬의 연구 소식을 듣고 관심이 일었다. 프레넬의 수학은 골칫거리였지만 패러데이는 파동과 편광에 흥미가 생겼다. 편광이 자석처럼 전류에 반응하는지 궁금했다. 1822년 그는 빛을 거울에 반사시킨 다음 편광 광선을 전지에 연결된 다양한 액체에 투과시켰다. 광선 방향이 바뀔 것으로 예상했지만, 빛은 뉴턴이 예상했던 광선처럼 곧게 나아갔다. 패러데이는 여전히 이해할 수 없었다. 빛과 전기와 자기는 모두 빠르고 실체가 없으며 파동을 이룬다. 오랫동안 각각의 "가늠할 수 없는 유체"[12]로 생각되어 온 그것들은 서로 밀접한 관련이 있다고 패러데이는 확신했다.

프레넬의 파동설 또한 새로운 운동 원인을 암시했다. 뉴턴이 법칙을 수립한 이래로 힘이 전해지는 방식은 한두 가지로 여겨졌다. 물체를 움직이려면 대니스공이든 입자는 직접 접촉하거나 에테르를 통해서 먼 곳의 힘이 작용해야 한다. 파동설은 제3의 방식을 제시했다. 그것은 바로 장(場), 철가루가 자석 가까이에서 동심원 모양으로 드러내는 '힘의 선'[13]이다. 1832년 3월, 패러데이는 쪽지를 휘갈겨 쓰고 날짜를 적은 뒤 금고에 넣었다. 자신이 개척한 전기모터를 비롯하여 타인의 아이디어를 도용했다는 혐의로 두 번이나 피소된 적이 있기에, 이후에 받을지 모르는 의혹에 대비하고자 한 것이다. 전기가 자기뿐 아니라 "아마 빛과도"[14] 관계가 있을 거라는, 진화하고 있는 그의 믿음을 적은 쪽지였다. 글을 금고에 보관해 둔 패러데이는 몇 해 더 자석과 전기를 연구했다. 다시 빛으로 돌아왔을 때 촛불과 등불로만 밝혀 오던 영겁의 시간은 그의 발견 덕분에 드디어 사라지게 된다.

1845년 여름 끝 무렵, 패러데이는 가장 복잡한 실험을 준비했다. 석유등. 그 빛을 편광시키는 프리즘. 광선이 거의 통과하지 못할 만큼 매우 두꺼운 유리 덩어리. 전선을 감은 쇠 편자, 말이 끄는 수레로 실어올 만큼 엄청 큰 전자석. 실험실 테이블 앞에 선 패러데이는 두꺼운 유리가 굴절시킨 광선을 투과시키도록 프리즘을 배치했다. 여전히 그는 편광이 자기장에서 변화할 것으로 믿었지만, 작은 자석, 얇은 유리, 그리고 아이슬란드 방해석으로 한 초기 실험에서는 아무 변화가 없었다. 패러데이는 친구에게 편지를 보냈다. "빛, 자기, 그리고 전기는 분명히 연관이 있다는 매우 강한 확신 덕분에"[15] 한 번 더 도전했고, 이번에는 지상 최대의 자석을 썼다.

이제 그는 등에 불을 밝힌다. 그리고 렌즈를 통해 보며 각도를 조절한다. 빛이 흐려지다가 사라진다. 렌즈가 편광 빛줄기를 차단하고 있다. 크디큰 자석을 전지에 연결한다. 다시 렌즈를 통해 본다. 이제 빛줄기가 보인다. 살짝, 매우 살짝, 빛이 회전(twist)했다. 그는 다시 실험한다. 커다란 편자를 전지에 연결하고 해제한다. 전류가 차단되면 렌즈는 테이블과 수직인 각도로 빛을 차단하지만, 전류가 흐를 때 빛은 렌즈를 투과한다. 편광 각도가 바뀐 것이다. 자석으로 각도를 변화시켰다. 실험을 계속하며 더 강한 자석으로 광선을 더 회전시켜 본 뒤, 패러데이는 1846년에 왕립학회를 놀라게 했다. "광선을 자기화하고 전기화하는 데…… 성공했다"[16]고 발표한 것이다.

빛이 자성을 띤다고? 정확한 말은 아니다. 자기장을 통과할 때 빛줄기는 물이나 유리를 통과할 때처럼 방향이 바뀌지는 않는다. 패러데이가 본 것은, 럭비공처럼 빙글빙글 나아가는 편광, 그 파동의 수직면이 자성에 의해 편광면 회전효과를 일으킨 것이었다. 선글라스를 끼고 선글라스 각도를 조절해서 노트북컴퓨터 화면의 빛을 차단시켰다고 상상해 보자. 여러 마리의 말로 200킬로그램이 넘는 무거운 전자석을 끌고 왔다고 하자. 화면 옆에 전자석을 설치하여 작동시킨다. 그러면 다시 선글라스 각도를 조절해야만 노트북 화면의 빛을 막을 수 있을 것이다. 물론 하드드라이브를 새로 마련해야 할지도 모르지만. 패러데이는 그 효과가 "십중팔구 매우 큰 영향을 미칠 것"[17]이라고 예측했다.

패러데이의 공책에 적힌 한 글귀는 그가 어떤 사람인지 알려 준다. "이 모든 것은 꿈 같은 일이다"라고 그는 썼다. "그러나 여러 차례 실험하여 검증하라. 자연법칙에 부합하기만 한다면, 너무도 경이롭다고 해서 사실이 아닌 것은 아니니까."[18] 오늘날 '패러데이 효과'라 일컬어지는 것은 빛이 전자기에너지일 수 있다는 최초의 암시로 갈채를 받았다. 그러나 빛의 연구자들, 이를테면 모든 물리학자는 수학적 증명을 요구한다. 프레넬의 적분이 파동설 증명을 뒷받침했던 일을, 어떤 정확한 사람이 패러데이 대신 할 수 있을 것인가?

1857년, 패러데이의 자석이 빛을 회전시킨 때부터 12년이 지났을 때 그는 스코틀랜드의 젊은 교수로부터 논문을 받았다. 〈패러데이의 역선(力線)에 관하여〉라는 제목을 읽을 때 패러데이는 위축되었다. 자신의 연구가 방정식으로 풀이된 논문이었기 때문이다. "이 주제와 관련하여 수학의 힘이 작용하는 걸 보고 처음에는 거의 두려웠습니다"라고 패러데이는 답신을 보냈다. "그다음에는 이 주제가 그걸 꽤 잘 견딘 데 놀랐습니다."[19] 논문의 저자인 제임스 클러크 맥스웰은 스코틀랜드 북쪽 오지에 있는 별로 알려지지 않은 대학의 물리학 교수로 스물여섯 살이었다. 패러데이의 어린이를 위한 크리스마스 강연을 들어 본 적은 없었지만, 맥스웰은 그 강연의 정신을 구현한 사람이었다. 가장 유명한 크리스마스 강연 '촛불에 담긴 화학사'(The Chemical History of a Candle)에서, 패러데이는 아이들에게 "우리는 철학자로서 여기에 온 것이고, 어떤 결과, 특히 새로운 결과가 나타날 때는 언제나 '원인이 뭐지?' '왜 이런 일이 일어나지?' 하고 생각해야 한다는 것을 기억하기 바랍니다"[20]라고 말한 적이 있었다.

스코틀랜드의 6천 에이커 규모의 영지에서 안락하게 자라난 맥스웰은 주변의 자연에 관해 "그게 왜 그런 거예요? …… 왜 꼭 그렇죠?"[21]라고 질문을 던져서 부모를 기쁘게 했다. 맥스웰이 아주 어렸을 때의 일화는 햇빛에 관한 것이다. 양철판을 갖고 놀던 영리하게 생긴 소년은 그것을 거울로 삼아 햇빛을 천장에 반사시켰다. "해다!"[22] 하고 아이가 소리쳤다. "내가 양철판으로 해를 잡았어!" 맥스웰이 자신의 첫 번째 수학 논문을 발표한 것은 겨우 열네 살 때였지만 시에도 그만큼 푹 빠졌다. 그는 남은 짧은 생애 동안 서정시를 썼으며, 때로는 남들이 보는 앞에서 즉흥시를 낭송했다. 한번은 스코틀랜드가 사랑하는 로버트 번스의 시 [〈밀밭에서〉(Comin' Through the Rye)를 가리킨다―옮긴이]에 물리학을 뒤섞은 시를 썼다.

허공을 가르며 오는
무언가를 만나면,
무언가를 받아치면,
그것은 날아갈 것인가? 어디로?[23]

케임브리지대학에서 공부하는 동안 파동설 개척자인 토머스 영의 삼원색 이론에 끌렸다. 모든 색상을 세 가지 색상만으로 조합해 낼 수 있다는 이론이다. 맥스웰은 물리학 분야에서 이것저것 해보다가, 어린아이의 팽이에 색상지를 붙이고 회전시켰더니 무지개 색이 나타나는 걸 보았다. 조절판을 덧붙여 각 색상의 비율을 조절하니 수많은 색조가 만들어졌다. 몇 해 뒤 그는 영의 이론을 더욱 실용적으로 이용하여 최초의 컬러사진을 만들었다. 맥스웰의 발견은 놀랄 만큼 단순했다. 세 가지 색만으로 많은 색상을 만들어 내기 위해서 그는 빨강, 초록, 파랑 필터로 동일한 사물의 사진을 찍었다. 환등기 슬라이드를 통해 이미지를 투사하여 영국 왕립학회 금요일 저녁 강연에서 청중을 놀라게 했다. 스코틀랜드 타탄체크의 컬러 이미지가 벽에 그대로 나타난 것이다. 컬러사진이 대중화되기까지는 그 뒤 80년이 더 지나야 했지만, 제임스 클러크 맥스웰은 늘 시대를 앞서 갔다.

신앙심이 깊고 낯을 많이 가리지만 친구들과 다정하게 지내는 맥스웰은 문학과 철학을 사랑했고 물리학을 '꿰뚫어 보는' 사람 같았다. 전기가 어떻게 흐르는지, 지석이 어떻게 끌어당기는지, 빛이 어떻게 움직이는지, 이 세 가지 "가늠할 수 없는 것들"이 어떻게 하나처럼 작용하는지를 눈으로 '보듯' 말이다. 종종 몇 달 동안 논문 한 편에 매달렸다가 더 오랫동안 팽개쳐 두고는, 그의 표현에 따르면 "의식과 별개로 마음이 끌리는 분야를"[24] 연구했다. 마침내 원래의 주제로 되돌아온 그는 완벽한 독창성으로 연구를 매듭지었다. 최초의 컬러사진을 만드는 한편, 맥스웰은 토성의 고리가 고형물이 아니라 "암석들의 비행"[25]과 비슷하다는 걸 입증했다. 또 기체가 어떻게 팽창하고 수축하는지 계산했고, 재미삼아서 종이 한 장이 바닥에 떨어지는 경로를 산출했다. 그는 때로 자신이 "계산 기계"[26] 같기는 하나, 빛의 신전에서는 뉴턴이 더 훌륭한 인간 계산기라고 한탄했다. 영지를 산책하거나 런던의 거리를 걷거나 강의실에서 강의를 하다가도 맥스웰은 문득 통찰력을 얻곤 했다. "전기가 찌르르 통하는 기분"[27]이 드는 순간이었다. 1862년 말, 전기가 찌르르 통하는 듯했고 그때만큼은 중단 없이 연구했다. "나는 빛의 전자기론에 관한 논문을 발표했는데, 확신이 바뀌기 전까지는 획기적인 이론일 것이네"[28]라는 편지를 사촌에게 보냈다. 논문을 마무리했을 때, '피시코이'와 철학자들의 관심을 이어받은 이 정중하고 소심한 스코틀랜드 사람은 전기와 자기가 꼬여 있는 빛의 수수께끼를 최초로 '확인'한 사람이었다.

원자인가 에이돌라인가. 실체적인 것인가 영적인 것인가. 입자인가 파동인가. 이 모든 가설은 각 시대의 일부였지만 맥스웰은 새로운 시대로 안내했다. 패러데이가 남겨 둔 과제를 집어드는 그는 전기와 자기가 어떻게 얽히는지 계산하기 시작했다. 1863년까지 이 '계산 기계'는 스무 개의 방정식을 만들었는데 나중에 네 개로 단순화되었다. 맥스웰의 방정식은 프레넬의 적분처럼 복잡하면서도 $E=mc^2$의 우아함에 근접했다. 아인슈타인은 뒷날 "과학의 한 시대가 저물고 새로운 시대가 제임스 클러크 맥스웰과 함께 열렸다"[29]며 찬사를 보냈다. 맥스웰 방정식은 전기와 자기가 밀접하게 얽혀 자연이라는 직물을 이루고 있고, 그 둘은 하나의 장에서 패러데이의 '역선'을 따르며, 하나의 장에서 일어나는 변화는 물질의 전도성, 원자의 밀도, 그리고 몇 가지 다른 요인에 따라 다른 장에서 변화를 일으킨다는 점을 입증했다. 다시 말해, 맥스웰 방정식은 전기 시대가 다가올 길을 닦은 것이다. 또한 최초의 창조신화들 이후 빛을 꽁꽁 가둬 두었던 상자를 마침내 연 것이었다.

패러데이의 엄청나게 큰 자석이 편광을 회전시켰다는 내용을 읽은 맥스웰은 빛이 전자기일 거라고 추론했다. 우연의 일치로만 여길 수 없는 사실이 실마리가 되었다. 빛과 전기는 역제곱 법칙에 따라서 거리가 멀어질수록 기하급수적으로 약해졌다. 둘 다 파동으로 진행하는데, 음파처럼 쓸 듯이 나아가는 종파가 아니라 옆으로 진동하며 나아가는 횡파이다. 그 파동의 속도가 연관성을 설명해 줄 것인가? 맥스웰은 자신의 스코틀랜드 영지에서 여름 한철 내내 전기와 빛의 속도에 관해 사색했다. 책을 런던에 두고 온 그는 오로지 숙고할 뿐이었다. 가을에 돌아와서는 더 많은 계산을 하여 전기 속도가 초속 310,740킬로미터라 결론지었다. 이는 1850년에 파리에서 측정된 빛의 속도보다 조금 빠른 근사치였다. 상상하기조차 어려운 그런 속도가 우연의 일치일 수 있을까? 더 많은 방정식이 이어진 끝에, 1864년 12월, 맥스웰은 영국 왕립학회 앞에서 〈전자기장의 역학적 이론〉을 발표했다.

두 페이지를 채우기도 전에 맥스웰은 이미 전기, 자기, 빛에 관한 우리의 이해에 획기적인 변화를 제시했다. 셋은 별개의 것이 아니라 단일한 힘의 현현이라는 것이었다. 맥스웰은 발표를 이어 가며, 전속(電束), 밀도, 변위, 회전(curl, 벡터함수의 연산자―옮긴이) 같은 용어를 쏟아내면서 각 힘이 "에테르 매질"[30]을 어떻게 통과하는지 설명했다. 마침내 전기의 속도를 입에 올린 그는 "이 속도는 빛의 속도와 거의 같으므로, 복사열을 비롯한 모든 복사를 포함하여 빛 자체가 전자기 법칙에 따라 전자기장을 통과하는 파동 형태의 전자기적 교란이라고 결론지을 충분한 근거가 있는 것 같다"[31]고 밝혔다. 청중은 침묵을 지켰고, 맥스웰은 말을 이었다. 이어진 내용은 프레넬 적분에서 훨씬 더 나아간 수학이었다. 아라비아의 대수, 하위헌스의 파동설, 뉴턴의 미적분, 초기 벡터장, 그리고 "전기가 찌르르 통하는" 자신의 지성을 활용하여 맥스웰은 기본적인 증명을 해냈다. 빛은 자신만의 별난 법칙을 따르는 신비한 발산체가 아니라 전자기 스펙트럼이라는 연속체의 일부였던 것이다.

완전히 새로운 내용인 건 아니었다. 빛에 눈을 현혹시키는 것을 넘어서는 것이 있다는 추론은 1800년으로 거슬러 올라간다. 천문학자 윌리엄 허셜은 스펙트럼의 빨간색 끝에서 조금 떨어진 곳에 온도계를 두었다가 수은 기둥이 올라가는 것을 보았다. 열은 눈에 보이지 않는 "열을 내는 광선"[32]으로 구성되어 있다고 허셜은 단정했는데, 우리는 오늘날 그것을 적외선이라 부른다. 몇 해 뒤, 독일 화학자는 뉴턴 스펙트럼의 다른 끝인 보라색과 조금 떨어져서 어둠 속에 두었던 염화은이 보라색으로 변한 걸 보았다. 자외선이다. 그리고 이제 맥스웰은 모든 빛이 하나의 스펙트럼, 다시 말해 전기와 자기가 얽혀 있는 것의 일부라고 말하고 있었다.

맥스웰의 빛, 한마디로 모든 빛은 하나의 파동이 아니라 두 개의 파동이다. 한 파동은 광선의 전기적 요소를 띠고, 나머지 한 파동은 자기적 부분이다. 광선의 전기적 부분과 자기적 부분은 맥스웰이 "상호 포옹"[33]이라 일컫는 형태를 이루고 나아간다. 한 파동은 수직으로 출렁이며 나아가고, 다른 파동은 앞의 파동과 90도 각도를 이룬 채 나아간다. 둘은 마치 롤러코스터와 그 그림자와 비슷하다. 그러면 빛은 무엇인가? 그것은 역사상 가장 뛰어난 밧줄 묘기이다. 묘기를 뽐내는 자연은 밧줄 하나를 위아래로 출렁이게 하면서 다른 밧줄은 수평면에서 뱀처럼 구불거리며 나아가게 한다. 두 파동의 파고 점들은 동조를 이루며 초당 299,338킬로미터의 속도로 나아간다. 파고 점 사이의 거리인 파장이 색채를 결정하는데, 빨간색은 파장이 길고 파란색과 보라색은 파장이 짧다. 그리고 파고, 다시 말해 진폭이 클수록 빛은 밝아진다. 놀라운 것은 이 사실을 알아내는 데 그토록 오랜 시간이 걸렸다는 게 아니다. 그것을 알아낸 것 자체가 경이이다.

맥스웰 이후 수십 년 동안 컬러사진이 없었던 것과 마찬가지로, 〈전자기장의 역학적 이론〉은 너무 복잡해서 동료 과학자들이 이해하기 어려웠다. 지구상 최고 패권국가의 최고 과학자들인 왕립학회 회원 그 누구도 맥스웰의 수학을 논박할 만큼 잘 이해하지 못했다. 켈빈 경, 그러니까 뒷날 열역학 법칙을 공식화하여 유명해지는 윌리엄 톰슨도 맥스웰이 "신비주의에 빠졌다"[34]고 생각했다. 온화한 맥스웰은 굳이 논쟁하려 들지 않았다. 그는 색채, 기체 같은 다른 주제들에 관한 연구를 이어 갔다. 1865년에 그는 아내와 스코틀랜드의 영지로 돌아갔다. 반려견 토비와 함께 산책하면서 그는 그 스코티시테리어와 아이디어를 의논하곤 했다. 맥스웰은 검은 턱수염이 텁수룩해지도록 빛의 속도를 확인하고 또

확인했다. 몇 년 뒤 케임브리지로 돌아와서 캐번디시연구소를 설립하였고, 거기서 전자, DNA를 비롯해 노벨상 수상에 빛나는 수십 가지 발견을 이루어 내게 된다. 행정 업무의 부담이 컸지만 시간을 내어 전자기에 관한 교과서를 썼는데 무려 1천 페이지 분량이었다. 그가 더 오래 살았다면 아인슈타인과 상대성이론을 능가했을 거라고 추측하는 이들도 있다. 하지만 1878년에 그는 심한 위통을 느꼈다. 그의 어머니를 중년의 나이에 사망케 한 위암에 걸린 것이다. 그는 마흔여덟에 세상을 떠났다. 1879년의 일이었다. 그때까지 맥스웰 방정식을 완벽히 이해한 이는 아마도 지구상에 열두 명쯤 되었을 것이다. 그러나 전자기학을 알지 못했어도, 더 안전하고 더 값싼 전기를 만드는 일이 부자가 되는 길임을 아는 이가 한 명 있었다.

가정용 백열등을 마련하려는 노력은 1830년대 후반으로 거슬러 올라간다. 벨기에, 영국, 프랑스, 독일, 러시아, 나중에는 미국의 발명가들이 빛을 내되 연소되지 않는 필라멘트를 찾아내려고 고심해 왔다. 원시적인 전지를 사용하여 가느다란 탄소, 백금, 이리듐 막대, 종이, 판지, 심지어 석면에 작은 전류를 흘려보냈다. 전구는 번번이 깨졌다. 백금은 녹아서 전선에 달라붙었다. 필라멘트는 이글거리며 타 버리거나 유리를 검댕 투성이로 만들었다. 영국 발명가 조지프 스완은 산타클로스의 흰 턱수염을 기른 빅토리아 시대 신사로 1860년 전구 특허를 얻었다. 하지만 잠깐 빛을 내고 꺼져 버리는 데 좌절하여 다른 발명품에 관심을 돌렸다. 1878년에 다시 필라멘트를 실험하며 크리스마스 즈음에 공개 전시할 전구를 갖게 되길 기대했다. 그리고 그 봄, 뉴욕의 붐비는 로어 이스트사이드의 한 어질러진 실험실에서, 몸집이 크고 지저분한 사람이

질소를 채운 플라스크 안의 탄소 코일을 세밀히 조정했다. 윌리엄 소여는 전선을 전지에 연결했다. "어제는 전등에 전력을 최대로 가해 보았습니다"라고 소여는 1878년 3월 7일 자신의 후원자에게 편지를 보냈다. "보셨다면 작은 해가 가까이에서 비추고 있다고 생각하셨을 겁니다."[35]

이미 백열전구와 관련된 특허권을 갖고 있는 소여는 다른 특허를 신청했다. 이 획기적인 업적은 영국의 조지프 스완과 미국의 승부사 토머스 에디슨보다 앞섰다. 두 해 앞서, 축음기로 세상을 깜짝 놀라게 하기 직전에, 에디슨은 백열등 실험을 하다가 포기했다. "상업적 측면에서 충분히 만족스러운"[36] 필라멘트를 발견하지 못했기 때문이다. 윌리엄 소여의 '작은 해'는 한순간 미국 최고 수준의 노력으로 보였으나 소여는 에디슨이 아니었다. 술에 취해 난동을 부리는 걸로 악명이 높던 그는 공학자와 발명가를 다 멀리했다. 동료들에게 분노하고 소송을 벌이고 나중에는 이웃을 총으로 쏜 그는 1883년에 세상을 떠났다. 타고난 기질, 그리고 만족할 줄 모르는 술 욕심에 희생된 것이다.

백열광을 연구하는 또 다른 발명가는 하이럼 맥심이었다. 브루클린 실험실에서 작업하던 메인 주 태생의 이 우람한 남자는 이미 간단한 쥐덫과 고데기 특허를 갖고 있었고, 1878년에는 '전등 개량' 특허도 취득했다. 그 특허권이 명시하기를, 맥심의 전구는 "크기가 작아서 그림자를 거의 발생시키지 않고, 설치에 비용이 적게 들며, 매우 세밀히 조정할 수 있고, 정확성과 지속성이 상당히 요구되는 곳에 사용하기에 적합하다"[37]고 했다. 이후 맥심은 조명에 관해 모두 18건의 특허를 취득하고, 맨해튼 사무실에 최초의 전기 조명을 설치하여 에디슨을 불안하게 만든다. 하지만 여러 발명가들이 그렇듯 맥심은 1인 아이디어 공장으로서 발상의 규모가 작아 개별 가정과 소규모 시스템만 생각했다. 그는 "해결하지 못한 기술적 문제가 너무 많아서"[38] 모든 가정에 전기를 공급한다는 상상을 하지 못했다. 몇 년 안에, 에디슨에 대한 찬사가 퍼지고 중혼 의혹까지 받게 되자 맥심은 영국으로 이주하게 된다. 거기서 날개가 여럿 달린 비행기를 발명했으나 날지 못했고, 여러 개의 엔진과, 기사 작위를 받게 해준 기관총을 발명했다.

1878년 가을, 에디슨은 다시 백열등 연구로 돌아왔다. "그것이 나 이전에 이루어진 전부였다"고 그는 뒷날 말했다. "상황이 크게 진전된 건 아니었지만 내게 기회가 있다고 느꼈다. 그때까지의 성취는 실질적으로 상용화된 적이 없었다. 강한 빛이 나뉘어 개별 가정에 공급된 적은 없었다."[39] 연구에 재착수하고 한 달 뒤, 에디슨은 열을 조절하는 열 조절기를 덧붙여 언론에 발표할 실용 모델을 만들었다. "빛이 있었다"[40]라고 《뉴욕 선》(New York Sun)은 썼다. "투명하고 차갑고 아름답다. 강렬한 빛이 꺼졌다. 눈을 자극하는 것이 사라졌다. 메커니즘은 너무 단순하고 완벽하여 저절로 설명되었다."《뉴욕 선》의 기자는 전구의 수명이 한 시간뿐임을 지적하지 않았는데, 에디슨이 말해 주지 않았기 때문이다. 대신 월스트리트의 후원 속에 에디슨전기조명회사(Edison Electric Light Company)는 첫 번째 주식을 발행했다.

에디슨은 컴컴한 방에서 연구에 골몰하는 고독한 천재가 아니어서, 자신이 "한패"[41]라 일컫는 대서양 연안의 최고 엔지니어들을 뉴저지 주 멘로파크에 있는 자신의 실험실로 불러 모았다. 그의 모든 발명품 가운데 최고의 발명품인 이 연구개발 실험실에서 "10일마다 소소한 발명을, 그리고 6개월 정도마다 대단한 발명을"[42] 해낼 것이라고 에디슨은 전망했다. 그러나 그런 속도는 에디슨 본인이 없었다면 불가능했을 것이다. 오늘날에 한 인간이기보다 전설로 그려지지만 당시 고작 서른한 살의 에디슨은 자신감이 뿜어져 나오고 상업적 안목이 탁월했으며, 뒷날 그가 천재의 본질로 내세우는 노력을 쏟아 붓는 사람이었다. 1878년 가을, 에디슨의 작은 빛 소식으로 정유회사 주가가 폭락했지만, 뒷날 "500마력 엔진을 사용하여 뉴욕 시 로어 지역 전체"[43)에 조명을 밝히겠다고 호언장담한 덕분에 내구적인 필라멘트에 대한 그의 연구는 계속되었다.

오늘날 전기 조명은 형광등의 수은증기, 네온 조명의 전리(電離), 발광다이오드(LED)의 전자 방출을 비롯해 원천이 다양하다. 그러나 1878년에 유일한 원천은 저항이었다. 맥스웰 방정식으로 골머리를 앓는 발명가들조차 전지에 연결한 필라멘트가 밝아지는 것은 그 원자가 전류에 저항하기 때문이라는 걸 알고 있었다. 에디슨은 공식을 밝혔다. "전등에서 전류의 흐름에 대한 저항이 클수록 해당 전류로 얻을 수 있는 빛은 더 밝아진다."[44) 그러나 저항은 열도 발생시켜서 빛을 꺼뜨린다. 에디슨은 필라멘트를 바꿔 실험하며 꼼꼼히 기록했다. 실리콘. 코르크. 붕소. 자단(紫檀). 그의 공책에는 '다시 해보기'를 뜻하는 약자 "T.A."(try again)[45)가 실패한 항목 뒤에 붙어 있다. 히코리—T.A. 코코넛—T.A. 타르를 묻힌 솜—T.A. 낚싯줄……. "나는 면사와 마사를 탄화시켜 사용했고, 나무오리, 다양한 방식으로 돌돌 만 종이, 또 검댕, 흑연, 그리고 여러 유형의 탄소를 타르와 혼합하고 다양한 길이와 직경의 선으로 만들었다"[46)고 에디슨은 썼다. 심지어 기계공 두 명의 턱수염을 뽑아서 쓰기도 했다. 주변 사람들은 어떤 턱수염이 먼저 불붙어 끊어질지 내기를 걸었다. 두 수염 모두 오래 버티지 못했다.

1879년 여름, 맥스웰에게는 마지막이었고 아인슈타인에게는 첫 번째였던 그 여름, 그해가 다 가기 전에 어떤 마법사가 스위치를 켜면 작은 무연 전구가 잠깐 동안이 아니라 몇 시간 동안 빛을 낼 것이라는 소문이 퍼졌다. 한때 의심스러운 눈길을 보냈던 《뉴욕 타임스》는 이제 "도시와 마을은 전기에너지로 조명을 밝히고…… 농가는 작은 발전기를 갖추며…… 석유와 원유는 과거의 뒤떨어진 유물로 기억될 것"[47]이라고 내다보았다. 여름에서 가을로 접어들도록 경쟁이 이어졌다. 윌리엄 소여는 술을 퍼마셨다. 하이럼 맥심은 병이 들었다. 토머스 에디슨과 패거리들은 연구를 계속했다.

마침내…….

1879년 10월 22일, 에디슨은 연구에 골몰하여 "한밤중에도 등불의 기름을 태우고"(burning the midnight oil) 있었다. 이는 밤늦도록 일한다는 수사적 표현으로 자리 잡게 된다. 그 저녁, 보조 연구원 찰스 배첼러는 "면사로 만든 곧은 탄소선들에 매우 흥미로운 실험들"[48]을 했다고 밝혔다. 새벽 1시 30분, 에디슨과 배첼러는 자신들의 최신 모델을 전지에 연결했다. 작은 전구가 은은한 빛을 내며 꺼지지 않고 밤을 밝혔다. 아침해가 떴을 때 전구는 여전히 빛을 내고 있었다. 배첼러의 짐작으로는 양초 서른 개 또는 등유램프 네 개의 밝기였다. 전구는 아침 내내 불을 밝혔고 오후로 접어들었다. 마침내 열네 시간이 지난 뒤 배첼러가 전압을 높였다. 필라멘트가 확 타오르고 전구에 금이 갔다. 진공상태가 깨지고 유리 전구에 공기가 들어가자, 산소 때문에 필라멘트가 타오르더니 빛이 꺼졌다. 탄화시킨 면사를 사용한 에디슨의 획기적인 전구는 윌리엄 소여, 조지프 스완, 하이럼 맥심의 디자인과 비슷했지만, 에디슨은 자신의 것이 완전히 다르다는 걸 보여 주었다.

에디슨은 이미 250개의 특허를 가지고 있었지만, 11월 4일에 하나 더 신청했고, 기한에 맞춰 보조 연구원들을 몰아댔다. 멘로파크 기계공장들은 필라멘트, 전구, 열 조절기, 전선, 스위치, 퓨즈 같은 장치를 대량

생산하기 시작했다. 에디슨은 그해의 마지막 날에 언론과 대중을 실험실로 초대할 계획이었다. 크리스마스 한 주 전, 그는《뉴욕 헤럴드》를 통해 사전 공개했다.

전기 조명, '종잇조각 하나로'
가스나 불꽃 없이 빛을 밝히다
등유보다 싸게, 면사로 성공해 [49]

《뉴욕 헤럴드》기자는 놀라움을 숨길 수 없었던가 보다. "에디슨의 전기 조명은 실현될 것처럼 보이지 않았지만, 훅 불면 날아갈 작은 종잇조각에서 만들어진다. 이 작은 종잇조각이 전류를 통과시키면, 환하고 아름다운 빛이 밝혀져 이탈리아 가을의 은은한 일몰이 떠오른다." [50] 에디슨의 세밀 공개 기사를 읽은 군중들이 멘로파크에 모여들기 시작했다. 특별열차가 편성되어 이웃 주에서도 사람들을 실어 왔다. 빛이 기차역에서 사람들을 맞이했다. 스무 개의 가로등이 밝혀져 크리스티스트리트의 에디슨 실험연구단지로 안내했다. 약속한 대로, 그해의 마지막 밤해가 지자 에디슨은 실험실을 공개했다. 수백 명이 현대의 기적을 보려고 지붕으로 덮인 창고 같은 건물로 들어갔다. 스물다섯 개의 전구가 실험실을 밝혔고, 다른 여덟 개의 전구가 에디슨의 사무실에서 빛을 냈다. 보조 연구원들이 효율적인 전기 조명이 코앞에 다가왔다고 설명하는 동안, 에디슨은 전등을 켰다 껐고 다시 켰다. 농부와 은행원, 모피를 입은 여인, 중산모를 쓴 남자, 모두가 마법사에게 감탄했다. "작고 동그란 햇빛" [51]이라고 어느 작가가 일컬은 것 옆에 서 있는, 최초의 마법사는 아니지만 가장 끈기 있고 가장 수준 높은 마법사에게.

그 뒤 10년 동안, 백열등을 둘러싼 전투에 비하면 입자냐 파동이냐의 갈등은 사소한 것이었다. 전기 조명이 실현되긴 했으나, 어떻게 송전하고 판매할 것인가? 에디슨이 빛이 멘로파크에서 빛날 때에도 아크등은 호텔과 저택, 몇 군데 거리를 밝히고 있었다. 에디슨의 세밑 파티가 있고 몇 달 뒤 1880년 어느 여름밤, 오하이오의 시골 소년 찰스 브러시는 어두워질 때까지 기다렸다가 스위치를 넣어 발전기를 가동했다. 인디애나 주 워배시의 거리를 밝힌 것은, 한 기자가 썼듯이 "생소하고 기묘한 빛으로, 그 밝기를 능가할 수 있는 건 태양뿐"[52]이었다. 워배시 타운홀 근처의 아크등 한 무리만으로도 전체 시내가 환했다. "사람들은 마치 초자연적인 것을 본 듯 거의 숨을 죽이고 경외감에 휩싸여 서 있었다."[53] 워배시를 지나는 야간열차는 속도를 줄여 승객들이 그 분위기를 감상할 수 있도록 했다. 아크등은 곧이어 덴버, 미니애폴리스, 그리고 캘리포니아 주 새너제이에서 빛을 냈으나, 처음의 경외가 잦아들자 많은 이들이 그 빛을 거슬려 하고 오싹하게 느꼈다. 브러시의 아크등이 브로드웨이를 밝혀 '불야성의 거리'라는 별칭이 붙게 되었을 때, 어떤 이들은 우산을 들고 다니며 눈부심을 피했다. 몇 개의 알전구로 전체 거리를 밝히는 것은 불가능했다. 그러나 높은 기둥 꼭대기에 달린 아크등은 너무 밝아서 눈이 피곤했다. 새들은 잠들지 않고 밤새도록 지저귀었다. 사람들은 눈을 가늘게 떴다. 에디슨은 다시 해답을 구했다.

세밑 쇼가 있고 얼마 지나지 않아서, 에디슨은 보조 연구원들을 다른 지역으로 보내 더 오래가는 섬유를 찾도록 했다. 그는 6천 가지가 넘는 재료를 실험한 끝에 대나무에 안착했다. 그동안 멘로파크 기계공장들은 더 많은 전구와 더 많은 스위치, 더 많은 전선과 퓨즈를 바삐 만들어 냈다. 그리고 1882년 9월 4일, 고된 연구와 59만 달러가 넘는 지출 끝에 에디슨은 검은 프록코트에 흰 중산모자를 쓰고 드렉셀모건은 행 월스트리트 사무실에 들어섰다. 오후 세 시가 가까워지자 그는 시계를 보았다. 몇 블록 떨어진 곳인 펄스트리트 257번지에서 찰스 배첼러가 자신의 시계를 확인했다. 세 시 정각이 되자 배첼러가 육중한 발전기 전원을 켰다. 큰 가동음이 퍼지고 불티가 튀자 기계공들이 겁을 먹었고, 마차로 혼잡한 맨해튼 금융가 길바닥에 매설된 구리선을 통해 전류가 흐르기 시작했다.

"불이 들어오지 않는다에 100달러 걸겠네!"

"내기에 응하겠네!"[54]

에디슨이 말했다.

조금 뒤, 그가 옆의 스위치를 연결하자 로어 맨해튼에서 400개의 작고 동그란 해가 빛을 냈다. 에디슨은 축하 인사를 받았고, 해가 지자 완전한 인정을 받았다. 에디슨은 《뉴욕 타임스》 사무실 주변에도 불이 들어오도록 설치를 해놓았다. 그리고 이 신문은 에디슨의 홍보 능력에 화답했다.

7시 무렵 날이 어두워지기 시작했고 드디어 전기 불빛이 스스로를 뽐내며 얼마나 밝고 안정적인지 드러냈다. …… 그 아래 앉아서 몇 시간이고 글을 쓸 수 있는 빛이었다. …… 포근하고 은은하며 눈이 편안했고, 거의 자연광에서 글을 쓰는 것과 비슷하게 조금의 깜빡임도 없고 두통을 일으키는 열도 내지 않는 빛으로 보였다.[55]

이제 또 다른 대결, '전류 전쟁'[56]의 시대가 기다리고 있었다. 에디슨은 발전기가 몇 킬로미터 거리에 있으면 되는 저압 직류(DC)를 선호했다. DC는 "내가 이용할 모든 것"[57]이라고 그는 밝혔다. 그러나 명민한 세르비아 이민자 니콜라 테슬라는 고압 교류(AC)를 개발했는데, 전력원에서 상당히 먼 거리에 있는 모든 가정에 송전할 수 있었다. 에디슨은 AC의 3천 볼트가 무시무시하다는 걸 알았다. 사업가 조지 웨스팅하우스가 테슬라를 후원하자, 에디슨은 "죽음을 피할 수 없는 것만큼 분명하게, 웨스팅하우스는 어떤 규모로든 시스템을 내놓은 뒤 여섯 달 이내에 고객을 죽음에 이르게 할 것이다."[58]라고 말했다. 고객은 죽은 사람이 없지만, 전류가 흐르는 전선을 건드린 인부 몇 사람이 죽었다. 에디슨이 대중에게 위험을 알리기 위해 서커스 코끼리를 공개적으로 전기 처형했을 때처럼 처참했다. 그러나 새로운 발명품인 변압기가 고압 전력을 가정용으로 낮추었다. 더 많은 특허와 수백 건의 소송 뒤에 AC는 표준 전류가 되었다. 그즈음 조로아스터와 마니의 예언이 실현되기라도 하듯, 빛은 백열광의 향연 속에 어둠과 전투를 벌이고 있었다.

- 1887: 스태튼아일랜드 해안에서 45미터 높이까지 치솟는 분수에 수천 개의 컬러 조명을 쏘다.
- 1889: 파리 만국박람회는 프랑스혁명 100주년을 기념하여 양초 176,000개의 불빛에 맞먹는 전기 조명을 밝혔고, 에펠탑 전체에 조명을 비추며 그 꼭대기에서 신호빛을 밝히다.
- 1893: 시카고 '화이트 시티'(컬럼비아 박람회의 건축물들이 하얀색이어서 붙은 별칭—옮긴이)에 20만 개의 조명이 빛나다.
- 1894: 줄에 걸린 조명들이 코니아일랜드에 있는 스티플체이스 놀이 공원의 동화 같은 돔과 타워를 밝히다.
- 1901: 버펄로의 팬아메리카 박람회는 "살아 있는 빛의 도시"[59]가 되

어, 4만 개의 전구가 한 건물의 외곽선을 드러내고 한 동상이 빛의 여신을 기념한다.

에디슨 조명의 초창기 광고는 장점을 나열했다. "가장 경제적인 인공조명이다. 석유보다 밝다. 햇빛처럼 안정적이고 깜빡임이 하나도 없다. ……"[60] 그러나 전기 조명의 매력은 비용과 편리함을 능가하는 것이었다. 누구든 양초와 등을 만들 수 있고, 누구든 사용할 수 있다. 불을 붙이면 된다. 하지만 전기는 태양 그 자체인 듯 천상의 것이었고, 그 빛이 내뿜는 매혹은 바로 오늘날 디지털 기기의 그것과 동일했다. "충분히 진보된 테크놀로지는 마법과 구별되지 않는다"[61]는 공상과학 소설가 아서 C. 클라크의 말은 유명하다. 빛의 마법에 보태진 것은 인간의 독창성이었다. 누가 최초의 등불을 만들었는지는 아무도 모르지만, 호박(琥珀)에서 순식간에 일어나는 정전기를 순수하고 안정적인 빛으로 바꾼 사람들은 익히 알려져 있다. 에디슨. 테슬라. 웨스팅하우스. 그들이 만든 빛은 제약이 거의 없어 보였지만, 전구의 수명은 고작 몇 주뿐이었다. 스위치만 올리면 빛이 집집마다 찾아와 생활을 편리하게 해주었다. 오랜 세월 낮에는 강하고 밤이면 가물가물하던 빛이 아니던가. 하루아침에 빛은 당연한 것으로 여겨지며 패러데이, 맥스웰, 에디슨 이후의 이 수십 년 동안에 이미 새로운 세기에 대한 환한 전망을 드러내 보였다.

13장

C

아인슈타인과 양자, 입자, 그리고 파동

> 그리하여 시간이 다할 때까지 딸 거야
> 달의 은빛 사과들을, 해의 금빛 사과들을
> – 예이츠, 〈방랑자 잉거스의 노래〉

타성에 젖어 있던 시대, 열일곱 살이던 해 가을 내내 알베르트 아인슈타인은 부지런히 알베르트 아인슈타인이 되고 있었다. 1895년 가을, 영국의 빅토리아 여왕이 즉위한 지 60주년이 다가오고 있었다. 합스부르크 왕가, 로마노프 왕가, 오스만제국의 노쇠한 왕실들은 굳건히 왕위를 차지하고 있었다. 예술과 과학은 진화하고 있었지만 물리학은 정체 상태였다. "물리학의 더욱 중요한 기본 법칙과 사실들은 모두 발견되었습니다"라고 한 교수는 학생들에게 말했다. "그리고…… 새로운 발견이 그것들을 대체할 가능성은 매우 희박합니다."[1]

그러나 장차 아인슈타인이 될 청년은 그 가을에 막 기지개를 켜기 시작했다. 취리히연방공과대학(ETH Zürich) 입학시험에서 물리학 성적은 우수했으나 프랑스어나 식물학에 관해서는 아는 게 거의 없어서 떨어졌고, 그는 취리히 서쪽의 기숙학교로 보내졌다. 그가 살게 된 집은 자녀가 일곱 명이었는데, 그 아버지는 아인슈타인과 마찬가지로 엄격하거나 보수적인 모든 것들을 경멸했다. 학교에서 동료 학생들은 이 독일 이주민을 "웃는 철학자"[2]로 여겼지만, 그는 학생들이 생각하는 것보다 훨씬 진지했다. 열여섯 살 때 아인슈타인은 이미 독일 시민권과 유대교를 버린 상태로 "자유로운 사고를 긍정적인 의미에서 광적으로 탐닉"[3]하기 시작했다. 수업이 따분해지면 오래도록 산길을 걸으며 자기만의 방, 다시 말해 자신의 지성 속에서 실험에 열중했다.

평생토록 그는 '사고실험'(gedankenexperimente)을 하게 된다. 그 가을에 첫 번째 사고실험을 했다. 빛을 타고 간다고 가정하면 세상이 이렇게 보일까 의문을 품은 것이다. "어떤 사람이 빛과 동일한 속도로 빛을 쫓아간다면, 그때 빛은 완전히 정지한 것처럼 보일 것이다."[4] 아인슈타인은 "그런 일은 불가능하다"[5]는 걸 알았지만 이후 10년 동안 이 문제에 관해 고민을 거듭했다. 빛에서 바라볼 때, 시계는 멈춘 것처럼 보이고 움직이는 시계바늘의 빛은 멀어지는 승객에게 결코 닿지 않을 것이다. 그렇지만 느린 엘리베이터를 탄 사람처럼, 빛을 타고 가는 사람은 자신이 이동하고 있다고 느끼지 않을 것이다. 뉴턴의 우주에 관한 모든 법칙은 혼돈에 빠지게 된다.

20세기 초, 아주 오랫동안 변덕스럽고 알기 어려운 것이었던 빛은 우주의 닻이 되었다. 먼저 진공상태에서 빛의 속도는 일정해 보였다. 초속 약 30만 킬로미터로 다가왔다 가 버린다. 실험실에서 또는 아인슈타인의 생각 속에서 볼 때, 기차나 비행기에서 나온 빛, 은하계를 지나온 빛은 초속 30만 킬로미터이다. 이 놀라운 사실이 자리 잡자 새로운 문제가 머리를 어지럽혔다. 시간이 느려진다. 우주 자체가 휘어져 있다. 그리고 오랜 논쟁인 입자냐 파동이냐의 문제도 되살아났다. 빛이 어떤 식으로든 입자인 동시에 파동일, 사라지지 않는 가능성은 오히려 무엇이 확실한 것인가에 관한 의심을 일으켰다. 단 하나, 변함없이 가장 중요한 한 가지 사실이 남았는데 바로 빛의 속도였다. 방정식에서 빛의 속도는 단 하나의 소문자 'c'로 나타내는데, 라틴어 '셀레리타스'(celeritas)의 줄임말로 빠르다는 뜻이다. 20세기가 펼쳐지면서 이 상수는 T. S. 엘리엇의 시구처럼 "온 우주를 뒤흔들었다."[6] [disturb the universe, 1910년에 처음 쓰기 시작하여 1915년에 발표된 시 〈J. 앨프리드 프루프록의 연가〉(The Love Song of J. Alfred Prufrock)의 시구 ― 옮긴이]]

그러나 우선 헤아릴 수 없는 빛의 속도가 측정되어야 했다.

빛의 최초 연구자들은 빛에 속도라는 것이 있을지 의문스러웠다. 엠페도클레스는 빛이 속도를 지닌다고 생각했지만, 아리스토텔레스는 빛은 "운동이 아니"[7]라고 주장했다. 알렉산드리아의 헤론은 최초의 증기기관을 설계했고 빛의 속도를 측정했다. 밤중에 밖으로 나가서 하늘을 보라고 헤론은 썼다. 눈을 감는다. 눈을 뜬다. 그 순간 먼 별들을 지각하는 것은 빛이 "무한한 속도로 방출"[8]됨을 입증하는 것이다. 주장은 이어졌다. 이슬람 과학자들은 빛의 속도가 유한하다고 생각했고, 케플러와 데카르트는 빛이 순식간의 속도라고 주장했다. 그리고 1676년 파리에서 연구하던 네덜란드 천문학자는 행성들의 규칙적인 변화를 이용하여 마침내 빛의 시간을 쟀다.

갈릴레오가 최초로 목성의 위성들을 발견하고 반세기 뒤에 그 점 같은 빛들의 위치가 식별되었고, 각 위성이 그 거대한 행성의 뒤로 들어가는 주기가 파악되었다. 이 일정표와 자신의 관측 결과를 비교한 올레 뢰머는 불일치를 발견했다. 지구와 목성이 태양계 반대편에 있을 때 목성의 위성은 예정보다 몇 분 늦게 나타났다. 1676년 8월, 뢰머는 과감한 예측을 내놓았다. 11월 9일, 목성이 지구에서 가장 먼 곳에 있을 때 이오(Io) 위성이 다시 나타나는 시간은 오후 5시 27분이 아니다. 그 빛은 태양계를 지나오는 동안 늦어지므로 11분 늦게 나타날 것이라는 말이었다. 뢰머의 예측이 정확히 맞아떨어지자, 크리스티안 하위헌스는 목성까지의 거리를 삼각함수로 측정하고 시간으로 거리를 나누었다. 그리고 발표한 빛의 속도는 아이작 뉴턴조차 깜짝 놀라게 했는데 바로 '초속' 약 231,746킬로미터였다. 실제보다 거의 25퍼센트 느린 속도이지만 그것이 시작이었다.

반세기 뒤, 영국의 천문학자 제임스 브래들리는 '광행차'(光行差),[9] 다시 말해 지구의 태양 공전 속도에서 비롯되는 항성들의 위치 변화를 이용하여 빛의 정확한 속도에 다가갔다. 햇빛은 지구까지 오는 데 8분 12초 걸린다고 브래들리는 발표했다. 그가 계산한 수치는 8초가 어긋났다. 그리고 1800년대 중반, 파리의 다른 사람들이 다게레오타이프 앞에서 포즈를 취할 때, 두 명의 프랑스 물리학자는 빛의 속도를 더 정확히 구했다. 1849년에 이폴리트 피조는 생석회를 태우면서, 회전하는 톱니바퀴에 그 빛이 지나가게 했다. 맥박처럼 쪼개진 빛은 몽마르트르 언덕으로 날아갔다가 되돌아왔다. 맥박의 시간을 잰, 수염이 텁수룩한 피조가 구한 빛의 속도는 초속 약 316,197킬로미터였다. 더 근접하고 더 근접해서……. 피조의 실험이 있고 13년 뒤에, 지구 자전을 입증하는 진자로 이미 유명한 과학자인 레옹 푸코는 800rpm으로 회전하는 거울에 빛을 쏜 뒤 20미터 거리에 있는 고정 거울에 반사시켰다. 광선이 빛의 속도로 되돌아왔을 때, 회전하는 거울은 이미 미세한 각도만큼 이동한 상태였다. 나간 빛과 들어온 빛이 이루는 각도를 측정하고, 거울의 회전을 계산한 푸코가 얻은 빛의 속도는 초속 약 298,051킬로미터였다. 푸코의 측정값이 유지되던 1870년대 말에, 젊은 미국인 해군사관학교 교관이 빛에 관심을 갖게 되었다.

앨버트 마이컬슨은 프로이센 이민자 부모의 아들로 골드러시 시대에 시에라네바다의 금광촌에서 자랐다. 뭍 출신의 소년들이 흔히 그렇듯이 마이컬슨은 바다를 꿈꾸었다. 나이가 어려서 남북전쟁에 참전할 수 없었던 소년은 미국 해군사관학교에 지원했으나 거절당했다. 키가 작고 삐쩍 말랐으나 자신감에 넘치고 주도적인 마이컬슨은 걷고, 말을 타고, 신설된 대륙횡단철도를 타고, 대륙을 가로질러 백악관에 도착했다. 거기서 율리시스 S. 그랜트 대통령을 만나 자신의 능력에 믿음을 주고 아나폴리스에 있는 해군사관학교 생도가 되었다. 사관학교 생도일 때 마이컬슨은 바람과 물의 수치를 이용하여 선박의 속도를 측정했다. 바람을 마주하고 물을 가르며 계산하는 과정에서 무언가가 그에게 남았다. 몇 해 뒤, 해군사관학교에서 물리학을 가르치면서 마이컬슨은 푸코가 잰 빛의 속도를 읽고, 자신이 더 정확한 수치를 잴 수 있을 거라고 생각했다. 정확한 빛의 속도를 재기 위해 그는 여생 동안 힘을 쏟았다.

마이컬슨의 장치는 렌즈와 증기보일러, 소리굽쇠, 회전 거울 하나와 고정 거울 하나로 이루어져서 10달러가 들었다. 그런 간단한 장치로 그가 측정한 광속의 정확도는 뉴턴의 프리즘, 프레넬의 미적분, 맥스웰, 나아가 빛 자체와 맞먹었다. 마이컬슨의 많은 시험들은 늘 일출이나 일몰 한 시간 전에 시작되었다. 그때가 빛이 "차분하여 뚜렷한 이미지를 얻을 수"[10] 있었기 때문이다. 아나폴리스 세번강 제방에 세운 창고에서 마이컬슨은 보일러를 가동시켰다. 몇 분 안에 증기가 발생하여 거울을 회전시켰는데, 처음에는 천천히 나중에는 너무 빠르게 회전하여 가끔 이탈하기도 했다. 거울이 소리굽쇠의 진동에 맞추어, 1879년 그 시절에 '초당' 257회전이라는 놀라운 속도로 돌 때, 마이컬슨은 준비가 되어 있었다. 렌즈를 수평선에 맞춘 그는 햇빛을 보내 회전하는 거울에 반사시켰다. 광선은 나무가 우거진 해군사관학교 교정을 갈랐다. 600여 미터 거리에 고정된 거울에 부딪힌 광선이 회전하는 거울에 돌아온 시간은 거울이 조금이라도 회전했다고 말하기도 어려울 만큼 순식간이었다. 꼼꼼한 마이컬슨은 '실험 날짜,' '이미지의 선명도,' '기온,' '거울 회전 속도,' '이미지의 변위'······ 같은 데이터를 기록장 가득 기록했지만 정말로 중요한 수치는 딱 하나였다. 실험할 때마다 몇 킬로미터씩 편차가 났지만, 앨버트 마이컬슨이 측정한 빛의 속도는 평균 초속 약 299,851킬로미터로 실제 속도보다 딱 0.0002퍼센트 초과했다.

마이컬슨은 빛을 연구한 이유가 "정말 재미있어서"라고 단언했지만 빛을 경외하며 살았다. 강의를 할 때 그는 미래의 물리학자들에게 "빛과 그림자의 섬세한 변화, 그리고 어디에서나 만나게 되는 형태들의 대칭과 조합의 놀라운 정교함"[11]에 주목하라고 충고했다. 그러나 그런 미학적 태도는 빛의 속도를 정확히 구하려는 확고함을 결코 손상시키지 않았다. 1920년대에 일흔이 넘은 마이컬슨이 남캘리포니아의 산꼭대기에서 저쪽 산꼭대기로 광선을 보내 측정한 속도인 초속 약 299,797킬로미터가 레이저 시대까지 유지된다. 그러나 말쑥한 청년 장교 시절에 빛의 속도 측정으로 언론에 대서특필되었던 그는 빛의 가장 오랜 수수께끼인 에테르로 관심을 돌렸다.

진공상태의 우주라는 개념을 싫어한 아리스토텔레스는 우주가 에테르로 가득하다고 했는데, 에테르는 그리스의 빛 또는 창공의 신을 가리킨다. 그 뒤로 '빛을 내는 에테르'는 우주의 구성 요소였다. 아무도 에테르를 본 적이 없지만 모두 에테르를 잘 알았다. 로마 시인 루크레티우스는 "별들의 방목장 에테르"[12]라고 썼다. 뉴턴은 그것을 '태양의 연료', 공기와 비슷하지만 "더 희박하고 헤아리기 어려우며 더 튼실이 강한"[13] 것으로 여겼다. 제임스 클러크 맥스웰은 《브리태니커 백과사전》에서 "행성 사이의 공간은 텅 빈 곳이 아니라 우리가 아는 한 가장 크고 아마도 가장 균일한 실제적 물질 또는 실체로 채워져 있다는 데 의심의 여지가 없다"[14]고 설명했다.

마이클 패러데이를 비롯하여 의심하는 몇몇을 제외한 모든 이에게, 빛은 에테르 없이는 상상할 수 없는 것이었다. 유사성이 분명히 있었다. 소리가 공기에 파문을 일으키듯, 빛은 에테르를 물결치게 한다. 한때 열을 전달한다고 여겨졌던 가상의 물질인 연소(燃素)처럼, 에테르가 뒷날 실체가 없음이 증명될 수 있다고 생각하는 것은 마치 해와 달을 의심하는 것과 같았다. 1880년대 즈음 빛의 속도에 더 근접해 가는 동안, 물리학자들은 또 다른 속도, "에테르 바람"[15]의 속도를 구하고 있었다.

병약한 생애의 마지막을 향해 가고 있을 때, 오귀스탱 장 프레넬은 지구가 에테르를 지나면서 "에테르 끌림"(ether drag)[16]이 일어난다고 시사한 바 있다. 그런 마찰은 아무리 작더라도 빛의 어마어마한 속도를 줄일 것이다. 프레넬은 '에테르 끌림 계수'를 계산했으나, 그의 정밀함조차 그 극소 효과를 검출해 낼 수 없었다. 그리고 1849년, 파리에서 빛의 속도를 잰 직후에 이폴리트 피조는 프레넬 이론을 검증했다. 물이 흐르는 관 속에 평행 광선을 쏜다면, 빛의 속도는 물과 같은 방향일 때 더 빠르고 물을 거스르는 방향일 때 느려져야 한다. 피조는 실험을 거듭했지만, 물의 방향과 상관없이 속도 변화를 분간하기 어려웠다. 그러나 에테르에 관한 믿음은 이어졌다. 더 정확한 장치들로 분명히 알아내게 될 것이다. 지구는 초속 30킬로미터로 우주를 운행하므로, '에테르 끌림'은 측정되는 광선의 방향에 따라 지구 속도만큼 빛을 감속 또는 가속시킬 것이다. 그러나 초속 30킬로미터란 광속의 1만분의 1이고, 그런 극소 시간을 측정하려면 전례 없는 엄밀성이 요구될 것이다. 1881년, 앨버트 마이컬슨은 정신적으로나 실제적으로나 모든 도구를 다 갖추고 있었다.

베를린에서 공부하는 동안 마이컬슨은 에테르 속도계를 고안했다. 그의 발명품이 업그레이드된 제품은 오늘날 '간섭계'라는 이름으로 모든 현대 광학 실험실에 비치되어 있다. 마이컬슨의 장치는 얇게 은을 입힌 거울을 사용하여 빛의 일부를 통과시키고 나머지는 반사시켰다. 거울에 45도 각도로 부딪힌 한 줄기 광선은 둘로 갈라져 하나는 거울을 통과하고 두 번째 광선은 첫 번째 광선과 직각을 이루며 반사되었다. 두 광선 모두 장치의 테두리에 달린 거울에서 다시 반사되어 광원으로 되돌아와 합쳐졌다. 프레넬의 '에테르 끌림'은 한 광선의 속도를 감속시키고 나머지 하나는 감속시킬 수 없다. 실험을 아이들에게 설명하면서, 마이컬슨은 강에서 수영 시합하는 사람들을 예로 들었다. 한 명은 물결을 거슬러 헤엄치고 다른 한 명은 물결을 따라 헤엄치는 것이다. "강에 물살이 있다면, 두 번째 사람이 늘 이깁니다."[17] 직각으로 갈라진 두 광선이 광원으로 돌아와 합쳐질 때, 두 광선이 어긋나게 될 것이고, 그 실마리는 토머스 영이 최초로 본 간섭무늬일 거라고 마이컬슨은 예측했다. 그러나 렌즈를 들여다본 마이컬슨은 짙은 줄무늬를 도무지 볼 수 없었고 오로지 순수한 빛뿐이었다. 강에 물결이 전혀 없는 것이다. 몇 번의 실험을 거친 끝에 마이컬슨은 후원자인 알렉산더 그레이엄 벨에게 편지를 썼다.

친애하는 벨 씨에게,

에테르에 대한 지구의 상대운동을 알아보는 실험들이 성공적으로 종료 되었습니다. 그런데 그 결과는 신통치 않습니다.[19]

눈에 보이지 않고 검출되지 않는 에테르는 그렇게 쉽게 잊히지 않았다. 얼마 지나지 않아 에테르는 대학교수나 전문가들이 시골 도시와 마을에 가서 여는 미국의 '셔토쿼 순회강좌'에도 등장했다. 천막을 씌운 강연장을 가득 메운 시골 사람들 앞에 선 한 물리학자는 젤리 접시를 들어올렸다. "우리가 확신하는 바" 하고 그는 말했다. "빛을 내는 에테르에 관한 분명한 사실은…… 탄성이 있는 고체라는 것인데, 여러분이 가장 쉽게 느낄 수 있도록 비유하자면 바로 이 젤리와 같습니다."[19]

에테르는 존재해야 '마땅한' 것이었다. 빛은 텅 빈 우주를 지날 수 없었다. 또 다른 검증이 필요했고, 1885년에 마이컬슨은 다시 실험할 준비가 되어 있었다. 이번에는 에드워드 몰리와 함께였다. 전직 목사로서 화학자로 변신한 단정한 대학 학장인 몰리는 곧 마이컬슨을 걱정하게 되었다. 빛의 속도에 사로잡힌 이 왜소한 물리학자가 끼니와 잠을 거르기 시작한 것이다. 그리고 몰리 자신이 밝힌 것처럼 "다시는 의문이 들지 않을 만큼 완벽하게 해내야겠다고 작정한 과제로"[20] 스스로를 몰아댔기 때문이다. 파국은 머지않아 다가왔다. 1885년 9월 마이컬슨은 신경쇠약에 걸려 요양소로 보내졌다. 몰리는 '뇌연화증'[21]을 의심하며 자신의 동료가 결코 다시는 연구하지 못할 것으로 예측했으나, 이듬해 봄에 두 사람은 다시 실험실로 돌아왔다.

가장 미미한 에테르 바람이라도 측정하기 위해 마이컬슨은 3.6미터 길이의 X 모양의 강철을 사암 판에 고정시켰다. 그다음 모두 열여섯 장

앨버트 마이컬슨의 1887년 실험은 '발광 에테르' 존재의 오류를 입증함으로써 아인슈타인의 상대성이론으로 나아가는 길을 닦았다. 노벨물리학상을 받은 최초의 미국인인 마이컬슨은 "정말 재미있어서" 빛을 연구했다고 말했다. AIP Emilio Segrè Visual Archives

의 거울을 붙여 빛을 반사시키고 다시 반사시키도록 했다. 각 거울은 나사선이 인치당 1천 개 들어간 나사로 미세 조정되었다. 마침내 마이컬슨은 장치 전체를 수은 풀(pool)에 띄워, 장치가 천천히 회전함에 따라 빛이 모든 각도에서 반사되고 다시 반사되도록 했다.

  1887년 7월 8일, 오하이오 주 클리블랜드의 케이스응용과학학교의 지하실. 과학의 역사에서 "가장 유명한 실패한 실험"[22)]의 무대가 마련되었다. 머리가 벗겨지고 있고 안경을 쓴 몰리가 구석에 앉아 있고, 여덟팔자 콧수염을 기른 마이컬슨은 커다란 석판 둘레를 돌며 수치를 외친다. 아르강등으로 태우는 소금이 내뿜는 노란 빛이 열여섯 개의 거울에서 반사되어 광선의 격자를 짠다. 마이컬슨이 또 수치를 외친다. 몰리가 받아 적는다. 두 사람은 전설적인 에테르 바람과 같은 방향으로 진행하는 빛과 거스르는 빛을 측정하는 것인데, 속도에서 눈곱만큼의 변화도 검출하지 못한다. 마이컬슨은 "지구와 발광 에테르 사이에 상대운동이 존재한다면 매우 작은 게 분명하다. 프레넬의 광행차 설명을 반박할 수 있을 만큼 너무 작다"[23]고 보고한다.

이후 20년 동안 물리학자들은 좀체 받아들이지 못했다. 전파의 발견으로 맥스웰의 전자기론을 입증한 하인리히 헤르츠는 "세상에 발광 에테르가 없다면, 전자기 작용은 결코 공간을 지날 수 없다"[24]고 썼다. 이후 빛의 경로를 더 길게 하고, 회전반을 사용하고, 공기가 희박한 산악 실험실에서, 또 열기구의 곤돌라를 타고 선회 기류를 이용하여 에테르 바람을 검증해 갔다. 실험이 거듭되었지만, 야인슈타인이 뒷날 광기에 대해 정의했듯 똑같은 일을 되풀이하면서 다른 결과를 기대하는 꼴이었다. 20세기의 동이 틀 무렵, 발광 에테르는 여전히 교과서에 실려 있었고, 다만 존재하지 않을 수도 있다는 암시를 아주 조금 내비칠 뿐이었다. 그러나 알베르트 아인슈타인은 여전히 빛줄기에 올라타 있었다.

"내가 'c'의 속도로 광선을 쫓아간다면, 그 광선은 내게 제자리에서 공간적으로 진동하는 전자기장처럼 보일 것이다"[25]라고 아인슈타인은 상상했다.

아인슈타인은 스위스의 작은 주에서 한 해를 지내는 동안 이 사고실험에 몰두했다. 그러나 풀리지 않는 수수께끼는 여전히 "심리적 긴장"[26]을 일으키고 있었다. 긴장은 취리히연방공과대학까지 그를 따라갔고, 그는 에테르를 지나는 빛의 속도 연구를 졸업논문 주제로 계획했다. 이 연구가 이미 수행되었음을 알고는 '마이컬슨-몰리 실험'에 관해 읽었다.

두 연구자가 실험 결과를 부정하려 했던 것과 달리, 아인슈타인은 결과를 인정했다. 이미 조국과 종교를 버린 바 있는 그는 별 어려움 없이 에테르의 존재를 부정했다. 자신이 '빛 매질'[27]이라 일컫는 것이 존재하지 않는다면, 빛은 틀림없이 언제나 모든 방향으로 동일한 속도로 진행할 것이라고 아인슈타인은 추론했다. 따라서 그의 사고실험 속의 광선은 더욱 알기 어려워졌다. 움직이는 사람과 정지해 있는 사람, 두 관찰자는 어떻게 한 광선의 속도를 동일하게 인식할 수 있는가? "넘어서야 할 난제는 진공 속에서 빛의 속도의 불변성에 있었다. 처음에는 그것이 가변적일 거라고 생각했다"[28]고 그는 뒷날 썼다.

아인슈타인은 박사 학위논문을 1901년에 끝냈으나 교수들이 논문을 심사하는 데 시간이 오래 걸렸다. 이듬해, 필사적으로 일자리를 구하면서 길거리에서 바이올린 연주를 할까 고민하던 차에 "특허 노예"[29] 일자리를 얻었다. 스위스 수도 베른에서 특허를 심사하는 일이었다. 그와 새 아내 밀레바는 크람가세에 살았다. 베른의 중세 시계탑이 가까운 곳이었다. 시계는 천체의 운행을 보여 주는 바퀴 안의 바퀴와, 모자를 쓴 인형 기계장치와, 인형의 망치로 매시간 울리는 종이 특징적이다. 아인슈타인은 아침마다 시계탑을 지나 3층의 사무소에 출근해서 그날의 특허를 간략하게 심사하고, 오후에는 책상에서 자신의 연구를 했다. 그 가운데 빛의 놀라운 최신 소식도 있었다.

1902년, 아인슈타인이 '특허 노예'가 된 바로 그해에, 독일 물리학자가 자외선이 금속판에 부딪히면 금속판에서 전자가 떨어져 나온다는 사실을 발견했다. 빛이 전자기라는 걸 생각하면 이상한 일이 아니었지만, 한 가지 문제가 있었다. 논리적으로 따지면, 빛이 강할수록 운동에너지가 더 높은 전자를 방출해야 하지만, 빛을 아무리 밝게 해도 모든 자유전자는 동일한 에너지를 지녔던 것이다. 에너지를 올리는 유일한 방법은 다른 색광을 사용하는 것이었다. 파란색 짧은 파장은 전자를 방출시키지만 빨간 긴 파장은 그렇지 않았다. 하지만 빛이 파동이라면 어떻게 입자를 벌어져 나오게 하는 것인가? 특허국에 근무하며 다시 몇 해가 흘렀다. 베른 시계탑의 인형은 매시간 울렸다. 그리고 1905년이 밝았다.

학자들은 아인슈타인의 출현을 설명하려고 여전히 애쓰고 있다. 그는 뒷날 "폭풍이 내 머리 속에서 일기 시작했다"[30]고 회상했지만, 아인슈타인의 기적의 해는 뉴턴의 '프리즘의 해'만큼 빛에 관한 이해에 중요한 해로 몇 가지가 그 점화를 도왔다. 우선 아인슈타인은 물리학자 에른스트 마흐의 저작을 읽었다. "절대공간과 절대운동에 관해 단언할 수 있는 사람은 아무도 없다. 그것들은 순전히 생각의 산물이고, 순전히 정신적 구조물이다."[31] 또한 아인슈타인은 프랑스 수학자 앙리 푸앵카레의 이론을 익혔다. 푸앵카레는 시간의 상대성을 주창했으나, 에테르에 대한 신념을 고수했다. 아인슈타인의 독립성 또한 그만큼 중요한 요소였다. 특허국 직원이므로 논문을 써 대야 할 압박감이 전혀 없었기 때문이다. 또한 고국을 버린 독일인이자 신앙을 떠난 유대인으로서 그는 문화적 제약에 구애되지 않았다. 그리고 물론, 그는 아인슈타인이었다. 1905년 초, 그는 빛에 올라타서 빛의 전자 방출을 숙고하는 '심리적 긴장'을 잠시 제쳐 두었다. 그해 3월, 아인슈타인은 기적의 해의 논문 네 편 가운데 첫 번째 논문을 제출했다. 스스로 "매우 혁명적"[32]이라고 생각한 논문이었다.

아인슈타인의 혁명은 물리학을 괴롭히던 문제 가운데 하나를 굴복시켰다. 물질은 어떻게 열을 방출하는가? 불속에 쇳덩이가 있다고 생각해 보자. 가열되면서 쇠는 불의 에너지를 흡수하고 일부를 방출한다. 물리학자들은 그러한 열을 흑체복사라 말한다. 쇳덩이가 더 뜨거워지면서 흑체복사가 가시화될 때 전자기 파장은 적외선에서 스펙트럼의 붉은 부분으로 바뀐다. 쇳덩이가 계속 가열되면 색은 노란색으로 그다음 파란색으로 바뀌고, 더 나아가 자외선 부분으로 넘어간다. 백열 상태일 때 쇠는 스펙트럼의 모든 가시적인 색채가 혼합되어 보이는 것이다. 식어 가는 쇠는 에너지를 잃고 그에 따라 색이 변해 간다. 하지만 식지 않는다면 어떻게 될까? 쇠가 아니라 거울로 만든 상자가 있고 상자에 작은 구멍 하나만 뚫렸다고 상상해 보자. 열을 가두어 바깥으로는 거의 나오지 못한다. 상자가 가열됨에 따라, 에너지가 축적되면서 복사의 파장은 빨간색, 노란색, 파란색, 그리고 자외선으로 변화하지 않겠는가? 그리고 너무 많은 에너지를 흡수한 상자는 터져 버리지 않겠는가? 이는 물리학자들이 오랜 세월 다듬어 온 이론에 맞지 않기 때문에 물리학자를 괴롭히는 역설로서 "자외선 파탄"[33]으로 알려지게 되었다. 그 해법은 모든 것을 변화시키게 된다. 모든 것을.

'자외선 파탄'을 골똘히 고민한 수많은 학자 가운데 한 사람이 막스 플랑크였다. 쓸쓸해 보이고 콧수염을 길렀으며 알 수 없는 수수께끼 같은 무표정한 얼굴의 독일 물리학자는 보수적이고 가정을 소중히 하는 남자로서 직접 피아노로 연주하는 바흐와 브람스를 비롯하여 게르만 혈통의 모든 것에 자긍심을 느꼈다. 플랑크는 물리학의 대변동을 촉발시킬 의도가 전혀 없었다. 그저 '자외선 파탄'의 해답을 구하고자 했을 뿐이다. 플랑크는 수년 동안 철궤를 가열하고 각 철궤의 작은 구멍에서 나오는 방출을 계산했다. 그러나 복사는 계속 상승하지 않고, 특정 파장에서 정점을 이룬 뒤 예측 가능한 곡선을 그리며 하강했다. 기본적으로 에너지는 축적된 것을 배출하는 속성이 있는 것이다. "6년 동안 나는 흑체 이론과 씨름했다"고 플랑크는 회고했다. "무조건 이론적으로 설명할 수 있어야 했다."[34] 마침내 "필사적으로"[35] 색다른 해답을 도출해 냈다.

어쩌면 에너지 방출은 파동이 아니라 다발로 이루어진다는 것이었다. 다발로 이루어지는 에너지 방출을 그래프로 그린다면 연속적인 곡선으로 나타나지 않을 것이다. 새로운 에너지 다발이 방출될 때마다 한 계단씩 상승하는 모양이 된다. 플랑크는 복사를 도식화하고 계산한 결과 계단식 상승을 도출했으며 각 도약이 일정한 비율로 일어나는 걸 확인했는데, 이는 오늘날 '플랑크 상수'로 불린다. 이 상수는 믿기 어려울 만큼 작은 수로, 소수점 아래로 24개의 0이 먼저 붙었다. 하지만 플랑크가 흑체복사에 상수를 적용하니 계산이 맞아떨어졌다. 파란 빛이나 자외선처럼 주파수가 높을수록 에너지 다발은 더 크다. 흑체는 낮은 주파수에서 풍부한 열을 흡수하지만, 주파수가 높아지면 에너지 다발은 더 커지고 수는 더 작아진다. 야외 콘서트 때 청중이 걸어와서 꾸역꾸역 들어찬다기보다 승용차와 버스로 입장하기에 주차 공간에 의해 그 수가 제한되는 것과 마찬가지다. 차량은 입장객의 수를 줄이고 상황을 제약한다. 말이 안 되는 것 같지만, 플랑크 상수는 더욱 놀랄 만한 시나리오를 시사했다.

한 계단씩 상승하는 플랑크의 에너지 다발은 갈릴레오와 뉴턴이 발견한 고전 물리학 법칙에 도전했다. 한 다발은 'x'양의 에너지, 또는 $2x$ 나 $3x$의 에너지를 지닐 수 있지만, 그 사이의 에너지 양을 함유할 수는 없는 것이다. 시속 16킬로미터로 가다가 시속 18킬로미터, 20킬로미터, 22킬로미터를 생략하고 순식간에 32킬로미터로 가는 자동차를 상상해 보자. 엘리베이터가 1층에서 2층으로 올라가는 게 아니라, 1층과 2층

사이를 건너뛰고 갑자기 2층에 '나타난다'고 상상해 보자. 플랑크의 이론은 불합리해 보였지만, 수학적으로는 '자외선 파탄'을 모면했다.

플랑크는 에너지 다발을 양자(quantum, 복수형은 quanta)라 일컬었는데, '얼마나 많은가?'를 뜻하는 라틴어 'quantus'에서 따왔다.[36] 슬픈 눈의 물리학자는 양자가 존재한다고 확신하지 않았다. 그저 수수께끼를 풀었다고 생각했을 뿐이다. 플랑크가 이론을 발표한 건 1900년 12월 14일이었다. 1901년부터 시작한다고 일반적으로 인식되던 20세기를 두 주 앞당긴 것이다. 양자가 시간을 앞당긴 일은 이후에도 일어났다. 대부분의 물리학자는 플랑크의 양자를 무시했지만, 아인슈타인은 "그것은 마치 발밑의 땅이 뽑혀 나간 것 같았다"[37]고 회고했다. 1905년 그는 새로운 기반을 다지고 있었다.

빛이 금속판에서 전자를 튀어나오게 하는 '광전효과'를 고려하여, 아인슈타인의 '매우 혁명적인' 논문은 양자 개념을 사용했다. "여기서 생각해야 할 전제는, 한 지점에서 광선을 쏠 때, 에너지는 확장되는 공간에 연속적으로 분포하는 것이 아니라, 국소적으로 위치하고 완전한 단위로서만 생성·흡수될 수 있는 유한한 수의 에너지 양자로 구성된다는 것이다"[38]라고 아인슈타인은 썼다. 빛이 양자라면, 다시 말해 아인슈타인이 쓴 대로 "리히트크반튼"[39](Lichtquanten, '광양자'로 풀이된다—옮긴이)이라면 광전효과를 설명할 수 있다. 특허 심사관은 플랑크 상수를 사용하여 에너지 흡수와 복사를 계산했다. 왜 색깔이 다른 빛은 운동 에너지가 다른 전자를 방출하는가에 관해서, 아인슈타인은 각 색상의 에너지 양에 주목했다. "가장 단순한 개념은 하나의 광양자가 그 에너지 전체를 하나의 전자에 전달한다는 것이다."[40]

아인슈타인의 '리히트크반튼'의 존재는 10년이 지나도록 증명되지 않는다. 막스 플랑크는 양자는 가시광선에 적용되지 않는다는 말로 그 존재를 부인했는데, 가시광선은 아인슈타인을 포함하여 모두가 파동이라고 알고 있었다. 광전효과에 관한 아인슈타인의 설명에는 경고도 담겨 있었다. "내가 주장하는 이 개념의 잠정적 특성은 파동이론과…… 마찰을 일으킬 것으로 보인다는 점이다."[41] 그러나 아인슈타인은 너무 바빠서 입자와 파동에 관해 더 깊이 파고들 여유가 없었다. 1905년 봄에 두 논문을 더 펴내고서야 다시 광선에 올라타 심사숙고하기 시작했다.

빛은 그 방향이나 광원과 무관하게 어떻게 동일한 속도로 나아갈 수 있는가? 그렇듯 일정한 속도는 상식에 어긋난다. 공항의 무빙워크를 타고 걸어갈 때 내 속도는 무빙워크 속도에 더해진다. 내가 걸어가는 속도가 시속 4.8킬로미터이고, 무빙워크 속도가 시속 8킬로미터라면, 둘이 합쳐진 내 속도는 시속 12.8킬로미터이다. 덕분에 나는 짐 부치는 줄에 1분 일찍 도착할 수 있다. 하지만 '마이컬슨-몰리 실험'이 보여 주듯이, 빛은 이 간단한 덧셈이 적용되지 않는다. 엄청나게 빠른 제트기에서 광선을 쏜다, 앞으로, 뒤로, 양쪽으로 쏠 때, 빛은 '언제나' 동일한 속도로 나아간다. 바로 그 초속 약 299,792킬로미터로. 빛은 우주의 다른 어떤 것과 비슷하게 행동하기를 거부한다. 그 속도의 일정함이 가능한 것이려면…….

1905년 5월 어느 늦은 아침, 아인슈타인은 동료 특허 심사관 미켈레 베소와 베른 거리를 걷고 있었다. 아인슈타인은 그 무렵 하고 있는 사고 실험에 관해 종종 베소와 이야기를 나누었다. 그날은 광속의 일정함에 관한 좌절감을 털어놓았다. "포기해야겠습니다"[42] 하고 아인슈타인이 말했다. 그리고 바로 그곳 크람가세 거리에서 트램이 지나가고 행인들이 서로 떠밀릴 때 답이 떠올랐다. 푸앵카레와, 마흐와, 그리고 자신의 헤아릴 수 없는 천재성 덕분에, 아인슈타인은 알았다. 모든 관찰자에게 보이듯 모든 은하계에서, 모든 실험에서 빛이 동일한 속도로 나아간다면 시간은 분명히 가변적이다. 이튿날 아인슈타인은 헐레벌떡 동료에게 달려갔다. "고맙습니다" 하고 아인슈타인이 베소에게 말했다. "문제를 완벽히 해결했습니다."[43]

아인슈타인은 다섯 주 동안 〈움직이는 물체들의 전기역학에 관하여〉를 집필했다. 그리고 여생 동안 때로는 방정식으로 때로는 농담과 함께 그것을 설명했다. "손을 뜨거운 난로에 올려놓으면 1분이 1시간 같겠죠. 어여쁜 여성과 함께 있으면 1시간이 1분 같을 겁니다. 그게 상대성입니다."[44] 논문 어디에서도 아인슈타인은 빛줄기에 올라타자고 하지 않았지만, 뒷날 그 발상을 "특수상대성이론의 싹"[45]이라 일컬었다. 광속의 일정함이 시간을 '상대적'으로 만든다는 것을 아인슈타인은 알고 있었다.

두 명의 관찰자를 떠올려 보자.[46] 한 명은 기차를 타고 있고, 다른 한 명은 둑에 앉아 기차가 지나가는 것을 보고 있다. 승객은 객차 천장에 손전등을 매달고 바닥에 거울을 둔다. 손전등을 켰다 끄면, 그가 보는 빛줄기는 똑바로 아래로 내려가 똑바로 위로 반사되어, 빛의 경로는 수직선을 이룬다. 그리고 둑에 있는 관찰자에게 어떻게 보이는지 상상해 보자. 둑에서 볼 때 빛은 움직이는 기차 때문에 수평으로 이어진다. 빛줄기는 일정 각도로 바닥에 닿고 비슷한 각도로 반사된다. I가 아니라 V 형태인 것이다. 빛의 V 모양 경로는 입사와 반사가 스치듯 만들어 낸 I보다 분명히 길다. 하지만 빛의 속도가 일정하다면, 빛은 어떻게 서로 다른 거리들을 '정확히 동일한 시간에' 지나갈 수 있는 것인가? 시간이 "범인"[47]이라고 아인슈타인은 지목했다. 빛의 속도가 일정하다면 시간은 그럴 수 없다. 모순을 설명하는 유일한 길은, 고정된 관찰자에게 인식되는 시간은 움직이는 물체에서는 더 느리게 간다고 믿는 것, 아니 믿기 시작하는 것이다.

　사실 믿기 어렵고 심지어 조롱받기 쉬운 이야기였고, 지금도 그렇다. 하지만 아인슈타인은 로렌츠 변환 방정식을 사용하여 시간이 제트기 같은 속도에서 몹시 미미하게 느려지지만 물체가 빛의 속도에 가까워지면 거의 멈춘다는 것을 계산했다. 기차가 초속 299,792킬로미터에 가까워지면, 둑에서 볼 때 관찰되는 V는 엄청나게 길 것이지만, 객차 안에서 관찰되는 I는 동일할 것이다. 빛은 그 일정한 광속으로 I와 V 모양을 그리지만, 승객이 경험하는 시간은 거의 정지한 것 같다. 그 뒤로 시간은 아인슈타인이 옳음을 증명했다. 아인슈타인이 상대성을 인식하고 70년 뒤, 원자시계는 시간 지체를 검증할 만큼 충분히 정밀해졌다. 시계 두 개는 지구를 돈 뒤 고정되어 있는 시계와 비교를 거쳤다. 이동했던 시계가 돌아왔을 때는 고정되었던 시계보다 1초도 안 되는 시간만큼 느려져 있었다. 아인슈타인의 계산과 정확히 일치했다. 그리고 오늘날 입자가속기가 원자에서 아원자 뮤온을 검출할 때, 뮤온이 존재하는 시간은 찰나에 가깝다. 하지만 빛의 속도에 가깝게 가속될 때, 그 시계는 느려지고 입자들이 존재하는 시간은 조금 더 길어진다. 시간이 범인이고, 빛은 공범인 것이다.

　아인슈타인의 특수상대성이론은, 이해하는 사람보다 당혹해 하는 이들이 더 많았다. 대중은 그에 관해 전혀 들은 바가 없었으나 막스 플랑크를 비롯하여 물리학자 몇 사람만이 흥미롭게 받아들였다. 특허국에서 4년을 더 보낸 뒤, 아인슈타인은 베를린대학 교수가 되어 사고실험을 할 더 많은 시간을 얻었다. 얼마 지나지 않아 이들 실험은 중력에 초점을 맞추었다. 마이클 패러데이는 거대한 자석을 사용하여 편광을 회전시켰는데, 아인슈타인은 태양을 이용하여 그것을 휘게 한다.

1912년 여름, 발광 에테르에 대한 믿음은 시들해지고 있었다. 마이컬
슨-몰리 실험은 이미 널리 알려졌다. 아인슈타인은 '빛의 매질'은 "불필
요"[48]하다고 판단했다. 여전히 실험 속에 내재한 몇 가지 문제 요소들
을 제외하고, 결코 존재한 적 없는 에테르는 점점 잊히고 있었다. 토머스
에디슨의 조명이 도심 호텔과 상류층 가정을 밝혔다. 다게르의 빛은 수
없이 많은 코닥 카메라에 포획되고, 뤼미에르 형제의 움직이는 빛은 환
영 산업을 일구고 있었다. 하지만 지상에서 빛의 우월함은 여전히 천상
에서 내려오는 것이었다. 따라서 빛이 실제로 어떻게 이루어져 있는가
에 대한 최초의 정확한 모형에 영감을 준 것은 태양과 그 행성들이었다.
그 여름, 젊은 덴마크 물리학자 닐스 보어는 신혼여행에서 시간을 쪼
개 원자 구조를 손질했다. 패러데이와 맥스웰의 세기에 태어났으나, 보
어는 완전히 현대인이었다. 그는 현대미술, 특히 입체파를 사랑했다. "현
대미술은 화가가 새로운 어떤 것을 발견하는 일이다"[49]라고 그는 말하
곤 했다. 해박하고 독단적이며 볼살이 늘어진 보어는 늘 느릿느릿 말하
며 파이프에 불을 붙이고 침묵으로 말을 끝맺었다. 아인슈타인은 보어
를 "황홀경에 젖어 세계를 돌아다니는 매우 민감한 아이"[50]라고 비유했
다. 그러나 보어는 빛에 대해 아이 같은 경외감은 없었다. 이론물리학자
인 그는 거울과 렌즈가 아닌 연필과 종이를 갖고 연구했다. 1912년 여
름과 가을 내내 영국에서 연구하면서 그는 원자에 적용할 수 있는 모
형을 탐구했다. 스승 어니스트 러더퍼드는 "성당 안의 파리처럼"[51] 작은
핵 주위를 단일 궤도에서 공전하는 전자들을 제시한 바 있었다. 그러나
공전하는 전자는 에너지를 잃고 핵과 충돌하지 않겠는가? "우리가 조금

이라도 나아갈 수 있는 방법은 오로지 근본적인 변화를 통해서뿐이라는 게 명백하다"[52]고 보어는 러더퍼드의 원자에 관해 말했다. 일곱 달 뒤 보어는 그 해답이 상자와 관련되어야 한다는 걸 깨달았다.

각 핵 주위를 도는 하나의 궤도 대신 보어는 많은 궤도를 제시했는데, 한마디로 원자 크기의 태양계인 셈이다. 안정적일 때 전자는 안쪽 "정상(定常) 상태"[53]의 궤도에서 핵 주위를 돌지만, 빛이나 열이나 전기 에너지를 받은 전자는 그 에너지 다발을 흡수한다. 활성화된 전자는 안쪽에서 바깥쪽 궤도로 도약한다. 더 이상 에너지가 공급되지 않으면, 전자는 안쪽 궤도로 추락하며 흡수한 에너지를 하나의 광양자로 배출한다. 보어의 원자는 연소되는 화학물질이 나타내는 미지의 색색 줄무늬를 설명해 주었다. 이 줄무늬는 지문처럼 고유의 패턴이 있어, 이 덕분에 천문학자들이 항성의 구성 요소를 알 수 있다. 많은 이들이 보어의 원자 모형에 회의적인 시선을 보였으나, 아인슈타인은 그것을 "위대한 업적"[54]이라 일컬었다. 보어의 양자 도약은 원자 모형을 최신화한 것과 더불어 네온 조명, 형광등, LED로 가는 길을 닦았다. 그러나 태양과 항성들의 빛을 설명하려면 더욱 명석한 사고가 필요했다.

보어가 원자를 양자화하고 한 해 뒤, 아인슈타인은 이혼했다. 밀레바가 두 아들을 데려가고 아인슈타인 홀로 남았다. 과학계 바깥에서 무명인데다가 베를린의 어질러진 아파트에 틀어박힌 그는 생각하고 상상하고 다시 빛에 올라탈 시간이 있었다.

사고실험에서 그는 엘리베이터를 탔다고 상상한다. 육면체는 성층권을 향해 점점 속도를 높인다. 그 운동은 그를 계속 바닥 쪽으로 누르며 더욱 빨라진다. 하지만 창문이 없다면 운동을 감지할 수 없는 그는 자신이 느끼는 '무게'감이 중력 때문인지 가속 때문인지 확신할 수 없다. 따라서 그는 두 가지가 같은 것이라고 추론한다. 이로써 수많은 가능성이 생겨나는데, 가장 놀라운 것은 빛의 휘어짐이다. 상승하는 엘리베이터에 뚫린 구멍을 통해 들어온 빛이 반대편 벽에 닿는 위치는 들어온 지점보다 조금 낮다. 가속이 곧은 광선을 휘게 하는 듯하다. 그리고 가속은 엘리베이터에 탄 사람에게는 중력과 아무런 차이가 없다. 아인슈타인은 중력 또한 빛을 휘게 할 수 있지 않을까 궁금했다. 머리에서 다시 폭풍이 시작되자, 그는 벡터, 그리고 굽은 공간에서의 운동을 측정하는 텐서와 씨름한 뒤 미적분, 비유클리드 기하학, 그 밖에도 "중력 방정식"[55]으로 채워진 원고를 써 냈다. 1915년 논문이 완성되었을 때, 아인슈타인은 자신의 '일반상대성이론'을 "비할 데 없이 아름다운"[56] 작업이라고 여겼다. 또한 이 이론으로 빛은 우주를 더 혼란시켰다.

중력은 뉴턴이 인식했던 그런 힘이 아니라고 아인슈타인은 주장했다. 대신, 담요에 얹은 볼링공처럼, 물질은 주변의 공간을 휘게 만든다. 항성, 위성, 그리고 행성은 주변의 공간을 구부러뜨리고, 가까운 물체를 끌어당기며, 빛을 휘게 한다는 것이다. 상승하는 엘리베이터를 가로지르는 광선처럼, 태양을 지나는 별빛은 휘어질 것이다. 그런 휘어짐을 관찰할 수 있는 때가 일식이다. 아인슈타인은 그 검증이 곧 이루어지기를 바랐지만, 일식이 여러 차례 일어나는 동안 구름이나 세계대전이 훼방을 놓았다. 그러다가 1919년 5월, 두 영국 팀이 일식 사진을 찍고 검어진 태양을 지나는 별빛의 궤적을 추적하기 위해, 한 팀은 아마존으로 다른 팀은 서아프리카로 출발했다. 여섯 달 뒤, 도해가 그려지고 결과가 확정되었을 때, 청중이 런던의 한 강당을 가득 메웠다. 그 장면은 마치 그리스 연극 같았다고 어떤 이는 말했다. 뉴턴의 초상화가 벽에 걸려 있었다. 과학자들은 입을 다물고 앉아서 등장인물들을 기다렸다. 아인슈타인의 계산에 따르면 태양의 중력은 별빛을 1.7초 각도만큼 휘게 한다. 실제 측정치는 1.61에서 1.98이었다. 1919년 11월 10일, 《뉴욕 타임스》는 이 사건을 머리기사로 실었다.

'모든 빛은 하늘에서 휘어져······'
아인슈타인 이론이 승리하다
별들은 눈에 보이는 자리나
추정치에 근거한 자리에 있지 않지만
누구도 걱정할 필요는 없다[57]

하룻밤 사이에 아인슈타인은 유명인사가 되었다. 한 해 안에 그의 주름진 얼굴은 천재의 상징이 되어 머리 위에서 반짝이는 에디슨의 "작고 동그란 햇빛"에 비견되었다. "광편향 결과가 알려지니, 나를 숭배하는 분위기가 만들어져서 마치 이교도의 우상이 된 기분이다"[58]고 아인슈타인은 탄식했다. 그는 여전히 빛을 경외했다. "여생 동안 나는 빛이 무엇인지 숙고할 것이다"[59]라면서. 그러나 광선에 올라타거나 빛에 관해 궁금증을 품을 때 그는 다시는 혼자가 아니었다.

1920년대에 접어들면서 광양자는 19세기에 이미 해결되었다고 생각한 문제를 되살려냈다. 입자인가, 파동인가? 광양자가 시사하는 근본적인 변화들은 시험에 시험을 거쳤다. 그리고 에테르와 달리 시험을 통과했다. 1922년 말, 세인트루이스 외곽의 실험실에서 아서 콤프턴은 흑연에 엑스선을 쐬었다. 예상했던 대로 엑스선은 모든 각도로 산란되었다. 하지만 콤프턴이 측정해 보니, 산란된 모든 광선은 일정한 양의 에너지를 잃었다. 산란 각도가 심할수록 더 많은 에너지를 잃었다. '광전효과' 가 그랬듯이 콤프턴 산란은 빛이 입자임을 시사했다. 그러나 모든 광학 실험실에서 토머스 영의 간섭무늬는 여전히 빛이 파동임을 보여 주었다. 아인슈타인조차 만족스럽지 않았다. "따라서 이제 빛에 관한 이론이 두 개 존재한다. 둘 다 절대 필요한데, 20년 동안 이론물리학자들의 엄청난 노력에도 불구하고 인정할 수밖에 없듯이 둘 사이에 어떤 논리적 연관 도 없다."[60]

답을 구하지 못한 상태에서 이론이 쏟아졌다. 프랑스 공작으로서 물 리학자가 된 예의 바른 루이 드브로이는 1924년에 빛이 "물질파"[61]로 구성되어 있음을 시사했다. 롤러코스터를 타듯, 입자는 파동을 타고 예 측 가능한 곡선을 따라 추진된다는 것이다. 입자'이자' 파동이다. 대수부 터 $E=mc^2$에 이르는 모든 것을 사용하여 드브로이는 파동이 양자를 어 떻게 추진시키는지 계산했다. 아인슈타인은 프랑스 공작이 "커다란 가 리개의 한 귀퉁이를 들췄다"[62]고 추켜세웠지만, 드브로이의 이론은 "프 랑스 코미디"[63]라는 조롱 또한 받았다. 한편 불확정성을 지지하는 보어 는 빛이 실험에 따라서 입자 '또는' 파동일 수 있다고 주장했다. 그리고 뉴욕 벨연구소의 과학자들은 결정체에 전자빔을 관통시켰다. 그 결과 빛은 파동처럼 회절하지만 입자처럼 산란했기에 '이중성'은 표어처럼 자 리 잡았다. 좌절은 깊어졌다.

아인슈타인의 기적의 해 이후 수십 년 동안 진화해 온 양자론은 독 점적인 학문 분야가 되었다. 빛의 복잡성에 관한 고찰은 이제 간섭계와 안개상자(cloud chamber, 스코틀랜드의 물리학자 찰스 윌슨이 1912년에 개발한 복사 검출기―옮긴이) 이상을 필요로 했다. 그 필요조건에는 고급 수준의 물리학과, 방정식으로 칠판을 가득 메울 능력, 빛의 최신 수수께끼에 관해 끊임없이 고민하려는 의지가 포함되었다.

"교수님" 하고 어느 날 물리학자 볼프강 파울리에게 한 동료가 말을 걸었다. "낯빛이 안 좋으시네요."

"불규칙한 제만효과(Zeeman effect, 광원이 자기장에 놓였을 때 스펙트럼선이 여러 개로 나뉘는 현상─옮긴이)에 관해 고민하고 있는데 낯빛이 좋을 리가 있겠습니까?"[64]

수학에 능통하고, 불확정성과 씨름하며, 오랜 산책과 더 오랜 토론을 견딜 수 있는 물리학자는 20명 정도뿐이었다. 1920년대 중반, 이 독점적 학문 분야는 고조되는 위기를 감지했다. 빛의 이중성은 과학의 정의 자체에 의문을 던졌다. 아리스토텔레스와 아라비아 학자들이 틀을 짜고, 과학혁명 시대를 거치며 현대화되었으며, 오랜 세월 동안 나날이 강박적이 되고 점점 정교한 도구를 사용하며 다듬어진 과학은 정확성에 의지했다. '유일한' 설명, '유일한' 일련의 방정식, '유일한' 그리고 예측과 반복이 가능한 실험 절차만이 개별 자연현상을 설명해야 했다. 그러나 이제 빛이, 그 태고의 수수께끼가 모든 이성에 도전하고 있었다. 입자'이자' 파동이라니? 실험에 따라서 입자 '또는' 파동일 수 있다니? 자연은 그런 식으로 작동하지 않는데.

유머가 좌절한테 대들었다. 월수금에는 파동설을, 화목에는 입자설을 가르치자고 물리학자들은 능쳤다. 어떤 이는 두 낱말을 합해 빛을 "파동자"(wavicles)[65]라고 일컬었다.

그러나 이 새 학문 분야의 창시자인 아인슈타인과 보어를 비롯한 학자들은 즐겁지 않았다. 보어의 원자 모형을 정제한 직후, 볼프강 파울리는 "지금의 물리학은 다시 매우 혼란스러워졌다. 아무튼 나로서는 물리학이 몹시 골치 아프다. 차라리 내가 코미디 배우나 그런 비슷한 무언가여서 다시는 물리학에 관해 어떤 말도 듣지 않았으면 좋겠다"[66]고 한탄했다. 아인슈타인 스스로도 양자론에 회의적이었다. "정말 '고약하고'…… 지긋지긋한 물건"[67]이라고 일찌감치 느꼈다. 이제 세계적으로 유명한 물리학의 권위자인 그의 반감은 더욱 굳어졌다.

빛의 양자 학파는 몇 안 되는 특정 장소에서 모였다. 보어는 코펜하겐에 있는 궁궐 같은 자신의 집에 동료들을 초대했다. 다른 이들은 케임브리지의 캐번디시연구소에서 모였다. 그리고 그들은 몇 해마다 브뤼셀에서 솔베이학회를 열었다. 부유한 벨기에 기업가들의 후원을 받은 학회는 스무 명 정도의 남자들과 대개는 프랑스의 노벨상 수상자 마리 퀴리가 와서 최신의 물리학을 토론했다. 아인슈타인은 제1회 솔베이학회를 "마녀 집회"[68]라 일컬으면서도 참석하여 자신의 논리를 방어했다. "이 불확정성은 우리가 플랑크의 이론에서 몹시 맘에 안 들게 생각하지만 실제로 자연에 존재하는 것으로 보입니다"[69] 하고 그는 참석자들에게 말했다. 1927년, 제5회 학회에서 양자론이 더 많은 개종자를 얻었을 때 아인슈타인은 보어와 대립했다. 미래 물리학의, 과학의, 확정성 자체의 성패가 달려 있었다.

칠판 앞에 선 아인슈타인은 자신의 최신 사고실험 도형을 그렸다. 빛이 한 슬릿을 통과하여 판에 부딪히는 순간을 그린 것이다. 이 고전적인 모형은 정확한 측정이 보태져서 불확정성의 신용을 떨어뜨렸다. 그러나 보어는 잠시 입을 다물고 파이프 담배를 피운 뒤, 빛은 입자든 파동이든 부딪히는 순간 판을 움직이므로 그 위치를 확정할 수 없을 것이라고 대답했다. 논쟁은 이어졌다. 아인슈타인은 이중 슬릿을 제시하고, 보어는 자신의 최신 이론인 '상보성'으로 반박한다. 얼마 전 이탈리아에서 열린 학회에서 발표한 상보성이론은 일부는 과학, 일부는 인식론이었다.

우리가 자연에 관해 알 수 있는 모든 것은 던지는 질문에 따라 달라진다고 보어는 주장했다. 빛에 관한 절대적인 진리는 없을지 모른다. 빛이 어떤 실험에서는 입자처럼 활동하고 또 어떤 실험에서는 파동처럼 활동한다면, 그런 변덕이 인정되어야 한다는 것이다. "물리학의 임무가 자연의 작동 방식을 알아내는 것이라는 생각은 잘못이다"라고 보어는 말했다. "물리학은 우리가 자연을 어떻게 설명할 수 있는지를 다룬다."[70]

하루하루 논쟁은 심화되었다. 아인슈타인은 새로운 사고실험을 아침마다 들고 나왔다. 보어는 하루 종일 숙고한 끝에 저녁 때 반격에 나섰지만, 이튿날 아침에는 크루아상과 커피와 함께 또 다른 가설과 마주했다. 학회 기간 내내 아인슈타인과 보어는 광양자 대신 새로 채택된 명칭으로서 광자를 자신의 상상 속에 비추어 보았으나, 빛은 세계적이고도 역사적인 두 천재를 아슬아슬하고도 감쪽같이 피해 갔다. 때로는 파동이고 때로는 입자인 빛은 가장 논리적인 지식인들을 더 높은 권위에 기대게 했다. "신은 주사위 놀이를 하지 않는다"[71]고 이신론자(理神論者)인 아인슈타인은 목청을 높였다. 무신론자인 보어가 답했다. "우리는 신에게 세계를 이러저러하게 운영하라고 명령할 수 없다."[72]

'솔베이 논쟁'은 빛을 하느님의 반영으로 본 성직자와 빛을 하느님의 전령이나 은유로 보았던 성직자가 대립한 첫 번째 천년기의 성직자회의를 닮았다. 아인슈타인과 보어는 어떤 결론도 내리지 못한 채 기진맥진하고 씁쓸한 기분으로 학회를 마쳤다. 보어의 "위로하는 철학, 또는 종교라고 할 수 있는 것은 매우 세심하게 다듬어져서 그 신봉자에게 푹신한 베개가 되어 준다……"고 아인슈타인은 말했다. "이 종교는 내게는 아무런 위로가 되지 않는다."[73] 그러나 1930년 솔베이학회에서 두 사람은 다시 맞붙었다. "철학이 난무하는 이 난장판은 끝나야 한다"[74]고 아인슈타인은 한탄했지만 그가 숨을 거둘 때까지 이어진다. 그동안 다른 이들은 이중성과 불확정성, 양자로 분해된 빛을 받아들이게 된다. "우리는 양자론을 인정해야 한다"고 말년에 막스 플랑크는 말했다. "그리고 장담하건대 양자론은 확산될 것이다."[75]

그러나 아인슈타인은 심리적 긴장을 떨칠 수 없었다. 양자론은 논리적으로 이해될 수 있지만 여전히 불완전하다고 그는 주장했다. "그러나 빛은 진실로 무엇인가?" 하고 그는 1938년에 공동 저술한 교과서에서 질문을 던졌다. "빛은 파동인가 아니면 광자의 빗발침인가? …… 우리는 때로는 한쪽 이론을 때로는 다른 쪽 이론을 사용해야 하면서도, 때로는 어느 쪽이든 사용할 수 있는 것처럼 보인다. 우리는 새로운 종류의 어려움을 마주하고 있다. 사실에 대해 두 가지 모순되는 그림을 갖고 있는 것이다. 두 이론 어느 쪽도 혼자서는 빛이라는 현상을 완벽하게 설명하지 못하지만, 둘을 합치면 설명이 된다!"[76]

마법의 지팡이처럼 'c'를 휘두르며, 아인슈타인은 뉴턴을 권좌에서 끌어내리고, 물리학을 양자화하고, 질량, 에너지, 공간, 시간 같은 것의 항상성을 무너뜨렸다. 이윽고 더 많은 것들, 정말로 많은 것들이 밝혀진다. 광자는 어떻게 양전자와 음전자로 전환될 수 있는가. 쌍으로 방출된 광자의 '자전'은 서로 거리를 두고도 어떻게 일치하며, 한 광자는 자전의 변화를 다른 광자에게 어떻게 알리는가. 이를 일컬어 "일정한 거리를 두고 일어나는 신묘한 모습"[77]이라고 아이슈타인은 표현했다. 막스 플랑크의 말이 되새겨진다. "우리는 양자론을 인정해야 한다……"

일흔세 살이던 해 늦가을, 아인슈타인은 특허국의 오랜 동료 미켈레 베소에게 편지를 보냈다. "50년 동안 그토록 고민했지만" 하고 아인슈타인은 털어놓았다. "광양자가 무엇인가란 질문에 대한 답에 더 가까워

세상을 뒤흔든 상대성이론을 통해 알베르트 아인슈타인은 광속의 불변성을 이용하여 시간의 가변성을 입증했다. 그러나 아인슈타인은 닐스 보어(왼쪽)를 비롯한 양자론자들이 인정하는, 빛의 입자-파동 이중성을 치열하게 반박했다. AIP Emilio Segrè Visual Archives

지지 못했습니다. 오늘날 모든 사람은 자신이 그것을 알고 있다고 생각하지만 착각하고 있는 것입니다."[78] 아인슈타인조차 좌절시킨 양자광은 성서, 회화, 또는 교회 창의 틀에 끼워 맞춰지지 않았다. 양자론자 가운데 그것이 어떻게 사용될 수 있을지 깊이 고민하는 이는 거의 없었다. 그러나 1955년 아인슈타인이 세상을 떠나고 5년 안에 양자광은 더는 이론으로만 머물지 않았다. 실험실을 벗어난 새롭고 위험하고 눈부신 빛줄기가 인간의 의식을 파고들었다. 처음에는 누구도 그것을 무어라 일컬어야 할지 몰랐다.

'1925년 6월, 헬골란트 섬.' 금발의 양자물리학 천재는 고초열을 심하게 앓고 있었다. 코를 훌쩍거리고 가쁜 숨을 쉬는 스물네 살의 베르너 하이젠베르크는 괴팅겐대학의 교수직을 떠나 헬골란트로 왔다. 독일 북부 해안에서 48킬로미터 떨어져 있는 바위섬이다. 해안이 굽어보이는 방에 홀로 앉아 그는 몇 달 동안 자신을 괴롭힌 계산을 이어 간다. 코펜하겐의 거리를 걷고 걸으며 토론할 때 수학으로는 양자 활동을 더 이상 예측할 수 없었다. 그가 사랑하는 숫자가 도와주지 않았다. 안개상자에서 입자의 위치를 특정하기 위해 하이젠베르크는 '보아야' 한다. 보기 위해서는 빛을 사용해야 한다. 그러나 아인슈타인의 광전효과에서 빛이 전자를 튀어나가게 하듯이, 광선은 입자를 아주 살짝 이동시킨다. 관찰자가 전자의 위치를 더 정확히 판단할 수록, 운동량에 대한 불확정성은 더욱 커진다고 하이젠베르크는 결론짓는다. 따라서 누구도 위치와 운동량을 동시에 정확히 측정할 수 없다. 전자, 광자, 그리고 다른 모든 입자들에 관해, 가능성이 확정성을 대체하고, 확정성은 영원히 파악하기 어려울 것이다.

다섯 살에 고대 그리스어를, 열두 살에 미적분을 배우기 시작한 하이젠베르크는 밤이 이슥하도록 매우 복잡한 행렬을 이용하여 빛이 확정성은 불가능하게 한다는 깃을 계산해 낸다. 새벽 3시 즈음, 그는 그의 최고 업적인 불확정성원리로 나아가는 문을 열었다. 홀로 황홀감에 젖어 "신묘하게 아름다운 비밀을 바라보는"[79] 기분으로 밖으로 나섰다. 파도가 부서지는 소리를 듣다가 바다가 굽어보이는 절벽으로 올라가 앉았다. 바다를 응시하고 별을 올려다보며 그는 해가 떠오르기를 기다린다.

14장

꿈에 성큼 다가서다

레이저와 경이로운 일상 용품

오 빛이여, 아예 이름이 없어 누구도 뭐라 부를 수 없는
오 빛이여, 만물에 살아 숨 쉬어 많은 이름을 지닌……
당신은 어떻게 한낱 풀밭에도 스며 있는 것인지요?
- 성 시메온, 〈하느님의 사랑을 찬미함〉

태양이 군주처럼 인류를 통치한 것을 생각할 때, 그 빛이 어떻게 만들어지는지에 대한 발견은 새벽처럼 환영받아 마땅했을 것이다. 그리스 사람들이 그것을 밝혀냈다면 그 지식은 불멸했을 것이다. 갈릴레오가 마지막 꿈을 실현하여 구금을 감수하고도 "빛이 무엇인지" 알게 되었더라면 유럽 전체가 경탄했을 것이다. 뉴턴의 이름으로 그 발견이 이루어졌다면 《광학》의 화룡점정이었을 것이다. 그러나 이 초기 연구자들 그 누구도 필수 도구인 양자론을 갖지 못했다. 그리고 양자가 태양을 설명할 즈음, 그 소식은 거의 관심을 끌지 못했다.

1938년 8월 15일, 세계가 다시 전쟁을 향해 치닫고 있을 때, 미국물리학회의 전문 저널 《피지컬 리뷰》에 여섯 쪽짜리 논문이 실렸다. 〈양성자 결합에 의한 중양성자 형성〉. 논문 제목에는 태양이 언급되어 있지 않다. 주요 저자인 한스 베테는 대중에게 알려지지 않은 인물이었다. 수학은 엄밀했고, 개념은 기초 화학에서 시작하지만 순식간에 미적분, 양

자역학, 파동함수, 그리고 미궁 같은 영역으로 확대되었다. 태양은 수소가 융합되어 헬륨을 만들고, 그 부산물로 빛을 방출하는 원자로라고 베네는 썼다. 이런 생각이 표면에 등장한 건 1920년대였으나, 태양이 그런 융합을 견딜 수 있을 만큼 충분히 뜨거운지 의심하는 이들이 있었다. 최초의 발상자인 영국의 물리학자 아서 에딩턴은 이런 의심에 대해 "그들에게 더 뜨거운 곳을 찾아오라고 하시오!"[1]라고 답했다. 그러나 태양이 필요한 열을 갖고 있더라도 충분한 수소를 갖고 있지는 않다고 주장하는 이들이 있었다. 뒤이어 하버드천문대의 젊은 영국인 여성이 그렇지 않다는 것을 알려 주었다. 세실리아 페인의 박사 학위논문 〈항성의 대기〉는 항성이 지구에서 발견되는 보통 원소들을 함유하고 있으나 다른 어떤 것보다도 수소가 훨씬 많다고 주장했다. 몇 해 동안 남성 지식인들의 '헛기침'이 이어졌다. 한편 '양자 터널'은 한걸음 더 나아가게 했다. 그것은 고전물리학을 거슬러, 뚫을 수 없을 것처럼 보이는 힘의 장벽을 입자가 통과한다는 것이다. 남은 건 누군가가 수학으로 계산하는 일뿐이었다.

뒷날 맨해튼 프로젝트(1942~1945년에 최초의 원자폭탄을 만든 미국 정부의 연구 계획―옮긴이)와 핵무기 제어 연구로 유명해진 한스 베테의 경력이 시작된 건 태양을 해독하면서부터였다.

건장한 체격에 짧고 각진 커트머리, 연파랑 눈동자에 웃음소리가 우렁찬 베테는 나치를 피해 미국 동부 코넬대학에서 평생의 거처를 찾았다. 1938년 봄에 그는 항성천문학회에서 제기된 문제에 해답을 내놓았다. 이전 반세기 동안 천문학과 물리학은 융합되어 천체의 빛의 많은 부분을 설명했다. 빛은 측정 단위가 되어, 광년은 빛이 1년에 도달하는 거리인 약 9.6조 킬로미터라는 어마어마한 거리를 가리키게 되었다. 천체

물리학자들은 변광 항성의 파동을 계산하고, 왜행성부터 초거성까지 별을 분류하고, 우리로부터 맹렬하게 멀어지는 은하계로부터 오는 빛의 적색편이를 발견했다. 그렇다면 일상적인 햇빛은? 학회에 참석한 저명한 물리학자 가운데 누가 그것을 설명할 수 있을 것인가? "우리가 무엇을 해야 하고 어떤 화학반응을 고려해야 하는지에 관해 학자들은 도무지 갈피를 잡지 못했다"[2]고 베테는 회상했다. '총체적인 무지'에 놀란 그는 연필과 종이, 계산자를 갖고 하루에 열다섯 시간씩 홀로 연구하기 시작했다. 영원한 수수께끼를 풀려면 화학 원소와 그 입자와 아원자 입자 같은 정확한 성분을 알아야 했다. 그 성분들은 특정 온도에서 융합되어 억겁의 세월 동안 타올랐을 것이다. 베테는 융합반응, 양자 터널, 수반되는 수소량를 해결해야 했다. 초여름, 조지워싱턴대학의 물리학자 찰스 크리치필드와 논의한 끝에, 베테는 우주의 빛의 원인을 찾아냈다.

오븐을 절대온도 2천만 도로 예열한다. 수소 핵 두 개가 필요한데, 각각 하나의 광자로 구성되어 있다. 항성 내부에서나 발견되는 압력을 가한다. 온도와 압력으로써 광자의 상호 척력을 극복하고 광자들이 충돌하도록 한다. 광자들을 중양자, 다시 말해 중수소로 융합시키며, 전기적으로 중성의 아원자 입자인 중성미자, 전자, 그리고 양자에 기반한 반입자인 양전자를 방출시키도록 한다. 곧이어 오케스트라의 관악기 파트가 반짝거리며 시작되는 것 같다. 전자와 양전자가 충돌하여 상대를 붕괴시키며 하나의 광자, 한마디로 빛을 내뿜는 것이다. 그러나 광자는 시작일 뿐이다. 반응을 지속하기 위해서 탄소를 보탠다. 탄소의 촉매 역할로 헬륨이 형성된다. 융합반응이 계속 일어나는 동안, 양성자, 양전자, 전자가 붕괴하며 더 많은 광자를 방출하고 더 복잡한 핵으로 융합된다. 태양의 중심에서 방출되는 광자가 코앞에서 생겨난다.

한스 베테는 태양의 중심에서 나오는 광자의 불규칙한 경로를 계산하지 않았지만, 그 원조 발상자인 아서 에딩턴은 흥미진진한 여행기를 상상했다.

별의 내부는 원자와 전자, 복사의 향연이다. …… 그 소란스러움을 상상해 보라! 흩어진 원자들은 초속 80킬로미터 속도로 부딪히고, 말쑥한 전자 망토는 그 난리통 속에 누더기로 변한다. 떨어져 나온 전자들은 100배 더 빠른 속도로 새로 머물 곳을 찾는다. 조심! 전자가 원자핵에 가까워질 때는 거의 충돌할 것 같다. 하지만 속도가 높아진 전자는 핵 주변에서 급커브를 튼다. …… 그리고 여느 때보다 심하게 미끄러진다. 그러면 전자는 원자에 포획되어 달라붙고, 그 자유로운 질주는 끝을 맺는다. 하지만 잠깐뿐이다. 원자가 그 궤도에 새로운 전리품을 배열하자마자 광양자가 충돌한다. 큰 폭발과 함께 전자는 떨어져 나가 다시 더 먼 길을 떠난다.[3]

태양은 초당 400만 톤의 질량을 순수 에너지로 바꾼다. 그 과정에서 만들어진 광자는 백만 년까지도 용광로 속을 떠도는데, 과학자들은 이 여행을 "무작위 행보"(random walk, 임의 방향으로 향하는 연속적인 걸음을 나타내는 수학적 개념—옮긴이)[4]라 일컫는다. 일단 태양 표면에 도달하면 광자는 지구까지 8분 남짓 만에 도착한다. 그와 같은 기나긴 여정이 있었으니, 우파니샤드의 '탄성과 환호'부터 모네의 〈인상, 해돋이〉에 이르는 인류의 예찬 전체는 감사함을 느끼는 인류가 바칠 수 있는 최소한의 것으로 보인다.

그러나 1938년 무렵, 산업이 발전한 나라는 플러그를 꽂고 스위치를 올렸다. 산업사회는 동이 튼 뒤로 충분히 잠을 털어냈고, 일몰 대비에 여념이 없었다. 어둠이 지구를 천천히 물들여 갈 때 집집마다 불을 밝히고 도시는 가지촛대처럼 가로등이 빛났다. 밤이 더 이상 위협이 아니고 낮이 더 이상 피난처가 아니게 되면서 빛은 어둠과의 근원적인 전투에서 승리했다. "빛은 우리에게 우주의 소식을 가져다준다"[5]고 영국의 물리학자 윌리엄 브래그는 선언했지만, 초등학생도 별빛이 옛날 소식이라는 걸 알았다. 눈에 보이는 별빛은 어떤 것이든 오래전의 불빛이고, 그 태고의 빛이 지금 막 우리에게 도착한 것이다. 별빛이 현대 세계의 번쩍이는 조명 속에 희미해지면서, 햇빛에 대한 한스 베테의 설명은 크게 알려지지 않았다. 몇 가지 기삿거리를 제외하고, 빛이 어떻게 만들어지는가 하는 태고의 수수께끼에 대한 해답은 곧장 과학책 속으로 들어갔다. 냉소적인 이들은 "태양 아래 새로운 것은 없다"[6]는 옛 금언을 되풀이했다. 그러나 베테가 그 획기적인 발견으로 1967년에 드디어 노벨상을 수상했을 무렵에는 매우 새로운 무언가가 생겨났다. 태양보다 더 밝은 빛이었다.

레이저를 탄생시킨 아이디어는 물론 아인슈타인한테서 비롯되었다. 1916년, 상대성이론을 발표했으나 여전히 빛에 관해 의문스러웠던 아인슈타인은 닐스 보어의 태양계 같은 원자 모델에 관해 숙고했다. 보어는 광양자가 자발적으로 방출되는 때는 들뜬 전자가 에너지를 잃고 안쪽의 정상 궤도로 떨어질 때라고 말했다. 아인슈타인은 전제를 더 깊이 생각했다. 충분한 자극이 가해지면, 전자는 광자를 방출하고 그 광자는 다른 전자를 들뜨게 하여 더 많은 광자를 방출하게 할 것이라고 그는 생각했다. 그리고 이 새로운 광자들은 전자를 들뜨게 하여 훨씬 많

은 광자를 배출해 더 많은 전자를 들뜨게 하고……. 보어의 '자발방출'[7]
과 더불어, 아인슈타인은 빛의 '유도방출'을 예측했다. 원자에 충분한 전
자기에너지를 가하면 매우 밝은 광선을 민들어 낼 수 있는데, 비교하자
면 햇빛이 더 흐려 보일 것이다. 아인슈타인은 사는 동안 최초의 레이저
를 보지 못했지만, 그가 1955년 숨을 거두기 한 해 전에 레이저의 양아
버지가 태어났다.

레이더의 도움으로 제2차 세계대전에서 승리를 거둔 펜타곤은 마이
크로파를 개발하는 데 관심을 두었다. 짧고 강한 파장은 작은 물체에
부딪혔다가, 회전하는 접시안테나로 되돌아오므로 선박과 비행체의 감
시를 수월하게 할 것이다. 미국 국방부는 마이크로파와 유도방출에 관
한 연구를 후원했다. 더 긴 파장을 활성화시켜 서로를 증폭시키게 한
물리학자 찰스 타운스와 아서 숄로는 1954년에 최초의 '메이저'(maser)
를 만들었다. 그리스어와 라틴어 명칭이 부자연스러워 보여서 결정된 이
명칭은 '유도방출에 의한 마이크로파 증폭'(Microwave Amplification
by Stimulated Emission of Radiation)의 줄임말이다.

물리학자들은 광파 또한 증폭될 수 있다는 걸 알았지만, 가까운 시일
안에 현실화되리라고 예측한 사람은 아무도 없었다. 목표는 메이저에서
성취되었던 것과 동일한 '반전분포'[8]일 것이다. 정상 상태보다 들뜬 상
태가 된 전자가 훨씬 더 많아져서 서로를 더 높은 에너지 수준으로 끌
어올리는 상태를 가리킨다. 하지만 광파는 마이크로파보다 1만 배는 조
밀하므로 시동을 걸려면 1만 배의 에너지가 필요하다. 메이저의 개발자
찰스 타운스조차 이후 25년 동안 빛의 유도방출을 기대하지 않았다.
그러나 계획은 마련되었다. 펜타곤은 레이더만이 아니라 불을 일으키는
거울처럼 유서 깊은 꿈에도 관심이 있었던 듯하다.

아르키메데스가 햇빛을 반사시켜서 선박에 불을 질렀다는 이야기 이후, 빛은 공상과학의 단골 '살상 광선무기'였다. 1809년 워싱턴 어빙의 공상적인 책《뉴욕의 역사》는 "농축 태양광으로 무장한"[9] 달나라 외계인의 침공을 상상했다. 만화책과 영화의 시대가 오자 우주 영웅 벅 로저스(공상과학 잡지《어메이징 스토리》에 1928년부터 연재된 공상과학소설《별들의 전쟁》의 등장인물―옮긴이)와 플래시 고든(만화가 알렉스 레이먼드가 1934년부터 연재한 만화의 제목이자 주인공―옮긴이)이 발사하는 탄환은 순수한 빛으로 이루어져 있었다. 그리고 1938년 가을, 미국인들이 귀를 쫑긋하고 듣는 라디오 드라마에서, 뉴저지에 착륙했다는 화성인들이 공격을 시작했다. 그들이 발사하는 광선은 "등대의 거울이 내쏘는 광선만큼 강한"[10] 빛이었다. 오슨 웰스의 이 드라마〈우주 전쟁〉(War of the Worlds)이 수많은 파생작을 자아내는 가운데, 1950년대에 "지직지직" 발사되는 이 '우주총'과 '광선총'[11]은 싸구려 공상과학 영화의 필수 소품이 되었다.〈우주수폭전〉(This Island Earth),〈금지된 행성〉(Forbidden Planet),〈지구가 멈추는 날〉(The Day the Earth Stood Still) 같은 수많은 영화들이다. 리얼리티가 공상과학에 한 발짝 더 다가간 건 1958년, 위대한 발명가 타운스와 숄로가〈적외선과 광학 메이저〉[12]라는 제목의 중요한 논문을 발표했을 때였다. 논문이 격발한 것을 레이저 역사학자 제프 헥트는 '출발 신호탄'[13]이라 일컬었다. 최초의 레이저를 손에 넣으려는 경주에 IBM, 웨스팅하우스, 컬럼비아대학, MIT까지 참가했다. 하지만 롱아일랜드의 작은 회사 TRG는 두 가지 이점을 갖고 있었는데 바로 펜타곤의 보조금 1백만 달러와 고든 굴드였다.

창백한 얼굴에 촌스런 안경을 낀 고든 굴드는 1950년대 공상과학 영화에서 걸어 나온 사람 같았다. 컬럼비아대학 대학원생이었던 굴드는 유도방출을 들여다보기 시작했다. 마침내 1957년 가을, 며칠 동안 두 문불출 연구한 끝에 굴드는 규격 메모장을 꺼냈다. 그리고 짧은 양변의 끝이 돌출된 기다란 직사각형을 그렸다. 대강 그런 그림 위에는 "광학적으로 평면이고 부분적으로 반사하는 가두리 거울이 양 끝에 달린 튜브를 구상함"[14]이라고 썼다. 굴드의 튜브는 술집과 레스토랑의 대명사가 된 네온 조명을 닮았다. 네온 조명의 으스스한 빛은 네온 가스의 들뜬 전자가 만드는 빛이기 때문이다. 그러나 굴드는 튜브가 불투명하고 안쪽에 거울을 붙이면, 갇힌 광자는 광속으로 '유도방출'을 유발할 것이고 그 빛은 "물체를 1억 도까지 가열"[15]할 수 있을 것이라고 보았다. 굴드는 자신의 생각을 '레이저: 유도방출에 의한 광 증폭 가능성에 관한 대략적인 계산'[16]이라고 표제를 붙였다. 레이저(LASER, Light Amplification by Stimulated Emission of Radiation)란 말을 최초로 사용한 것이다.

고안만으로 충분히 신청할 수 있다는 걸 알았다면 굴드가 특허를 취득했을 것이다. 하지만 장치가 필요하다고 생각한 그는 연구로 돌아갔다. 곧이어 TRG에 고용되어 장치 설계를 크게 발전시켰고, 이는 수많은 소송과 46개의 특허로 이어졌으며, 고든 굴드에게 쓰라림과 부를 모두 안겨 주었다. 그러나 전면적인 군축 지지를 비롯한 굴드의 좌파 성향 탓에 펜타곤의 후원을 받아 연구하는 데 필요한 기밀정보 취급 허가가 거부되었다. 다른 이들 또한 악전고투 속에 번번이 해법보다 많은 문제와 맞닥뜨렸다. 어떻게 해야 튜브 안에서 빛을 진동시키면서도 결국한 줄기 광선으로 방출할 수 있을 것인가? 안정 상태로 떨어지는 전자의 불안정한 경향을 감안할 때, 어떻게 해야 임계 질량의 전자를 들뜨게 할 것인가? 광범위한 광파를 흡수하면서도 오로지 하나의 주파수만 방출하는 유도방출을 가능하게 하는 물질을 어떻게 발견할 것인가?

그 물질은 대학원생들이 연구실을 메운 채 다이얼을 이리저리 돌려야 하지 않고도 조작할 수 있어야 하고, 전자기 에너지의 강력한 충격을 받고도 안정적이어야 했다. 에디슨이 적절한 필라멘트를 찾아내려 했듯이, 물리학자들은 원소별로 실험을 이어 갔다. 가장 가능성 있는 후보군은 칼륨 증기, 세슘 증기, 크립톤과 수은 혼합물, 헬륨과 네온 혼합물 같은 기체였다.

시어도어 메이먼은 다르게 구상했다. 엔지니어의 아들인 메이먼이 처음으로 광학 실험을 한 것은 세 살 때였다. 냉장고 불빛은 꺼져 있지 않다는 것을 어머니에게 증명해 보이기 위해, 메이먼은 냉장고 안으로 들어가 문을 닫았다. 어쨌거나 무사히 나온 이 아이는 자신의 주장을 입증했다. 깡마르고 과잉행동을 하는 메이먼은 튜브, 배터리, 전구가 흩어져 있는 지하 실험실에서 이것저것을 하며 자랐다. 기술자로 처음 일자리를 얻은 것이 열일곱 살 때였던 메이먼은 컬럼비아대학의 물리학 수업이 따분했다. 1952년에 지나가는 차를 얻어 타며 대륙을 가로질러 서부의 스탠퍼드대학으로 갔고, 자신의 방법을 설명하여 대학원 물리학 과정에 들어갔다. 박사 학위를 취득한 뒤 홀로 전 세계 곳곳을 여행한 메이먼은 마침내 고향인 로스엔젤레스로 돌아갔다. 1956년에 휴스연구소에 채용되어 뒷날 그가 "테크놀로지 올림픽"[17]이라 일컬은 레이저 연구에 합류했다. 메이먼은 펜타곤의 지원금을 받지 못했다. 경쟁자들은 공학자로 이루어진 팀을 이끌고 나갔지만, 그와 함께하는 연구자는 대학원생 한 명뿐이었다. 하지만 이런 독립성은 그에게 혁신의 자유를 주었다. 다른 이들은 기체로 실험했을 터이지만, 메이먼은 결정체가 "비교적 높은 전도 계수"[18]를 갖는 데 주목했다. 한마디로 적은 양의 물질을 사용해도 원자를 증폭시키기에 충분하다는 뜻이다. 구슬 크기의 루비

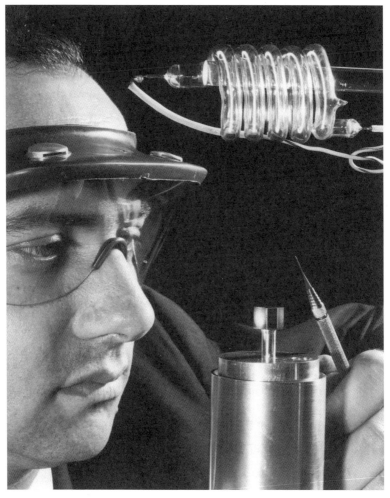

1960년 5월, 시어도어 메이먼이 최초의 레이저를 만드는 경쟁에서 승리했다. 메이먼의 기기는 루비와 안에 거울을 댄 튜브, 그리고 섬광 전구를 사용했다. HRL Laboratories(캘리포니아 주 말리부) 제공

도 불순물 제거 처리가 되면 효력을 발휘한다. 메이먼이 설계에 몰두하고 있을 즈음 벨연구소의 공학자가 캘리포니아 말리부에 새로 들어선 휴스연구소를 방문했다. "여전히 루비로 연구하고 있다는 말을 들었습

니다" 하고 그가 메이먼에게 말했다. "우리가 레이저 후보로서 루비를 철저히 검증했습니다. 유효하지 않더군요."[19] 그러나 메이먼은 이미 벨연구소의 검증을 확인한 뒤였다. 그들이 사용한 그릇된 파장으로는 루비의 광자 방출이 불가능했던 것이다.

1960년 봄, 휴스연구소의 동료들 눈에 메이먼은 "오로지 여기에만 외골수로 매달려" 있었다. 조롱하는 이들도 있었다. "휴스가 레이저로 도대체 뭘 하겠는가?"[20] 메이먼은 대답하지 않았다. 레이저의 쓸모는 나중에야 알려지는데, 이루 헤아릴 수도 없이 많다. 먼저 해결해야 할 문제가 더 많았다. 작은 루비가 빛을 반사하는 동시에 방출하게 하기 위해서 그는 양 끝에 은을 덧입히고 한쪽의 작은 면에 바늘 끝만 한 구멍을 뚫었다. 은은 평행 거울 같은 역할을 하고, 구멍은 최초의 레이저빔을 내보낼 것이다. 이제 메이먼에게 필요한 모든 것은 빛, 혁명에 불을 당길, 가능한 한 눈부신 빛이었다. "광 펌핑"[21]이라고 이 과정을 일컬은 이들이 있었다.

필요한 '반전분포'를 만들어 내기 위해서, 메이먼은 루비 원자의 반이상을 들뜨게 할 섬광이 필요했다. 그가 고려한 것은 로버트 루이스 스티븐슨을 괴롭혔던, 그리고 할리우드의 촬영용 조명이 된 아크등이었다. 다루기가 몹시 까다로웠다. 그는 영사기 등을 확인했는데 너무 밝아서 공기냉각을 해야 했다. "골치 아픈 등"[22]이라는 결론을 내렸다. 마침내 그는 사진사들이 쓰는 섬광 전구를 검토했다. 섬광 온도가 최고 섭씨 7,700도인 전구를 보조 연구원이 보여 주었을 때, 메이먼은 "옳거니!" 하고 외쳤다.[23] 도록을 넘기며 보던 그는 상점용 GE사 섬광 전구 모델을 발견했다. 오늘날 콤팩트 형광등처럼 나선형의 전구가 루비를 감쌌다. 전구를 전원에 연결하고 섬광을 일으킬 때까지 전압을 유지하는 축

전기를 덧붙인 메이먼은 안에 거울을 댄 실린더 안에 자신이 고안한 작은 장치를 넣었다. 1960년 5월 16일 오후 네 시, 빛의 두 번째 창조가 시작되었다.

창문 없는 실험실에 검은 전선이 연결된 네모난 전자기기들이 설치되고 천장에는 형광등이 빛났다. 다른 곳, 그러니까 대서양 연안의 대형 연구소에서는 엔지니어들이 증폭된 빛을 여행가방 크기의 기계에 연결된 90센티미터 유리관으로 펌핑하고 있었다. 시어도어 메이먼의 레이저는 유리컵 크기였다. 보조 연구원이 대기하고 있을 때 메이먼은 전압을 올렸다. 오실로스코프의 둥근 화면에 녹색 선이 그어졌다. 전압이 500에 이르자 메이먼은 섬광 전구를 켰다. 녹색 줄이 뱀처럼 약간 구부러졌다. 다시 전압을 올렸다. 900볼트에서 선이 도약했다. 그리고 "전력장치에서 950볼트가 넘어가자 모든 것이 바뀌었다!"[24]고 메이먼은 회고했다. "최대치에서 출력 표시가 치솟았고 처음에 나타났던 감쇠 시간도 급속히 줄었다."[25] 다홍색 빛이 실험실을 채웠다. 메이먼의 보조 연구원은 인쇄물에서 붉은색을 구별하지 못하는 색맹이었는데, 이 붉은색을 보았고 크게 놀랐다. 메이먼은 "멍하고 감정적으로 진이 다 빠져서"[26] 묵묵히 앉아 있었다. 동료들이 막 탄생한 빛을 보러 왔다. 최초의 레이저는 연속적이지 못했지만 그 펄스광은 장벽을 허문 것이었다. 얼마 지나지 않아 벨연구소에서 연속 빔을 만들어 냈다. 아인슈타인의 탁월한 선견지명이 다시금 입증되었다. 휴스연구소의 운영진은 당장 언론보도를 내고 싶었지만 메이먼이 후속 실험을 고집했다.

1960년 7월 7일, 사람들에게 뉴스가 전해졌다. 해가 어떻게 빛을 내는지에 대한 발견은 거의 주목받은 적이 없었지만, '광 메이저'는 맨해튼의 델모니코 레스토랑에서 기자회견이 잡혔다. 인간의 독창성이 "태양의 중심보다 더 밝은, 원자를 이용한 복사광"[27]을 창조했다고 휴스는 발표했다. 기자들은 이 "결맞은 빛"[28]을 잘 이해하지 못했다. 산란되는 햇빛과는 달리, 레이저 빛은 완벽하게 정렬되고, 그 단색 파동은 모두 동일하며, 1백만 분의 27인치 정도로 가느다란 필라멘트에 그 에너지를 집중시킬 수 있다고 기자들은 들었다. 기자들은 의심하거나 잘 이해하지 못했지만, 벨연구소와 다른 연구소의 엔지니어들은 분명히 이해했다. 자신들이 경주에서 졌다는 것을. 기자들이 경청하는 동안 메이먼은 미래의 용처를 설명했다. 장거리 통신, 절삭, 용접, 더 나아가 외과 수술까지. 이윽고 한 기자가 이 '결맞은 빛'이 '살상 광선'이 될 수도 있느냐[29]고 질문했다. 적어도 20년 동안은 그렇지 않을 거라고 메이먼은 짜증나는 질문에 대답했다. 이튿날 《로스엔젤레스 헤럴드》는 5센티미터 폭으로 기사 제목을 뽑았다. "마침내 인간이 공상과학의 살상 광선 발견."[30] 《뉴 리퍼블릭》은 "빛의 탄환"[31]이라고 했고, 《아메리카》는 "루비 광선총,"[32] 《유에스뉴스 앤드 월드리포트》는 "광선, 공상의 미래 무기인가?"[33]라며 해묵은 두려움을 전염된 듯 드러냈다. 이런 공상을 허문 것은 해마다 새로 놀라게 해준 사실뿐이었다.

- 1960년 12월: 최초의 연속 레이저를 사용하여 벨연구소 엔지니어들이 광학 빔에 메시지를 전송하다. 전화기 발명 순간을 재현하여, "왓슨, 와서 도와줘"[34]라고 말하다.
- 1961년: 컬럼비아대학 메디컬센터의 의사들이 망막종양을 레이저로 지져서 제거하다.
- 1962년 5월 9일: MIT 프로젝트 '루나 시'(Luna See)가 루비 레이저를 사용하여 달 표면에서 레이저빔을 반사시키다.

- 1963년: 마이컬슨-몰리 실험의 파생 실험으로서, MIT의 두 과학자가 레이저를 사용하여 발광 에테르를 검출하려 하다. 여전히 검출되지 않다.

- 1964년: 뉴욕 세계박람회 AT&T 전시관은 한 줄기 레이저빔이 훗날 1천만 통의 전화 통화를 연결하게 된다는 걸 보여 준다.

- 1965년: 제미니 7호 우주비행사 제임스가 3킬로그램에 가까운 레이저 송신기로 160킬로미터 아래 하와이의 NASA 관측소로 자신의 목소리를 전송했다.

그리고 언제나 아르키메데스에 공감하던 커티스 르메이 장군은 메이먼과 여러 물리학자들의 의심을 무시하고, 미국 공군이 소비에트 미사일을 요격하기 위해 '광선무기'를 개발하고 있다고 공표했다. "우리 국가 안보는 오늘 우리가 알고 있는 어떤 것과도 차원이 다른 무기에 달려 있을 것입니다"라고 여송연을 씹어 물며 르메이가 말했다. "아마도 빛의 속도로 타격하는 무기가 되겠죠. …… 적이 그런 능력을 지닌다면 세계를 지배할 잠재력을 확보하게 될 것입니다."[35]

트랜지스터, 통신위성 텔스타, 우주비행이 이루어진 경이로운 테크놀로지의 시대에 레이저는 대중문화 속을 깊게 파고들었다. 1964년 영화 〈007 골드핑거〉에서 제임스 본드는 테이블에 누운 채로 묶여 있고, 무시무시한 광선총이 그의 다리 사이를 조준한다. "자네가 보고 있는 건 산업용 레이저라네!" 하고 악당인 골드핑거가 본드에게 말한다. "매우 특별한 빛을 방출하는데 자연에서는 볼 수 없는 것이지. 달에 한 점을 투사할 수 있네. 아니면 더 가까운 거리에서는 단단한 금속을 절단할 수 있지. 보여 주겠네."[36] "지직지직" 발사된 루비 광선은 불을 일으키며 금속을 갈라서 007의 중요 신체 부위까지 근접한다. 물론 본드는 탈출하지만. 한 해 안에 TV 드라마 〈화성인 마틴〉에서는 차고에서 레이저를 만들고 있다. 두 해 안에 우주선 '엔터프라이즈호'의 제임스 T. 커크 선장과 선원들은 '가공할 무기 페이저'를 사용하고 있다.

1967년 9월, CBS의 주간 프로그램 〈21세기〉는 '레이저, 기상천외한 빛'을 방송했다. "우주가 시작된 뒤로"라며 월터 크롱카이트가 설명하는 화면에서 촛불이 깜빡인다. "빛은 아무런 변화가 없었다. 이제 인류는 새로운 빛을 창조했는데, 그 능력과 특성이 이전에 존재한 어떤 것과도 다른 레이저 빛이다."[37] 빨간 색조와 초록 색조의 화면에서, 크롱카이트는 화상전화, 정밀 수술, 개인용 컴퓨터, 한 줄기 광선으로 전송되는 세계 통신을 비롯하여 온갖 가능성을 상상했다. "오늘날 레이저가 서 있는 곳은 테크놀로지의 미개척지이다"라고 크롱카이트는 결론지었다. "그곳은 우리가 막 탐사를 시작한 곳이다. 기상천외한 레이저 빛이 빛나는 그곳에서 우리는 장애물을 넘으며 21세기를 향해 갈 것이다."[38] 그러나 기다림은 그리 오래 걸리지 않았다. 1970년 즈음, 레이저는 집적회로를 용접하고, 북베트남에 유도탄을 투하하고, 망막 분리를 치료하고, 달까지의 거리를 센티미터 단위까지 측정하고 있었다. 메이저를 개발한 찰스 타운스의 말에 따르면 "우리는 꿈에 성큼 다가서고 있다."[39]

1970년대 내내 레이저가 확산될 때, 캘리포니아 주 패서디나 주민들은 특이한 포드 밴 차량이 궁금했다. 패서디나 곳곳에서 목격된 갈색의 이코노라인에는 원, 구불구불한 선, 꺾인 선 등이 그려져 있었다. 가끔씩 물리학 전공 대학원생들이 운전자를 불러 질문했다. "왜 밴에 파인먼 다이어그램을 그리고 다니시죠?"[40] 그러면 운전자는 환하게 웃으며 대답하곤 했다. "내가 리처드 파인먼이거든."

리처드 파인먼이 빛을 좋아한 건 그 광휘보다 쿼크 때문이었다. 다른 이들이 양자설의 비개연성에 겨눌할 때, 파인먼은 충분히 숙고했다. 뉴욕 거리의 직설적인 화법과 아이비리그 박사의 특성이 묘하게 결합된 파인먼은 물리학 강의 때 "터무니없다," "멍청하다," "말도 안 된다"[41] 같은 낱말을 쏟아냈다. "한순간 나는 자연의 작동 방식을 알았다"고 그는 말한 적이 있다. "그것은 우아하고 아름다웠다. 그 빌어먹을 것이 반짝이고 있었다."[42] 학계에 몸을 담게 된 초기부터 파인먼의 장난기는 지성을 둘러싼 전설과 함께 붙어 다녔다. 1943년 프린스턴대학을 갓 졸업하고서 맨해튼 프로젝트에 뛰어든 파인먼은 로스앨러모스에서 남는 시간에 최고기밀 연구실을 드나들며 금고를 터는 법을 익혔다. 재미 삼아 그런 것이다. 20대 중반 나이에도 그는 기백 넘치는 화법으로 닐스 보어, 한스 베테, 로버트 오펜하이머를 비롯해 로스앨러모스의 기라성 같은 과학자 모두한테 관심을 받았다. 오펜하이머는 파인먼을 "여기서 가장 명석한 청년 물리학자"[43]라고 인정했다. 사람들이 알지 못했던 사실은, 주말이면 파인먼이 차를 얻어 타고 앨버커키의 요양원으로 가서 죽어 가는 아내를 만난다는 것이었다. 아내 알린이 결핵으로 세상을 떠난 직후 원자폭탄 연구가 끝났고, 심란했던 파인먼은 평생토록 소년처럼 즐겁게 살겠다는 결심을 더욱 굳혔다. 그 뒤 40년 동안 나이트클럽에서 춤을 추고 드럼을 쳤으며, 익살맞은 강의로 학생들을 즐겁게 했다. 파인먼과, 그가 세밀히 다듬은 양자광은 예측에 어긋나려 결심한 것 같았다. "그 자신의 행동이 전자와 매한가지였다"고 한 동료는 썼다.

전쟁이 끝나고 로스앨러모스를 떠난 파인먼은 활기찬 한스 베테에 합류하여 코넬대학으로 갔다. 두 교수는 아인슈타인-보어 논쟁 이후 지속되어 온 수수께끼에 골몰했다. 미시적인 수준에서 광자가 물질과 상호작용할 때, 빛이 '풀밭에 스밀' 때, 수학은 통하지 않았다. 나중에 베테는 그 난처함을 다음과 같이 설명했다.

양자설로 전자를 바라본다고 하면, 원자가 어떻게 이루어져 있는지 알 수 있고 원자의 에너지준위를 계산할 수 있다. 그리고 양자설로 빛을 바라본다면…… . 문제는 이 두 가지를 합치는 것이었고, 그러려면 특수상대성이론에 주목해야 했다. 모든 것을 먼저 근사치로만 계산하는 경우 이 양자전기역학은 아주 잘 들어맞았다. 하지만 더 정확하게 계산하려고 하면 그 결과는 무한대가 나오는 것이 문제였다. 분명히 그릇된 답이다. …… 그래서 무한대를 없애기 위한 도구를 찾아내야 했다.[44]

베테는 온갖 방법을 다 써 보았지만 실패했다. 하버드대학의 줄리언 슈윙거와 도쿄교육대학의 도모나가 신이치로를 비롯하여 여러 연구자들이 유효해 보이는 계산을 머리가 띵해질 만큼 했다. 그러다가 1949년, 리처드 파인먼은 펜을 들고 계산을 할 때면 늘 그렇듯 손가락으로 책상을 두드리며 그 빌어먹을 것을 그렸다.

닐스 보어의 태양계를 닮은 원자 모형은 교과서마다 수록되었지만, 물리학자들은 오래전부터 그것을 보완해 왔다. 전자는 핵 주위를 파동으로 공전하면서 빛을 방출하는데, 그 방식은 아무도 상상하지 못하는 듯했다. 그러다가 마침내 파인먼 다이어그램이 등장했다. 파인먼은 광자를 구불구불한 선으로, 전자를 화살표로 그렸다. 그는 그 충돌에 차례로 숫자를 붙였다. #1-전자가 광자에 부딪힌다. …… #2-광자가 파생된다. …… 수직의 y축은 시간의 흐름을 나타내므로, 다이어그램 위에 종이를 놓고 위쪽으로 밀면서 애니메이션처럼 빛과 물질의 작용을 관찰할 수 있다. 파인먼 다이어그램은 면밀하게 산출된 확률에 따라 빛과 물질이 충돌한다는 것을 보여 주었다. 그러나 다이어그램은 우주를 도형화했다기보다는 스파게티와 비슷해 보였다. 자연은 이렇게 이상하거나 단순하게 설명될 수 있는 게 아니라고 말한 이도 있었지만, 그려지는 다이어그램들은 광자의 방출과 흡수, 빛의 산란, 분광을 그저 설명하는 게 아니라 여실히 '보여' 주었다.

파인먼은 자신의 다이어그램을 "절반쯤 구상되어 그림으로 표현한 절반의 가시화 작업"[45]으로 치부했다. 하지만 1965년에 공동으로 노벨물리학상을 수상한 뒤, 자신의 밴에 직선과 물결선을 그리고 교수로 몸 담은 캘리포니아공과대학(Caltech)이 위치한 패서디나를 돌아다녔다. 캘리포니아 창작 번호판은 문자 여섯 개만 허용했기 때문에 자동차 번호판을 'QUNTUM'이라고 달았다. 파인먼 다이어그램들은 유치해 보였지만, 한 물리학자는 "구름을 뚫고 나오는 햇빛처럼 완벽하게 이상적"[46]이라고 평가했다. 파인먼 다이어그램을 통해 물리학자들은 맥스웰이나 파인먼 같은 사람이 아니어도 빛이 물질과 어떻게 상호작용하는지 알 수 있었다. 또한 그만큼 이상적인 것이 파인먼의 QED, 다시 말해 "양자전기역학, 빛과 물질의 생소한 이론"[47]이었다. 누구든 QED를 완벽하게 이해하려면 '계산 기계'가 되어야 했다. '확률 진폭',[48] 다시 말해 그 길이와 방향으로 광자의 가능한 경로를 나타낸 작은 화살표를 파인먼이 덧붙였을 때 특히 그랬다.

그러나 QED를 뒷받침하는 수학은 놀랄 만큼 정확했다. 파인먼은 뉴욕에서부터 로스엔젤레스까지 거리를 QED의 정확도로 측정한다면 그 수치는 "사람 머리카락 굵기 정도까지 정확히"[49] 잴 수 있다고 자신했

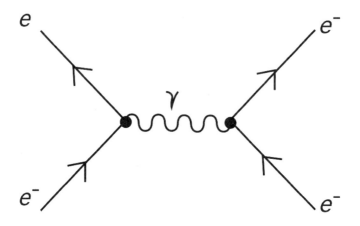

물리학자 리처드 파인먼은 빛이 물질과 어떻게 상호작용하는지를 다이어그램으로 나타냈타. 파인먼 다이어그램은 오늘날에도 양자전기역학의 핵심이다.

다. 설명하지 못한 빛의 신비가 있었을지라도 파인먼은 자랑스러워했다. QED는 '물리학의 보석'[50]이라고 그는 청중에게 말했다. 그것은 빛과 물질의 가장 복잡한 상호작용, 이를테면 유막이 어떻게 무지갯빛을 내는지, 빛이 어떻게 유리에서 반사되면서 또한 통과하기도 하는지 설명할 수 있다고 했다. 하지만 QED가 "설명하는 자연은 상식에서 볼 때 불합리하고……, 그러니 나는 여러분이 자연을 있는 그대로 불합리한 것으로 받아들이기를 바랍니다"[51]라고 파인먼은 시인했다.

QED는 이해되기까지 한 세대가 지나야 했는데, 더 많은 물리학자들이 수학을 보완하고 빛의 기이한 행동을 더 밝혀낸 덕분이었다. 그러나 레이저가 모든 광학 연구실에 설치되자, 상대성이론과 양자이론을 혼합한 파인먼의 이론은 빛이 어떻게 움직이는지 정확하게 설명했다. 물론 정확히 설명할 수 없는 경우는 빼고 말이다. 토머스 영의 이중 슬릿 실험에서 양자가 준 혼란을 생각해 보자. 두 개의 슬릿을 통과하도록 광선을 쏘면 줄무늬, 다시 말해 익숙한 간섭무늬가 나타난다. 하지만 광자 하나씩 슬릿을 통과하도록 해도 여전히 간섭무늬가 나타나, 마치 각 광자가 완전한 파동인 듯하다. 광자는 어떤 슬릿을 선택하겠다고 어떻게 "결정하는"[52] 것인가? 파인먼은 의문을 던졌다. 하나의 광자는 왜 다른 광자에 간섭하는 것인가? 더더욱 '터무니없는' 일이 일어나는 때는 각 광자의 경로를 탐색하기 위해 각 슬릿에 탐지기를 설치하는 경우이다. 그러면 간섭무늬는 완전히 사라지고 화면에는 광자들이 무리지어 있는 모습이 남는다. 빛은 '감시당하는' 게 불쾌한 것인가? 능청스럽게 싱긋 웃으며 파인먼은 기다렸다는 듯 답했다. "되도록이면 '하지만 어떻게 그럴 수 있지?'라고 끊임없이 자문하지 마십시오. 어떻게 그럴 수 있는지는 아무도 모르니까요."[53]

1970년대 중반, QED가 '양자광학'의 암반이 되자 빛의 새로운 분야가 탄생했다. 광자학은 물리학의 한 분야로서 테크놀로지, 특히 통신에서 광자의 사용을 연구한다. 광자학 공학자들은 모든 주파수의 빛을 증폭시키는 자유전자 레이저부터, 매우 작아서 호주머니에 쏙 들어가고 무척 저렴해서 대량생산이 가능해져 CD와 DVD, 동네 슈퍼마켓의 바코드를 읽을 수 있는 레이저다이오드에 이르기까지 최신 레이저를 개발했다. 양자광학이 변칙적인 '노이즈'를 감소시키면서, 광자는 나날이 더욱 긴 '빛의 관,'[54] 다른 말로 광섬유 케이블 속을 지나갔다. 뉴턴의 《광학》이나 프레넬 적분보다 훨씬 복잡하지만, 광학은 대학원 물리학 과정의 성배가 되었다. 빛을 연구한다는 즐거움에다가 점점 올라가는 월급이 더해졌다. 레이저 시장에서 천문학적인 돈을 벌어들이는 기업들이 전 세계 곳곳의 인재들을 끌어당겼다. 그들은 빛의 최초의 연구자들이 만들어 낸 것만큼 두꺼운 용어집과 마주했다.

전형적인 양자광학 교과서에는 '입문'이라는 부제가 달려 있다. 하지만 책을 펼치면 에우클레이데스부터 맥스웰까지 '고전 광학'[55]을 정신 없이 훑고 지난 뒤, 2장부터 바로 방정식이 시작된다. 뒤이어 이 멋지고 새로운 빛이 적분과 행렬과 함께 펼쳐지는데 수식이 글자보다 많다. 양자를 더 깊이 파고들수록, 광자 반뭉침, 높은 수준의 광자 결맞음, 영점 에너지, 혼돈광, 압축광, 탄성광과 비탄성광, 양자 위상 게이트, …… 빛의 불가사의한 면들이 펼쳐진다. 양자광학 연구실은 초고감도 광전자 증배관, 광융착 접속기, 광다이오드 증폭기, 여러 기체로 발생시킨 빛을 증폭시키는 레이저 같은 최첨단 장비를 필요로 한다.

양자광학은 영문자와도 밀접해졌다. 토머스 에디슨은 자신의 동그란 햇빛을, '탄소 기반 필라멘트 백열전구'(Incandescent Bulb with Carbon-Based Filament)의 줄임말인 'IB-CBF'라는 식으로 일컫지 않았다. 그랬으면 보통 사람들은 질려서 다시 가스등을 밝혔을 것이다. 단순한 CD(콤팩트디스크)가 CD-ROM(읽기용 콤팩트디스크 기억장치)을 낳았다. DVD(디지털 비디오디스크)는 듣기에 거슬리지 않았고, 뒤이어 라이더(레이저 레이더), CCD(망원경에 사용되는 전하결합소자), 그리고 라식(레이저 각막 절삭가공 성형술)이라는 안과 교정술이 등장했다. 이런 것들은 상업적 제품에 사용된 약어일 뿐이었다. 양자광학 연구자들은 BPP(레이저빔 품질), FROG(주파수 분해 광 게이팅), DBR(분산 브래그 반사기), REMPI(공명 증진 다광자 이온화), 그리고 GRENOUILLE(초단 펄스 측정 기술) 같은 용어도 알아야 했다. 웹스터 사전 뺨칠 노릇이었다.

양자광학에 의해 증폭된 빛이 빚어낸 20세기 말의 기적은 '레이저 냉각'[56]으로 시작되었다. 빛을 원자에 쏘아 속도가 줄게 하는 과정에서 어떤 것이든 도달할 수 있는 가장 낮은 온도인 절대 0도에 가까워지는 방법이다. 레이저는 족집게 같은 기능도 있어 각을 이룬 빔으로 낱개의 원자를 '붙든다.' 산업계에서 레이저는 부식물을 제거하고, 어떤 불꽃보다도 뛰어나게 용접하며, 나노미터 수준의 정확성으로 마이크로칩을 식각하여 하나의 칩에 수십억 개의 트랜지스터가 들어갈 수 있다. 의료계에서 레이저는 정밀 수술을 가능케 하고 암세포를 제거한다. 또한 사람의 피부를 세밀하게 다루며 문신을 새기거나 원하지 않는 체모를 제거하기도 한다. 레이저 스캐너는 건물과 교각의 3차원 영상을 창출해 내므로 컴퓨터 화면에서 회전시켜 볼 수 있다. 그리고 여전히 아르키메데스의 꿈은 이어진다. 1983년 이후 펜타곤은 로널드 레이건 대통령의 공상적 전망을 따라 우주기지에서 레이저 무기를 발사하여 날아오는 미사일을 격추하고자 했다! 30년 동안 1,500억 달러를 쏟아 부은 시점에서, 늘 그렇듯 머지않아 어느 정도 실현되리라 전망된다.

21세기의 여명기에 빛은 이미 성숙해 있었다. 보라색 긴 겉옷을 걸친 고대 그리스 기인들의 호기심은 수수께끼와 끝없는 혁신으로 가득한 광대한 연구 분야에서 흐드러지게 만발했다. 빛은 맥스웰이 발견한 것처럼 변함없이 순전히 에너지였지만, 그 에너지는 더 이상 전자기에너지로만 머물지 않았다. 빛은 천문학적인 시장에 에너지를 공급하고 무수한 박사와 박사후 연구자들을 쏟아냈다. 빛은 모든 휴대용 기기에서 새어 나오고 레이저 조명은 환한 경기장에서 춤을 추었다. 지구에서 볼 때, 빛은 밤하늘을 탈색시켰다. 우주에서 볼 때, 그 '로르샤흐 잉크 얼룩'(스위스의 정신의학자 로르샤흐는 잉크 압화 검사를 고안했다 ─ 옮긴이) 같은 노란 반점들은 부자 나라와 가난한 나라, 시골과 도시의 범위를 또렷하게 드러냈다. 빛이 무엇을 할 수 있는지, 무엇을 약속할 수 있는지, 우리를 어디로 데려갈 것인지는 한계가 없는 것 같았다.

처음에 빛은 신이거나 신의 사자였다. 모든 새벽은 신화와 숭배, 제의와 노래에 영감을 주었다. 우리는 고개를 들어 빛을 보고 그 현존에 두려움을 잊었다. 시간이 흘렀다. 누구는 거울로 빛을 포획하고, 빛줄기를 그림으로 그리고, 결정체에 투과시키고, 렌즈로 모았다. 또 누구는 빛을 은유 속에 담고, 화폭에 재현했다. 누구도 그 속도를 상상할 수 없었고, 모두가 그 아름다움에 탄복했다. 그러나 양자의 세기인 20세기 말, 그 모든 찬미와 그 모든 탐구는 너무도 순진하고 너무도 오래전의 것인 듯 보였다. 해와 달은 여전히 가던 길을 갔고 별은 여전히 반짝였으나, 빛은 인간의 통제를 받게 되었다. 물리학자는 빛을 이용하여 태양처럼 핵융합을 만들어 내는 것에 관해 말했다. 빛은 차세대 컴퓨터의 동력이 되고, 그 회로에 흐르는 것은 전자가 아닌 광자가 될 것이라고 어떤 이는 말했다. 아이슈타인이 "일정한 거리를 두고 일어나는 신묘한 모습"이라고 표현한 빛의 얽힘을 이용하여 물질을 수송하게 된다는 사람도 있었다. 〈스타트렉〉의 대사 "나를 전송해 줘, 스카티"가 실현되는 것이다. 하지만 연구실과 강의실에서 멀리 떨어진 곳에서는, 가시지 않는 의문이 여전히 타올랐다.

빛은 무엇인가? 빛에 매혹된 세월이 약 4천 년이나 흘렀지만, 그 답은 양자 파동-입자 실험에서처럼 기대만큼이나 다양하다. 화가에게 빛은 그림자 제작자이고 재능의 엄격한 시험대이다. 독실한 신자에게 빛은 변함없이 신의 것이지만, 죽어 가는 이에게는 천국으로 들어가는 문으로 보일 수 있다. 물리학자에게 빛은 하나는 전기, 다른 하나는 자기인 파동이 얽혀 함께 별처럼 빛을 내는 신기한 밧줄 묘기이다. 그리고 광자학 엔지니어와 그들이 생산한 경이로운 일상 용품을 사용하는 모

든 이에게, 빛은 치료하고, 태우고, 측정하고, 식각하고, 판독하고, 노래
하는……… 모든 도구 가운데 가장 효과적이고 정밀한 도구이다.

호기심과 경외감이 솟아나는 4천 년의 세월이 경과한 오늘, 빛은 처
음 모습 그대로 여전히 우주의 마법사이다.

에필로그

너희는 다 빛의 자녀요 낮의 자녀라.
우리가 밤이나 어둠에 속하지 아니하나니.
— 데살로니가전서 5:5

눈부신 햇살에 잠에서 깨어 실눈을 뜬다. 시계의 LED 화면이 7:01이라고 시간을 알려 준다. 옷을 입고 일종의 메이저(maser)를 사용하여, 그러니까 전자레인지로 커피 끓일 물을 서둘러 데운다. CD 플레이어의 레이저다이오드는 콤팩트디스크의 작은 요철들을 판독하여 아침 음악을 들려준다. 잉글리시 머핀을 우걱우걱 씹으며, 편광판을 거친 빛의 화소가 나타내는 노트북 화면으로 신문을 읽는다. 전자레인지의 LED가 8:00를 나타내면, 스마트폰의 밝은 화면에서 오늘의 일정을 확인한다. 또 다른 CD를 튼 채 차를 몰고 출근하는 동안, 자동차는 자동감응식 순항제어 방식을 이용하여 레이저가 판독한 교통상황에 따라 속도를 조절한다.

일터에 도착하여 컴퓨터를 켜면 불빛이 들어온다. 데스크톱 화면에서는 광섬유 필라멘트를 통해 빛을 내는 월드와이드웹이 온 세상의 소식을 전한다. 또 다른 레이저다이오드는 컴퓨터 마우스의 모든 움직임을 추적한다. 모든 문서는 레이저프린터로 출력한다. 조금 뒤 3볼트짜리 레이저포인터를 손에 쥐고 팀원들에게 보고할 때, 빨간 빛 점은 빛의 화면에 나타난 표 위에서 종횡무진한다. 퇴근길에 장을 보면, 각 품목의 가격을 레이저가 바코드에서 확인한다. 결제는 무지갯빛 홀로그램이 부착된 신용카드로 한다. 집에 돌아오면, 노트북과 CD, DVD 플레이어가 모두 빛의 향연을 펼친다. 디지털시계로 밤이 이슥했음을 확인하고 침대 옆의 소형 전등을 끈다. 선조들을 매혹시켰던 별들은 여전히 밤하늘에서 운행하고 있을 테지만, 밤을 밝히는 불빛들 탓에 점점 희미해진다.

빛은 영원하므로 빛에는 끝이 없다. 광자는 다른 아원자 입자들과는 달리 질량이 없기에 부패하지 않는다. 신이 만들었든 무심한 우주가 만들었든, 천지창조 최초의 광자들은 여전히 우주 어딘가에 존재한다. (억겁의 세월에 걸쳐 식은 최초의 광자들은 빅뱅의 잔재인 우주배경복사의 일부이다.) 빛에 대한 숭배 역시 언제까지나 이어지리라. 과학은 빛을 낱낱이 파헤쳐 왔지만, 빛의 숭배자들은 여전히 하지와 동지의 일출을 보러 여름이면 스톤헨지에, 겨울이면 아일랜드 뉴그레인지에 모여든다. 아이들이 렌즈와 거울로 놀이를 하는 교실에서, 희박한 공기 속을 레이저 광선이 실처럼 지나가는 광학 실험실에서, 빛은 매력을 잃지 않는다. 입자이자 파동일 뿐 아니라 신비와 기적을 행하는 주인공이라는 이 이중성 덕분에 빛은 21세기에도 여전히 매혹하는 빛. 틈입하는 빛. 놀라운 빛. 영원 불변의 빛의 네 현신을 드러낸다.

매혹하는 빛[1]

해마다 가을이면 동남아시아 미얀마의 하늘은 며칠 밤 동안 불이 붙는다. 불이 시작되는 벌판에서는 거대한 열기구 밑으로 고리에서 불꽃이 타오르고 있다. 수많은 이들이 환호성을 지르는 동안, 뜨거워진 공기로 둥글게 부풀어 오른 열기구에 그려진 깃발, 얼굴, 소용돌이무늬가 환해진다. 한껏 부푼 지름 15미터의 열기구들이 어둠 속으로 유유히 떠오른다. 횃불과 불꽃놀이 소음이 밤을 울리면, "스스로 빛을 내고 허공을 자유로이 떠돌며 장엄한" 최초의 존재들이 '빛의 세계'를 이루었다는 불교의 창조 이야기가 떠오른다. 하지만 부처는 지상에서 반짝일 빛, 다시 말해 솟아오르는 열기구를 화면마다 담고 있는, 높이 치켜든 수많은 스마트폰의 반짝임을 미처 내다보지 못했다.

백열광 초기 시대를 알렸던 떠들썩한 빛의 잔치들과 마찬가지로, 오늘날 세계 곳곳에서 빛의 축제가 성대하게 열리고 있다. 미얀마의 타자웅다잉 페스티벌을 포함하여 가장 오래된 축제들은 그 뿌리가 종교에 닿아 있다. 동남아시아 곳곳에서 10월의 닷새 동안은 촛불, 등불, 불꽃놀이가 밤을 밝힌다. 갠지스강 위로 떠오르는 일출의 광휘와 겨루기라도 하듯, 힌두교 빛의 축제인 디왈리 때는 고색창연한 사원이 환히 빛나고 무수한 촛불이 켜진다. 디왈리에서 빛은 밝음 이상을 의미하는데, 《타임스 오브 인디아》는 "그 어떤 신화적 설명을 갖다 붙이든, 오늘날 빛의 축제가 표상하는 바는 희망의 재확인이다"[2]라고 말한다. 이와 비슷한 행사들이 겨울이 가까워지면서 치러지는데, 그 하나가 유대인이 기념하는 하누카이다. 그들은 촛대인 메노라에 불을 켜고, 하룻밤을 밝힐 만큼의 등유가 8일 밤을 밝혔던 기적을 되새긴다. 그러나 최근의 축제들은 촛불과 등불에 그치지 않는다.

베를린의 브란덴부르크 문이 어느 밤 보랏빛 기둥들로 빛나고, 이튿날 밤 찬란한 장미로 빛난다고 상상해 보라. 오렌지 빛을 내는 나무들이 서 있는 주차장을 마음에 그려 보라. 파스텔 꽃무늬가 빛나는 성당의 둥근 돔을 떠올려 보라. 또한 천천히 걸어가는 거리에는 반짝이는 조형물, 조명을 밝힌 천막, 무지갯빛 기둥들이 즐비하다. 2004년 이후 연례행사인 베를린 빛 축제로 10월의 열흘 동안 백만 명의 인파가 활기 넘치는 독일 수도로 모여든다. 최근의 축제를 보도한 《런던 타임스》는 "매혹적인 빛의 도시…… 다소 몽롱한 빛깔의 바다"[3]라고 묘사했다.

뒤처지지 않겠다는 듯 오늘날 암스테르담은 연례행사로 빛의 축제를 연다. 12월의 두 주 동안 관광객과 주민들은 운하용 보트를 타고 지나가며, 빛을 내는 조형물과 조명을 받는 돛을 구경한다. 내가 렘브란트의 집을 방문했던 해에는 도시의 홍등가에 빛을 내며 떠 있는 하얀 침대를 볼 수 있었다. 더 화려하지만 드문드문 열리는 행사는 헨트의 빛 축제이다. 3년마다 한 번씩, 가장 최근에는 2015년에 축제를 연 벨기에의 오래된 도시 헨트는 건물 전면에 현란한 빛깔의 레이저를 쏘아 마치 동화처럼 변모한다. 빛의 헨트 성당은 도시의 한 구획을 보석처럼 빛나는 본당으로 변모시키니, 쉬제 수도원장조차 무릎을 꿇을 것만 같다. 유럽에서 가장 오래된 빛 축제인 리옹 빛 축제는 거룩한 촛불에서부터 야수파 색채의 레이저 조명으로 진화해 왔다. 홍콩 빛의 교향곡 축제 때 도시의 스카이라인은 정말로 듣기 괴로운 음악의 비트에 맞춰 움직이는 광선들 덕분에 거대한 디스코텍으로 변한다. 미국은 이제야 겨우 따라잡기 시작했다. 추수감사절 때면 시카고는 미러클마일 상가 지역에 백만 개의 빛을 밝힌다. 로드아일랜드의 프로비던스는 훨씬 원시적인 빛 축제를 연다. 여름철 격주 토요일 밤마다 사람들이 프로비던스 강가에 줄지어 앉아 수상 모닥불을 구경한다. 모닥불이 피어오르는 쇠화로가 작은 바지선에 실려 물에 줄지어 떠 있다. 그리고 물론 매일 밤 타임스퀘어와 라스베이거스 스트립에서도 빛의 축제가 열린다고 말할 수 있다.

그러나 매혹의 빛은 축제에만 그치는 게 아니다. 21세기는 레이저 빛이 밝힐 수도 있지만, 미래의 빛은 LED, 다시 말해 발광다이오드이다. 1960년대에 발명된 LED는 닐스 보어의 원자 모델로부터 생성된 빛이다. 들뜬 광자가 전구의 전극 사이를 도약하는 것이다. 최초의 LED는 빨간색이었고 뒤이어 초록색이 나왔다. 다른 원색과 결합되어 백색광을 만들 수 있는, 고에너지파인 파란색 LED를 개발하기까지는 수십 년이 더 걸렸다. 마침내 1994년 일본의 물리학자 두 명과 미국의 한 학자가 인듐 갈륨 질화물(indium gallium nitride)로 파란 빛을 만들어 냈다. 그 뒤 발광다이오드는 세상이 학수고대해 온 인공조명이 되었다. 열을 거의 내지 않기 때문에 LED는 에너지를 백열전구의 20분의 1밖에 소모하지 않는다. 모든 전력의 거의 20퍼센트가 빛 생산에 사용되는 세계에서, LED는 희망을 자신의 브랜드처럼 내보인다. 아프리카 여러 마을에서 태양열발전을 이용한 LED가 이미 연기를 피우는 석유등을 대체하고 있다. 2014년 노벨물리학상은 파란색 LED를 만들어 낸 세 발명가에게 돌아갔다. 노벨위원회는 "전 세계에서 전기 시설을 사용하지 못하는 15억 명이 넘는 이들에게 삶의 질이 향상되리라는 희망찬 전망을 준다"[4]고 밝혔다. 유엔은 2015년을 빛과 빛 관련 새로운 기술의 해(IYL2015)로 선포함으로써 경의를 표했다.

미국 에너지부는 2030년 즈음이면 전체 조명 매출의 4분의 3을 LED가 차지할 것으로 내다본다. 하지만 그때까지 기다릴 필요가 있는가? LED 샹들리에, LED 초, 등, 손전등, 열쇠고리, 접착식 테이프, 일곱 빛깔 LED 샤워헤드, LED 투광조명등, 거실 스탠드, 헤드램프, 독서등, 빛깔이 현란하게 변하는 육면체 무드등……. 우리는 이미 살 수 있다. 어디 가나 LED가 있는 세상이니, LED 손전등을 들고 숲을 배회하는 곰을 봐도 별로 놀랍지 않을 정도이다. 우리 집 부엌에 달린 10와트짜리 전구는 정말로 경이롭다. 돌려 끼우게 되어 있는 전구 안에 LED들이 원 모양으로 배열된 것으로, 소형 형광등만큼 밝은 빛을 내지만 에너지는 겨우 4분의 1만 소모하고 유해한 수은이 전혀 들어 있지 않다. 값은 6.99달러이지만 제조회사의 설명대로라면 22년 동안 쓸 수 있다니 아마도 내가 사는 부엌 전구로는 이게 마지막 전구일 성싶다.

더 싸고 더 밝으며 흔하디흔한 LED는 지난날 해넘이와 함께 두려움에 떨었던 세계를, 어둠을 쉽게 정복하는 세계로 바꾸어 놓고 있다. 의문을 품기 위해 꼭 낭만파 시인이 되어야 하는 건 아니다. 워즈워스의 말을 바꾸어 묻는다면, 우리는 이제 빛에 "너무 파묻혀 사는 것인가?" (원문은 "too much with us now?"로 워즈워스의 시 〈세상의 때에 파묻힌 삶〉(The World Is Too Much with Us)에서 따온 것이다—옮긴이)

틈입하는 빛

1994년 1월 16일 해돋이 90분 전, 캘리포니아 노스리지 땅 밑이 우르르 울렸다. 몇 초가 지났을까, 남부 캘리포니아의 아침은 끝없는 악몽으로 곧장 치달았다. 잠자던 이들은 침대에서 내던져졌다. 액자와 선반이 바닥에 떨어져 산산조각이 났다. 벽이 쩍 갈라지고, 보도가 꺼지고 솟았으며, 가로등이 깜빡거리다가 꺼졌다. 잠옷이나 재킷을 여며 쥔 사람들이 아이들을 꼭 붙들고 이 교외 도시의 길거리로 달려 나왔다. 칠흑 같은 어둠 속에서 가족끼리 붙어 서서 눈물을 흘리며 덜덜 떨었다. 어떤 이들은 고개를 들어 하늘을 쳐다보았다.

땅이 울렁거리다가 잠잠해졌을 때, 고요 속에 별들이 반짝였다. "아이들을 데리고 밖으로 달려 나오니 이웃 모두가 길에 서서 하늘을 보며 '와!' 하고 감탄하더군요"[5] 하고 한 여성은 떠올렸다. 아침나절에 로스엔젤레스 그리피스 천문대의 천문학자들은 울려 대는 전화를 쉴 없이 받았다. "하늘이 이상"[6]하던데 무슨 일이었나요? 지진 때문에 하늘이 이상해진 건가요? "우리는 결국 어찌 된 일인지 알아챘습니다" 하고 천문학자 에드 크루프는 《LA 타임스》 기자에게 답했다. "지진 탓에 전력 대부분이 끊겼고, 밖으로 달려 나온 이들은 별을 본 것입니다. 하늘에 박힌 무수한 별빛이 너무 낯설었기에 무슨 일이 생겼느냐고 전화를 건 것이었죠."[7]

캠핑을 가서 별빛이 흩뿌려진 하늘을 홀린 듯 바라보고 집에 돌아온 이는 빛바랜 반구의 하늘을 보며 문제가 뭔지 알게 된다. 지난날 어둠이 지배했던 곳에 빛이 너무 많은 것이다. 한때 도시의 골칫거리였던 빛공해는 이제 가장 외딴 지역을 제외한 모든 곳에서 하늘의 어둠을 바랜다. 2001년 "인공적인 밤하늘 밝기 세계지도"를 제작한 이들은 "전 지구적인 규모"[8]로 어둠이 바래졌음을 확인했다. 자정 무렵에도 세계 인구의 3분의 2는 고작해야 여남은 개의 별빛을 볼 수 있다. "인류는 스스로 야광 안개에 덮여 가고 있다"[9]고 보고서는 결론지었다.

이 시대 바로 여기서, 셰익스피어가 "밤의 양초"[10]라 일컬었던 별빛은 우리 눈앞에서 어슴푸레해지고 있다. 도시, 교외, 소도시를 가리지 않고 쇼핑센터가 빛을 뿜는다. 주유소 불빛 또한 환하기만 해서 주유하는 동안 글을 읽을 수 있을 정도다. 네온이나 형광등으로 밝힌 간판들은 마치 라스베이거스 스트립과 겨뤄 보겠다는 듯하다. 교외의 주택가에서 투광조명등으로 멋을 낸 집들은 바다에 뜬 선박보다도 밝게 빛난다. 틈입하는 빛에 기가 눌린 어둑어둑한 괴물은 슬금슬금 자취를 감추고,

사진 합성을 통해 블랙아웃된 샌프란시스코의 밤하늘을 표현한 티어리 코언(Thierry Cohen)의 작품

인류가 본능적으로 느끼는 우주와의 연결은 거의 사라진다. 천문학자와 점성술사는 거의 남아 있지 않은 컴컴한 지역으로 모여들고, 평범한 도시 거주자들은 실내에 머물고, 까맣기보다 희붐한 밤은 결코 깊어지는 법이 없다.

하지만 밤에 매혹된 이들이 반격하고 있다. 1988년부터 국제밤하늘협회(IDSA, International Dark Sky Association)는 빛 공해 해법을 모색해 왔다. 투손, 피닉스, 그리고 콜로라도의 거의 모든 소도시를 포함하여, 미국에서 16개 주와 몇몇 도시는 '밤하늘' 규제를 채택했다. 이는 옥외광고물의 광속(光束)을 규제하고 "빛 폭탄,"[11] 다시 말해 사방으로 빛을 발산하는 가로등을 제한한다. 영국의 밤하늘지킴이(Campaign for Dark Skies)와 이탈리아의 치엘로부이오(CieloBuio, '깜깜한 하늘')는 비슷한 전투를 치르고 있다. 천문학이 제법 흔한 취미 활동으로 이루어지

우주에서 바라본 지구의 밤 풍경. 과도한 인공조명은 도시와 시골 지역을 적나라하게 드러낸다.

는 지역에서 주민들은 스스로 소등을 한다. 남부 이란의 도시 사다트샤르는 '천문 마을'이라는 별명을 지니고 있는데, 주기적으로 가로등 빛을 줄여 '별 잔치'[12]를 연다. 2001년에 애리조나 주 플래그스태프는 최초로 '국제 밤하늘 마을'(International Dark Sky Town)이 되었다. 국제밤하늘협회는 엄격한 조명 규제와 밤하늘을 볼 수 있는 밤을 확산시키기 위해 플래그스태프 밤하늘연합을 선정했다. 이후 다른 단체 수십 곳이 국제밤하늘협회에 가입했고, 해마다 4월 국제밤하늘 주간 덕분에 더 많은 단체가 가입할 것이다.

그러나 밤하늘을 위한 싸움은 시작일 뿐이다. 미래의 빛인 LED가 이 운동을 도와주지 않는다는 사실에 밤하늘을 사랑하는 이들은 경악할 뿐이다. LED가 일반 가로등을 대체하면서 전기는 절약하지만 환한 빛은 증가한다. 보통 사람들은 알아채기 힘들더라도 천문학자는 안다. 예전의 노란 가로등 불빛은 망원경으로 걸러질 수 있지만, 백색 LED가 방출하는 고에너지의 파란색 파장은 걸러내기가 더 어렵다. 또한 파란 빛은 다른 주파수보다 훨씬 넓게 산란하기 때문에, 하늘이 대체로 파란색을 띠는 이유이기도 하다. 청색광은 "끔찍한 스펙트럼"[13]이라고 하와이대학교의 천문학자 리처드 웨인스코트는 말했다. 뛰어난 비용 대비 효율 덕분에 도시는 LED 가로등을 세우고 있고 천문학자들의 근심은 깊어진다. "청색광은 정말 억제되어야 한다. 그렇지 않으면 앞으로 밤 풍경은 사라질 것이다"[14]라고 웨인스코트는 과학 잡지 《애스트로노미》(Astronomy)에서 밝혔다.

밤을 더욱 쉴 틈 없이 위협하게 된 건 우리가 본능적으로 빛을 사랑하기 때문이다. 우리는 환한 빛 속에서 더 흡족하고 안전한 느낌을 갖는다. 뉴멕시코 주의 샌디아 국립연구소 연구자들의 연구에 따르면, 조명비가 낮아지더라도 거기서 생긴 여윳돈은 조명을 더 사들이는 데 쓰이곤 한다. "본질적으로 100퍼센트 에너지 소비에 환원된다."[15] 그 위안과 아름다움에 이끌리는 우리는 여전히 빛을 사랑하고 여전히 어둠을 싫어한다.

우리는 땅거미가 지고 '칠흑 같은 어둠'이 세상을 뒤덮는 온전한 밤으로 결코 돌아가지 못할 것이다. 그러자는 것도 아니다. 하지만 빛을 정복하면서, 우리는 밤하늘이 사라져 가는 걸 입 다물고 지켜보기만 할 것인가? 그러나 별이 인간의 의식과 무관한 것이 된다면, 어떤 빛이 경외감을 불러일으킬 것인가?

놀라운 빛

방해석에 의해 갈라지고 자서에 의해 회선한다. 태양보다 더 밝게 증폭된다. 결정체에서 산란되고 달에서 반사된다. 우리가 빛으로 할 수 없는 일은 없는 것 같았지만, 빛을 멈추는 일은 예외일까. 그리고 2001년 하버드대학 물리학자들은 레이저를 쏘아 과냉각된 '보스아인슈타인 응축'(BEC, Bose Einstein condensate, 과냉각 상태에서 대부분의 원자가 단일 상태나 초원자로 합쳐지는 현상—옮긴이)을 실현했다. 아인슈타인과 사티엔드라 보스가 1925년에 예측했으나 70년이 지나서야 만들어진 BEC는 믿기 힘들 만큼 밀도가 높고 믿기 힘들 만큼 불투명한 아원자 입자이다. 빛의 속도를 줄이거나 더 나아가 빛을 멈추기 위해서, 덴마크 물리학자 린 베스터가드 하우와 그녀의 팀은 레이저를 쏘아 보스아인슈타인 응축 기체를 뚫고 들어가게 한 뒤, 다시 레이저를 쏘아 뚫고 나오게 했다. 무슨 말이냐. 빛은 반사되지도 구부러지지도 않았다. 빛은 자그마한 기체 매질 속에서 '멈춘' 것이다. '느린 빛'[16]이라 일컬어지는 이 기적은 빛이 광섬유 케이블 속에서 이동하는 거리를 늘릴 수 있음을 예고한다. 그러나 애리조나주립대 물리학자 토머스 밀처는 느린 빛이 의미하는 건 "당신이 빛을 갖고 할 수 있다고 상상하는 일이 실제로 일어날 수 있다"[17]는 뜻이라고 내게 말했다.

빛을 이용해서 우울증을 치료한다고 상상해 보라. 오랫동안 계절성 우울증은 에밀리 디킨슨이 익히 알고 있었던 우울감을 가리켜 왔다.

겨울 오후,
대성당의 선율처럼 짓누르는

기울어 가는 빛[18]

겨울의 창백한 빛이 우울증을 촉발시키면, 다양한 '라이트박스'가 계절성 우울증 치료기로 팔린다. 연구에 따르면 매일 아침 15분만 밝은 빛을 쪼이며 앉아 있는 것만으로도 만성 우울증 환자들의 우울감을 덜어 내는 데 도움이 된다. 한때 사이비과학으로 치부되었던 광선요법은 오늘날 우울증은 물론 시차증, 수면장애, 치매에도 처방된다. 메이오클리닉(Mayo Clinic, 미국 미네소타 주의 종합병원—옮긴이)은 광선요법을 "계절성 우울증에 입증된 치료법"[19]이라고 홍보해 왔다.

그러나 라이트박스는 광유전학에 비하면 별 볼일 없는 기적처럼 보인다. 2011년, 스탠퍼드대학 연구자들은 빛을 이용해서 불안해하는 생쥐를 진정시켰다. 먼저 칼 다이서로스 박사와 연구팀은 광자를 흡수하고 시신경을 작동시키는 옵신이라는 망막 단백질을 각 생쥐의 편도체에 삽입했다. 그리고 연구자들은 파란 빛을 쪼여 불안한 뉴런을 잠재웠다. 불안해하던 생쥐들은 포식자가 나타날지도 모르는 트인 공간에서도 안정된 모습을 보였다. "생쥐들은 편안히 있었습니다"[20] 하고 다이서로스 박사는 말했다. 생쥐들을 진정시킨 이후, 광유전학은 신경과학을 변화시키고 있다. 빛 펄스가 편도체를 자극할 수 있다면, 일반적으로 관입식 전기 탐침에 의해 자극되는 다른 기능들도 빛으로 활성화될 수 있지 않을까? 광유전학은 여전히 배양 단계이지만, 미국 국립보건원은 이 분야를 "지난 20년간 신경과학에서 일어난 가장 혁명적인 일"[21]로 여긴다.

1펨토초, 다시 말해 1천조분의 1초 동안만 지속되는 레이저 광선을 상상해 보라. 그 유도방출이 태양 중심부 밀도의 세 배쯤 되는 압력을 낳는다고 상상해 보라. 버클리에 있는 로렌스리버모어연구소의 국립레이저핵융합시설에 그런 레이저가 이미 존재한다. 2014년 국립레이저핵융합시설 과학자들은 '핵융합'을 달성했다. 한마디로 태양에서처럼 융합을 통해 에너지를 생산해 낸 것이다. 세계에서 가장 출력이 높은 레이저가 수소 원자를 가열, 압축하여 헬륨으로 만들며, 핵융합 재료 뭉치에 가해진 것보다 많은 에너지를 방출했다. 아직 발생 단계이고 레이저 자체의 출력을 높이기 위해 어마어마한 에너지가 필요했지만, 이 최초의 핵융합은 빛에 관해 품을 수 있는 가장 큰 꿈을 부채질했다. "이 핵융합 반응을 이용할 수만 있다면, 인류에게 무한하고 지속 가능한 에너지가 생기는 것입니다"[22] 하고 국립레이저핵융합시설의 실무진 과학자인 태미 마는 말했다.

눈에 보이지 않는 것을 상상해 보라. 빛이 사물을 감싸고 돌아갈 수 있다면, 그 사물은 눈에 보이지 않게 된다. 해리 포터의 투명 망토가 떠오르겠지만, 눈에 보이지 않는 것은 더 이상 마술이나 묘기에 머물지 않는다. 2006년, 듀크대학 과학자들은 작은 세라믹 칩에 초미세 회로를 장착하고, 그 전자기장으로써 다가오는 마이크로파를 휘게 했다. 메이저에서 레이저로 진화함에 따라, 그와 같은 '메타 물질'로써 광파의 방향을 변환시키기 위한 노력은 계속되었다. 미래는 또다시 성큼 다가왔다. 2008년 즈음, 캘리포니아대학(버클리)의 과학자들이 개발한 합성 물질은 어망 같은 짜임새였는데 그물코가 빨간 빛의 파장보다 훨씬 촘촘했다. 어떤 파장은 이 물질을 감싸고 돌아가고, 어떤 파장은 이 물질을 관통했다. 메타 물질은 오늘날 광학에서 가장 인기 있는 분야 가운데 하나이다. 해리 포터의 투명 망토를 개발하기까지 수십 년이 더 걸리겠지만, 메타 물질 덕분에 꿈은 현실로……

빛으로 작동되는 회로를 갖춘 컴퓨터를 상상해 보라. 2010년에 IBM

의 광공학 엔지니어들은 광자를 전자로 변환시키고 하전입자를 이용하여 데이터를 처리하는 반도체 칩을 개발했다. 4년 뒤 두 명의 독일 과학자는 예전처럼 전하를 띤 전자가 아니라 단일 광자로 트랜지스터를 작동시켰다. 최근 형성되고 있는 실리콘 나노광자학(silicon nanophotonics)이라는 분야가 데스크톱과 노트북컴퓨터를 대체하지는 못하겠지만, 전기보다 발열이 적고 더 빠르며 훨씬 효율적인 광컴퓨터의 장점은 구리 전화선을 압도하는 광섬유의 발전에 필적한다. 사람들은 곧 산업과 의료 분야의 슈퍼컴퓨터가 광컴퓨터로 바뀌기 시작할 것으로 내다본다. 한 물리학자는 광트랜지스터에 관해 "나는 모든 걸 다 안다고 생각했습니다. 그런데 그 실험을 하기 위해 두뇌를 혹사시켜야 했죠"[23] 하고 말했다. 나 또한 마찬가지다.

빛이 할 수 있는 모든 일을 상상하느라 두뇌를 혹사한 나는 투손의 애리조나주립대학 광학대학에 방문하기로 마음먹었다. 거기 가면 깨진 안경을 고칠 수 있느냐고 묻는 지역 주민들의 전화를 여전히 받는 이곳은 미국 최고의 광학 연구기관 가운데 한 곳이다. 미래를 만들어 내느라 바쁜 학교는 내게 대학원생 데일 캐러스와 R. 도슨 베이커를 안내자로 붙여 주었다. 붉은 수염을 기른 캐러스와 텍사스 신사다운 베이커가 광학을 선택한 이유는 흥미와 전망, 두 마리 토끼를 다 잡으려는 의도였다. 이 대학에는 이 둘 말고도 여러 나라에서 온 남학생과 여학생 300여 명이 공부하고 있다.

선인장과 사막의 하늘이 보이는 반짝이는 유리 건물에 위치한 광학대학은 고대 그리스와 중국에서부터 시작된 학문을 발전시키고 있다. 교수들이 종종거리며 회의실을 찾아가고 학생들이 노트북 주위에 모여 있는 동안, 캐러스와 베이커는 나를 안내하여 앨버트 마이컬슨의 간섭계와 시어도어 메이먼이 개발한 레이저의 후손들이 놓여 있는 실험실 테이블 사이를 지나갔다. 퐁네프 다리 근처의 샤를슈발리에 안경점에 진열된 장식용 유리알이 아니라 광간섭현미경(optical coherence microscope), 광전자증배관(photomultiplier), 광섬유 센서, 액정 광밸브 등이 진열되어 있다고 상상해 보라.

오늘날 광학 실험에는 어마어마한 비용이 들기 때문에 대학을 후원하는 기업은 3M, 에드먼드옵틱스, HP, 록히드마틴, 레이시언, 히타치, 캐논에 이르기까지 나스닥 기업 목록처럼 보인다. 하지만 교수들과 이야기를 나눠 보니 상업주의보다는 이상주의가, 그리고 무한한 상상력이 더 많이 느껴진다. 앞으로 빛을 이용해 다음과 같은 일들을 하게 된다고 교수들은 말했다.

- 스마트폰으로 3D 혈액 샘플 사진을 찍어 질병 진단
- 라식 수술뿐 아니라 자동초점 렌즈 이식 수술로 안경은 유물로 전락하게 됨
- 미시 세계의 홀로그래픽 이미지 생성
- 초음파검사의 빛 기반 버전인 광간섭 단층촬영(OCT, optical coherence tomography)으로 암 진단
- 어마어마한 면적에 태양전지 판을 설치하고 전기를 생산하여 2040년 즈음에는 전 세계 전기 사용량의 6분의 1 공급
- 인체 내부, 그리고 레이저와 렌즈가 도달할 수 있는 범위 이내의 거의 모든 것을 스캔, 탐침, 자극, 또는 이미지화

미러랩(mirror lab)은 광학대학의 자부심이다. 애리조나 와일드캣 풋

볼 경기장 아래쪽에 처박힌 채 전문가들은 천문학에 혁명을 일으킬 주경을 가공하고 있다.

가장 큰 현미경 반사경은 지름이 1.5미터, 3미터 또는 4.5미터였지만, 애리조나주립대학의 스튜어드 천문대 미러랩은 지름이 거의 8.5미터나 되는 반사경을 제작하고 있다. 거대한 돋보기처럼, 반짝이는 흰 원반이 내 아래쪽 바닥의 육중한 강철 프레임 안에 들어 있다. 이토록 큰 반사경은 순유리 덩어리를 벌집 모양 거푸집에 녹여 넣은 뒤 녹아 있는 유리를 여섯 달 동안 하루에 1도씩 냉각시켜서 만든다.

그러나 반사경은 연마 과정을 거쳐야 완성되고, 컴퓨터로 작동되는 연마기가 몇 해에 걸쳐 모든 불순물을 제거해야 한다. 완성된 반사경을 미국 땅이라 치면, 반사경은 텍사스 편핸들보다 평평하다. 이 반사경은 갈릴레오가 결코 상상하지 못했던 빛을 포착하게 될 텐데, 칠레의 자이언트 마젤란망원경을 만든 천문학자들은 주경 일곱 개를 사용할 것이다. 둥근 원반들을 원 모양으로 배열하고 별을 비추면, 마젤란망원경과 미래의 다른 망원경들은 1세대 은하계에서 발산한 별빛인 '최초의 빛'을 보여 줄 것이다.

영원 불변의 빛

최초의 빛은 빅뱅으로 시작하지 않았다. 신의 눈동자에서부터 빛난 것도, 하이든의 〈천지창조〉에서처럼 폭발적으로 뿜어져 나온 것도 아니다. 여전히 새로이 다듬어지고 있는 우주 이론에 따르면, 우주 탄생 순간에 전자와 쿼크, 중성자와 양성자 같은 기본 입자들은, 자유전자에 의해 산란되는 초(超)고에너지의 광자들이 모인 엄청나게 뜨거운 매트

지름이 거의 8.5미터에 이르는 역대 최대의 현미경 반사경. 덕분에 칠레에 위치한 자이언트 마젤란망원경은 우주 최초의 빛을 탐색하게 될 것이다. 주경들은 투손에 위치한 애리조나주립대학 스튜어드천문대 미러랩에서 제작되고 있다. 지은이 촬영

릭스 안에 죽처럼 뒤엉켜 있었다. 이는 매우 밝은 플라스마 상태로, 모든 것을 덮어 버리는 불투명한 빛의 커튼이라고 할 수 있다. 플라스마가 냉각되면서 전자와 광자가 최초의 원자를 형성할 수 있었고, 광자는 이제 투명해진 우주를 막힘 없이 자유롭게 떠돌게 되었다. 그러나 이후 우주과학자들이 "암흑의 시대"[24]라 일컫는 4억 년이 지나서야 별이 형성되고 우주에 빛이 흐르게 되었다. 그리고 의문이 있으라. 논란이, 궁금증이 있으라.

2011년 1월, 허블 우주망원경은 132억 광년이나 떨어진 은하계를 찾아냈다. 우주의 전체적인 팽창으로 빛의 파장이 길어져 적색편이를 나타내는 은하계는 진홍색의 얼룩처럼 보였는데, 허블망원경이 무려 8일

에 걸쳐 취합한 빛이었다. 빅뱅은 137억 년 전에 일어났다고 여겨지므로, 은하계 'UDFj-39546284'의 빛은 지금까지 가장 오래된 은하계의 빛이다. 그러나 애리조나주립대학 김대욱 교수는 더 깊이 들여다보려는 꿈을 꾼다.

한국에서 성장한 김 교수는 물리학, 특히 빛의 수수께끼에 매혹되었다. "빛은 독특하고 특별합니다" 하고 젊은 교수가 내게 말할 때, 우리는 미러랩에서 거대한 흰 원반이 내려다보이는 곳에 서 있었다. "빛은 인간이 눈으로 직접 볼 수 있으면서도 만질 수는 없는 유일한 것이죠. 양자역학의 영역에서 말고는 놀랍게도 부피나 질량을 가지지 않지만, 특별한 경우를 제외하고는 해를 끼치지 않습니다. 빛은 가장 빠른 것이고, 물리적 공간을 전혀 차지하지 않으며, 거의 자유롭습니다. 그래서 늘 마술 같았죠."[25]

2005년에 애리조나주립대학에 오기 전에, 김 교수는 망원경을 사용하면서도 망원경을 만드는 일은 상상하지 못했다. 하지만 이 거대한 반사경에 마음을 빼앗겨 반사경 제조 작업을 하며 박사과정을 시작했다. 온갖 비유를 쏟아 놓은 끝에, 김 교수는 반사경을 미켈란젤로의 다비드상에 비유한다. 그 걸작을 조각하기 위해 미켈란젤로에게 필요했던 건 끌, 두 손, 그리고 천재성, 딱 세 가지뿐이었다고 김 교수는 말한다. 이 거대한 반사경들을 제작하는 도구는 끌이다. 우리 아래에서 반짝이는 원반에 윤을 내고 있는 연삭기들이 이 프로젝트의 손이다. 그리고 프로젝트를 이끌어 가는, '매트릭스'라는 별명을 지닌 컴퓨터가 미켈란젤로의 천재성에 해당한다. "나는 영화 〈매트릭스〉를 무지 좋아했어요"[26]라고 김 교수는 말한다.

1세대 은하계의 빛을 찾는 반사경을 제작하고 있는 김대욱 교수는 그 빛이 우리에게 무얼 말해 줄지 궁금하다. 기독교인으로 길러진 서글서글한 김 교수는 과학과 창세기를 둘 다 받아들이는 데 아무런 갈등이 없다. "성경은 물리학 교과서가 아니니까요."[27] 하고 그는 말한다. 그러나 그는 "빛이 있으라"의 기적을 믿는다. "최초의 망원경이 나온 뒤로 400년이 지나서 드디어 우리는 반대쪽 끝에 다다른 것입니다. 우리가 무엇을 보게 될지 모른다는 것이 매력적인 부분이죠. 최초의 빛은 매우 다를 거라 생각합니다. 결코 상상하지 못했던, 전에 본 적이 없는 것일 겁니다. 우리는 우리 과거를 보고 있습니다. 빛은 우리가 어디에서부터 왔는지 말해 주고, 만물이 어디에서 시작되었는지 알려 주고 있습니다. 그것은 인간의 인식을 바꾸어 놓을 것입니다. 우주에 대한 우리의 이해를 바꿀 것입니다."[28]

칠레의 자이언트 마젤란망원경(GMT)이 최초의 빛을 탐색하기 시작하는 때는 2021년으로 예상된다. 김 교수는 반사경을 내려다보며 가족을 떠올렸다. "일곱 살, 여섯 살짜리 아들 둘이 있습니다. 두 녀석 다 투손에서 태어났지요. 이 프로젝트가 마무리될 즈음에 둘은 대학생이 되어 있을 거예요. 이 망원경과 반사경 덕분에 내 아들들은 우주의 끝까지 관찰하게 될 겁니다."[29]

나는 애리조나주립대학을 나서며 우리가 빛의 시대로 진입했음을 확신했다. 증기와 석탄의 시대는 자취를 감춘 지 오래다. 여전히 석유로 전력을 생산하는 시대에, 빛은 우리의 '데우스 엑스 마키나'(deus ex machina, 고대 그리스극에 자주 사용된 극작술로, 가망 없어 보이는 상황을 해결하기 위해 동원되는 초자연적인 힘이나 사건―옮긴이)로 떠오르고 있다. 빛은 다른 어떤 것도 갈 수 없는 곳을 가고, 다른 어떤 것보다도 빠르게 도달하며, 그 이미지를 보내 준다. 빛에 우주 속도 한계 말고 다른 한계가 있을지라도 우리는 아직 검증하지 못했다. "빛이 무엇인가?"라는 질문에 대한 최종 답변, 갈릴레오가 꿈꾸었고 아인슈타인이 끊임없이 찾아내려 했던 그 답을 우리는 아직 찾아내지 못했다. 그 노력 자체가 영원히 이어지며 근원을 향해 되돌아갈 것이다.

날씨와 상관없이, 모든 시계를 무시하고, 동짓날의 빛은 아일랜드에 늦게 찾아온다. 밤새 비가 내렸는데, 아일랜드에 커튼처럼 드리우는 보슬비가 아니라 마구 퍼부어 대는 비라서 뉴그레인지의 동짓날 일출을 보러 온 수백 명에게는 불길한 징조이다. 환한 빛이 처음 나타나기 거의 두 시간 전인 아침 7시 즈음, 빗줄기는 약해졌지만 컴컴하고 습한 장막이 더블린에서 북쪽으로 한 시간 거리인 보인 강 유역을 뒤덮고 있다. 나는 구불구불한 왕복 2차로 도로를 달리며 희미하게 불이 켜진 마을들을 지나쳐 새벽을 맞이한다. 뉴그레인지 주차장에 두고 방문객 센터에서 상냥한 사람들 수십 명 틈에 끼어드니, 동지보다 크리스마스 이야기가 더 많이 들려온다. 이렇듯 머나먼 북쪽의 12월 말에, 빛은 입자나 파동이라기보다는 갈망의 대상에 더 가깝지만, 흐린 날씨로 미루어 오스트레일리아, 미국, 프랑스, 러시아, 그리고 브리튼제도 곳곳의 사람들을 불러 모은 일출을 보게 되리라 예상하는 이는 거의 없다. 그러나 빛이 희망이기도 하다면, 그것은 영원히 샘솟아야 한다. 우리는 침묵 속에 버스에 올라타 검은 울타리를 지나고, 근처의 또 다른 성지에서 비를 맞으며 밤을 새운 뒤 뉴그레인지로 행진하고 있는 새 시대의 향락객들을 지나친다. 약 5천년 전 이곳에 새겨진 암면조각(岩面彫刻)을 본뜬 나선형의 원이 그려진 그들의 깃발이 안개 속 가로등 빛을 통해 보인다. 행진하는 이들을 뒤로 하고 버스는 구름처럼 더 짙은 안개 속으로 향하며 일출을 볼 가능성이 희박함을 알려 준다.

스톤헨지와 피라미드보다 오래된 뉴그레인지는 기원전 3000년대에 보인강 유역에 세워진 여러 널길무덤군 가운데 하나이다. 원시의 널길은 해에 맞추어 조성되어 있다. 몇 킬로미터 떨어진 다우스에 있는 묘실은 동짓날 일몰을 향한다. 근처인 노스와 라크루의 널길은 동서 방향으로 나 있어 3월 춘분과 9월 추분의 일출을 받아들인다. 그리고 이곳 뉴그레인지에서, 15미터 길이의 널길은 12월 21일의 일출에 완벽하게 맞추어져 있다. 기원전 3200년 이후로, 동짓날 아침 8시 54분에 떠오르는 태양이 보낸 빛은 지하의 돌길을 지나 묘실까지 스민다. 몇 분 이내로 빛줄기들이 무덤과 석관을 비추어 낮이 짧아지고 밤이 길어지며 영혼을 잠식했던 나날이 끝났음을 알린다. 오늘날 고대의 묘실은 정해진 시간에 다시금 환해진다. 구름만 도와준다면.

8시 즈음, 약 500명의 관람객이 동남향으로 비탈진 어두운 풀밭 곳곳에 흩어져 있다. 별이 그려진 깃발들 뒤로, 행진하던 이들이 손을 잡고 둥글게 서서 한목소리로 암창하거나 노래하고 있다. 어떤 이들은 선 채로 목도리를 더 조이고 털모자를 눌러 쓰며 칼바람 속에 덜덜 떨고 있다. 지평선은 아일랜드의 지평선 가운데에서도 한껏 잿빛이다. 우리가 등지고 있는 뉴그레인지는 흰 화강암이 고대의 입구 주변에 서 있어 눈에 띄는 치즈케이크처럼 보인다. 보존 작업을 한 이는 고고학자 마이클 오켈리였다. 1961년에 처음 이곳에 왔을 때, 오켈리는 돌무더기와 암면 조각들이 땅속의 구멍 주위에 둥글게 늘어서 있는 걸 발견했다. 처음에는 뉴그레인지를 또 하나의 봉분일 거라고 여겼는데 지역 주민들이 동짓날 이야기를 들려주기 시작했다. 말인즉슨, 12월 21일이면 동틀 녘에 땅속 깊은 곳의 무덤 전체가 환해진다는 것이다. 오켈리는 그런 이야기를 흘려들으며 주민들이 스톤헨지와 약간 혼동하고 있다고 여겼다. 그러다가 혈색 좋고 기백 넘치는 고고학자는 직접 보기로 결심했다. 1967년 12월 21일 동트기 직전, 손에 플래시를 들고 축축한 널길 벽을 따라가니 천장 높이가 6미터에 이르는 곳이 나왔다. 그는 칠흑 같은 어둠 속에 앉아서 기다렸다.

빛이 화살처럼 널길을 조금씩 파고들었다. 첫 번째 빛줄기가 돌벽을 비추더니 바닥을 따라 환해졌다. 처음에는 한 가닥 빛줄기였지만 나중에는 광채가 되어 "모든 걸 환히 밝혔다"고 오켈리는 회상했다. "무덤 전체, 벽감, 바닥, 바닥에서 6미터 높이의 천장 모두가 선명하게 빛을 냈다."[30] 전율로 몸을 떨며 고대인인 된 듯한 느낌 속에, 오켈리는 신석기 시대의 기술이 그토록 많은 빛을 어떻게 포획한 것인지 순식간에 알아챘다. 널길 입구 위쪽에는 떠오르는 태양을 향해 각도를 맞추어 네모난 구멍이 나 있었다. 빛은 17분 동안 지속되었다. 빛이 희미해지자 오켈리는 널길에서 나와 연구를 시작했다. 1982년 무덤 단장을 마치자 관람객들이 찾아오기 시작했다. 아일랜드의 조각보 같은 들판 위로 떠오르는 동지 일출은 아름다웠지만, 누구나 묘실에 들어가길 원했기에 곧 대기자 명단이 생겨났다. 2000년, 대기가 10년을 내다보게 되자 대기자 명단은 연간 추첨으로 바뀌었다. 이제는 이 지역 초등학생들이 큰 그릇에서 뽑아 주는 티켓에 당첨되기를 3만 명의 신청자가 바라고 있다. 나는 뽑히지 못했다. 아마도 밖에서 일출을 기다려야 할 것이다.

8시 15분, 북 하나가 둥둥 울리자 둥글게 서 있던 이들이 춤을 춘다. 하늘에 빛이 어리기 시작하고, 반달 아래 구름이 드리워져 있다. 동쪽 지평선은 여전히 잿빛이지만, 남쪽으로는 훤해지는 부분이 나타났다. 뺨을 얼얼하게 하는 돌풍이 아일랜드 해를 향해 몰려가고 있다. 구

해마다 12월 21일이면 아일랜드 뉴그레인지에 수백 명이 모여들어 그해 가장 짧은 낮을 비출 해가 뜨는 걸 본다. 뉴그레인지의 널길무덤에 동지 일출의 빛이 가득해진다. 지은이 촬영

름이 시속 32킬로미터로 움직여서 그보다 50배 빠르게 떠오르고 있는 해가 나오는 길이 말끔해지면 정해진 시간에 기적이 나타날 것이다. 경주는 시작되었다. 우리는 발을 동동거리고 손을 호호 불며 지평선에서 눈길을 떼지 못한다. 손에 쥔 스마트폰의 환한 화면이 나타내는 시간은 8:30이다. 강 너머 띄엄띄엄 자리 잡은 주택들과 황록색 초지에 점점이 보이는 양들 위로, 하늘빛이 연분홍으로 바뀐다.

8시 45분, 일출 9분 전, 춤을 추던 몇 사람이 둥근 대형에서 벗어난다. 두 다리를 벌리고 동남쪽을 향해 서서 두 팔을 활짝 펴고 온몸으로 황홀경을 맛본다. 그들 뒤로 다른 이들은 카메라를 고정시키거나 어린 아이들을 번쩍 안아 들었는데, 새벽빛을 받아 아이들 뺨이 반짝거린다. 지평선을 따라 늘어선 구름은 이제 붉은빛이 감돌고 있고 동쪽으로

몰려가며 그 뒤의 하늘을 열어 놓는다. 하지만 바늘 끝처럼 하늘이 가장 밝아진 곳은 여전히 구름에 가려 있다. 해는 경주에서 뒤쳐져 있다. "인간 제물을 바쳐야 해." 아일랜드 사투리가 묻어나는 누군가가 농담을 했지만, 우리가 할 수 있는 건 옹송거리며 모여 간절히 바라는 일뿐이다.

조금 뒤 연어 색깔로 줄무늬 진 하늘 아래로 티켓 당첨자들이 묘실에 들어가려고 줄을 선다. 그들은 운이 좋다고 생각하면서 몸을 굽혀 낮은 입구로 들어간다. "머리 조심하세요! 머리!" 하지만 비탈진 곳에 선 우리가 더 운이 좋다. 한 줄기 빛 대신, 우리는 하늘 전체와 달, 시나브로 진한 오렌지색과 붉은색으로 물든 지평선, 그리고 구름으로 가려지든 안 가려지든 곧 태양이 떠오를, 노란 새벽빛으로 빛나는 지점, 이 모두에 압도되어 있다. 이제 구름은 상당히 밝게 빛나서 우리는 구름이 경주에서 이긴 건지 분간을 할 수 없다. 이제 동쪽 지평선은 구름 한 점 없다. 바람은 제 할 일을 다한 듯한데, 해는 어디 있는 것일까? 곧이어 세상은 더욱 환해진다. 들판 전체에, 비탈 위로, 아침이 쏟아진다. 500명의 시선은 밝게 빛나는 곳을 향한다. 언덕은 숨을 죽인다. 춤도 멈춘다. 북소리가 잠잠하다. 지나가는 바람만이 속삭일 뿐이다. 우리는 기다린다. 계속.

이윽고, 해가 뜨는 일은 결코 의심의 여지가 없는 일이라는 듯, 광채가 지구의 모서리에서 나타난다. 비탈에서 환호성이 이어진다. 탄성과 환호. 빛을 들이마시듯 두 팔을 벌리고 고개를 든다. 몇 행락객은 팔을 뻗어 해를 쥐듯 손가락을 동글게 말아 쥐고, 서로 껴안거나 무릎을 꿇고 앉는 이들도 있다. 풀밭을 지나 뒤쪽의 흰 화강암까지 그림자가 길게 진다. 몇 시간 전에 갠지스강 위에서, 몇 분 전에 스톤헨지 위에서 그랬듯이, 빛은 다시 축복을 내린다.

내 옆의 아빠 품에 안긴 어린 소녀가 활짝 웃는다. "와, 저것 봐!" 소녀의 눈동자가 반짝인다. "저것 봐!" 하지만 우리는 더 바라볼 수 없다. 해가 너무 밝기 때문이다. 둥글고 이글거리며 눈을 멀게 할 것 같은 동그란 공이 지평선 위로 솟는다. 눈을 감지만 우리는 여전히 해를 볼 수 있다.

덧붙이는 말

20세기 후반에 빛의 새 대가들은 당혹스러웠다. 레이저 기술자, 광학 엔지니어, 광자학 엔지니어, 그리고 양자광학을 실제로 이해하는 소수의 사람들은 자신들이 빛을 세속화했다고 생각했다. 그러나 1980~1990년대에 걸쳐 광자가 확률함수와 밀도행렬로 분석되던 때에도 빛의 신성함을 둘러싼 이야기는 널리 퍼졌다. 미국과 전 세계 곳곳에서, 죽음의 문턱에서 살아 돌아온 이들은 마치 낙원을 엿본 것 같다고 입을 모았다. 오두막에서 죽어 가던 멜라네시아의 한 소년은 따뜻한 빛이 자신을 밖으로 불러냈다고 했다. 살아난 소년은 "빛줄기를 따라서 숲과 좁은 길을 지나갔다"[1]고 말했다. 다른 곳에서 어떤 일본인 남성은 자동차 정면충돌로 의식을 잃었다가 회복되어서는 "금빛으로 이루어진"[2] 벽을 보았다고 했다. 심장마비로 심장박동 정지까지 갔던 이들이 깨어나 들려주는 이야기가 가장 놀랍다. 의사가 자신에게 사망 선고를 내리는 걸 들었다는 이야기. 터널이 보였고, 터널을 지나 맞은편에 있던 빛나는 사람들은 만난 이야기……. 거기서 늘 빠지지 않는 건 빛이다. 따뜻하고, 포근하고, "떠다니고," [3] "순수하고 투명한 빛," [4] "무척 밝고 정말로 환한," [5] "형언할 수 없는 그런 빛." [6]

처음에는 한두 사례에 지나지 않았지만 수십 가지로 늘더니 죽음의 코앞까지 갔다 살아난 이들의 이야기는 마침내 홍수처럼 쏟아졌다. 이 이야기들은 무척 비슷해서 '임사(臨死) 체험' [7]을 뜻하는 줄임말 NDE(near-death experience)까지 얻게 되었다. 이 용어를 만들어 낸 사람은 이 놀라운 이야기들을 최초로 정리한 정신과 의사 레이먼드 무디였다. 1975년 무디의 책《삶 이후의 삶》(Life After Life)은 50가지 정도의 임사 체험을 서술하고 있다. 모든 사례에는 오늘날 NDE 현상이나 산업에 고정적으로 등장하는 요소들이 들어 있다. 유체이탈. 터널. 터널 끝의 빛. 따뜻하게 감싸 주는 빛 속으로, 때로는 '빛의 존재' [8]라 표현되는 것 속으로 들어감. 나날이 혼란스러워지는 세상에서 무디는 큰 반응을 얻었다. 20세기가 저물 무렵,《삶 이후의 삶》판매 부수는 1,300만 부를 기록했고, 낙원은 단테 이후 빛났던 것보다 훨씬 밝게 빛나고 있었다.

신성한 빛은 결코 사라진 적이 없다. 그저 일말의 의심 밑에 숨겨져 있었을 뿐이다. 쉬제 수도원장의 빛을 최초 레이저의 빛과 다른 것으로 본 900년 동안, 환시는 영적 생활에서 주기적으로 나타나는 특징이었다. 잔다르크, 아빌라의 성녀 테레사, 에마누엘 스베덴보리에게 나타났던 환영들뿐 아니라, 평범한 이들도 성스러운 빛, 성모마리아를 나타내는 빛을 보았다고 주장한다. 1857년, 프랑스 루르드 외곽의 어느 동굴에 빛줄기가 나타났다. 60년 뒤 포르투갈의 파티마에서는 "흰 빛이 나무 꼭대기 위로 지나갔다." [9] 지구의 반대편에서 우타이산의 '부처의 광명'은 변함없이 빛나지만, 일부 티베트 불교는 무지갯빛이 뻗치는 것을 최고 영적 상태의 순수한 현현으로 본다. 인도에서 쿤달리니 요가 수련자들은 척수를 통해 뇌로 흘러가는 '액체의 빛'[10]을 이야기했다. 에스키모의 '쿠아마네그'(quamaneg)는 어둠 속에서도 볼 수 있게 해 주는 밝은 빛이다. 오스트레일리아 원주민 주술사들은 빛의 결정체가 천상에서 내려오는 걸 보았고, 브리튼제도의 문상객들은 땅 위에서 움직이는 파란 '도깨비불'[11]을 따라가면 무덤이 나온다고 했다.

죽음의 터널 끝에 빛이 있었다는 건 흔한 이야기였다. 고대 그리스의 현자들은 죽어 가는 이에게 손짓하는 신비로운 빛을 묘사했다. "죽는 순간 영혼은 아름다운 빛과 만나 순수한 장소와 목초지로 이끌려 가고 목소리들과 춤의 환대를 받는다"[12]고 플루타르코스는 썼다. 성경 속 믿음의 인물들인 야곱과 에녹, 그리고 더 뒤에 사도 바울은 환하게 빛나는 낙원을 가 보았다. 이슬람의 선지자 무함마드는 하룻밤 사이에 세계 곳곳을 여행하다가 밝게 빛나는 천국에 잠깐 머물렀다. 서기 14세기에 발굴된 《티베트 사자의 서》(Bardo Thodol)는 임종하는 이가 "순수한 광휘"[13]를 본다고 서술했다.

그러나 수백 년을 지나오는 동안 특히 서양 세계에서 그런 이야기는 점점 드물어졌다. 가장 독실한 신자를 제외한 모든 이에게 신성한 빛이란 의심스러운 것, 허구의 것, 동양적인 것이었다. 1970년대로 접어들면서도 의심은 지속되었다. 죽음의 문턱까지 갔다가 돌아온 이들은 자신이 무엇을 보았는지 털어놓으려 하지 않았다. "내가 바라는 만큼 사람들이 이런 얘기를 쉽게 흥미를 느끼지 않는다는 걸 곧바로 알게 됩니다" 하고 한 남자가 레이먼드 무디에게 털어놓았다. "사람들 앞에 나서서 이런 얘기를 자세히 털어놓지 않습니다."[14] 아니면 적어도 그때는 그랬다.

그럼에도 1980년대에 낙원의 빛은 당당히 밝게 빛났다. 그동안 죽음을 대하는 태도가 유연해졌고, 영성은 기성 종교로부터 분리되고 있었으며, 의학의 발전은 더 많은 환자를 되살려 내고 있었다. 죽음에 이르는 단계를 정리하는 데서 NDE 사례 수집으로 나아간 엘리자베스 퀴블러로스 박사의 뒷받침 덕분에 임사 학문 분야가 탄생했다. 중세가 끝난 적이 없다는 듯, 곧이어 수많은 이들이 영적인 빛을 보거나 추구하고 있었다. 1982년 갤럽 여론조사에 따르면 미국인 여섯 명 가운데 한 명이 사후의 '빛'[15]을 보았다고 한다. 그리고 언론 보도가 잇따르면서, 죽음의 문턱에 가본 적이 없는 이들까지 그 빛을 알게 되었다. 뒤이어 1990년, 흥행에 크게 성공한 영화 〈사랑과 영혼〉에서 패트릭 스웨이지는 저세상에서 돌아와 환한 빛을 받은 데미 무어에게 키스했고 천국의 문은 활짝 열렸다.

과학자들은 흥미로워했지만 믿으려 하지는 않았다. 수십 건의 연구에서는 NDE 빛의 임상 소스를 좁혔다. 애리조나주립대학의 심리학자 윌러비 브리턴과 리처드 부친 두 사람은 되살아난 환자들을 진찰했다. 빛을 목격한 이들은 일반적으로 간질과 꿈 상태를 담당하는 오른쪽 측두엽이 활성화되어 있을 것이라고 두 학자는 추론했다. 예상했던 대로, 광시곡이 아닌 공포를 체험하는 군인, 자동차 사고 피해자, 심장 질환자들과는 "생리적으로 다른"[16] 환각을 NDE에서 발견했다. 켄터키주립대학 신경학자 케빈 넬슨은 NDE 환자들이 완전히 깨어 있을 때에도 렘수면 패턴을 보임을 알아냈다. 죽음의 문턱에서 보이는 빛은 "임종이 다가올 때 렘 의식과 깨어 있는 의식이 서로 뒤섞인 빛"[17]이라고 넬슨은 주장했다.

또 다른 연구자들의 설명은 더욱 간단하다. 임종이 가까워지면서 뇌는 기능을 멈추기 시작한다. 터널은 터널이 아니라 가장자리의 혈류가 차단된 망막을 통해 보이는 세계이다. 빛은 낙원이 아니라 죽어 가는 뇌간이 방출하는 화학물질이 유발하는 현상이다. 신경학적인 원인이 있는 것이기에 환시는 죽어 가는 이에게만 나타나는 게 아니라, 간질 환자, 출산하는 여성, 상당한 '중력'가속도를 받는 전투기 조종사를 비롯하여 심한 스트레스를 받는 이들에게도 나타난다. 여러 NDE 자료를 검토하던 신경학자 올리버 색스는 전형적인 환각의 사례들을 발견했다. "환각은 형이상학적인 존재나 장소의 실재를 증명해 주지 못한다. 환각이 증명해 주는 것은 환각을 창조해 내는 뇌의 능력일 뿐이다"[18]라고 그는 썼다.

NDE 체험담이 퍼져 나가는 동안 레이먼드 무디조차 회의하게 되었다. 심화 연구로써 "플라톤 이후로 죽음 이후의 삶을 합리적으로 이해하는 데 큰 진보를 이룰"[19] 것으로 예측하면서도, 무디가 눈살을 찌푸릴 수밖에 없는 건 "임사 체험을 다룬 책들이 홍수처럼 쏟아지는데……내가 아는 한 많은 책들은 자신을 홍보하려는 부도덕한 이들이 허구로 지어낸 것"이기 때문이다. 그러나 이런 책의 홍수는 계속되었고 천국의 빛은 상품으로 변했다. 무디의 《삶 이후의 삶》 이래로 약 2천 종의 책이 쏟아지며 수많은 이들이 지나간 터널로 독자들을 데려 갔다. 내용은 다양한 편이다. 예수를 본 이야기가 담긴 책이 있는가 하면, 하느님을 만났다는 이야기도 있고, 오래전에 잃어버린 반려동물을 만난 이야기가 담긴 책도 있다. 그러나 모든 책은 한 가지 공통점을 갖고 있는데, 책 제목만 보아도 짐작할 수 있다. 《저 너머의 빛》(The Light Beyond, 1988), 《빛이 변화시킨 것》(Transformed by the Light, 1992), 《빛의 품

속으로》(Embraced by the Light, 1992), 《빛의 비밀》(Secrets of the Light, 2009), 《빛 속에 살다》(Living in the Light, 2013), 《빛을 향하여》(Heading for the Light, 2014)……

　NDE는 답보다 더 많은 질문을 남긴다. 빛이 저 너머로 가는 문이라면, 왜 죽음의 문턱에서 다시 살아난 모든 환자들이 임사 체험을 하지는 않는 것인가? 임사 체험을 하는 환자는 20퍼센트에 못 미친다. 모든 NDE가 어떤 특징을 띤다면, 그것은 사후 세계의 보편성을 가리키는 것인가 아니면 인간 뇌의 보편성을 가리키는 것인가? 그러나 판매가 누적됨에 따라, 넘쳐나는 책은 쉽게 돈을 벌려는 욕망만큼이나 영적인 갈구를 드러낸다. 누구나 단테의 책을 다 읽어 낼 수 있는 건 아니다. 모두가 샤르트르 대성당이나 생드니 수도원을 찾아갈 여력이 있지는 않다. 하지만 저녁 한 끼 외식할 돈이면 누구나 책 한 권을 사고 의심을 유보한 채 어딘가에서 기다리고 있을지 모를 빛을 보고 느낄 수 있다. 제1천년기에 그랬듯이, 제4천년기에도 환희의 빛은 변함없이 손짓하고 있다.

감사의 말

우리 모두가 빛의 자녀는 아니겠지만 빛의 신봉자인 건 맞다. 이 벅찬 주제에 착수하면서 나는 운 좋게도 빛에 매혹된 많은 사람들을 만났다. 시간을 내서 원고를 읽어 주고 자신의 전문성을 보태 준 이들에게 특히 신세를 졌다. 가장 먼저 고마움을 전하고 싶은 이는 동생 더그이다. 기계공학자로서 흑체복사 등의 개념을 이해시켜 주고, 아르키메데스가 실제로 햇빛을 이용하여 배를 태울 수 있었을 것인지에 이르기까지 많은 것을 알려 주었다. 처남 데이비드는 평생 화학에 지녔던 열정을 토대로 다게르 공정을 확증해 주었다. 화가인 린 피터프로인드는 무한히 격려하며 미술사에 관해 중요한 조언을 해 주었다. 그리고 아내 줄리는 거침없이 글을 써 나가라고 재촉했다. 또한 자신의 동료이자 전 코넬대학 수의과대학 학장인 던 스미스와 약속을 잡아서 말의 눈알을 구해 놓았고, 나는 데카르트를 따라서 그걸 해부했다. 모든 것에 남다른 관심을 갖고 있어 선택된 일반 독자들, 특히 리처드와 존 것시 부부, 딕 글래든, 빌 애덤스, 브룩스 패리스에게 감사를 전한다.

　내가 무슨 책을 쓰고 있는지 말했을 때 많은 이들이 얼빠진 듯 바라보았지만, 그보다 더 많은 이들이 구체적인 조언을 해 주었다. 매사추세츠대학 다트머스 캠퍼스의 물리학자 앨런 허쉬펠드는 과학 부분의 원고를 읽고 틀린 점을 바로잡고 조언까지 해주었다. 《빛의 이해》(Catching the Light)를 펴낸 물리학자 아서 자정크는 양자이론에 관한 내 부담감을 달래 주면서 양자이론을 참으로 이해하는 사람은 거의 없다고 말해 주었다. 친구이자 이탈리아어 가정교사인 니나 카니차로는 자신이 좋아하는 르네상스 시대의 저서 《자연의 마력》과 단테에 관한 식견을 보태 주었다. 친구인 사마르와 가브리엘 무샤베크 부부는 이슬람의 과학과 문화에 관해 도움말을 주었다. 모든 사서들에게 감사할 뿐이지만, 메리 바이텐설은 더욱 고맙다. 내가 매사추세츠 애머스트의 존스 도서관 아래층에서 작업하고 있을 때, 그녀는 내 연구에 큰 관심을 보이며 이 책 저 책을 찾아다 주었다. 바드칼리지의 연례 신입생 오리엔테이션으로 L+T라고도 일컬어지는 언어와 사유 프로그램에도 고마움을 전한다. 아리스토텔레스에서부터 리처드 파인먼에 이르는 L+T의 광범위한 커리큘럼을 처음 가르친 뒤에야 모든 학문 분야의 빛을 집대성한다는 아이디어를 얻을 수 있었기 때문이다. L+T의 동료들, 특히 토머스 바셰러, 캐런 거버, 카이드 헬러, 브라이언 슈워츠는 철학, 종교, 회교학, 아인슈타인에 관한 내 초보 수준의 관점을 참을성 있게 들어 주었다. 물론 비웃지도 않았다.

　마지막으로 빛만큼이나 손에 잡히지 않는 제안서의 가능성을 인정해 준 내 에이전트 릭 볼킨에게 고마움을 전한다. 블룸베리출판사의 편집자 재클린 존슨은 이 영묘한 제재를 세심하고 끈기 있게 다듬어 주었다. 그리고 제임스 클러크 맥스웰에게 테리어가 있었듯이, 나의 반려견 잭슨이 없었다면 이 책이 과연 어떻게 되었을까 궁금하다. 수많은 나날 장엄한 일출 아래 함께 거닐며 나는 잭슨과 생각을 나누었다.

옮긴이 후기

　지은이 브루스 왓슨은 2015년 《더 칼리지 투데이》(The College Today)와의 인터뷰에서, 지금 어떤 작업을 하고 있느냐는 질문에 이렇게 답했다. "새 책이 곧 나올 텐데, 여태까지 쓴 책들과는 사뭇 다릅니다. 말하자면 빛의 '평전'이랄까요. 인류가 빛을 알아 온 역사를, 천지창조 이야기부터 양자론까지 추적하지요. 그 과정에서 우리가 빛을 이해하는 데 필요한 거의 모든 학문 분야를 건드립니다. 종교, 철학, 건축, 회화, 시, 물리학까지요."

　지은이 자신이 소개한 그대로, 이 책은 역사를 날줄 삼고 신화와 과학과 예술을 씨줄로 삼아 엮어 간다. 인류 역사에서 빛과 같았던 많은 위인들과 반짝거리는 에피소드, 영혼을 비추고 정화하는 종교의 가르침, 어둠과 빛의 변화무쌍한 조화가 눈앞에서 일렁이는 거장들의 회화가 마치 광택이 있는 실로 수를 놓은 듯 글에 윤기를 더한다. 이렇게 완성된 피륙인 《빛》은 그 자체로 발광(發光)하는 '빛'이다.

여느 작가나 과학자가 감히 구상하기조차 어려웠을 빛의 '일생'을 기어코 써낸 브루스 왓슨에게는 '천재'와 '탁월한 스토리텔러'라는 꼬리표가 한 몸처럼 따라붙는다. 《사코와 반제티》(삼천리, 2009), 《프리덤 서머》(삼천리, 2014)를 읽어 본 독자라면 자연스레 고개를 끄덕일 것이다. 역사적 사실들을 광범위하면서도 치밀하게 조사하고, 큰 줄기를 놓치지 않으면서도 부수적인 사건들을 효과적으로 배치하여 짜임새 있는 이야기로 완성하고, 독자를 장면 속으로 빨아들이는 현장감과 아름다운 문체까지. 왓슨은 창조적 글쓰기와 스토리텔링에서, 역사가이자 작가로서 '빛'처럼 눈부시다.

2011년 《라이트앵글스 컨퍼런스》(WriteAngles Conference)와의 인터뷰에서, 우리는 그 빛의 시작과 원천을 조금이나마 엿볼 수 있다. "어렸을 때부터 줄곧 작가가 되기를 바라지 않은 적이 없습니다. 첫 번째 책을 쓰고 엮은 게 초등학교 1학년 때였는데, 우주비행사 얘기였죠. 어머니가 판지로 표지를 씌워서 단행본 꼴을 갖추도록 도와주셨어요. 그 뒤로 쭉 세계를 글로 재구성해 왔고 다양한 수준에서 상을 받았습니다. …… 그러다가 '다른' 미국 역사를 발견했습니다. 미국의 이상을 진지하게 받아들이고 그 실현을 위해 앞장선 이들의 이야기죠. 이 이야기들을 알아야만, 미국의 영광 이면에 더 큰 것이 있다는 걸 깨달을 수 있습니다. …… 《프리덤 서머》에서 미국 남부의 지리적 조건은 활동가들이 미시시피에서 맞닥뜨리는 의식과 고립을 이해하는 열쇠입니다. 《사코와 반제티》에서 매사추세츠의 문화적 지형은 두 이주노동자의 재판과 처형을 이해하는 데 핵심이고요. 두 책을 쓰면서 나는 탄탄한 기초 조사를 통해 배경을 이해하려고 했습니다. 훌륭한 논픽션은 훌륭한 소설만큼이나 배경이 중요하지요. …… 나처럼 소설가가 되고 싶었으나 꿈을 이루지 못한 이들은 절망할 필요가 없습니다. 현실의 이야기는 최고의 소설만큼이나 극적이고 미묘한 여운을 전할 수 있으니까요."

태양에서 출발한 빛은 8분 님짓이면 시수에 도착하지만, 정작 광자가 태양을 탈출하기 위해 태양 내부에서 태양 표면까지 도착하는 데 걸리는 시간은 (출처에 따라 다른데) 수천 년, 수만 년, 100만 년이라고도 한다. 왓슨이 내뿜는 빛 또한 오랜 세월 쉼 없는 담금질의 결실이다. 그가 이토록 빛나기까지 어떻게 에너지를 축적해 왔는지 지은이 스스로 밝히게 된 이력을 들여다보자.

브루스 왓슨은 캘리포니아대학 버클리캠퍼스에서 저널리즘을 공부하고 1976년에 우수한 성적으로 졸업했다. 1980년까지 캘리포니아 주 지방 언론사들에 특집, 인물, 사회 분야의 기사를 기고했다. 샌프란시스코의 캘리포니아주립대학에서 1981년에 초등교사 자격을 취득한 뒤, 이후 교사를 양성하는 일을 하면서 다양한 언론에 기고했다. 매사추세츠대학 애머스트캠퍼스에서 1990년에 초등교육 석사, 1995년에 미국사 석사 학위를 취득했다.

1990년대에는 그는 매사추세츠 주 《애머스트 불리틴》(AMHERST BULLETIN) 예술과 여가 담당 편집자이자 기자, 《데일리 햄프셔 가제트》(DAILY HAMPSHIRE GAZETTE) 특집 담당 기자, 그 밖에 자유기고가, 저널리즘과 역사 분야 초청 강사로 활동했다. 이후 지금까지 교사 훈련 초청 강사, 윌슨센터 연수 교사, 매사추세츠대학 애머스트캠퍼스 온라인 강사, 자유기고가와 작가로 왕성하게 일하며 워크숍과 세미나에도 참석하고 있다.

그동안 왓슨이 기고한 매체는 《샌프란시스코 크로니클》, 《아메리칸 헤

리터지》, 《스미소니언》, 《버크셔 매거진》, 《리더스 다이제스트》, 《보스턴 글로브》, 《샌프란시스코 크로니클》, 《캘리포니아 비즈니스》, 《LA 타임스》 등으로 다양하고, 인물, 서평, 여행, 유머, 역사, 스포츠, 음악, 과학, 패러디, 예술에 이르기까지 분야를 가리지 않는다.

2010년부터 2014년까지 매사추세츠 주 애머스트에 있는 햄프셔칼리지 미국학 겸임교수로서, 20세기 노동운동, 여성 참정권 운동, 민권 운동, 반전운동, 성소수자 운동, 2012년 월스트리트 점령 운동(Occupy Wall Street)을 아우르는 '20세기 사회운동'과, 20세기 전환기의 태평양 연안, 남부 캘리포니아 교외 지역의 발전, 대항문화의 등장, 시애틀과 실리콘밸리의 컴퓨터 문명, 오늘날 위기에 봉착한 미국 서해안 지역의 꿈을 아우르는 "미국 서해안 지역: 미국 미래의 탄생지"라는 글쓰기 집중 과정을 기획하고 가르쳤다.

2012년부터 현재까지 뉴욕 주 애넌데일온허드슨에 있는 바드칼리지에서 언어와 사유 과정을 가르친다. 주제별 글쓰기와, 아리스토텔레스, 루소, 링컨, 마틴 루서 킹, 창세기, 토머스 쿤, 소포클레스 등에 대한 토론, 자유시, 희곡, 에세이, 소론을 아우르는 수업이다. 브루스 왓슨은 앞의 '감사의 말'에서 "아리스토텔레스에서부터 리처드 파인먼에 이르는 L+T의 광범위한 커리큘럼을 처음 가르친 뒤에야 모든 학문 분야의 빛을 집대성한다는 아이디어를 얻을" 수 있었다고 밝힌 바 있다.

2000년대에 들어서 지금까지 다섯 권의 책과 두 권의 전자책을 펴냈다. 2000년에 ASCAP 딤스 테일러 음악 저술상(Deems Taylor Music Writing Award)을 수상했고, 2003년 호턴미플린 출판사에서 펴내는 '최고 과학자연 기사 선집'(Best Science and Nature Writing)에 그의 글이 수록되었다. 2005년 《빵과 장미》(Bread and Roses)가 뉴욕 공립

도서관 "2005년 기억해야 할 책 25권"에, 2007년 《사코와 반제티》는 미국 미스테리작가협회 에드거 상 후보작이자 《워싱턴 포스트》 역사 부문 '올해의 책 10권'에 선정되었다. 2010년 《프리덤 서머》가 《샌프란시스코 크로니클》 '올해 최고도서 100권'에 선정되었고, 2017년 '빵과 장미 유산위원회'(Bread and Roses Heritage Committee)는 왓슨에게 '명예의 전당' 상을 수여했다. 《빛》은 2017 《LA 타임스》 도서상 후보작이었다.

쉼 없는 핵융합에서 비롯되는 열과 빛이 태양을 자리매김하듯, 브루스 왓슨의 이 모든 이력과 경험이 융합되어 이글거리는 《빛》을 탄생시켰다. 《빛》은 역사와 과학과 예술과 다른 모든 분야가 절묘하고도 독창적으로 결합된, 그야말로 통섭과 융합의 극치를 보여 준다. 그러나 "우리 모두가 빛의 자녀는 아니겠지만 빛의 신봉자인 건 맞다"고 왓슨이 '감사의 말'에서 인정하듯, 이 책 전체에서 빛은 여전히 신의 자리에서 그 신비를 뿜어낸다.

"이 책의 원동력은 실험이나 설득력이 아니라 경외감이다. 이야기는 새벽빛이 밝아올 무렵으로 시작한다. 긴 밤이 끝나 가고 있다. 곧 날이 샌다. 동쪽 지평선에서 빛이 일렁인다. 오오, 성스런 빛이여, 입자이자 파동이자 경이로움이여."(머리말)

"호기심과 경외감이 솟아나는 4천 년의 세월이 경과한 오늘, 빛은 처음 모습 그대로 여전히 우주의 마법사이다."(14장)

"이윽고 해가 뜨는 일은 결코 의심의 여지가 없는 일이라는 듯, 광채가 지구의 모서리에서 나타난다. 비탈에서 환호성이 터져 나온다. 탄성과 환호. 빛을 들이마시듯 두 팔을 벌리고 고개를 든다. …… 몇 시간 전에 갠지스 강 위에서, 몇 분 전에 스톤헨지 위에서 그랬듯이, 빛은 다시 축복을 내린다. …… 하지만 우리는 더 바라볼 수 없다. 해가 너무 밝기 때문이다. 이글거리며 눈을 멀게 할 것 같은 둥근 공이 지평선 위로 솟는다. 우리는 눈을 감지만 여전히 해가 보인다."(에필로그)

순간순간, 하루하루, 한 해 한 해, 늘 존재하는 빛을 새롭게 기뻐하고 감사하는 옮긴이도 분명 빛의 신봉자이다. 이제 브루스 왓슨 또한 옮긴이에게 빛이 되었다. 《사코와 반제티》, 《프리덤 서머, 1964》를 옮길 때도 그는 빛나고 있었지만, 《빛》을 통해 다시 만난 그의 빛은 태양처럼 눈부시고 신앙 같은 믿음마저 일으킨다. 빛을 소재로 새로운 빛을 창조한, 빛 같은 존재에게 한갓 옮긴이가 보낼 수 있는 말은 한마디도 없다. 이 후기는 그저 그 빛에 바치는 오마주일 뿐이다. .

2020년 6월
이수영

주석

간략히 표기해 놓은 출처의 자세한 서지 사항은 참고문헌을 참고하라.

프롤로그

1) Zajonc, *Catching the Light*, 78.

2) Kriwaczek, *In Search of Zarathustra*, 104.

3) Eiseley, *Immense Journey*, 15.

4) Cohen, *Chasing the Sun*, 213.

5) Thessalonians 5:5.

6) John 8:12.

7) Abdel Haleem, *The Qur'an*.

8) Mandelbaum, *Dante: Paradiso*, 266.

9) Shakespeare, *Complete Works*, 281.

10) Milton, *Paradise Lost*.

11) Thoreau, *Walden*, 583.

1장 빛이 나타나니

1) E. E. Cummings, *Complete Poems*, 663.

2) Genesis 1:2.

3) Walshe, *Long Discourses of the Buddha*, 410.

4) Sproul, *Primal Myths*, 183.

5) Genesis 1:2.

6) Campbell and Moyers, *Power of Myth*, 48.

7) von Franz, *Creation Myths*, 5, 9.

8) Long, *ALPHA*, 124.

9) Sproul, *Primal Myths*, 178.

10) Hume, *Thirteen Principal Upanishads*, 214–15.

11) Genesis 1:4.

12) Sproul, *Primal Myths*, 43.

13) Leeming and Leeming, *Dictionary of Creation Myths*, 34.

14) Sproul, *Primal Myths*, 336.

15) Zajonc, *Catching the Light*, 39.

16) Stewart, *Poetry and the Fate of the Senses*, 291.

17) Sproul, *Primal Myths*, 333.

18) *Ibid.*

19) Nagar, *Indian Gods and Goddesses*, 117.

20) Eck, *Banaras*, 10.

21) Zaehner, *Hindu Scriptures*, 10.

22) Armstrong, *Case for God*, 12.

23) Griffith, *Complete Rig Veda*.

24) Sproul, *Primal Myths*, 194.

25) Walshe, *Long Discourses of the Buddha*, 409.

26) Sproul, *Primal Myths*, 195.

27) Walshe, *Long Discourses of the Buddha*, 409.

28) *Ibid.*, 410.

29) Genesis 1:1–3.

30) Genesis 1:16.

31) Genesis 1:14.

32) Dundes, *Sacred Narrative*, 195.

33) *Ibid.*, 198–99.

34) Sproul, *Primal Myths*, 184.

2장 빛이라 일컫는 것

1) Griffith, *Plato, The Republic*, 214.

2) Barnes, *Early Greek Philosophy*, 13.

3) Bambrough, *Philosophy of Aristotle*, 55.

4) Kirk, Raven, and Schofield, *Pre-Socratic Philosophers*, 258.

5) Pope, *The Iliad*.

6) *Ibid.*

7) Yonge, *Diogenes Laertius.*

8) Wright, *Empedocles*, 264.

9) Barnes, *Early Greek Philosophy*, 197; Wright, *Empedocles*, 270.

10) Barnes, *Early Greek Philosophy*, 189–90.

11) *Ibid.*

12) Park, *Fire Within the Eye*, 37.

13) Lindberg, *Theories of Vision*, 2.

14) Jowett, *Plato: Complete Works.*

15) Griffith, *Plato: The Republic*, 215.

16) Jowett, *Portable Plato*, 550.

17) Park, *Fire Within the Eye*, 41.

18) Lindberg, *Theories of Vision*, 8.

19) Beare, *Complete Aristotle.*

20) Lindberg, *Theories of Vision*, 7.

21) *Ibid.*

22) Ray, *History of Hindu Chemistry*, 10.

23) *Ibid.*, 7.

24) *Ibid.*, 8.

25) *Ibid.*

26) *Ibid.*, 9.

27) *Ibid.*

28) Graham and Sivin, "Systematic Approach to Mohist Optics," 120.

29) Ibid., 105.

30) Nylan, "Beliefs About Seeing," 110.

31) Ibid., 121.

32) Teresi, *Lost Discoveries*, 201.

33) Capra, *Tao of Physics*, 106.

34) Kheirandish, *Arabic Edition of Euclid's "Optics,"* 2.

35) *Ibid.*, 4.

36) Teresi, *Lost Discoverie*, 205.

37) Toomer, *Diocles: On Burning Mirror*, 40, 44.

38) *Ibid.*, 44.

39) "Mythbusters, Presidential Challenge."

40) Ibid.

41) Smith, *Ptolemy's Theory of Visual Perception*, 92.

42) *Ibid.*, 78.

43) *Ibid.*, 79.

44) *Ibid.*, 50.

45) Beare, *Complete Aristotle*.

46) Smith, *Ptolemy's Theory of Visual Perception*, 170.

3장 최고의 기쁨

1) Kriwaczek, *In Search of Zarathustra*, 105.

2) Assumen, *Manichaean Literature*, 52.

3) "Sutra of Golden Light," Foundation for the Preservation of Mahayana Tradition, 웹사이트(http://fpmt.org/eduction/teachings/sutras/golden-light-sutra/; 검색한 날짜 2013. 5. 15.).

4) Pelikan, *Light of the World*, 65.

5) Luke 2:32.

6) Psalms 36:9.

7) O'Collins, Gerald, and Meyers, *Light from Light*, 215.

8) Easwaran, *Bhagavad Gita*.

9) *Ibid.*

10) *Ibid.*

11) *Ibid.*

12) *Ibid.*

13) 1 Corinthians 13:12.

14) Fox, "Darkness and Light," 130.

15) Eliade, "Spirit, Light, and Seed," 14.

16) Irani, "The Gathas."

17) Fox, "Darkness and Light," 131.

18) Assumen, *Manichaean Literature*, 11.

19) Widengren, *Mani and Manichaeism*, 37.

20) Rudolph, *Gnosis*, 337.

21) Assumen, *Manichaean Literature*, 52.

22) "Manichaean," A.Word.A.Day, Wordsmith.org. (http://word smith.org/words/ manichean.html; 검색한 날짜 2013. 5. 22.).

23) Chadwick, *Augustine: Confessions*.

24) *Ibid.*

25) Hill, *Augustine: On Genesis*, 47.

26) *Ibid.*, 263.

27) Chadwick, *Augustine: Confessions*.

28) Kapstein, *Presence of Light*, 286–87.

29) Griffith, *Complete Rig Veda*.

30) *Ibid.*

31) "Sutra of Golden Light."

32) "Larger Sutra of Immeasurable Life, Part 1."

33) Kapstein, *Presence of Light*, 120.

34) *Ibid.*, 205.

35) Eliade, "Spirit, Light, and Seed," 2.

36) Philippians 3:5.

37) Acts 9:1.

38) Acts 22:6–9.

39) Exodus 33:20.

40) 1 Kings 8:12.

41) Buttrick, *Interpreter's Bible*, vol. 9, 327.

42) John 5:35.

43) John 1:9

44) John 12:46.

45) John 8:12, 9:5.

46) Armstrong, *History of God*, 108.

47) Rubenstein, *When Jesus Became God*, 79.

48) Pelikan, *Light of the World*, 67.

49) O'Collins and Meyers, *Light from Light*, 197.

50) Revelations 1:14–16.

51) Revelations 22:5.

52) "Third Public Examination," St. Joan of Arc Center, 웹사이트 (www.stjoan-center.com/Trials/sec03.html; 검색한 날짜 2015. 5. 10.).

53) Lewis, *Life of St. Teresa of Jesus*.

54) Fox, *Spiritual Encounters with Unusual Light Phenomena*, 41.

55) James, *Varieties of Religious Experience*, 252.

4장 그 유리는 별처럼 밝게 빛나고

1) Zaleski and Zaleski, *Prayer: A History*, 59.

2) Hillenbrand, *Islamic Architecture*, 132.

3) Behrens-Abouseif, *Minarets of Cairo*, 12-13.

4) Smith, *Alhacen on Refraction, Vol. Two*, 244.

5) Qur'an 2:257.

6) Qur'an 57:28.

7) Qur'an 24:40.

8) Qur'an 24:35.

9) Matthew 17:2.

10) O'Collins and Meyers, *Light from Light*, 134.

11) *Ibid.*, 22.

12) Wardrop, *Arabic Treasures of the British Library*.

13) Toomer, *Diocles: On Burning Mirrors*, 36.

14) Singh, *Fundamentals of Optical Engineering*, 9.

15) Jim Al-Khalili, *House of Wisdom*, 124.

16) Lindberg, *Theories of Vision*, 11.

17) Kheirandish, "Many Aspects of 'Appearances,'" 87.

18) Lindberg, *Theories of Vision*, 25.

19) Kheirandish, "The Many Aspects of 'Appearances,'"19.

20) Lindberg, *Theories of Vision*, 19.

21) Qur'an 113:1.

22) Sabra, Optics of *Ibn Al-Haytham*, 38.

23) Sabra, *Optics, Astronomy, and Logic*, 190.

24) Al-Khalili, *House of Wisdom*, 152.

25) Sabra, "Ibn al-Haytham's Revolutionary Project in Optics," 90.

26) Smith, *Alhacen on Refraction*, vol. 2, 277-78.

27) Arafat and Winter, "Light of the Stars," 287.

28) Smith, *Alhacen's Theory of Visual Perception*, Vol. Two, 343.

29) Park, *Fire Within the Eye*, 78.

30) Sabra, *Optics, Astronomy, and Logic*, 192.

31) Smith, *Alhacen's Theory of Visual Perception*, Vol. Two, 504.

32) *Ibid.*, 507.

33) Sabra, *Optics, Astronomy, and Logic*, 192.

34) Smith, *Alhacen's Theory of Visual Perception*, Vol. One, xciv.

35) *Ibid.*, cxvii.

36) Sabra, *Optics, Astronomy, and Logic*, 240.

37) Valkenberg, *Sharing Lights on the Way to God*, 229.

38) Sabra, *Optics, Astronomy, and Logic*, 239.

39) Eliade, *History of Religious Ideas*, 142.

40) Razavi, *Suhrawardi and the School of Illumination*, 61.

5장 장엄한 성당이 찬란하도록

1) Crosby et al., *Royal Abbey of Saint-Denis*, 15.

2) Panofsky, *Abbot Suger on the Abbey Church of St. Denis*, 6.

3) *Ibid.*, 15.

4) von Simson, *Gothic Cathedral*, 94.

5) Panofsky, *Abbot Suger on the Abbey Church of St. Denis*, 93.

6) Fathers of the English Dominican Province, *St. Thomas Aquinas Summa Theologica*.

7) *Ibid.*

8) Mandelbaum, *Dante: Paradiso*, 16.

9) Panofsky, *Abbot Suger on the Abbey Church of St. Denis*, 22.

10) McEvoy, "Metaphysics of Light in the Middle Ages," 126-5.

11) Pseudo-Dionysius the Areopagite, *De Coelesti Hierarchia*.

12) *Ibid.*

13) *Ibid.*

14) *Ibid.*

15) Panofsky, *Abbot Suger on the Abbey Church of St. Denis*, 20.

16) Moffitt, *Caravaggio in Context*, 31.

17) Rudolph, *Artistic Change at Saint-Denis*, 53.

18) Adams, *Mont St. Michel and Chartres*, 26.

19) Crosby et al., *Royal Abbey of Saint-Denis*, 23.

20) McDannell and Lang, *Heaven: A History*, 85.

21) Scott, *Gothic Enterprise*, 156.

22) Panofsky, *Abbot Suger on the Abbey Church of St. Denis*, 15.

23) Scott, *Gothic Enterprise*, 91.

24) Rudolph, *Artistic Change at Saint-Denis*, 68.

25) Scott Tiffany 연출, "Building the Great Cathedrals," *Nova*, PBS, 2010. 10. 19. 방영.

26) Schama, *Citizens*, 829.

27) Hugo, *Hunchback of Notre-Dame*, 107.

28) Auguste Rodin, "Gothic in the Cathedrals and Churches of France," 219-0.

29) Cecil Headlam, *Story of Chartres*, 2.

30) McDannell and Lang, *Heaven: A History*, 85.

31) Ball, *Universe of Stone*, 243.

32) Riedl, *Robert Grosseteste on Light*, 10.

33) *Ibid.*, 14.

34) *Ibid.*, 14-15.

35) McEvoy, *Robert Grosseteste*, 91-92.

36) O'Collins and Meyers, 82.

37) Clegg, *First Scientist*, 37.

38) Burke, *Opus Majus of Roger Bacon, Volume II*, 420.

39) *Ibid.*, 490.

40) Hyman and Walsh, *Philosophy in the Middle Ages*, 489.

41) *Ibid.*

42) *Ibid.*, 582.

43) Cahn, *Classics of Western Philosophy*, 280.

44) *Ibid.*

45) Aquinas, *Summa Theologica*.

46) *Ibid.*

47) *Ibid.*

48) *Ibid.*

49) *Ibid.*

50) *Ibid.*

51) *Ibid.*

52) Mandelbaum, *Dante: Paradiso*, 16.

53) Hollander and Hollander, *Dante: Paradiso*, 45.

54) Mandelbaum, *Dante: Purgatorio*, 128.

55) Mandelbaum, *Dante: Inferno*, 38.

56) Mandelbaum, *Dante: Paradiso*, 4.

57) Hollander and Hollander, *Dante: Paradiso*, 41.

58) *Ibid.*, 177.

59) *Ibid.*, 201.

60) Mandelbaum, *Dante: Paradiso*, 66.

61) Hollander and Hollander, *Dante: Paradiso*, 261.

62) *Ibid.*, 491.

63) Mandelbaum, *Dante: Paradiso*, 369.

64) *Ibid.*, 182.

65) Hollander and Hollander, *Dante: Paradiso*, 571.

66) Mandelbaum, *Dante: Paradiso*, 200.

67) *Ibid.*, 232.

68) Hollander and Hollander, *Dante: Paradiso*, 762–763.

69) Aquinas, *Summa Theologica*.

70) Hollander and Hollander, *Dante: Paradiso*, 817.

71) *Ibid.*, 295.

72) *Ibid.*, 917.

73) *Ibid.*, 626.

74) *Ibid.*, 627.

75) Binyon, *Portable Dante*, 487.

76) Kline, "Paradiso, Cantos XXII–XXVIII."

77) Cary, "Canto XXVIII."

78) Acocella, "What the Hell."

6장 키아로 에 스쿠로

1) McMahon, *Treatise on Painting by Leonardo da Vinci*, 5.

2) Bondanella and Bondanella, *Vasari: Lives of the Artists*.

3) Grayson, *Alberti: On Painting and Sculpture*, 65.

4) *Ibid.*, 61.

5) *Ibid.*, 89.

6) Grafton, *Alberti: Master Builder*, 33.

7) *Ibid.*, 55.

8) *Ibid.*

9) Grayson, *Alberti: On Painting and Sculpture*, 93.

10) *Ibid.*, 91.

11) *Ibid.*

12) *Ibid.*, 107.

13) *Ibid.*

14) Barasch, *Light and Color*, 45.

15) Suh, *Leonardo's Notebooks*, 80.

16) *Ibid.*, 81.

17) *Ibid.*, 82.

18) Capra, *Leonardo*, 233.

19) Kemp, *Science of Art*, 47.

20) Filipczak, "New Light on Mona Lisa," 519.

21) Kemp, *Science of Art*, 331.

22) Richter, *Leonardo da Vinci: Notebooks*, 166.

23) *Ibid.*, 96.

24) Filipczak, "New Light on Mona Lisa," 551.

25) Ibid., 519.

26) McMahon, *Treatise on Painting*, 83.

27) Grayson, *Alberti: On Painting and Sculpture*, 91.

28) Barasch, *Light and Color*, 74.

29) Richter, *Leonardo da Vinci: Notebooks*, 20.

30) McMahon, *Treatise on Painting*, xxi.

31) *Ibid.*, 286.

32) Haydocke, *Tracte Containing the Arte of Curious Paintings*, 135.

33) Kemp, *Science of Art*, 270.

34) Haydocke, *Tracte Containing the Arte of Curious Paintings*, 175.

35) Hibbard, *Caravaggio*, 260.

36) Robb, *Man Who Became Caravaggio*, 128.

37) McMahon, *Treatise on Painting*, 259.

38) *Ibid.*, 261.

39) Moffitt, *Caravaggio in Context*, 201-202.

40) *Ibid.,* 6.

41) Hockney, *Secret Knowledge*, 51.

42) *Ibid.,* 251-52.

43) Liedtke, *View of Delft*, 249.

44) Kemp, *Science of Art*, 163.

45) *Ibid.,* 193.

46) Hockney, *Secret Knowledge*, 14.

47) *Ibid.,* 13.

48) Van de Wetering, *Rembrandt*, 251.

49) Schama, *Rembrandt's Eyes*, 422.

50) Wallace, *World of Rembrandt*, 110.

51) Van de Wetering, *Rembrandt*, 155.

7장 빛의 본질을 파고들다

1) Moffitt, *Caravaggio in Context*, 190.

2) Ekrich, *At Day's Close*, xxxii.

3) Koslofsky, *Evening's Empire*, 12.

4) *Ibid.,* 43.

5) Della Porta, *Natural Magick*.

6) Reeves, *Galileo's Glasswork*, 25.

7) *Ibid.,* 34.

8) Capra, *Leonardo*, 220.

9) Della Porta, *Natural Magick*, 1.

10) Burnett, *Descartes and the Hyperbolic Quest*, 7.

11) Della Porta, *Natural Magick*, 371.

12) Reeves, *Galileo's Glasswork*, 72.

13) *Ibid.,* 73.

14) Park, *Fire Within the Eye*, 368.

15) Koestler, *The Sleepwalkers*, 245.

16) *Ibid.,* 233.

17) Ferris, *Coming of Age in the Milky Way*, 77.

18) Kepler, *Optics*, 1.

19) *Ibid.*

20) *Ibid.*, 302.

21) Reeves, *Galileo's Glasswork*, 117.

22) Ferris, *Coming of Age in the Milky Way*, 95.

23) *Ibid.*

24) Reston, *Galileo: A Life*, 86.

25) Van Helden, *Galileo Galilei*, 38.

26) *Ibid.*, 62.

27) Reston, *Galileo: A Life*, 99.

28) Ferris, *Coming of Age in the Milky Way*, 95.

29) Frova, Marenzana, and McManus, *Thus Spoke Galileo*, 192.

30) *Ibid.*, 413.

31) *Ibid.*, 427.

32) *Ibid.*

33) Frova, Marenzana, and McManus, 414n.

34) Beare, *Complete Aristotle*.

35) Shakespeare, *Complete Works*, 99.

36) Clarke, *Rene Descartes*, 16.

37) *Ibid.*, 10.

38) Gaukroger, *Descartes: An Intellectual Biography*, 221.

39) Clarke, *Rene Descartes*, 87.

40) *Ibid.*

41) *Ibid.*, 89.

42) Aczel, *Descartes's Secret Notebook*, 63.

43) Mahoney, *Descartes: Le Monde*, 173.

44) Zajonc, *Catching the Light*, 92.

45) Mahoney, *Descartes: Le Monde*, 67.

46) *Ibid.*, 69.

47) Genesis 9:11.

48) Pope, *The Iliad*.

49) Beare, *Complete Aristotle*.

50) Shapiro, "Study of the Wave Theory of Light," 156.

51) Sabra, *Optics, Astronomy, and Logic,* 361.

52) Zajonc, *Catching the Light*, 287.

53) Koslofsky, *Evening's Empire*, 16.

54) *Ibid.*, 259.

8장 어두운 방안에서

1) White, *Isaac Newton*, 61.

2) Gleick, *Isaac Newton*, 76.

3) Hall, "Sir Isaac Newton's Notebook, 1661–665," 244.

4) Gleick, *Isaac Newton*, 44.

5) *Ibid.*, 29.

6) Christianson, *In the Presence of the Creator*, 199.

7) Hall, "Sir Isaac Newton's Notebook, 1661–665," 198.

8) Turnbull, *Correspondence of Isaac Newton, 1661–1675*, 92.

9) *Ibid.*

10) Newton, *Opticks*.

11) Turnbull, *Correspondence of Isaac Newton, 1661–1675*, 94.

12) Newton, *Opticks*.

13) Park, *Fire Within the Eye*, 37.

14) Jowett, *Portable Plato*.

15) Stallings, *Lucretius*.

16) Smith, *Alhacen's Theory of Visual Perception,* Vol. Two, 442.

17) Hills, *Light of Early Italian Painting*, 67.

18) Gleick, 78.

19) Newton, *Opticks*.

20) Hall, "Sir Isaac Newton's Notebook, 1661–665," 248.

21) *Ibid.*

22) Shapiro, *Optical Papers of Isaac Newton,* Volume 1, 47.

23) *Ibid.*

24) *Ibid.*, 51.

25) Hall, *All Was Light*, 46.

26) Turnbull, *Correspondence of Isaac Newton, 1661–1675*, 92.

27) Christianson, *In the Presence of the Creator*, 150.

28) *Ibid.*, 151.

29) Gleick, *Isaac Newton*, 80.

30) White, *Isaac Newton*, 177.

31) Christianson, *In the Presence of the Creator*, 156–57.

32) Tumbull, *Correspondence of Isaac Newton, 1661–1675*, 110.

33) *Ibid.*, 145.

34) Christianson, *In the Presence of the Creator*, 179.

35) Gleick, *Isaac Newton*, 196.

36) Westfall, *Never at Rest*, 245.

37) *Encyclopedia Brittanica Online*, s.v. "Inner Light" (www.britannica.com/ EBchecked/ topic/288537/Inner-Light; 검색한 날짜 2014. 12. 1.).

38) Barocas, *Nature of Light*, 125.

39) McMahon, *Treatise on Painting*, 210.

40) Park, *Fire Within the Eye*, 190.

41) Barocas, *Nature of Light*, 144–45.

42) Park, *Fire Within the Eye*, 193.

43) Barocas, *Nature of Light*, 201.

44) Turnbull, *Correspondence of Isaac Newton, 1661–1675*, 363.

45) Christianson, *In the Presence of the Creator*, 193.

46) Newton, *Opticks*.

47) Hall, *All Was Light*, 71.

48) Christianson, *In the Presence of the Creator*, 197.

49) *Ibid.*, 198.

50) Gleick, *Isaac Newton*, 162–63.

51) White, *Isaac Newton*, 223.

52) Gleick, *Isaac Newton*, 178.

53) Dolnick, *Clockwork Universe*, 5.

54) Newton, *Opticks*.

55) Hall, *All Was Light*, 120.

56) Newton, *Opticks*.

57) *Ibid.*

58) *Ibid.*

59) *Ibid.*

60) *Ibid.*

61) *Ibid.*

62) *Ibid.*

63) *Ibid.*

64) *Ibid.*

65) *Ibid.*

66) Pope, *Complete Works.*

67) Hall, *All was Light*, 180.

68) Dolnick, *Clockwork Universe*, 45.

69) Morley, *Letters on England by Voltaire.*

70) *Ibid.*

71) Hanna, *Elements of Sir Isaac Newton's Philosophy*, 14–15.

72) *Ibid.*, 103.

73) Zajonc, *Catching the Light*, 87.

74) Hall, *All Was Light*, 226.

75) Newton, *Opticks.*

9장 격정적이고도 조화로운 선율

1) Hirsh, *World of Turner*, 58.

2) Blake, *Complete Works.*

3) Nicholson, *Newton Demands the Muse*, 38

4) *Ibid.*, 39.

5) *Ibid.*, 43.

6) Hastie, *Kant's Cosmogony.*

7) Ferris, *Coming of Age in the Milky Way*, 157.

8) Landon, *Haydn: Chronicle and Work*, 116.

9) Geiringer, *Haydn: A Creative Life in Music*, 145.

10) Haydn, *Die Schopfung.*

11) Jager, *Book of God*, 22.

12) Hirsh, *World of Turner*, 54.

13) Birch, *Ruskin on Turner*, 81.

14) "Death of J. M. W. Turner, Esq., R.A.," *London Times*, 1851. 12. 23.

15) Shanes, *Life and Masterworks of J. M. W. Turner*, 28.

16) Shanes, *Turner: The Great Watercolours*, 16.

17) Hamilton, *Turner: A Biography*, 61.

18) Shanes, *Turner's Human Landscape*, 279.

19) Birch, *Ruskin on Turner*, 99.

20) DeKroon, *Dutch Light*.

21) Stewart, *Poetry and the Fate of the Senses*, 291.

22) Hirsh, *World of Turner*, 40.

23) Jackson Pollock, "One: Number 31, 1950," Museum of Modern Art 웹사이트, "The Collection" (www.moma.org/collection/object.php?object_id=78386; 검색한 날짜 2015. 5. 10.).

24) Hirsh, *World of Turner* 169.

25) Birch, *Ruskin on Turner*, 39.

26) Blake, *Complete Works*.

27) *Ibid*.

28) Nicholson, *Newton Demands the Muse*, 1.

29) *Ibid*.

30) Ferber, *Romanticism*, 89.

31) Matthaei, *Goethe's Color Theory*, 202.

32) *Ibid*.

33) *Ibid.*, 198.

34) *Ibid.*, 199.

35) *Ibid*.

36) *Ibid.*, 30.

37) Seamon and Zajonc, *Goethe's Way of Science*, 2.

38) Ibid.

39) Williams, *Life of Goethe*, 263.

40) Matthaei, *Goethe's Color Theory*, 65.

41) Sepper, *Goethe Contra Newton*, 143.

42) Steiner, *Goethe's Conception of the World*, 160.

43) Sepper, *Goethe Contra Newton*, 143.

44) Matthaei, *Goethe's Color Theory*, 169.

45) *Ibid.*, 170.

46) *Ibid.*, 172.

47) *Ibid.*, 174.

48) *Ibid.*, 179-180.

49) *Ibid.*, 180.

50) *Ibid.*, 189.

51) Sepper, *Goethe Contra Newton*, 183.

52) *Ibid.*, 181.

53) Zajonc, *Catching the Light*, 340.

54) "Color in the Waldorf School: Van James," Waldorf Today, 웹사이트 (www. waldorftoday.com/2010/12/color-in-the-waldorf-school- van-james/; 검색한 날짜 2015. 5. 10.).

55) Cashford, *Moon: Myth and Image*, 25, 233, 234.

56) Griffith, *Complete Rig Veda*.

57) Barnes, 182.

58) Wright, 25.

59) Shakespeare, *Complete Works*, 345.

60) Attlee, *Nocturne*, 241.

61) *Ibid.*, 172.

62) Wordsworth, *Complete Poetical Works*.

63) Shelley, *Complete Poetical Works*.

64) Holmes, *Shelley: The Pursuit*, 630.

65) *Ibid.*, 611.

66) Keats, *Delphi Complete Works*.

67) *Ibid.*

68) Byron, *Don Juan*.

69) *Ibid.*

70) *Ibid.*

71) *Ibid.*

72) Sepper, *Goethe Contra Newton*, 201n.

73) Geiringer, *Haydn*, 307.

74) Orlet, "Famous Last Words." 온라인 매거진 *Vocabula Review*, 2002. 7-8. (www. vocabula.com/index.asp; 검색한 날짜 2014. 2. 24.).

10장 입자 vs. 파동

1) Weiss, *Brief History of Light*, 24.

2) Gleick, *Isaac Newton*, 19.

3) Maxwell, *Five of Maxwell's Papers*.

4) Ferris, *Coming of Age in the Milky Way*, 180.

5) Newton, *Opticks*.

6) *Ibid*.

7) Huygens, *Treatise on Light*.

8) *Ibid*.

9) *Ibid*.

10) *Ibid*.

11) Rabinowitch, "An Unfolding Discovery," 2875-6.

12) Robinson, *Last Man Who Knew Everything*, 62.

13) *Ibid.*, 7.

14) *Ibid.*, 19.

15) *Ibid.*, 103.

16) Newton, *Opticks*.

17) Robinson, *Last Man Who Knew Everything*, 103.

18) Young, "Classics of Science," 273.

19) Robinson, *Last Man Who Knew Everything*, 107.

20) *Ibid*.

21) Mollon, "Origin of the Concept of Interference," 814.

22) Crew, *Wave Theory of Light*, 74.

23) Robinson, *Last Man Who Knew Everything*, 116.

24) Barocas, *Nature of Light*, 240.

25) Robinson, *Last Man Who Knew Everything*, 117.

26) *Ibid.*, 159.

27) Kheirandish, *Arabic edition of Euclid's Optics*, 2.

28) Park, *Fire Within the Eye*, 89.

29) Newton, *Opticks*.

30) *Ibid*.

31) Levitt, "Editing Out Caloric," 54.

32) Buchwald, *Rise of the Wave Theory of Light*, 24.

33) Arago, *Biographies of Distinguished Scientific Men*, 165.

34) Buchwald, *Rise of the Wave Theory of Light*, 47.

35) Aczel, *Pendulum*, 67.

36) Buchwald, *Rise of the Wave Theory of Light*, 114.

37) *Ibid.*, 116.

38) Levitt, *A Short Bright Flash*, 87.

39) Crew, *Wave Theory of Light*, 82.

40) Buchwald, *Rise of the Wave Theory of Light*, 137.

41) Barocas, *Nature of Light*, 246.

42) Evans, "Blast from the Past."

43) Levitt, *A Short Bright Flash*, 43.

44) Barocas, *Nature of Light*, 250.

45) Buchwald, *Rise of the Wave Theory of Light*, 170.

46) *Ibid.*

47) *Ibid.*

48) *Ibid.*, 169.

49) *Ibid.*, 172.

50) *Ibid.*, 188.

51) *Ibid.*, 196–197.

52) Levitt, *A Short Bright Flash*, 46.

53) Levitt, "Editing Out Caloric," 62.

11장 뤼미에르

1) Hugo, *Les Miserables*, 175.

2) Levitt, *A Short Bright Flash*, 67.

3) *Ibid.*, 58.

4) *Ibid.*, 92.

5) Petroski, *Success Through Failure*, 17.

6) Gernsheim and Gernsheim, *L. J. M. Daguerre*, 9.

7) Lowry and Lowry, *Silver Canvas*, 4.

8) Gernsheim and Gernsheim, *L. J. M. Daguerre*, 35.

9) *Ibid.*, 15.

10) Le Gall, *La Peinture Mecanique*, 28.

11) Gernsheim and Gernsheim, *L. J. M. Daguerre*, 16.

12) *Ibid.*, 17.

13) *Ibid.*, 2.

14) *Ibid.*, 30.

15) *Ibid.*, 47.

16) Daguerre, *History and Practice of Photogenic Drawing*, 20.

17) Rudnick, "The Photogram—History."

18) Gernsheim and Gernsheim, *L. J. M. Daguerre*, 58.

19) Daguerre, *History and Practice of Photogenic Drawing*, 20.

20) Gernsheim and Gernsheim, *L. J. M. Daguerre*, 1.

21) *Ibid.*, 71.

22) *Ibid.*, 2.

23) *Ibid.*, 78.

24) Daguerre, *History and Practice of Photogenic Drawing*, 39.

25) Gernsheim and Gernsheim, *L. J. M. Daguerre*, 98–99.

26) *Ibid.*, 103.

27) *Ibid.*, 100.

28) *Ibid.*, 87.

29) Schneider, *World of Manet*, 92.

30) Jones, *Paris*, 301.

31) Pissarro, *Monet's Cathedral*, 21.

32) Dustan, *Painting Methods of the Impressionists*, 63.

33) Callen, *Techniques of the Impressionists*, 58.

34) Schneider, *World of Manet*, 105.

35) *Ibid.*, 22.

36) Callen, *Techniques of the Impressionists*, 66–67.

37) Schneider, *World of Manet*, 27.

38) *Ibid.*, 57.

39) Roque, "Chevreul and Impressionism," 28.

40) Pissarro, *Monet's Cathedral*, 18.

41) *Ibid.*, 19.

42) *Ibid.*, 20.

43) *Ibid.*, 10.

44) *Ibid.*, 34.

45) Sontag, *On Photography*, 15.

12장 작고 동그란 햇빛

1) Maxwell, "To the Chief Musician upon Nabla."

2) Newton, *General Scholium*.

3) Stevenson, "A Plea for Gas Lamps," 280.

4) *Ibid.*

5) *New York Times*, 1879, 6. 15., 5.

6) Faraday, *Chemical History of a Candle*.

7) Hamilton, *A Life of Discovery*, 342.

8) *Ibid.*, 343-44.

9) Williams, *Michael Faraday*, 138.

10) Sharlin, *Making of the Electrical Age*, 57.

11) Forbes and Mahon, *Faraday, Maxwell and the Electromagnetic Field*.

12) Williams, *Michael Faraday*, 167.

13) *Ibid.*, 387.

14) Forbes and Mahon, *Faraday, Maxwell and the Electromagnetic Field*.

15) Williams, *Michael Faraday*, 385.

16) Faraday, "Experimental Researches in Electricity," 2.

17) Williams, *Michael Faraday*, 386.

18) Hamilton, *A Life of Discovery*, 334.

19) Sharlin, *Making of the Electrical Age*, 80.

20) Faraday, *Chemistry of a Candle*.

21) Forbes and Mahon, *Faraday, Maxwell and the Electromagnetic Field*.

22) Tolstoy, *James Clerk Maxwell*, 12.

23) Forbes and Mahon, *Faraday, Maxwell and the Electromagnetic Field*.

24) *Ibid.*

25) Campbell, *Life of James Clerk Maxwell*, 169.

26) Maxwell, *Five of Maxwell's Papers*.

27) Forbes and Mahon, *Faraday, Maxwell and the Electromagnetic Field*.

28) Tolstoy, *James Clerk Maxwell*, 126.

29) Forbes and Mahon, *Faraday, Maxwell and the Electromagnetic Field*.

30) Maxwell, "A Dynamical Theory of the Electromagnetic Field," 464.

31) *Ibid.*, 466.

32) Wilk, *How the Ray Gun Got Its Zap*, 200.

33) Bodanis, *E=mc2*, 47.

34) Forbes and Mahon, *Faraday, Maxwell and the Electromagnetic Field*.

35) Wrege and Greenwood, "William E. Sawyer," 34.

36) Jonnes, *Empires of Light*, 55.

37) U.S. Patent 208,252 A.

38) Maxim, *A Genius in the Family*, 90.

39) Brox, *Brilliant*, 111.

40) Jonnes, *Empires of Light*, 57.

41) Collins and Gitelman, *Thomas Edison and Modern America*, 16.

42) Millard, *Edison and the Business of Invention*, 6.

43) Jonnes, *Empires of Light*, 56.

44) Brox, *Brilliant*, 115.

45) Jehl, *Menlo Park Reminiscences*, 338.

46) U.S. Patent 223,898.

47) "Electric Illumination," *New York Times*, 1879, 6. 15., 5.

48) Collins and Gitelman, *Thomas Edison and Modern America*, 97.

49) Jonnes, *Empires of Light*, 65.

50) *Ibid*.

51) McClure, *Edison and His Inventions*, 159.

52) *Ibid.*, 23.

53) *Ibid*.

54) Jonnes, *Empires of Light*, 84.

55) "Edison's Electric Light," *New York Times*, 1882, 9. 5., 8.

56) Brox, *Brilliant*, 125.

57) *Ibid*.

58) Jonnes, *Brilliant*, 138.

59) Freeberg, *Age of Edison*, 231.

60) Collins and Gitelman, *Thomas Edison and Modern America*, 125–27.

61) Kaku, *Physics of the Impossible*, 3.

13장: c

1) Swenson, *Ethereal Aether*, 125.

2) Isaacson, *Einstein*, 28.

3) Einstein, *Autobiographical Notes*, 3–5.

4) Isaacson, *Einstein*, 26.

5) *Ibid.*

6) Eliot, *Complete Poems and Plays*, 5.

7) Beare, *Complete Aristotle*.

8) Park, *Fire Within the Eye*, 62.

9) *Ibid.*, 228.

10) Michelson, "Experimental Determination of the Velocity of Light."

11) Michelson, *Light Waves and Their Uses*, 1–2.

12) Stallings, *Lucretius*.

13) Christianson, *In the Presence of the Creator*, 89.

14) Park, *Fire Within the Eye*, 286.

15) Gardner, *Relativity Simply Explained*, 18.

16) Livingston, *Master of Light*, 70.

17) *Ibid.*, 77.

18) Swenson, *Ethereal Aether*, 69.

19) *Ibid.*, 77–78.

20) Livingston, *Master of Light*, 112.

21) *Ibid.*

22) American Physical Society, "Michelson and Morley."

23) Swenson, *Ethereal Aether*, 95.

24) Park, *Fire Within the Eye*, 287.

25) Isaacson, *Einstein*, 26.

26) Overbye, *Einstein in Love*, 131.

27) Isaacson, *Einstein*, 117.

28) Overbye, *Einstein in Love*, 133.

29) Kumar, *Quantum*, 31.

30) *Ibid.*, 33.

31) Overbye, *Einstein in Love*, 100.

32) *Ibid.*, 123.

33) Kumar, *Quantum*, 47.

34) Lisa Randall, *Warped Passages: Unraveling the Mysteries of the Universe's Hidden Dimensions*, (New York: HarperCollins, 2005), 123.

35) *Ibid.*

36) Robert P. Crease and Charles C. Mann, *The Second Creation: Makers of the Revolution in 20th Century Physics*, (New York: Macmillan, 1986), 24.

37) Einstein, *Autobiographical Notes*, 45.

38) Lightman, *Discoveries*, 55.

39) Overbye, *Einstein in Love*, 120.

40) Lightman, *Discoveries*, 56.

41) Pais, *Subtle Is the Lord*, 383.

42) Isaacson, *Einstein*, 122.

43) *Ibid.*

44) Mayer, *Bite-Sized Einstein*, 65.

45) Isaacson, *Einstein*, 114.

46) Jeremy Bernstein, *Secrets of the Old One*, 71.

47) Park, *Fire Within the Eye*, 299.

48) Lightman, *Discoveries*, 73.

49) Pais, *Niels Bohr's Times*, 25.

50) Zajonc, *Catching the Light*, 247.

51) Kumar, *Quantum*, 79.

52) Crease and Mann, *Second Creation*, 26.

53) Pais, *Niels Bohr's Times*, 147.

54) *Ibid.*, 154.

55) Isaacson, *Einstein*, 201.

56) *Ibid.*, 223.

57) "Light All Askew in the Heavens," *New York Times*, 1919. 11. 10., 17.

58) Kumar, *Quantum*, 128.

59) Sims, *Apollo's Fire*, 29.

60) Kumar, *Quantum*, 142.

61) Gamow, *Thirty Years That Shook Physics*, 81.

62) Isaacson, *Einstein*, 327.

63) Gamow, *Thirty Years That Shook Physics*, 81.

64) Kumar, *Quantum*, 164.

65) Heisenberg, *Physics and Beyond*, 95.

66) Al-Khalili, *Quantum*, 72.

67) Crease and Mann, *Second Creation*, 40.

68) Kumar, *Quantum*, 66.

69) Isaacson, *Einstein*, 169.

70) Pais, *Niels Bohr's Times*, 427.

71) Kumar, *Quantum*, 274.

72) *Ibid.*

73) Pais, *Niels Bohr's Times*, 425.

74) Kumar, *Quantum*, 314.

75) *Ibid.,* 29.

76) Hawking, *A Stubbornly Persistent Illusion*, 310.

77) Isaacson, *Einstein*, 459.

78) Knight and Allen, *Concepts of Quantum Optics*, overleaf.

79) Crease and Mann, *Second Creation*, 48.

14장 꿈에 성큼 다가서다

1) Miller, *Empire of the Stars*, 47.

2) *Ibid.,* 166.

3) *Ibid.,* 48.

4) Kopp, "Secrets of the Sun."

5) O'Collins and Meyers, *Light from Light*, 81.

6) Ecclesiastes 1:9.

7) Kumar, *Quantum*, 124.

8) Hecht, *Beam*, 9.

9) Irving, *Historical Tales and Sketches*, 421.

10) Koch and Taylor "War of the Worlds," 9.

11) Wilk, *How the Ray Gun Got Its Zap*, 205–6.

12) Hecht, *Laser Pioneers*, 13.

13) *Ibid.,* 13.

14) Hecht, *Beam*, 52.

15) Hecht, *Laser Pioneers*, 124.

16) *Ibid.,* 114.

17) Maiman, *Laser Odyssey*, 63.

18) *Ibid.,* 67.

19) *Ibid.*, 102.

20) *Ibid.*, 64.

21) Hecht, *Beam*, 37.

22) Maiman, *Laser Odyssey*, 93.

23) *Ibid.*

24) *Ibid.*, 103.

25) *Ibid.*

26) *Ibid.*, 105.

27) *Ibid.*, 114.

28) *Ibid.*, 55.

29) Hecht, *Beam*, 192.

30) *Ibid.*

31) Boggs, "Bullets of Light," *New Republic*, 1963, 3. 16., 5.

32) "Ruby Ray Guns," *America*, 1963, 4. 6., 454.

33) "Fantastic Weapon," *U.S. News and World Report*, 1962, 4. 2., 47.

34) Hecht, *Beam*, 217.

35) Raymond, "Air Force Seeking Light Rays to Knock Down Foes' ICBMs," *New York Times*, 1962, 3. 29., 2.

36) Hamilton, "Goldfinger."

37) Poor, "The Laser."

38) *Ibid.*

39) Raymond, "Air Force Seeks Light Rays to Knock Down Foes' ICBMS," *New York Times*, 1967, 1. 15., F1.

40) Sykes, *No Ordinary Genius*, 85.

41) Feynman, "Character of Physical Law."

42) Gleick, *Genius*, 338–39.

43) Gleick, *Genius*, 사진 삽입.

44) Sykes, *No Ordinary Genius*, 70.

45) Gleick, *Genius*, 244.

46) *Ibid.*, 394.

47) Feynman, *QED*, 4.

48) *Ibid.*, 33.

49) *Ibid.*, 7.

50) *Ibid.*, 8.

51) *Ibid.*, 10.

52) *Ibid.*, 19.

53) Kumar, *Quantum*, 352.

54) Nardo, *Lasers: Humanity's Magic Light*, 55.

55) Fox, *Quantum Optics*, 8.

56) "Stephen Chu: Laser Cooling and Trapping of Atoms."

에필로그

1) Poor, "The Laser: A Light Fantastic."

2) "Diwali."

3) "One Destination, Two Holidays: Berlin's Festival of Lights."

4) Overbye, "American and 2 Japanese Physicists Share Nobel for Work on LED Lights."

5) Owen, "Dark Side."

6) Rong Gong Lin II, "A Desert Plea."

7) *Ibid.*

8) Cinzano, Falchi, and Elvidge, "First World Atlas of the Artificial Night Sky Brightness," 4.

9) *Ibid.*, 1.

10) Shakespeare, *Complete Works*, 356.

11) Owen, "Dark Side."

12) *Ibid.*

13) Betz, "A New Fight for the Night," 49.

14) *Ibid.*

15) Hanson, "Drowning in Light."

16) "Slow Light; About Light Speed."

17) Thomas Miltser, 저자 인터뷰, 2014. 3. 31,

18) Dickinson, *Complete Poems*, 118.

19) Mayo Clinic, "Tests and Procedures: Light Therapy."

20) Goldman, "Scientists Discover Anti-anxiety Circuit."

21) Gorman, "Brain Control in a Flash of Light."

22) Frazier, "Fusion Will Be a Huge Energy Breakthrough."

23) Wogan, "Controlling Ferro-Magnetic Domains Using Light."

24) Loeb, "Dark Ages of the Universe," 47.

25) Dae Wook Kim, 저자 인터뷰, 2014. 3. 31,

26) *Ibid*.

27) *Ibid*.

28) *Ibid*.

29) *Ibid*.

30) O'Kelly, *Newgrange: A Concise Guide*, 26.

덧붙이는 말

1) Kelliher, *Experiences Near Death*, 8.

2) Corazza, *Near-Death Experiences*, 62.

3) Valarino, *On the Other Side of Life*, 58.

4) Fox, *Spiritual Encounters with Unusual Light Phenomenon*, 47.

5) Moody, *Life After Life*, 53.

6) *Ibid*.

7) *Ibid*., 6.

8) *Ibid*., 50.

9) Fox, *Spiritual Encounters with Unusual Light Phenomenon*, 39.

10) *Ibid*., 35.

11) *Ibid*., 61-62.

12) Christopolous, Karakantza, and Levaniouk, *Light and Darkness in Ancient Greek Myth and Religion*, 201.

13) Corazza, *Near-Death Experiences*, 46.

14) Moody, *Life After Life*, 80.

15) "How to Do the Divine Light Invocation."

16) Britton and Bootzin, "Near Death Experiences and the Temporal Lobe," 254.

17) Gottlieb, "Back from Heaven."

18) Sacks, "Seeing God in the Th ird Millennium."

19) Moody, *Life After Life*, 171.

참고문헌

"A Conversation with James Turrell," Houston, TX: Contemporary Arts Museum, 2013. 10. 25, Youtube 제공.

Abdel Haleem, M. A. S., 옮김, *The Qur'an: Oxford World Classics*, Oxford, UK: Oxford University Press, 2005, Kindle edition.

"About Roden Crater," Roden Crater 웹사이트 (http://rodencrater.com/about; 검색한 날짜 2015. 5. 12.).

Acocella, Joan, "What the Hell," *New Yorker*, 2013. 5. 27. (www.newyorker.com/magazine/2013/05/27/what-the-hell; 검색한 날짜 2013. 9. 15.).

Aczel, Amir D., *Pendulum: Leon Foucault and the Triumph of Science*, New York: Atria Books, 2003.

Aczel, Amir N., *Descartes's Secret Notebook: A True Tale of Mathematics, Mysticism, and the Quest to Understand the Universe*, New York: Broadway Books, 2005.

Adams, Henry, *Mont St. Michel and Chartres*, New York: Penguin, 1913.

Adamson, Peter, *Al-Kindi*, Oxford, UK: Oxford University Press, 2007.

Adamson, Peter, and Richard D. Taylor, *The Cambridge Companion to Arabic Philosophy*, Cambridge, UK: Cambridge University Press, 2005.

Al-Khalili, Jim, *The House of Wisdom: How Arabic Science Saved Ancient Knowledge and Gave Us the Renaissance*, New York: Penguin, 2011.

_____, *Quantum*, London: Weidenfeld & Nicholson, 2003.

American Physical Society, "Michelson and Morley," APS Physics, 웹사이트 (www.aps.org/programs/outreach/history/historicsites/michelson-morley.cfm; 검색한 날짜 2015. 5. 11.).

Arafat, W., and H. J. J. Winter, "The Light of the Stars—Short Discourse by Ibn al-Haytham," *British Journal for the History of Science* 5, no. 3 (1971): 282-88.

Arago, Francois, *Biographies of Distinguished Scientific Men*, Boston: Ticknor & Fields, 1859. Google Books 제공.

Armstrong, Karen, *A History of God: The 4,000 Year Quest of Judaism, Christianity and Islam*, New York: Ballantine Books, 1993.

_____, *The Case for God*, New York: Alfred A. Knopf, 2009.

Assumen, Jes P., *Manichaean Literature: Representative Texts Chiefly from Middle Persian and Parthian Writings*, New York: Scholars' Facsimiles & Reprints, 1975.

Attlee, James, *Nocturne: A Journey in Search of Moonlight*, Chicago: University of Chicago Press, 2011.

Aquinas, Thomas, *Summa Theologica*, Fathers of the English Dominican Province 옮김, Grand Rapids, MI: Christian Classics Ethereal Library, 2009, Kindle edition.

Ball, Philip, *Universe of Stone: A Biography of Chartres Cathedral*, New York: Harper-Collins, 2009.

Bambrough, Renford 엮음, *The Philosophy of Aristotle*, New York: Mentor Books, 1963.

Barasch, Moshe, *Light and Color in the Italian Renaissance Theory of Art*, New York: New York University Press, 1978.

Barber, X. Theodore, "Phantasmagorical Wonders: The Magic Lantern Ghost Show in Nineteenth Century America," *Film History* 3, no. 2 (1989): 73-86.

Barnes, Jonathan 엮음, *Early Greek Philosophy*, New York: Penguin, 1987.

Barocas, V., *The Nature of Light: An Historical Survey*, Vasco Ronchi 옮김, London: Heinemann, 1970.

Beare, J. I. 옮김, *The Complete Aristotle*, Adelaide, Australia: Feedbooks.com, 2011, Kindle edition.

Behrens-Abouseif, Doris, *The Minarets of Cairo: Islamic Architecture from the Arab Conquest to the end of the Ottoman Period*, Cairo: American University in Cairo Press, 1985.

Bernstein, Jeremy, *Secrets of the Old One: Einstein 1905*, New York: Copernicus, 2006.

Binyon, Laurence 옮김, *The Portable Dante*, New York: Penguin Books, 1947.

Birch, Dinah 엮음, *Ruskin on Turner*, Boston, Toronto, London: Little, Brown, 1990.

Blake, William, *Complete Works of William Blake*, Delphi Poets, 2012, Kindle edition.

Bodanis, David, *E=mc²: A Biography of the World's Most Famous Equation*, New York: Berkley Books, 2000.

Boggs, W. E., "Bullets of Light," *New Republic*, 1963, 3. 16., 5.

Bondanella, Julia Conaway, and Peter Bondanella 옮김, *Lives of the Artists*, by Giorgio Vasari, Oxford, UK: Oxford University Press, 1991, Kindle edition.

Britton, Willoughby B. and Richard R. Bootzin, "Near Death Experiences and the Temporal Lobe," *Psychological Science* 15, no. 4 (2004. 4.); 254–58.

Brox, Jane, *Brilliant: The Evolution of Artificial Light*, Boston and New York: Houghton Mifflin Harcourt, 2010.

Buchwald, Jed Z., *The Rise of the Wave Theory of Light: Optical Theory and Experiment in the Early Nineteenth Century*, Chicago and London: University of Chicago Press, 1989.

Burke, Robert Belle 옮김, *The Opus Majus of Roger Bacon, Volume II*, Philadelphia: University of Pennsylvania Press, 1928.

Burnett, D. Graham, *Descartes and the Hyperbolic Quest: Lens Making Machines and Their Significance in the Seventeenth Century*, Philadelphia: American Philosophical Society, 2005.

Buttrick, George, *The Interpreter's Bible*, Nashville: Abingdon Press, 1954.

Byron, Gordon George (Lord Bryon), *Don Juan,* Seattle: Amazon Digital Services, 2012, Kindle edition.

Cahn, Steven M. 엮음, *Classics of Western Philosophy*, Indianapolis: Hackett Publishing Company, 1977.

Callen, Anthea, *The Art of Impressionism: Painting Technique and the Making of Modernity*, New Haven and London: Yale University Press, 2000.

_____, *Techniques of the Impressionists*, London: QED Publishing, 1982.

Campbell, Joseph, and Bill Moyers, *The Power of Myth*, New York: Doubleday, 1991.

Campbell, Louis, *The Life of James Clerk Maxwell*, Ann Arbor, MI: University of Michigan Press, 1882.

Capra, Fritjof, *Leonardo: Inside the Mind of the Great Genius of the Renaissance*, New York: Doubleday, 2007.

_____, *The Tao of Physics: An Exploration of the Parallels Between Modern Physics and Eastern Mysticism*, Boston: Shambhala Publications, 2010.

Cary, Henry F. 옮김, *Paradiso*, Internet Sacred Text Archive (www.sacred-texts. com/chr/dante/pa23.htm; 검색한 날짜 2013. 9. 15.).

Cashford, Jules, *The Moon: Myth and Image*, New York: Four Walls Eight Windows, 2003.

Chadwick, Henry 옮김, *Augustine: Confessions*, Oxford, UK: Oxford World Classics, 1998, Kindle edition.

Chen, Cheng-Yih, 엮음, *Science and Technology in Chinese Civilization*, Singapore: World Scientific, 1987.

Cheney, Ian 감독, *The City Dark*, New York: Edgeworx Studios, 2011.

Christianson, Gale E., *In the Presence of the Creator: Isaac Newton and His Times*, New York: Macmillan, 1984.

Christopolous, Menelaos, Efimia D. Karakantza, and Olga Levaniouk, *Light and Darkness in Ancient Greek Myth and Religion*, New York, Toronto, and Plymouth, UK: Rowman & Littlefield, 2010.

Cinzano, P., T. Falchi, and C. D. Elvidge, "The First World Atlas of the Artificial Night Sky Brightness,"*Monthly Notices of the Royal Astronomical Society*, 2001. 8. 3., 1–24.

Clark, Robin 엮음, *Phenomenal: California Light, Space, Surface*, Berkeley and Los Angeles: University of California Press, 2011.

Clarke, Desmond M. 옮김, *Rene Descartes: Discourse on the Method and Related Writings*, New York: Penguin Classics, 1999.

Clegg, Brian, *The First Scientist: A Life of Roger Bacon*, New York: Carroll & Graf, 2003.

Cohen, Richard, *Chasing the Sun: The Epic Story of the Star that Gives us Life*, New York: Random House, 2010.

Collins, Theresa M., and Lisa Gitelman, *Thomas Edison and Modern America: A Brief History with Documents*, Boston and New York: Bedford/St. Martin's, 2002.

Corazza, Ornella, *Near-Death Experiences: Exploring the Mind-Body Connection*, London and New York: Routledge, 2008.

Crease, Robert P., and Charles C. Mann, *The Second Creation: Makers of the Revolution in 20th Century Physics*, New York: Macmillan, 1986.

Crew, Henry 엮음, *The Wave Theory of Light: Memoirs by Huygens, Young, and Fresnel*, New

York: American Book Company, 1900.

Crompton, Samuel Willard, and Michael J. Rhein, *The Ultimate Book of Lighthouses*, Rowayton, CT: Thunder Bay Press, 2000.

Crosby, Sumner McKnight Jane Hayward, Charles T. Little, and William D. Wixom, *The Royal Abbey of Saint-Denis in the Time of Abbot Suger (1122–1151)*, New York: Metropolitan Museum of Art, 1981.

Cummings, E. E., *Complete Poems: 1913–1962*, New York and London: Harcourt Brace Jovanovich, 1963.

Daguerre, Louis Jacques-Mande, *History and Practice of Photogenic Drawing on the True Principles of the Daguerreotype*, J. S. Memes 옮김, 제3판, London: Smith, Elder and Co., and Edinburgh: Adam Black and Co., 1839. Google Books 제공.

DeKroon, Pieter-Rim, director, *Dutch Light*, DVD, Dutch Light Films, Amsterdam, 2003.

Della Porta, Giambattista, *Natural Magick: A Neapolitane in Twenty Books*, London: Thomas Young and Samuel Speed, 1658.

Dickinson, Emily, *The Complete Poems of Emily Dickinson*, Thomas H. Johnson 엮음, Boston, Toronto: Little, Brown, 1960.

"Diwali," Religions, BBC, 웹사이트 (www.bbc.co.uk/religion/religions/hinduism/holydays/diwali.shtml; 검색한 날짜 2015. 5. 11.).

Dolnick, Edward, *The Clockwork Universe: Isaac Newton, the Royal Society, and the Birth of the Modern World*, New York: HarperPerennial, 2011.

Dundes, Alan 엮음, *Sacred Narrative: Readings in the Theory of Myth*, Berkeley: University of California Press, 1984.

Dustan, Bernard, *Painting Methods of the Impressionists*, New York: Watson-Guptill, 1976.

Easwaran, Eknath 옮김, *The Bhagavad Gita*, 1954; reprint, Berkeley: Nilgiri Press, 2007, Kindle edition.

Eck, Diana L., *Banaras, City of Light*, New York: Columbia University Press, 1982.

"Edison's Electric Light," *New York Times*, 1882. 9. 5., 8.

Einstein, Albert, *Autobiographical Notes*, Chicago: Open Court, 1979.

"Einstein and Lasers,"Advances in Atomic Physics, 웹사이트 (www.psc.edu/

science/Eberly/Eberly.html; 검색한 날짜 2015. 5. 11.).

Eiseley, Loren, *The Immense Journey: An Imaginative Naturalist Explores the Mysteries of Man and Nature*, New York: Vintage, 1959.

Ekrich, A. Roger, *At Day's Close: Night in Times Past*, New York: W. W. Norton, 2003.

"Electric Illumination, *New York Times*, 1879. 6. 15., 5.

Eliade, Mircea, "Spirit, Light, and Seed," *History of Religions* 11, no. 1 (1971): 1-30.

_____, *A History of Religious Ideas, Vol. 3: From Muhammad to the Age of Reforms*, Alf Hiltebeitel and Diane Apostolos-Cappadona 옮김, Chicago and London: University of Chicago Press, 1985.

Eliot, T. S., *The Complete Poems and Plays: 1909-1950*, New York: Harcourt, Brace & World, 1971.

Evans, Robert, "Blast from the Past," *Smithsonian*, 2002. 7.

Faraday, Michael, *The Chemical History of a Candle*, London: Chatto & Windus, 1908, Kindle edition.

Faraday, Michael, "Experimental Researches in Electricity, Nineteenth Series," *Philosophical Transactions of the Royal Society of London* 136 (1846): 2.

_____, *Romanticism: A Very Short Introduction*, Oxford, UK: Oxford University Press, 2010.

Ferris, Timothy, *Coming of Age in the Milky Way*, New York: Doubleday, 1988.

Feynman, Richard, "The Character of Physical Law," The Messenger Lectures, Cornell University, Ithaca, NY, 1964. YouTube 제공.

_____, *QED: The Strange Theory of Light and Matter*, Princeton: Princeton University Press, 1985.

Filipczak, Z. Zaremba, "New Light on Mona Lisa: Leonardo's Optical Knowledge and His Choice of Lighting," *Art Bulletin* 59, no. 4 (1977. 12.): 518-23.

Forbes, Nancy, and Basil Mahon, *Faraday, Maxwell and the Electromagnetic Field: How Two Men Revolutionized Physics*, Amherst, NY: Prometheus Books, 2014, Kindle edition.

Fox, Douglas A., "Darkness and Light: The Zoroastrian View," *Journal of the American Academy of Religion* 35, no. 2 (1967. 6.): 129-37.

Fox, Mark, *Quantum Optics: An Introduction*, Oxford UK: Oxford University Press,

2006.

_____, *Spiritual Encounters with Unusual Light Phenomena: Lightforms*, Cardiff, Wales: University of Wales Press, 2008.

Frazier, Tim, "Fusion Will Be a Huge Energy Breakthrough, Says National Ignition Facility CIO," *Forbes* online, 2014. 9. 29. (www.forbes.com/sites/ netapp/2014/09/29/fusion-clean-energy-nif-cio/; 검색한 날짜 2014. 10. 27.).

Freeberg, Ernest, *The Age of Edison: Electric Light and the Invention of Modern America*, New York: Penguin, 2013.

Frova, Andrea, Mariapiera Marenzana, and Jim McManus 옮김, *Thus Spoke Galileo: The Great Scientist's Ideas and Their Relevance to the Present Day*, Oxford, UK: Oxford University Press, 2006.

Gamow, George, *Thirty Years That Shook Physics: The Story of Quantum Theory*, Mineola, NY: Dover Publications, 1966.

Gardner, Martin, *Relativity Simply Explained*, Mineola, NY: Dover Publications, 1972.

Gaukroger, Stephen, *Descartes: An Intellectual Biography*, Oxford, UK: Clarendon Press, 1995.

Geiringer, Karl, *Haydn: A Creative Life in Music*, New York: W. W. Norton, 1946.

Gernsheim, Helmut, and Alison Gernsheim, *L. J. M. Daguerre: The History of the Diorama and the Daguerreotype*, London: Secker & Warburg, 1956.

Gleick, James, *Genius: The Life and Science of Richard Feynman*, Princeton: Princeton University Press, 1992.

_____, *Isaac Newton*, New York: Random House, 2004.

Goldman, Bruce, "Scientists Discover Anti-Anxiety Circuit in Brain Region Considered the Seat of Fear," Stanford Medicine News Center, 2011. 3. 9. (http://med.stanford.edu/news/all-news/2011/03/scientists-discover-anti-anxiety-circuit- inbrain-region-considered-the-seat-of-fear.html; 검색한 날짜 2014. 10. 2.).

Goldman, Martin, *The Demon in the Ether: The Story of James Clerk Maxwell*, Edinburgh: Paul Harris Publishing, 1983.

Gorman, James, "Brain Control in a Flash of Light," *New York Times*, 2014. 4. 14.

Gottlieb, Robert, "Back from Heaven—The Science," *New York Review of Books*,

2014. 11. 6. (www.nybooks.com/articles/archives/2014/nov/06/back-heavenscience/?page=1; 검색한 날짜 2014. 10. 22.).

Govan, Michael, and Christine Y. Kim, *James Turrell: A Retrospective*, Los Angeles and London: Prestel Publishing, 2013.

Grafton, Anthony, *Leon Battista Alberti: Master Builder of the Italian Renaissance*, New York: Hill & Wang, 2000.

Graham, A. C., and Nathan Sivin, "A Systematic Approach to Mohist Optics, ca. 300 bce," in Shigeru Nakayama, and Nathan Sivin 엮음, *Chinese Science*, Cambridge, MA, and London: MIT Press, 1973.

Grayling, A. C., *Descartes: The Life and Times of a Genius*, New York: Walker & Co., 2005.

Grayson, Cecil 엮고 옮김, *Leon Battista Alberti: On Painting and Sculpture*, New York: Phaidon, 1972.

Griffith, Ralph T. H. 옮김, *The Complete Rig Veda*, Seattle: Classic Century Works, 2012, Kindle edition.

Griffith, Tom 옮김, *Plato, The Republic*, Cambridge, UK: Cambridge University Press, 2000.

Hall, A. Rupert, *All Was Light: An Introduction to Newton's Opticks*, Oxford, UK: Clarendon Press, 1993.

_____, "Sir Isaac Newton's Notebook, 1661–665" *Cambridge Historical Journal* 9, no. 2 (1948): 239–50.

Hamilton, Guy 감독, *Goldfinger*, 20th Century Fox, 1964.

Hamilton, James, *A Life of Discovery: Michael Faraday, Giant of the Scientific Revolution*, New York: Random House, 2002.

Hamilton, James, *Turner: A Biography*, New York: Random House, 2003.

Hanna, John 옮김, *The Elements of Sir Isaac Newton's Philosophy, by Mr. Voltaire*, London: Medicine, Science, and Technology, 1738.

Hanson, Dirk, "Drowning in Light," *Nautilus*, 2014. 3. (http://m.nautil.us/issue/11/light; 검색한 날짜 2014. 11. 1.).

Hastie, W. 옮김, *Kant's Cosmogony*, Glasgow: James Maclehose & Sons, 1900, Kindle edition.

Hawking, Stephen 엮음, *A Stubbornly Persistent Illusion: The Essential Scientific Works of*

Albert Einstein, Philadelphia, London: Running Press, 2007.

Haydn, Joseph, *Die Schopfung: Ein Oratorium in Musik*, Munich: G. Henle, 2009.

Haydocke, Richard 옮김, *A Tracte Containing the Arte of Curious Paintings Caruinge Buildinge Written First In Italian by Io: Paul Laumaitus, Painter of Milan*, Oxford, 1598.

Headlam, Cecil, *The Story of Chartres*, London: J. M. Dent, 1930.

Hecht, Jeff, Beam: The Race to Make the Laser, Oxford, UK: Oxford University Press, 2005.

_____, *Laser Pioneers*: 개편하고 엮음, Boston: Harcourt, Brace, Jovanovich, 1992.

Heisenberg, Werner, *Physics and Beyond: Encounters and Conversations*, New York: Harper Torchbooks, 1972.

Hibbard, Howard, *Caravaggio*, New York: Harper & Row, 1983.

Hill, Edmund 옮김, *Augustine: On Genesis*, Hyde Park, NY: New City Press, 2002.

Hillenbrand, Robert, *Islamic Architecture: Form, Function, and Meaning*, New York: Columbia University Press, 2004.

Hills, Paul, *The Light of Early Italian Painting*, New Haven and London: Yale University Press, 1987.

Hirsh, Diana, *The World of Turner—1775-1851*, New York: Time-Life Books, 1969.

Hockney, David, *Secret Knowledge: Rediscovering the Lost Techniques of the Old Masters*, New and expanded edition, New York: Penguin, 2006.

Hollander, Robert and Jean 옮김, *Dante: Paradiso*, New York: Anchor Books, 2007.

Holmes, Richard, *The Age of Wonder: How the Romantic Generation Discovered the Beauty and Terror of Science*, New York: Random House, 2008.

_____, *Shelley: The Pursuit*, New York: NYRB Classics, 1994.

"How to Do the Divine Light Invocation," Wicca Spirituality, 웹사이트 (www.wiccaspirituality.com/the_divine_light_invocation.html, 검색한 날짜 2015. 5. 21.).

Hugo, Victor, *Les Miserables*, Norman Denny 옮김, New York: Penguin, 1980.

_____, *The Hunchback of Notre-Dame*, Walter J. Cobb 옮김, New York: New American Library, 1964.

Hume, Robert Ernest 엮고 옮김, *The Thirteen Principal Upanishads*, London: Oxford University Press, 1971.

Huygens, Christiaan, *Treatise on Light*, Silvanus P. Thompson 옮김, Chicago: University of Chicago Press, 2011 Kindle edition.

Hyman, Arthur, and James J. Walsh, 엮음, *Philosophy in the Middle Ages: The Christian, Islamic, and Jewish Traditions*, New York, Evanston, and London: Harper & Row, 1967.

Irani, D. J., "The Gathas: The Hymns of Zarathushtra" (www.zarathushtra.com/ z/gatha/dji/The%20Gathas%20-%20DJI.pdf; 검색한 날짜, 2015. 5. 21.).

Irving, Washington, *Historical Tales and Sketches*, New York: Library of America, 1983.

Isaacson, Walter, *Einstein: His Life and Universe*, New York, London, Toronto, Sydney: Simon & Schuster, 2007.

Jager, Colin, *The Book of God: Secularization and Design in the Romantic Era*, Philadelphia: University of Pennsylvania Press, 2007.

James, William, *The Varieties of Religious Experience*, New York: Modern Library, 1936.

Jehl, Frances, *Menlo Park Reminiscences*, Dearborn, MI: Edison Institute, 1936.

Jones, Colin, *Paris: The Biography of a City*, New York: Viking, 2005.

Jonnes, Jill, *Empires of Light: Edison, Tesla, Westinghouse, and the Race to Electrify the World*, New York: Random House, 2003.

Jowett, Benjamin 옮김, *Plato: The Complete Works*, Kirkland, WA: Latus ePublishing, 2011, Kindle edition.

_____, *The Portable Plato*, New York: Penguin Books, 1981.

Kaku, Michio, *Physics of the Impossible: A Scientific Exploration into the World of Phasers, Force Fields, Teleportation, and Time Travel*, New York: Random House, 2008.

Kapstein, Matthew T. 엮음, *The Presence of Light: Divine Radiance and Religious Experience*, Chicago and London: University of Chicago Press, 2004, 286-87.

Keats, John, *John Keats: Complete Works*, Delphi Classics, 2012, Kindle edition.

Kelliher, Allan, *Experiences Near Death: Beyond Medicine and Religion*, New York and Oxford, UK: Oxford University Press, 1996.

Kemp, Martin, *The Science of Art: Optical Themes in Western Art from Brunelleschi to Seurat*, New Haven and London: Yale University Press, 1990.

Kennedy, Hugh, *When Baghdad Ruled the Muslim World: The Rise and Fall of Islam's Great Dynasty*, Cambridge, MA: Da Capo Press, 2005.

Kepler, Johannes, *Optics: Paralipomena to Witelo and the Optical Part of Astronomy*, William

H. Donohue 옮김, Santa Fe, NM: Green Lion Press, 2000.

Kheirandish, Elaneh, "The Many Aspects of 'Appearances': Arabic Optics to 950 AD," in Jan P. Hogendijk and Abdelhamid I. Sabra, 엮음, *The Enterprise of Science in Islam: New Perspectives*, Cambridge, MA: MIT Press, 2003.

Kheirandish, Elaneh, 옮기고 엮음, *The Arabic Edition of Euclid's "Optics,"* New York, Springer-Verlag, 1999.

"King of Exalted, Glorious Sutras Called the Exalted, Sublime Golden Light, The" Foundation for the Preservation of Mahayana Tradition (www.fpmt. org/education/teachings/sutras/golden-light-sutra.html; 검색한 날짜 2013. 5. 15.).

Kirk, G. S., J. E. Raven, and M. Schofield, *The Pre-Socratic Philosophers*, 제2판, Cambridge, UK: Cambridge University Press, 1983.

Kline, A. S. 옮김, "Dante: The Divine Comedy; Paradiso, Cantos XXII-XXVIII," Poetry In Translation, 웹사이트 (www.poetryintranslation.com/PITBR/ Italian/DantPar22to28.htm#_Toc64099971; 검색한 날짜 2015. 5. 10.).

Knight, P. L., and L. Allen, *Concepts of Quantum Optics*, London: Pergamon Press, 1983.

Koch, Howard, and Anne Froelick Taylor, "The War of the Worlds," 라디오 드라마, *Mercury Theater of the Air*, CBS, 첫방송 1938. 10. 30.

Koestler, Arthur, *The Sleepwalkers: A History of Man's Changing View of the Universe*, New York: Grosset & Dunlap, 1963.

Kopp, Duncan 연출, "Secrets of the Sun," Nova, PBS, 첫방송 2012. 4. 25.

Koslofsky, Craig, *Evening's Empire: A History of the Night in Early Modern Europe*, Cambridge, UK: Cambridge University Press, 2011.

Kriwaczek, Paul, *In Search of Zarathustra: The First Prophet and the Ideas That Changed the World*, New York: Alfred A. Knopf, 2003.

Kubler-Ross, Elisabeth, *On Life After Death*, Berkeley: Celestial Arts, 1991.

Kumar, Manjit, *Quantum: Einstein, Bohr, and the Great Debate About the Nature of Reality*, New York, London: W. W. Norton, 2008.

"Landmarks: A Conversation with James Turrell," University of Texas, Austin, TX, 2013. 10. 18. (www.youtube.com/watch?v=nsGxFiFsxY8; 검색한 날짜 2015. 5. 12.).

Landon, H. C. Robert, *Haydn: Chronicle and Works*, London: Thames & Hudson, 1994.

"The Larger Sutra of Immeasurable Life, Part 1," Pure Land Buddhist Scriptures (http://buddhistfaith.tripod.com/purelandscriptures/id2.html, 검색한 날짜 2013. 5. 14.).

Le Gall, Guillaume, *La Peinture Mecanique—Le Diorama de Daguerre*, Paris: Mare & Martin, 2013.

Leeming, David, and Margaret Leeming, *A Dictionary of Creation Myths*, New York and Oxford UK: Oxford University Press, 1994.

Levitt, Theresa, "Editing Out Caloric: Fresnel, Arago, and the Meaning of Light," *British Journal for the History of Science* 33, no. 1 (2000. 3.): 49–65.

_____, *A Short Bright Flash: Augustin Fresnel and the Birth of the Modern Lighthouse*, New York, London: W. W. Norton, 2013.

Lewis, David 옮김, *The Life of St. Teresa of Jesus*, London, New York: Thomas Baker Benziger Bros., 1904, Kindle edition.

Liedtke, Walter, *A View of Delft: Vermeer and His Contemporaries*, Zwolle: Waanders Printers, 2000.

"Light All Askew in the Heavens," *New York Times*, 1919. 11. 10., 17.

"Light Ray: Fantastic Weapon," *U.S. News and World Report*, 1962. 4. 2., 47.

Lightman, Alan, *The Discoveries: Great Breakthroughs in 20th Century Science, Including the Original Papers*, New York: Random House, 2005.

Lindberg, David C., *Theories of Vision: From Al-Kindi to Kepler*, Chicago and London: University of Chicago Press, 1976.

Livingston, Dorothy Michelson, *The Master of Light: A Biography of Albert A. Michelson*, New York: Charles Scribner's Sons, 1973.

Loeb, Abraham, "The Dark Ages of the Universe," *Scientific American*, 2006. 11.

Long, Charles H., *ALPHA: The Myths of Creation*, New York: George Braziller, 1963.

Loudon, Rodney, *The Quantum Theory of Light*, Oxford, UK: Oxford University Press, 1973.

Lowry, Bates, and Isabel Barrett, *The Silver Canvas: Daguerreotype Masterpieces from the J. Paul Getty Museum*, Los Angeles: J. Paul Getty Museum, 1998.

Mahoney, Michael Sean 옮김, *Le Monde, ou Traite de la lumiere*, New York: Abaris

Books, 1979.

Maiman, Theodore H., *The Laser Odyssey*, Blaine, WA: Laser Press, 2000.

Mandelbaum, Allen 옮김, *Dante: Inferno*, New York: Quality Paperback Book Club, 1984

_____, *Dante: Paradiso*, New York: Quality Paperback Book Club, 1984.

_____, *Dante: Purgatorio*, New York: Quality Paperback Book Club, 1984.

Matthaei, Ruppert 옮김, *Goethe's Color Theory*, New York: Van Nostrand Reinhold Co., 1970.

Maxim, Hiram Percy, *A Genius in the Family*, New York: Dover Publications, 1962.

Maxwell, James Clerk, "A Dynamical Theory of the Electromagnetic Field," *Philosophical Transactions of the Royal Society of London* 155 (1865): 459–512.

Maxwell, James Clerk, *Five of Maxwell's Papers*, Seattle, WA: Amazon Digital Services, Kindle edition.

Maxwell, James Clerk, "To the Chief Musician upon Nabla: A Tyndallic Ode" (www.poetryfoundation.org/poem/175048; 검색한 날짜 2014. 5. 14.).

Mayer, Jerry 엮음 *Bite-Sized Einstein: Quotations on Just About Everything from the Greatest Mind of the 20th Century*, New York: Macmillan, 1996.

Mayo Clinic, "Tests and Procedures: Light Therapy," Mayo Clinic 웹사이트 (www.mayoclinic.org/tests-procedures/light-therapy/basics/definition/prc-20009617; 검색한 날짜 2015. 5. 12.).

McClure, James Baird, *Edison and His Inventions: Including the Many Incidents, Anecdotes, and Interesting Particulars Connected with the Early and Late Life of the Great Inventor*, Chicago: Rhodes & McClure Publishing, 1889. Google Books 제공.

McDannell, Colleen, and Bernard Lang, *Heaven: A History*, New Haven: Yale University Press, 2001.

McEvoy, James, "The Metaphysics of Light in the Middle Ages," *Philosophical Studies* 26 (1979): 126–45.

McEvoy, James, *Robert Grosseteste*, Oxford, UK: Oxford University Press, 2000.

McEvoy, J. P., and Oscar Zarate, *Introducing Quantum Theory*, Cambridge, UK: Icon Books, 1999.

McLuhan, Marshall, *Understanding Media: The Extensions of Man*, New York: McGraw-Hill, 1964.

McMahon, A. Philip 옮김, *Treatise on Painting*, by Leonardo da Vinci, Princeton:

Princeton University Press, 1956.

Michelson, Albert, "Experimental Determination of the Velocity of Light" (www.gutenberg.org/files/11753/11753-0.txt; 검색한 날짜 2014. 6. 23.).

_____, *Light Waves and Their Uses*, Chicago: University of Chicago Press, 1903. Google Books 제공.

Millard, Andre, *Edison and the Business of Invention*, Baltimore and London: Johns Hopkins University Press, 1990.

Miller, Arthur I., *Empire of the Stars: Obsession, Friendship, and Betrayal in the Quest for Black Holes*, Boston: Houghton Mifflin, 2005.

Milton, John, *Paradise Lost* ("The Project Gutenberg Ebook of Paradise Lost, by John Milton," www.gutenberg.org/files/26/26.txt; 검색한 날짜 2013. 2. 4.).

Moffitt, John F., *Caravaggio in Context: Learned Naturalism and Renaissance Humanism*, Jefferson, NC, and London: McFarland & Co., 2004.

Mollon, J. D., "The Origin of the Concept of Interference," *Philosophical Transactions: Mathematical, Physical, and Engineering Sciences* 360, no. 1794: 807–19.

Moody, Raymond A., Jr., *Life After Life: The Investigation of a Phenomenon—Survival After Bodily Death*, 25th anniversary edition, New York: HarperCollins, 2001.

Morley, Henry 옮김, *Letters on England by Voltaire*, Coventry: Cassel & Co., 1894, Kindle edition.

"Mythbusters, Presidential Challenge," *Mythbusters*, season 9, episode 10, 2010. 12. 8.

Nagar, Shanti Lai, *Indian Gods and Goddesses: The Early Deities from Chalcolithic to Beginning of Historical Period*, Delhi, India: BR Publishing, 2004.

Nardo, Don, *Lasers: Humanity's Magic Light*, San Diego: Lucent Books, 1990.

Newton, Isaac, *General Scholium* (http://isaac-newton.org/general-scholium/; 검색한 날짜 2014. 6. 3.).

Newton, Isaac, *Opticks: Or A Treatise of the Reflections, Refractions, Inflections, and Colours of Light*, 제4판., London: William Innys, 1730, Kindle edition.

Nicholson, Marjorie Hope, *Newton Demands the Muse: Newton's Opticks and the Eighteenth Century Poets*, Princeton: Princeton University Press, 1946.

Nylan, Michael, "Beliefs About Seeing: Optics and Moral Technologies in Early China," *Asia Major* 21, no. 1: 89–132.

O'Collins, Gerald S. J., and Mary Ann Meyers, *Light from Light: Scientists and Theologians in Dialogue*, Grand Rapids, MI, and Cambridge, UK: Wm. B. Erdmans, 2012.

"One Destination, Two Holidays: Berlin's Festival of Lights," *Sunday (London) Times*, 2014. 9. 7. (www.thesundaytimes.co.uk/sto/travel/Holidays/article1454796.ece; 검색한 날짜 2014. 9. 7.).

Orlet, Christopher, "Famous Last Words," *Vocabula Review*, online magazine, 2002. 7–8. (www.vocabula.com/index.asp; 검색한 날짜 2014. 2. 24.).

Overbye, Dennis, "American and 2 Japanese Physicists Share Nobel for Work on LED Lights," *New York Times*, 2014. 10. 7.

_____, *Einstein in Love: A Scientific Romance*, New York: Viking, 2000.

Owen, David, "The Dark Side," New Yorker, 2007. 8. 20. (www.newyorker.com/magazine/2007/08/20/the-dark-side-2; 검색한 날짜 2014. 10. 8.).

O'Kelly, Claire, *Newgrange: A Concise Guide*, Dublin: Eden Publications, 2013.

Pais, Abraham, *Niels Bohr's Times: In Physics, Philosophy, and Polity*, Oxford, UK: Clarendon Press, 1991.

_____, *Subtle Is the Lord: The Science and Life of Albert Einstein*, Oxford, UK: Oxford University Press, 1982.

Panofsky, Erwin, *Abbot Suger on the Abbey Church of St. Denis and Its Art Treasures*, Princeton: Princeton University Press, 1976.

Parisinou, Eva, *The Light of the Gods: The Role of Light in Archaic and Classical Greek Culture*, London: Gerald Duckworth, 2000.

Park, David, *The Fire Within the Eye: A Historical Essay on the Nature and Meaning of Light*, Princeton: Princeton University Press, 1998.

Parronchi, Alessandro, *Caravaggio*, Rome: Edizioni Medusa, 2002.

Pelikan, Jaroslav, *The Light of the World: A Basic Image in Early Christian Thought*, New York: Harper & Bros., Publishers, 1962.

Petroski, Henry, *Success Through Failure: The Paradox of Design*, Princeton: Princeton University Press, 2006.

Pissarro, Joachim, *Monet's Cathedral: Rouen 1892–894*, New York: Alfred A. Knopf, 1990.

Poor, Peter, director, "The Laser: A Light Fantastic," narrated by Walter

Cronkite, *Twentieth Century*, CBS News, 1967 (http://yttm.tv/v/8810; 검색한 날짜 2015. 5. 12.).

Pope, Alexander, *Delphi Complete Works of Alexander Pope*, Delphi Poets Series, 2012, Kindle edition.

_____, 옮김, *The Iliad*, Seattle: Amazon Digital Sources, 2010, Kindle edition.

Pseudo-Dionysius the Areopagite, De Coelesti Hierarchia, London: Limovia. net, 2012, Kindle edition.

Rabinowitch, Eugene, "An Unfolding Discovery," *Proceedings of the National Academy of Sciences of the United States of America* 68, no. 11 (1971. 11.), 2875-76.

Randall, Lisa, *Warped Passages: Unraveling the Mysteries of the Universe's Hidden Dimensions*, New York: HarperCollins, 2005.

Ray, Praphulla Chandra, *A History of Hindu Chemistry: From the Earliest Times to the Middle of the Sixteenth Century CE, Vol. 1.*, Calcutta: Bengal Chemical and Pharmaceutical Works, Ltd., 1903.

Razavi, Mehdi Amin, *Suhrawardi and the School of Illumination*, Surrey, UK: Curzon Press, 1997.

Reeves, Eileen, *Galileo's Glassworks: The Telescope and the Mirror*, Cambridge, MA: Harvard University Press, 2008.

Reston, James, Jr., *Galileo: A Life*, New York: HarperCollins, 1994.

Richter, Irma A. 옮김, *Leonardo da Vinci: Notebooks*, Oxford, UK: Oxford University Press, 2008.

Riedl, Clare C. 옮김, *Robert Grosseteste on Light*, Milwaukee: Marquette University Press, 1978.

Robb, Peter, *M—The Man Who Became Caravaggio*, New York: Henry Holt, 1998.

Robinson, Andrew, *The Last Man Who Knew Everything: Thomas Young, the Anonymous Genius Who Proved Newton Wrong and Deciphered the Rosetta Stone, Among Other Surprising Feats*, New York: Penguin, 2007.

Rodin, Auguste, "Gothic in the Cathedrals and Churches of France," *North American Review* 180, no. 579, 1905. 2.): 219-29.

Rodis-Lewis, Genevieve, *Descartes: His Life and Thought*, Jane Marie Todd 옮김, Ithaca, NY: Cornell University Press, 1998.

Rong-Gong Lin II, "A Desert Plea: Let There Be Darkness," *LA Times*, 2011. 1. 4.

Roque, Georges, "Chevreul and Impressionism: A Reappraisal," *Art Bulletin* 7, no. 1 (1996): College Art Association, 26-39.

Rose, Charlie, "Interview with James Turrell," 2013. 7. 1. (www.youtube.com/watch?v-bvg6kaWIeu 그리고 www.youtube.com/watch?v=1-gmHA7KbcU; 검색한 날짜 2015. 5. 12.).

Rubenstein, Richard E., *When Jesus Became God: The Struggle to Define Christianity During the Last Days of Rome*, San Diego, New York, London: Harcourt, 1999.

"Ruby Ray Guns," America, 1963. 4. 6. 454.

Rudnick, "The Photogram—History," Photograms, Art and Design, 웹사이트 (www.photo grams.org/chapter01.html; 검색한 날짜 2014. 12. 11.).

Rudolph, Conrad, *Artistic Change at Saint-Denis: Abbot Suger's Program and the Early Twelfth-Century Controversy over Art*, Princeton: Princeton University Press, 1990.

Rudolph, Kurt, *Gnosis: The Nature and History of Gnosticism*, San Francisco: Harper & Row, 1977.

Sabra, Abdelhamid I. 옮김, "Ibn al-Haytham's Revolutionary Project in Optics," in Jan P. Hogendijk and Abdelhamid I. Sabra 엮음, *The Enterprise of Science in Islam: New Perspectives*, Cambridge, MA, and London: MIT Press, 2003.

_____, *Optics, Astronomy, and Logic*, Brookfield, VT: Ashgate Publishing, 1994.

_____, *The Optics of Ibn Al-Haytham, Books I-III, On Direct Vision*, London: Warburg Institute, 1989.

Sacks, Oliver, "Seeing God in the Third Millennium," *The Atlantic*, 2012. 12. 12. (www.theatlantic.com/health/archive/2012/12/seeing-god-in-the-third-millennium/266134/; 2014. 10. 6.).

Schama, Simon, *Citizens: A Chronicle of the French Revolution*, New York: Alfred A. Knopf, 1989.

_____, *Rembrandt's Eyes*, New York: Alfred A. Knopf, 1999.

Schneider, Pierre, *The World of Manet: 1832-1883*, New York: Time-Life Books, 1968.

Scott, Robert A., *The Gothic Enterprise: A Guide to Understanding the Medieval Cathedral*, Berkeley, Los Angeles, London: University of California Press, 2003.

Seamon, David, and Arthur Zajonc 엮음, *Goethe's Way of Science: A Phenomenology of Nature*, Albany, NY: State University of New York Press, 1998.

Sepper, Dennis L., *Goethe Contra Newton: Polemics and the Project for a New Science of Color*, Cambridge, UK: Cambridge University Press, 1988.

Shakespeare, William, *The Complete Works*, compact edition, Oxford, UK: Oxford University Press, 1988.

Shanes, Eric, *The Life and Masterworks of J. M. W. Turner*, New York: Parkstone Press, 2008.

_____, 엮음, *Turner: The Great Watercolours*, London: Royal Academy of Arts, 2000.

_____, *Turner's Human Landscape*, London: Heinemann, 1990.

Shapiro, Alan E., "A Study of the Wave Theory of Light in the 17th Century," *Archive for History of the Exact Sciences* 11, no. 2-3 (1973): 134-266.

_____, "Huygens' 'Traite de Lumiere' and Newton's Opticks: Pursuing and Eschewing Hypotheses," *Notes and Records of the Royal Society of London* 43., no 2 (1989. 7.): 223-47.

_____, *The Optical Papers of Isaac Newton, Volume 1: The Optical Lectures 1670-1672*, Cambridge, UK: Cambridge University Press, 1984.

Sharlin, Harold I., *The Making of the Electrical Age*, London, New York, and Toronto: Abelard Schuman, 1963.

Shelley, Percy Bysshe, *The Complete Poetical Works*, Lexicos Publishing, 2012, Kindle edition.

Sims, Michael, *Apollo's Fire: A Journey Through the Extraordinary Wonders of an Ordinary Day*, New York: Penguin, 2007.

Singh, S., *Fundamentals of Optical Engineering*, New Delhi: Discovery Publishing House, 2009 Google Books 제공.

"Slow Light: About Light Speed," Physics Central, 웹사이트 (http://physicscentral.com/explore/action/light.cfm; 검색한 날짜 2015. 5. 11.).

Smith, A. Mark, *Alhacen on Refraction, Vol. Two*, Philadelphia: American Philosophical Society, 2010.

_____, *Ptolemy's Theory of Visual Perception: An English Translation of the Optics with Introduction and Commentary*, Philadelphia: American Philosophical Society, 1996.

_____, 옮김, *Alhacen's Theory of Visual Perception, Vol. One*, Philadelphia: American Philosophical Society, 2001.

_____, 옮김, *Alhacen's Theory of Visual Perception, Vol. Two*, Philadelphia: American

Philosophical Society, 2001.

Sontag, Susan, *On Photography*, New York: Picador, 2001.

Sproul, Barbara C., *Primal Myths: Creation Myths Around the World*, New York: HarperCollins, 1991.

Stallings, A. E. 옮김, *Lucretius—The Nature of Things*, New York: Penguin, 2007, Kindle edition.

Steiner, Rudolf, *Goethe's Conception of the World*, New York: Haskell House Publishers, 1973.

"Stephen Chu: Laser Cooling and Trapping of Atoms," DOE R&D Accomplishments, Research and Development of the U.S. Department of Energy, 웹사이트 (www.osti.gov/accomplishments/chu.html; 검색한 날짜 2014. 9. 30.).

Stevenson, Robert Louis, "A Plea for Gas Lamps," in *The Works of Robert Louis Stevenson*, vol. 6, Philadelphia: John D. Morris & Co., 1906.

Stewart, Susan, *Poetry and the Fate of the Senses*, Chicago: University of Chicago Press, 2002, 291.

Suh, H. Anna 엮음, *Leonardo's Notebooks*, New York: Black Dog & Leventhal Publishers, 2005.

Swenson, Lloyd S., Jr., *The Ethereal Aether: A History of the Michelson–Morley–Miller Aether–Drift Experiments*, 1880–1930, Austin and London: University of Texas Press, 1972.

Sykes, Christopher 엮음, *No Ordinary Genius: The Illustrated Richard Feynman*, New York: W. W. Norton, 1994.

Teresi, Dick, *Lost Discoveries: The Ancient Roots of Modern Science from the Babylonian to the Maya*, New York: Simon & Schuster, 2002.

Thoreau, Henry David, *Walden, or Life in the Woods*, New York: Library of America, 1985.

Tobin, William, *The Life and Science of Leon Foucault: The Man Who Proved the Earth Rotates*, Cambridge, UK: Cambridge University Press, 2003.

Tolstoy, Ivan, *James Clerk Maxwell: A Biography*, Edinburgh: Canongate Publishing, 1981.

Tomkins, Calvin, "Profiles: Flying into the Light," *New Yorker*, 2003. 1. 13. (www.newyorker.com/magazine/2003/01/13/flying-into-the-light; 검색한 날짜

2014. 9. 25.)

Toomer, G. J 옮김, *Diocles: On Burning Mirrors—The Arabic Translation of the Lost Greek Original*, Berlin, Heidelberg, and New York: Springer-Verlag, 1976.

Townes, Charles H., *How the Laser Happened: Adventures of a Scientist*, Oxford, UK, and New York: Oxford University Press, 1999.

Turnbull, H. W 엮음, *The Correspondence of Isaac Newton, Volume I, 1661-1675*, Cambridge, UK: Cambridge University Press, 1960.

Turner, Howard R., *Science in Medieval Islam: An Illustrated Edition*, Austin: University of Texas Press, 1995.

U.S. Patent 208,252 A, "Improvement in Electric Lamps" (www.google.com/ patents/ US 208252; 검색한 날짜 2014. 5. 19.).

U.S. Patent 223,898, Thomas Edison's Incandescent Lamp (http:// americanhistory.si.edu/light ing/history/patents/ed_inc.htm; 검색한 날짜 2014. 5. 19.).

Valarino, Evelyn Elsaesser, *On the Other Side of Life: Exploring the Phenomenon of the Near-Death Experience*, New York and London: Insight Books, 1997.

Valkenberg, Pim, *Sharing Lights on the Way to God: Muslim-Christian Dialogue and Theology in the Context of Abrahamic Partnership*, Amsterdam and New York: Rodopi, 2006.

Van de Wetering, Ernst, *Rembrandt: The Painter at Work*, 개편하고 엮음, Berkeley: University of California Press, 2009.

Van Helden, Albert 옮김, *Galileo Galilei, Sidereus Nuncius, or The Starry Messenger*, Chicago and London: University of Chicago Press, 1989.

_____, *The Invention of the Telescope*, Philadelphia: American Philosophical Society, 1977.

von Franz, Marie, *Creation Myths*, Zurich, Switzerland: Spring Publications, 1972.

von Simson, Otto, *The Gothic Cathedral: Origins of Gothic Architecture and the Medieval Concept of Order*, New York: Pantheon Books, 1956.

Wallace, Robert, *The World of Rembrandt 1606-1669*, New York: Time-Life Books, 1968.

Walshe, Maurice 옮김, *The Long Discourses of the Buddha: A Translation of the Dīgha Nikāya*,

Boston: Wisdom Publications, 1995.

Wardrop, David 엮음, *Arabic Treasures of the British Library: From Alexandria to Baghdad and Beyond*, London: Friends of the Alexandria Library in Association with the British Library, 2003.

Wechsler, Lawrence, "L. A. Glows," New Yorker, 1998. 2. 23. (www.newyorker.com/magazine/1998/02/23/l-a-glows; 검색한 날짜 2014. 9. 25.).

Weiss, Richard J. *A Brief History of Light and Those That Lit the Way*, Singapore: World Scientific Publishing Company, 1996.

Westfall, Richard S., *Never at Rest: A Biography of Isaac Newton*, Cambridge, UK: Cambridge University Press, 1983.

White, Michael, *Isaac Newton: The Last Sorcerer*, Reading, MA: Addison-Wesley, 1997.

Widengren, Geo, *Mani and Manichaeism*, London: Weidenfeld & Nicolson, 1961.

Wilk, Stephen R. *How the Ray Gun Got Its Zap: Odd Excursions into Optics*, Oxford, UK: Oxford University Press, 2013.

Willach, Rolf, *The Long Invention of the Telescope*, Philadelphia: American Philosophical Society, 2008.

Williams, John R., *The Life of Goethe: A Critical Biography*, Oxford, UK: Blackwell, 1998.

Williams, L. Pearce, *Michael Faraday: A Biography*, New York: Da Capo Press, 1965.

Wogan, Tim, "Controlling Ferro-Magnetic Domains Using Light," *IOP Physics World*, 온라인 저널, 2014. 8. 21. (http://physicsworld.com/cws/article/news/2014 /aug/21/controlling-ferromagnetic-domains-using-light; 검색한 날짜 2015. 5. 12.).

Wootton, David, *Galileo: Watcher of the Skies*, New Haven and London: Yale University Press, 2010.

Wordsworth, William, *The Complete Poetical Works*, Lexicos Publishing, 2012, Kindle edition.

Wrege, Charles D., and Ronald G. Greenwood, "William E. Sawyer and the Rise and Fall of America's First Incandescent Light Company," *Business and Economic History*, 2nd series, 13 (1984): 31-48.

Wright, M. R. 엮음 *Empedocles: The Extant Fragments*, New Haven and London: Yale University Press, 1981.

Yonge, C. D. 옮김, *Diogenes Laertius: The Lives and Opinions of Eminent Philosophers*,

Oxford, UK: Acheron Press, 2012, Kindle edition.

Young, Thomas, "Classics of Science: Young on the Theory of Light," *Science Newsletter* 16, no. 447 (1929. 11. 2.): 273-75.

Zaehner, R. C., *Hindu Scriptures*, London: J. M. Dent, 1966.

Zajonc, Arthur, *Catching the Light: The Entwined History of Light and Mind*, New York: Bantam Books, 1993.

Zaleski, Philip, and Carol Zaleski, *Prayer: A History*, Boston and New York: Houghton Mifflin, 2005.

찾아보기